5개 국어 한 영 프 중 일 로 보는

한국음식 용어사전

The Dictionary of Korean Food Terminology

Le Glossaire de la Cuisine Coréenne

现代韩国饮食用语词典

xiàndàihánguóyǐnshíyòngyǔcídiǎn

韓国料理用語辞典

かんこくりょうりようごじてん

5개 국어 한영프중일로 보는

한국음식 용어사전

전희정 지음

(주)교문사

머리말

한 나라의 음식은 그 나라의 문화적 배경과 생활양식을 알 수 있는 집약적인 필수요소라 할 수 있다. 음식을 소개하는 용어는 예부터 사람들과의 대화에서 사용하던 말 그대로 이어져 오던 것인데 지역과 시대에 따라서 같은 것도 다르게 표현되기도 한다. 한국 전통음식은 세계화시대에 있어서 우리나라 사람들만의 음식이 아니고 국가 간의 교류가 빈번해지는 지구촌 사람들에게도 옛날보다 많이 소개되고 이용되고 있다. 우리들의 자랑스런 문화를 점차 알리고 계속 접하기 위해 찾아볼 수 있도록 하는 매개체 역할을 담당하는 데 전통음식의 역할이 큰 비중을 차지하고 있다고 볼 수 있다.

학생시절부터 우리의 전통음식과 우수한 세계 각국의 조리를 배우고 성인이 되어서는 서양조리를 현지에 가서 직접 배운 경험과 많은 여행을 하면서 적지 않은 비용을 들여 여러 나라의 음식을 시식하고 먹어보는 즐거움을 가져볼 수 있었던 처지에 우리 전통음식을 세계인에게 소개하기 위해서 이 작업에 착수하게 되었다.

저자는 2002년에 영어 · 프랑스어로 먼저 책을 낸 경험이 있고, 2003년에는 한국국제교류재단에서 800여 종의 대중음식 안내 책자를 만드는 데 초교집필자로 참여한 바 있다. 이러한 경험과 내용을 모두 모아 이 책에서는 우리가 매일 먹어야 하는 음식을 소개하고 주문하는 데 어려움이 없도록 하기 위해서 흔하게 이용되는 대중음식뿐만 아니라 현대인들이 여러 지방에서 맛보고 먹을 수 있는 음식 종류를 조사하여 1,300여 종을 수록하였다. 특히 한국음식의 세계화에 즈음하여 영어 · 프랑스어에 추가하여 중국어와 일본어도 표기함으로써 한국음식의 재료와 조리법을 파악하고 주문할 수 있도록 노력하였고, 중국어는 박병석 교수님에게, 일본어는 성윤아 교수님에게 음식명 번역을 부탁드렸다.

이 책이 나오기까지 오랫동안 한국이나 외국에서 좋은 식당과 원하는 음식을 시식할 수 있도록 배려해 주고 프랑스어 교정에 도움을 준 남편에게 고마움을 드린다. 특히 수시로 사진을 찍어 주신 여상현 선생님, 사진을 찍고 정리하는 데 많은 수고를 한 유진아 선생과 이나영 선생, 그리고 한과 사진을 위해 협찬해 주신 좋은날 한과 대표 최승애 선생님께 감사드린다. 바쁜 와중에도 책의 출판을 위해 노력하신 교문사 양계성 상무이사님과 편집부 선생님들께 깊이 감사를 드리는 바이다.

2011년 3월

저자 전희정

The Dictionary
of Korean Food Terminology

Le Glossaire de la Cuisine Coréenne

现代韩国饮食用语词典 xiàndàihánguóyǐnshíyòngyǔcídiǎn

韓国料理用語辞典

5개 국어 한 영 프 중 일 로 보는

한국음식 용어사전

차 례

일러두기

1. 현대인들이 자주 접할 수 있는 대중적인 음식에서부터 매일 접하지 않은 것이라도 여러 지역에서 이용되고 있는 음식 총 1,350여 종의 한국음식명을 가나다순으로 수록하였다.

2. 음식명은 재료와 조리방법에 따른 분류를 하이픈(-)으로 연결해 표기하였으며, 발음기호는 [ ]에 넣고, 영어, 프랑스어, 중국어, 일본어 순으로 번역하였다.

3. 한 음식이 여러 이름으로 불릴 경우 표제어 다음에 유사 음식명을 넣었다.
   예) 계피떡 → 떡. 일명 바람떡

4. 음식을 설명할 때 조리법을 우선 알려주고 만드는 법과 유래 등을 설명하였다.
   예) 조리법의 예: 구이, 조림, 찜 등

5. 여러 종류의 음식이 상차림으로 된 경우는 식단으로 표기하였다.
   예) 굴비 백반 등

6. 조리법에 따라 음식 표기는 다르나 외국어로 번역한 경우에 의미가 달라지지 않으면 동일하게 표현하였다.
   예) 갈비찜 Braised beef ~, 갈치조림 Braised hairtail ~

7. 외국에서 잘 쓰이지 않는 식품은 유사한 식품으로 대치할 수 있는 식품으로 표기하기도 하고 원문 발음 그대로 넣기도 하였다.
   예) 미나리 → 영어 Watercress, 프랑스어 Cresson coréen 등

8. 지명이 들어간 음식명을 로마자로 표기할 경우 지명의 첫 글자는 대문자로 하였다.
   예) 전주 비빔밥 → Jeonju Style ~~

9. 사진 화보는 오래 동안 저자가 직 · 간접적으로 관여한 문헌에서 발췌하고 허락을 받아 사용하였으며, 그 외 사진은 직접 촬영하였다.

10. 두부는 tofu로 많이 알려져 있으나 여기서는 영어로 dubu, 프랑스어 tofu로 표기하였다.

ㄱ

가락-국수 [garak-guksu]

영 Thick noodles in clear broth
프 Soupe de grosses nouilles
중 粗面条 cūmiàntiáo
일 カラクグッス, 韓國式うどん

국수. 굵은 국수를 끓는 물에 삶아 찬 물에 헹군 후 건져서 맑은 국수물을 따로 만들어 파, 쑥갓, 버섯 등을 넣어 만든 것.

재료 밀가루, 다시마, 멸치 우린 국물, 파, 버섯, 쑥갓

가래-떡 [garae-tteok]

영 Cylindrical rice pasta
프 Bâtonnets de pâte de riz
중 条糕 tiáogāo
일 カレトック, 細長い棒状のお餅

떡. 쌀가루를 쪄서 안반에 놓고 매우 쳐서 덩어리로 만든 후 둥글고 길게 비벼서 만든 떡으로, 설날에 떡을 썰어 끓여 먹는 대표적인 절식. 요즘에는 쌀가루를 쪄서 기계로 손쉽게 만들기도 함.

가리-구이(갈비-구이) [gari-gui(galbi-gui)]

영 Marinated and grilled beef short ribs
프 Côtes de boeuf marinées et grillées
중 烤牛排骨 kǎoniúpáigǔ
일 カリグイ, 焼きカルビ

구이. 갈비구이의 다른 말로 쇠고기의 갈비를 식용으로 일컫는 옛날 상류사회에서 쓰이던 말. 쇠고기 갈비를 토막 쳐서 간장, 배 즙, 파, 마늘, 후춧가루, 설탕, 참기름 등으로 양념을 하여 구운 것.

재료 쇠갈비, 간장, 배, 다진 파, 마늘, 깨소금, 후춧가루, 설탕, 참기름

가물치-곰탕 [gamulchi-gomtang]

영 Thick snakehead soup
프 Soupe de poisson à tête de serpent
중 乌鱼炖汤 wūyúdùntāng, 黑鱼炖汤 hēiyúdùntāng
일 カムルチゴムタン, らいぎょスープ

국. 가물치를 오랫동안 푹 고아 살이 물러 형태가 없어질 정도로 끓인 것.

재료 가물치, 찹쌀, 생강, 인삼, 대추, 파, 미나리, 마늘, 깨소금, 소금, 후춧가루

가오리-숙회 [gaori-sukhoe]

영 Poached stingray with sauce
프 Raie pochée à la sauce
중 白灼鳐鱼 báizhuóyáoyú
일 カオリスクフェ, エイたたき

회(膾). 가오리의 껍질을 벗기고 끓는 물에 넣어 살짝 익혀 썰어서 양념에 찍어 먹음.

재료 가오리, 고추장, 간장, 식초, 생강 즙, 설탕, 다진 파, 다진 마늘, 깨소금

가오리-찜 [gaori-jjim]

영 Steamed seasoned stingray skate
프 Raie assaisonnée à la vapeur
중 蒸鳐鱼 zhēngyáoyú
일 カオリチム, エイの蒸し煮

찜. 홍어와 비슷한 가오리를 조각내어 양념장을 뿌리면서 쪄낸 후 생선 위에 황·백 지단, 채소, 버섯 등을 채 썰어 얹은 것.

재료 가오리, 당근, 파, 달걀, 석이, 고추, 통깨, 양념장

가자미-구이 [gajami-gui]

영 Grilled sole (turbot) with spicy sauce
프 Limande grillée à la sauce épicée
중 烤鲽鱼 kǎodiéyú
일 カザミグイ, カレイ焼き

구이. 손질한 가자미에 칼집을 내고 양념장을 끼얹어 구운 것.

재료 가자미, 양념장(진간장, 파, 마늘, 깨소금, 소금, 고춧가루, 설탕, 참기름)

가자미-식해 [gajami-sikhae]

영 Spicy fermented sole with radish and millet
프 Limande fermentée aux épices au navet et au millet
중 鲽鱼食醢 diéyúshíhǎi
일 カザミシケ, 醗酵カレイ

식해(食醢). 어린 가자미를 소금에 절였다가 씻어 내어 물기를 없앤 후 저미는 듯 크게 썰어 조밥을 섞고, 양념한 무 채 등을 모두 버무려 새콤하게 삭힌 것.

재료 가자미, 조, 무, 파, 마늘, 소금, 후춧가루, 고춧가루

가자미-조림 [gajami-jorim]

영 Braised sole (turbot) with soy sauce
프 Limande mijotée à la sauce de soja
중 酱炖鲽鱼 jiàngdùndiéyú
일 カザミゾリム, カレイの煮付け

조림. 가자미에 간장과 설탕, 파, 마늘 등의 양념을 넣어 조린 것.

재료 가자미, 간장, 파, 마늘, 고춧가루, 설탕, 참기름

가자미-죽 [gajami-juk]

영 Rice with sole porridge
프 Porridge au riz et au sole
중 鲽鱼粥 diéyúzhōu
일 カザミジュッ, カレイおかゆ

죽. 쌀을 물에 담가 불리고, 가자미는 데쳐 비린내를 없애고 칼집을 넣은 후 간장으로 장국을 끓이다가 가자미 살과 쌀을 함께 넣어 오래 끓인 것.

《재료》 쌀, 가자미, 간장

가죽-부각 [gajuk-bugak]

영 Fried and dried gajouk leaves
프 Feuilles de gajouk frites assaisonnées et séchées
중 干炸臭椿芽 gānzháchòuchūnyá
일 カジュックブガク, 挙げ庭漆

마른찬. 가죽나물을 찹쌀 풀에 소금, 고추장, 고춧가루, 통깨를 넣어 발라 말린 후에 기름에 튀긴 것.
《재료》 가죽나물, 찹쌀가루, 다진 마늘, 고춧가루, 통깨, 실고추, 간장, 식용유

가지-김치 [gaji-kimchi]

영 Eggplant kimchi
프 Kimchi à l'aubergine
중 茄子泡菜 qiézipàocài
일 カジキムチ, ナスキムチ

김치. 길게 칼집을 낸 가지를 끓는 물에 살짝 데쳐 물기를 짠 뒤에 김치 양념과 소금으로 간하여 소박이를 넣어 김치 국물을 조금 부어 익힌 것.
《재료》 가지, 부추, 파, 고춧가루, 마늘, 소금

가지-나물 [gaji-namul]

영 Steamed and seasoned eggplants (Eggplant namul)
프 Aubergine cuite et assaisonnée
중 凉拌茄子菜 liángbànqiézicài
일 カジナムル, ナスナムル(ナスの和え物)

숙채. 가지를 쪄서 간장, 파, 마늘 다진 것, 고춧가루, 참기름 또는 식초에 무친 것.
《재료》 가지, 간장, 참기름, 고춧가루, 식초, 파, 마늘

가지-냉국 [gaji-naengguk]

영 Seasoned eggplants in chilled
프 Aubergine cuite et assaisonnée dans l'eau vinaigrée et froide
중 茄子凉汤 qiéziliángtāng
일 カジネングック, ナスの冷しスープ

국. 가지나물을 만들어 찬물에 간장, 식초로 간을 하여 부어 만든 것.
《재료》 가지, 간장, 식초

가지-누름적 [gaji-nuroomjeok]

영 Eggplant brochette
프 Brochette à l'aubergine
중 干煎茄子串 gānjiānqiézichuàn
일 カジヌルムジョック, ナス串

적(炙). 가지를 데쳐 잘게 자른 후 물기를 소금 짜내고 양념에 버무려서 꼬챙이에 꿰어 밀가루를 묻히고 달걀을 씌워 지진 것.
《재료》 가지, 소금, 다진 파, 마늘, 참기름, 밀가루, 달걀, 식용유

ㄱ

ㄱ

가지-선 [gaji-seon]

영 Fancy stuffed eggplants
프 Aubergine de fantaisie farcie
중 蒸镶肉菜丝茄子 zhēngxiāngròucàisīqiézi
일 カジソン, 牛肉と野菜入れのナス

찜. 연한 가지를 길게 칼집을 내어 살짝 데친 다음 조미한 여러 재료들을 갈라진 사이에 넣고 육수를 부어 찌는 듯하게 끓여 익힌 것.
《재료》 가지, 쇠고기, 표고, 달걀, 실고추, 석이 채, 소금, 설탕, 파, 마늘, 참기름, 깨소금, 후춧가루,

가지-장아찌 [gaji-jangajji]

영 Flavored eggplant in soy sauce
프 Aubergine assaisonnée dans la sauce de soja
중 茄子酱菜 qiézijiàngcài
일 カジジャンアチ, 漬けナス

장아찌. 연한 가지를 칼집을 넣어 살짝 데쳐 물기를 빼고 다진 파, 마늘, 고춧가루를 섞어 가지 속에 넣고 식초와 설탕을 섞은 간장에 담가 며칠 지나면 먹는다. 가지를 물기 없이 말린 후 고추장에 박아 두었다가 먹기도 함.

가지-전 [gaji-jeon]

영 Pan fried eggplants
프 Pané d'aubergine
중 茄子煎饼 qiézijiānbing
일 カジジョン, ナスチヂミ

전(煎). 얇고 넓적하게 저민 가지를 기름에 지지거나 밀가루 반죽에 묻혀서

지지거나 달걀을 씌워 지진 것. 초장을 곁들인다.
《재료》 가지, 밀가루, 달걀, 식용유, 소금

가지-찜 [gaji-jjim]

영 Stuffed eggplants
프 Aubergine farcie
중 肉末茄子盅 ròumòqiézizhōng
일 カジチム, ナス蒸し

찜. 가지를 두세 갈래로 칼집을 내어 다진 쇠고기를 양념하고 달걀이나 밀가루에 버무려 그 속에 넣고 벌어지지 않도록 실로 동여매고 맑은 장국에 국물이 없을 때까지 끓인 것. 고기 없이도 만들기도 함.
《재료》 가지, 쇠고기, 파, 달걀, 소금, 식용유, 고추장, 참기름, 깨소금, 설탕, 파, 마늘, 후춧가루

각색-전골 [gacksaec-jeongol]

영 Various vegetables and meat casserole
프 Cassolette aux légumes diverses et à la viande
중 什锦火锅 shíjǐnhuǒguō
일 カクセクジョンゴル, 彩り寄せ鍋

전골. 쇠고기를 썰어 양념하고 표고, 숙주나물, 당근, 미나리초대 등을 나란히 담아 육수를 붓고 끓인 것. 쇠고기 부위를 콩팥, 양, 천엽, 등골, 살코기 등 다양하게 쓰고 여러 가지 채소로 전골을 할 때는 갖은 전골이라 함.
《재료》 쇠고기, 표고, 무, 파, 당근, 미

나리, 달걀, 밀가루, 간장, 마늘

각색-편(백편, 꿀편, 승검초편) [gaksaek-pyeon(baek-pyeon, kkul-pyeon, songgeomcho)]

영 Steamed various rice cakes
프 Gâteaux de riz divers à la vapeur
중 各色蒸糕 gèsèzhēnggāo (白米蒸糕 báimǐzhēnggāo, 蜂蜜蒸糕 fēngmìzhēnggāo, 当归蒸糕 dāngguīzhēnggāo)
일 カクセクピョン, 蜂蜜入りのお餅

떡. 멥쌀가루에 설탕만 섞거나(백편), 꿀을 섞거나(꿀편), 승검초(당귀잎)가루를 섞어(승검초편) 밤채, 대추채, 석이채, 비늘잣을 뿌려 쪄낸 것.
《재료》 멥쌀, 꿀, 설탕, 승검초가루, 밤, 대추, 잣, 석이, 소금, 황설탕

간납 [gannap]

영 Pan fried various vegetables and meat for ritual food
프 Légumes variées et viande frites à la poêle pour le rite
중 油煎什锦串 yóujiānshíjǐnchuàn
일 カンナプ, ツルニンジン·ネギ·肉類の串

전. 제물용으로 더덕, 고기류, 파 등을 꼬치에 꿰어 밀가루, 달걀을 씌워 넓적하게 기름에 지진 것을 일컫는 말.
《재료》 더덕, 고기류, 파, 밀가루, 소금, 달걀, 식용유

간-볶음 [gan-bokkeum]

영 Sauteed beef liver
프 Foie de boeuf sauté
중 炒牛肝 chǎoniúgān
일 カンボックム, 牛キモと野菜の炒め

볶음. 쇠간을 얄팍하게 썰어 기름에 볶고 파, 마늘, 생강, 당근을 넣어 볶은 후 간장, 설탕, 후춧가루로 간을 맞춘 것.
《재료》 쇠간, 파, 마늘, 생강, 당근, 간장, 설탕, 후춧가루, 참기름

간장-게-장 [ganjang-ge-jang]

영 Blue crab marinated in soy sauce
프 Crabe mariné à la sauce de soja
중 生腌螃蟹 shēngyānpángxiè, 酱螃蟹 jiàngpángxiè
일 カンジャンゲジャン, かにの醤油漬け

젓갈. 게를 씻어 물기를 빼고 간장과 마늘, 생강을 편으로 하여 넣고 일주일 후 간장을 달여 식혀 부은 뒤 2~3주 삭혀서 먹기 좋도록 떼어 상에 낸다.
《재료》 게, 간장, 마늘, 생강

간-전 [gan-jeon]

영 Pan fried beef liver
프 Foie de boeuf pané
중 牛肝煎饼 niúgānjiānbing
일 カンジョン, 牛キモの薄焼き

전(煎). 얇게 썬 쇠간을 소금, 후춧가루를 뿌리고 밀가루를 뿌린 후 달걀에 씌어 팬에 지져 낸 것.
《재료》 쇠간, 소금, 후춧가루, 밀가루, 기름

갈분-죽 [galbun-juk]

영 Rice powder porridge with arrowroot
프 Porridge à la farine de riz avec la marante
중 葛粉粥 géfěnzhōu
일 カルブンジュック, くず粉お粥

죽. 칡뿌리를 찧어 물에 담가 녹말을 가라앉혀 만든 갈분을 쌀가루에 섞어 쑨 죽.
《재료》 쌀가루, 갈분

갈비-국(가리-탕) [galbi-guk(gari-tang)]

영 Beef short ribs soup
프 Soupe aux côtes de boeuf
중 牛排骨汤 niúpáigǔtāng
일 カルビグック, カルビスープ

국(탕). 일명 가리탕이라고 하며, 쇠갈비를 잘라 손질하고 무와 함께 물에 고아서 고기가 무르면 기름을 거두고 간장 등으로 양념하여 국물에 넣어 다시 끓인 것. 알지단을 고명으로 쓴다.
《재료》 쇠갈비, 무, 파, 마늘, 생강, 소금, 후춧가루, 참기름, 간장, 달걀

갈비 백반 [galbi-baekban]

영 Grilled beef ribs with rice
프 Côtes de boeuf grillées au riz
중 烤牛排骨加白饭 kǎoniúpáigǔjiābáifàn
일 カルビペッパン, カルビ定食

식단. 갈비구이에 밥과 반찬 등을 함께 주는 한상차림.

갈비-찜 [galbi-jjim]

영 Braised beef short ribs with vegetables
프 Côtes de boeuf braisées aux légumes
중 炖牛排骨 niúdùnpáigǔ
일 カルビチム, カルビの煮込み

찜. 일명 가리찜이라고도 함. 쇠갈비를 토막 내어 물에 푹 고이 연하게 익힌 후에 건져 양념하고 밤, 당근, 표고버섯 등과 함께 다시 국물에 넣어 끓인 후 지단, 잣 등을 뿌린 것.
《재료》 쇠갈비, 무, 밤, 당근, 표고, 달걀, 은행, 간장, 배, 설탕, 파, 마늘, 참기름, 깨소금, 후춧가루

갈비-탕 백반 [galbi-tang baekban]

영 Beef short ribs soup with bowl of rice
프 Soupe de côtes de boeuf accompagnée de riz
중 牛排骨汤加白饭 niúpáigǔtāngjiābáifàn
일 カルビタンペッパン, カルビの煮込みスープ定食

식단. 쇠갈비, 파, 무, 간장, 참기름, 후춧가루, 파, 마늘로 갈비탕을 만들고 밥과 함께 한 끼 식사가 되도록 김치와 찬을 곁들여 낸 한상차림.
《재료》 쌀밥, 갈비탕, 깍두기, 호박전, 취나물

갈치-구이 [galchi-gui]

영 Grilled hairtail
프 Trichiure grillé à la sauce de soja
중 烤带鱼 kǎodàiyú
일 カルチグイ, 太刀魚焼き

구이. 간장과 청장을 섞고, 참기름, 깨소금, 파, 마늘 등 양념을 하여 갈치에 바르면서 석쇠에 구운 것.
《재료》 갈치, 간장, 청장, 참기름, 깨소금, 파, 마늘

갈치-속젓 [galchi-sokjeot]

영 Salted hairtail entrails
프 Entrailles de trichiure salées
중 带鱼内脏酱 dàiyúnèizàngjiàng
일 カルチソッチョッ, 太刀魚の塩辛

젓갈. 봄에 갈치의 내장을 소금에 절여 담근 것으로 여름에 풋고추, 파, 마늘, 고춧가루, 깨, 참기름 등의 양념을 하여 먹음. 전라남도의 향토음식.
《재료》 갈치 내장, 소금

갈치-자반 [galchi-jaban]

영 Half dried hairtail in brine
프 Trichiure demi séché en marinade
중 腌咸带鱼 yānxiándàiyú
일 カルビペッパン, 塩漬けの太刀魚

반건조 생선. 갈치를 소금에 절였다가 반쯤 말린 자반. 토막을 쳐서 굽거나 쪄서 먹는다.

갈치-조림 [galchi-jorim]

영 Braised hairtail in soy sauce
프 Trichiure mijoté à la sauce de soja
중 红烧带鱼 hóngshāodàiyú, 香辣炖带鱼 xiānglàdùndàiyú
일 カルチジョリム, 太刀魚煮付け

조림. 갈치를 토막 쳐서 무, 홍고추, 물을 넣고 간장, 파, 마늘, 설탕 등으로 양념을 하여 조린 것.
《재료》 갈치, 무, 홍고추, 간장, 마늘, 생강, 설탕, 통깨, 고춧가루

갈치-호박-국 [galchi-hobak-guk]

영 Hairtail soup with pumpkin
프 Soupe de trichiure à la citrouille
중 带鱼南瓜清(酱)汤 dàiyúnánguāqīng(jiàng)tāng
일 カルチホバックッ, 太刀魚かぼちゃスープ

국. 갈치는 내장과 지느러미를 제거한 후 토막을 내고, 단호박은 껍질을 벗겨 1.5cm 두께로 3~4cm 크기로 썰어 물 속에 갈치를 넣어 끓으면 호박을 넣고, 마늘, 풋고추, 홍고추, 실파, 청장으로 간을 하여 낸다. 제주도에서는 주로 단호박이나 애호박을 넣어 끓이기도 한다.
《재료》 갈치, 애호박(또는 단호박), 풋고추, 홍고추, 실파, 청장

감동-젓 [gamdong-jeot]

영 A kind of shrimp preserved with salt
프 Crevette d'une certaine espéce préservée dans du sel
중 新糠虾酱 xīnkāngxiājiàng
일 カムドンジョッ, あみの塩辛

젓갈. 일명 곤쟁이젓. 곤쟁이를 소금에만 절여 담근 것으로 반찬으로 쓰고 김치에도 이용함.

감동젓-찌개 [gamdongjoet-jjigae]

영 Dubu and vegetables casserole with salted tiny shrimps
프 Casserole au Tofu et aux légumes

avec de petites crevettes salées
중 新糠虾酱牛肉(炖)汤 xīnkāngxiājiàngniúròu(dùn)tāng
일 カムドンジョッチゲ, あみの塩辛鍋
찌개. 두부, 표고, 쑥갓을 넣고, 쇠고기가 있으면 조금 섞어 끓인다. 감동젓(푹 삭힌 곤쟁이젓)으로 간을 맞추는 것이 특징임.
《재료》 두부, 쇠고기, 표고, 파, 쑥갓, 감동젓(곤쟁이젓)

감자-경단 [gamja-gyeongdan]
영 Potato balls
프 Boules de pomme de terre
중 土豆团子 tǔdòutuánzi
일 カムジャギョンダン, じゃがいもだんご

떡. 찐 감자에 설탕, 소금, 계피가루를 넣고 간을 맞추어 절구에 찧어 경단처럼 둥글게 빚어서 콩가루나 팥고물을 묻힌 것.
《재료》 감자가루, 콩가루, 계피가루, 설탕

감자-녹말-송편 [gamja-nongmal-songpyeon]
영 Potato songpyeon (stuffed potato starch cake)

프 Gâteau d'amidon de pomme de terre farci
중 土豆淀粉松糕 tǔdòudiànfěnsōnggāo
일 カムジャノッマルソンピョン, じゃがいもと澱粉のお餅
떡. 감자를 강판에 갈아 밑에 가라앉은 녹말을 익반죽하여 풋강낭콩을 삶아 소금으로 간하여 속을 넣고 손자국이 나도록 꼭 쥐어 송편을 빚는다. 빚은 송편을 시루에 쪄서 참기름을 바른다.
《재료》 감자녹말, 녹두 또는 동부, 설탕, 참기름, 소금

감자-떡 [gamja-tteok]
영 Potato cake
프 Gâteau de pomme de terre
중 土豆打糕 tǔdòudágāo
일 カムジャトック, じゃがいもお餅
떡. 감자를 쪄서 소금만 넣거나 설탕을 넣어 절구에 찧어 경단 모양 또는 동글납작하게 빚어 콩가루를 묻힌 것. 작고 둥글게 빚으면 감자경단임.
《재료》 감자, 콩가루, 소금, 설탕

감자-볶음 [gamja-bokkeum]
영 Sauted potatoes
프 Pomme de terre sautées
중 清炒土豆丝 qīngchǎotǔdòusī
일 カムジャボックム, じゃがいも炒め

볶음. 감자와 채로 썰어 썬 양파를 섞어 기름에 볶으면서 소금, 간장, 깨소금 등으로 간을 맞춘 것.
《재료》 감자, 양파, 소금, 간장, 깨소금, 식용유

감자-부침 [gamja-buchim]

영 Potato pancake with vegetables
프 Crêpe de pomme de terre avec légumes
중 土豆泥煎饼 tŭdòuníjiānbing
일 カムジャブチム, じゃがいもチヂミ

전(煎). 감자의 껍질을 벗기고 강판에

갈아 당근 등 채소를 섞고 다진 마늘과 소금으로 간을 하여 번철에 지진 것.

《재료》 감자, 파, 마늘, 당근, 소금

감자-송편 [gamja-songpyeon]

영 Crescent shaped potato cake
프 Gâteau de pomme de terre en forme de croissant
중 土豆松糕 tŭdòusōnggāo
일 カムジャソンピョン, じゃがいもお餅

떡. 감자녹말을 반죽하여 동부나 기타 고물을 속에 넣어 반달 모양의 송편을 빚어 증기로 찐 떡.

《재료》 감자녹말, 동부, 기타 콩류 고물, 설탕, 참기름, 소금

감자-수제비 [gamja-sujebi]

영 Potato dough pieces soup
프 Soupe aux morceaux de pâtes de pomme de terre

중 土豆片儿汤 tŭdòupiànrtāng
일 カムジャスジェビ, じゃがいもすいとん

국. 날감자 껍질을 벗기고 갈아서 물과 함께 가라앉힌 후 윗물을 조금 따라내고 가라앉은 녹말과 무거리를 섞어 매우 치댄 반죽을 장국을 끓이다가 뜯어 넣고 끓인 것. 강원도와 충청도의 향토음식.

《재료》 감자, 소금, 애호박, 파, 마늘, 간장

감자-전 [gamja-jeon]

영 Pan fried potatoes
프 Pommes de terre frites à la pôele
중 土豆小煎饼 tŭdòuxiǎojiānbing
일 カムジャジョン, じゃがいもチヂミ

전(煎). 껍질 벗긴 감자를 얄팍하게 썰

어 밀가루로 반죽(Batter)을 만들어 팬에 기름을 두르고 지진 것.

《재료》 감자, 밀가루, 식용유, 간장, 참기름, 소금

감자-조림 [gamja-jorim]

영 Braised potatoes in soy sauce
프 Pommes de terre mijotées et vernies à la sauce de soja

ㄱ

중 鳀鱼炖土豆 tíyúdùntǔdòu
일 カムジャジョリム, じゃがいも煮付け

조림. 감자를 썰어 멸치나 잔 생선을 섞고 간장, 기름, 물을 끓인 후 국물이 모두 없어지고 졸여지도록 윤기 나게 익힌 것.

《재료》 감자, 잔멸치, 간장, 설탕, 식용유

감잣-국 [gamiat-guk]

영 Potato soup
프 Soupe au pomme de terre
중 土豆酱汤 tǔdòujiàngtāng
일 カムジャグック, じゃがいもスープ

국. 쇠고기 장국에 감자 썬 것과 파를 넣고 끓여 간장으로 간을 맞추어 끓인 것.

《재료》 감자, 쇠고기, 실파, 간장, 참기름, 마늘

감홍-주 [gamhong-ju]

영 Sweet pink rice wine
프 Vin de riz rougeâtre sucré
중 甘红酒 gānhóngjiǔ
일 カムホンジュ, 甘薬酒

민속주. 일명 감홍로(甘紅露). 관서지방(평양 중심)의 민속주로 빛이 붉고 단맛이 나는 소주. 이중으로 만들어 약재를 가루로 만들어야 약맛이 우러나서 좋은 술이 된다. 그러나 흔히 소주에다 약재를 넣어 조미하는 정도로 만들기도 한다. 옛날 평양감사에게 바쳐졌다는 고급주의 하나임.

《재료》 찹쌀, 누룩, 계피, 용안육, 진피, 자초, 방풍, 정향

갑-회 [gabb-hoe]

영 Seasoned raw beef liver and tripes
프 Foie de boeuf crue assaisonnée
중 生切牛肝 shēngqiēniúgān
일 カンフェ, 牛キモの和え物

회(膾). 신선한 간과 천엽, 손질한 양을 얇게 저며 썰고 참기름, 후춧가루, 소금으로 무친 다음 한 장씩 썰고 실백을 넣고 돌돌 말아서 만든 회.

《재료》 간, 천엽, 양, 참기름, 후춧가루, 소금, 잣

갓-김치 [gat-kimchi]

영 Indian mustard leaf kimchi(kat kimchi)
프 Kimchi de moutardelle
중 芥菜泡菜 jiècàipàocài
일 カッキムチ, 芥子菜キムチ

김치. 신선하고 잎이 큰 갓을 소금에 절였다가 고춧가루, 파 썬 것, 마늘 다진 것, 생강 채를 넣어 멸치젓으로 간을 맞추어 익힌 것.

《재료》 갓, 소금, 고춧가루, 파, 마늘, 멸치젓, 생강, 실고추

갓-쌈지 [gat-ssamji]

영 Mustard leaf marinated in soy sauce for rice
프 Moutardelle marinée dans la sauce de soja pour le riz
중 酱腌芥菜叶 jiàngyānjiècàiyè
일 カッサムジ, 芥子菜包み

쌈. 갓잎 큰 것을 켜켜로 손질하여 진간

장에 담갔다가 익으면 밥을 싸 먹는 것. 쌈장을 곁들임. 전라도의 향토음식.
【재료】 갓, 간장, 소금물

강낭콩-밥 [gangnangkong-bap]

영 Cooked rice with kidney beans
프 Riz cuit aux haricots
중 四季豆饭 sìjìdòufàn, 菜豆饭 càidòufàn
일 カンナンコンバップ, ツルナシインゲン豆ご飯

밥. 쌀에 강낭콩을 섞어 지음.
【재료】 쌀, 강낭콩

강냉이-밥(옥수수-밥) [gangnaengi-bap(oksusu-bap)]

영 Cooked corn with rice
프 Maïs cuit au riz
중 玉米饭 yùmǐfàn
일 カンネンイバップ(オクススバップ), トウモロコシご飯

밥. 껍질을 벗긴 강냉이 알을 강낭콩과 함께 쌀에 섞어 지음.
【재료】 강냉이(옥수수), 쌀, 강낭콩

강냉이-범벅 [gangnaengi-beombeok]

영 Corn and grain thick porridge
프 Bouille au grain et au maïs
중 玉米糊糊 yùmǐhúhu
일 カンネンイボンボック, トウモロコシごった煮

죽. 강냉이를 삶아 알을 모두 떼어 으깬 후 삶은 팥이나 콩 등을 함께 넣고 찹쌀가루로 버무려 쑨 것.
【재료】 강냉이(옥수수), 팥, 강낭콩, 소금

강냉이-차 [gangnaengi-cha]

영 Corn tea
프 Thé au maïs
중 玉米茶 yùmǐchá
일 カンネンイチャ, トウモロコシお茶

차. 말린 강냉이 알을 구수하게 볶아서 물을 붓고 끓인 차.

강정 [gangjeong]

영 Fried puff sweet rice puffs
프 Gâteau de riz croustillant au miel
중 糖果 tángguǒ, 江米条 jiāngmǐtiáo
일 カンジョン, おこし

한과. 찹쌀가루를 가공하여 떡을 만든 후 손가락 길이로 썰어 부풀리도록 튀겨서 겉에 엿을 바르고 깨, 쌀 튀밥 등을 묻힌 유과.
【재료】 쌀, 엿, 깨

개두릅-나물 [gaedureup-namul]

영 Plant shoots salad
프 Salade aux pousses de kalopanax-pictum
중 凉拌刺楸嫩芽菜 liángbàncìqiūnènyácài
일 ケドゥルップナムル, ハリギリ若菜キムチ

나물. 개두릅(음나무(Kalopanax pictus) 가지에서 새로 나온 순)을 삶아서 쓴맛을 우려내고 갖은 양념으로 무친 것.

개떡 [gaetteok]

영 Cereal powder and mugwort steamed cake
프 Gâteau de farine de céréale et d'armoise cuit à la vapeur
중 糠饽饽 kāngbōbō
일 ゲトック, 穀物粉やヨモギ粉のお餅

떡. 곡류가루에 소금으로 간하여 물로 반죽해서 찌거나 구운 떡. 옛날에 흉년이 들 때 만들어 먹던 구황 음식의

ㄱ

하나였는데, 오늘날에는 쑥을 먹기 위하여 만들어 먹음.
《재료》 곡류가루, 쑥, 소금

개성 경단 [gaeseong gyeongdan]

영 Red ball rice cake (gaeseong style gyungdan)
프 Gâteau de riz au boule rouge
중 开城团子 kāichéngtuánzi
일 ケソンギョンダン, ゲソン風のお団子

떡. 쌀가루를 익반죽하여(뜨거운 물로 반죽하는 것) 은행알 크기로 둥글게 빚어서 끓는 물에 삶아 건져 꿀에 담갔다가 팥가루에 굴려 만듦. 팥가루는 팥 앙금을 말려 가루로 만든 후 참기름에 비벼 만듦.
《재료》 찹쌀가루, 멥쌀가루, 팥가루, 꿀(또는 조청), 잣, 소금

개성 무-찜 [gaeseong mu-jjim]

영 Braised radish with meat in Gaeseong style
프 Navet braisé avec viande à la Gaeseong
중 开城炖萝卜 kāichéngdùnluóbo
일 ケソンムッチム, ゲソン大根煮込み

찜. 무를 살짝 데쳐 굵게 채 썬 것과 고기 볶은 것과 양념을 함께 섞어 익히고 고명을 얹어 한소끔 끓인 것.
《재료》 무, 쇠고기, 돼지고기, 닭고기, 밤, 은행, 간장, 설탕, 생강즙, 참기름, 마늘, 파, 후춧가루, 깨소금

개성 보쌈-김치 [gaeseong-bossam-kimchi]

영 Wrapped kimchi in Gaeseong style
프 Kimchi farci aux epices variées
중 开城包泡菜 kāichéngbāopàocài, 开城包卷泡菜 kāichéngbāojuǎnpàocài
일 ケソンボッサムキムチ, ケソン包みキムチ

김치. 개성지방의 향토 김치로 개성배추가 줄기가 길고 잎이 넓어서 보쌈김치로 담기가 좋아 발달되었다.
《재료》 배추, 무, 쪽파, 소금, 밤, 배, 실고추, 잣, 미나리, 갓, 표고, 대추, 고춧가루, 조기젓, 젓국

개성 (모)약과 [gaeseong (mo) yakgwa]

영 Fried honey pastries, Gaeseong style
프 Patisseries de miel frites à la Gaeseong
중 开城蜜麻花 kāichéngmìmáhuā
일 ケソンヤックワ, ケソン風の蜂蜜入りの揚げ菓子

한과. 밀가루에 참기름, 꿀, 생즙, 술을 넣어 반죽하여 4~5cm 정도의 사각형으로 튀긴 후 집청꿀에 담가 꺼내 잣가루를 뿌린 약과.
《재료》 밀가루, 생강즙, 술, 계피가루, 집청꿀(조청, 꿀, 시럽), 잣, 소금, 참기

름, 식용유

개성 주악 [gaeseong juak]

영 Pan fried stuffed rice cake coated with honey
프 Gâteau de riz farci au miel frit à la poêle
중 开城糯米煎糕 kāichéngnuòmǐjiāngāo
일 ケソンジュアク, ケソン風の餡子·栗·ごま入りの焼き餅

떡. 찹쌀가루에 밀가루를 십분의 일 정도 넣고 막걸리와 뜨거운 물로 익반죽하고 참깨, 밤, 대추 등의 소를 넣어 송편처럼 만들어 튀긴 후 설탕이나 꿀을 바른 것으로 웃기떡으로 쓰임. 모양을 둥글게 빚기도 함. 서울 주악보다 조금 큰 편임.
재료 찹쌀가루, 밀가루, 막걸리, 통잣, 소금, 설탕, 식용유, 꿀(또는 조청)

개성-편수 [gaeseong-pyeonsu]

영 Square summer dumpling
프 Raviolis d'été carrés
중 开城方形饺子 kāichéngfāngxíngjiǎozi
일 ケソンピョンス, ケソン餃子

만두. 만두껍질을 얇고 모나게 빚어서 쇠고기와 오이, 호박, 버섯 등을 볶은 소와 잣을 넣어 네 귀가 나오도록 싸서 찌거나 삶아 먹는 만두로 여름철에 즐겨 먹었던 음식.
재료 밀가루, 쇠고기, 돼지고기, 두부, 숙주, 배추김치, 달걀노른자, 간장, 파, 마늘, 참기름, 깨소금, 후춧가루, 소금

개-장국 [gae-jangguk]

영 Dog meat soup
프 Soupe de viande de chien
중 狗肉(大酱)汤 gǒuròu(dàjiàng)tāng
일 ケジャンクック, 犬肉の辛味噌スープ

국. 여름철 개를 잡아 손질하여 된장, 고추장, 간장 등과 미나리, 깻잎, 파 등을 넣어 끓여 익힌 고기와 국물. 보신으로 먹는 사람도 있으나 안 먹는 사람도 많다.
재료 개고기, 쇠고기, 고추장, 청장, 다진 파, 마늘, 미나리, 깻잎, 후춧가루, 고춧가루, 들기름, 소금

개피-떡 [gaepi-tteok]

영 Half moon puffed rice cake
프 Gâteau gonflé en forme de croissant
중 月亮糕 yuèliànggāo
일 ゲピトック, シナモン餡餅

떡. 일명 바람떡. 멥쌀가루를 끓는 물에 버무려 찜통에 쪄서 흰색과 쑥색 또는 분홍색 등으로 하여 절구에 친 절편을 얇게 밀어 소를 넣고 반달 모양으로 접어 찍어서 참기름을 바른 것. 떡 속에 소와 함께 공기가 들어 있음.
재료 멥쌀가루, 팥, 쑥, 계피가루, 소금, 설탕, 참기름

갯장어-구이 [gaetjangeo-gui]

영 Grilled silver conger eel
프 Anguille de mer grillée
중 烤鳗鱼 kǎományú
일 ケッジャンオグイ, うなぎ蒲焼き

구이. 바다에서 잡은 장어를 손질하여

ㄱ

양념해서 구운 것.

《재료》 갯장어, 고추장, 간장, 파, 마늘, 깨소금, 소금, 설탕, 참기름

갯장어-회 [gaetjangeo-hoe]

영 Sliced raw silver conger eel with sauce

프 Anguille de mer crue tranchée avec sauce

중 生鳗鱼片 shēngmányúpiàn

일 ケッジャンオフェ, うなぎさしみ

회(膾). 갯장어의 껍질을 벗기고 얇게 썰어 초장이나 초고추장에 찍어 먹는 것. 바닷물고기로 몸길이가 2m에 이르며, 주둥이가 길고 입이 크며 날카로운 송곳니가 달려 있다. 비늘이 없으며, 등은 회갈색, 배는 은갈색이 난다. 낮에는 바위틈이나 진흙 속에 숨어 있다가 밤에 나와 물고기를 잡아먹는다. 비타민 A가 특히 많고 흰 살은 연하며 지방이 많다.

《재료》 갯장어(민물장어), 고추장, 간장, 파, 마늘, 깨소금, 소금, 설탕, 참기름

건-어포 [geoneo-po]

영 Dried flat croaker

프 Sciène aplatie séchée

중 干鮸鱼脯 gānmiǎnyúfǔ

일 コノポ, 干し魚

포(脯). 민어의 배를 갈라 내장을 빼고 소금으로 간한 후 말려 놓은 것.

건진 국수=건짐-국수 [geonjin guksu]

영 Drained noodles with toppings; Noodles special

프 Nouilles égouttées garnies

중 清醬湯泡捞面 qīngjiàngtāngpàolāomiàn

일 コンジングッス, 澄まし汁のおそうめん (牛肉, キュウリなどをトッピング)

국수. 일명 건짐 국수. 가는 국수를 삶아서 맑은 장국에 국수를 말고 볶은

애호박 또는 오이, 쇠고기 등과 알지단을 고명으로 얹음. 옛 안동 사람들이 즐겨먹던 향토음식.

《재료》 밀가루, 콩가루, 고명(호박 또는 오이, 달걀, 쇠고기, 실고추), 간장, 설탕, 파, 마늘, 깨소금, 참기름, 후춧가루

건포도-잣-정과 [geonpodo-jat-jeonggwa]

영 Candied raisins and pine nuts

프 Raisins et pignes de pin candis

중 葡萄干松子蜜煎 pútáogānsōngzimìjiān

일 コンポドジャッジョングヮ, レーズン·松のみのお菓子

한과(정과). 건포도와 잣을 설탕이나 꿀, 조청을 넣어 조린 후식. 정과는 전과라고도 함.

겉보리-죽 [geoutbori-juk]

영 Toasted barley porridge

프 Porridge à l'orge rôti

중 大麦粥 dàmàizhōu

일 コッボリジュク, こぬかおかゆ

죽. 겉보리를 볶아 가루로 만든 것을 물을 넣어 쑨 것. 옛날부터 아주 어려운 살림에 끼니를 때우기 위해 먹던 것이지만 현대인들에게도 균형 잡힌 영양을 위해 필요하며 구수한 맛이 남.

겉절이 [geotjeori]

영 Fresh vegetables with sauce

프 Légumes fraîches à la sauce

중 生拌泡菜 shēngbànpàocài, 速食泡菜 sùshípàocài

일 コッジョリ, 浅漬けキムチ

김치. 발효되지 않은 김치로 여러 가지 채소를 너무 잘지 않도록 적당한 크기로 썰어 간장이 기초가 되는 양념에 무친 것. 때로는 새우젓이나 절인 채소가 기초 간이 되고 파, 마늘, 고춧가루, 참기름, 깨소금, 설탕에 살짝 버무림.

게-감정 [ge-gamjeong]

영 Crab hot casserole
프 Crabe à la casserole (ragoût au crabe) piquant
중 螃蟹辣酱汤 pángxièlàjiàngtāng
일 ケガムジョン, ワタリガニ·挽き肉·豆腐·野菜の辛味噌チゲ鍋

찌개. 게 껍질(딱지)에 게 살, 다진 쇠고기, 두부, 데친 숙주 등을 섞어 양념하여 담아 간장과 고추장으로 끓인 것. 고추장이나 고춧가루가 들어가 찌개로 끓인 것을 감정이라고 함.

《재료》 꽃게, 쇠고기, 두부, 숙주, 밀가루, 달걀, 무, 실파, 식용유, 파, 마늘, 생강, 후추, 고추장, 된장, 소금, 깨소금

게살-전 [gesal-jeon]

영 Crab meat patties
프 Pané au crabe
중 蟹肉小煎饼 xièròuxiǎojiānbing
일 ケサルジョン, カニの薄焼き

전(煎). 삶은 꽃게의 다리 살과 게장을 섞고, 소금, 후추로 간을 하여 동글납작하게 빚어 밀가루, 달걀을 씌워 기름에 지진 것.

《재료》 꽃게, 식용유, 밀가루, 달걀, 후춧가루, 소금

게-장 [ge-jang]

영 Marinated raw crab in soybean sauce (seasoned crab)
프 Crabe mariné cru à la sauce de soja
중 生腌螃蟹 shēngyānpángxiè, 酱螃蟹 jiàngpángxiè
일 ケジャン, カニの醤油·辛味噌漬け

젓갈. 살아 있는 민물 게를 물에 담가 해감한 후 끓여 식힌 간장을 여러 번 부어 삭힌 밑반찬이다. 매운 양념에 무쳐 즉시 먹을 수 있도록 만든 양념게장도 있다.

《재료》 꽃게, 간장(또는 고춧가루), 파, 마늘, 생강, 간장, 통깨

게-장 백반 [ge-jang baekban]

영 Marinated crab with a bowl of rice
프 Crabe mariné assaisonné avec un bol de riz
중 酱螃蟹加白饭 jiàngpángxièjiābáifàn
일 ケジャンペッパン, カニ定食

식단. 게장을 포함하여 몇 가지 반찬

과 밥을 곁들인 한상차림.

게-조치 [ge-jochi]

영 Crab stew
프 Casserole au crabe
중 螃蟹牛肉清酱汤 pángxièniúròuqīngjiàngtāng
일 ケジョチ, ワタリガニ·牛肉·野菜のコンソメ

찌개. 꽃게를 손질하여 발 끝 마디를 자르고 4등분하여 놓고 쇠고기 양념을 볶다가 장국을 넣고 꽃게 채소와 함께 끓여 익힌 것.

《재료》 꽃게, 쇠고기, 청장, 파, 무, 홍고추, 마늘, 참기름, 후춧가루, 고추장, 생강, 소금

게-찜 [ge-jjim]

영 Steamed stuffed crab
프 Crabe farci et cuit à la vapeur
중 蒸螃蟹 zhēngpángxiè
일 ケチム, ワタリガニの蒸し煮

찜. 게 껍질(딱지)에 게살, 다진 쇠고기, 표고, 두부, 파, 마늘 등을 섞어 무친 것을 담고 쪄낸 후 위에 알지단 등을 올리거나 달걀을 발라 찐 것.

《재료》 꽃게, 두부, 쇠고기, 표고, 실파, 파, 마늘, 참기름, 깨소금, 후춧가루

게-탕 [ge-tang]

영 Crab soup
프 Soupe au crabe
중 螃蟹清酱汤 pángxièqīngjiàngtāng
일 ケタン, ワタリガニスープ

국. 게의 딱지를 떼고 양념을 하여 장국에 넣어 끓인 국.

겨울파-장국 [kyewoolpa-jangguk]

영 Winter green onion soup
프 Soupe de poireau d'hiver
중 冬葱酱汤 dōngcōngjiàngtāng
일 ギョウルパジャングック, ネギ牛スープ

국. 쇠고기 장국에 파를 많이 넣고 그 밖에 숙주를 데쳐 조금만 넣어 끓인 것.

《재료》 쇠고기, 간장, 소금, 파, 마늘, 숙주, 참기름

겨자-채 [gyeoja-chae]

영 Assorted cold plate with mustard sauce
프 Salade de viande et légumes à la moutarde
중 芥末凉拌什锦菜 jièmoliángbànshíjǐncài
일 キョジャチェ, マスタードソースの野菜とお肉

생채. 배추, 오이, 죽순, 당근, 편육, 전복, 해삼, 배, 밤, 달걀지단 등을 1.5cm ×5cm 크기로 얇게 썰어 겨자에 설탕, 식초, 소금으로 겨자즙을 만들어 잣즙과 연유를 넣어 고루 무친 것.

《재료》 배추, 오이, 당근, 죽순, 쇠고

기, 전복, 해삼, 배, 밤, 달걀, 잣, 식초, 설탕, 소금, 연유

결명자-차 [gyeolmyeongja-cha]

영 Tea of herb's seed (gyeolmyeongja)
프 Thé des grain d'herbe 'yeux brillants'
중 决明子茶 juémíngzichá
일 キョルミョンジャチャ, はぶ茶

음청류. 결명자 씨를 물에 넣어 끓여서 아무것도 넣지 않거나 따뜻하게 또는 차게 마신다. 많이 마시면 눈이 밝아진다는 차.

《재료》 결명자, 꿀 또는 설탕

경기-동동-주 [gyeonggi-dongdong-ju]

영 Floated rice grain on the milky wine
프 Alcool de riz laiteux avec grain de riz flottant
중 京畿清米酒 jīngjīqīngmǐjiǔ
京畿浮蚁酒 jīngjīfúyǐjiǔ
일 キョンギドンドンジュ(ブイジュ), どぶろく

민속주. 일명 부의주(浮蚁酒). 찹쌀로 빚은 술에 밥알이 동동 떠 있다고 하여 붙여진 이름, 고려 때부터 만들어져 조선시대에 와서 많이 애용되었던 맛이 달고 콕 쏘아 여름철 구미를 돋우는 술.

《재료》 찹쌀, 누룩

경단 [gyeongdan]

영 Sweet rice ball
프 Boule de riz sucrée
중 团子 tuánzi
일 キョンダン, お団子

떡. 찹쌀가루를 익반죽하여 둥글게 빚어 물에 삶아 건져 물기를 빼고 여러 가지 고물을 묻힌 삶은 떡의 총칭.

계란-찜(달걀-찜) [gyeran-jjim(dalgyal-jjim)]

영 Steamed eggs mix in Korean style
프 Oeufs battus à la vapeur
중 蒸鸡蛋羹 zhēngjīdàngēng
일 ケランチム, 茶碗むし

찜. 달걀에 물을 섞어 새우젓이나 간장으로 간을 하여 파를 썰어 넣고 그릇(옹기 또는 사기)에 담아 부드럽게 찐 것.

《재료》 달걀, 물, 새우젓 또는 간장, 파

계란-탕 [gyeran-tang]

영 Egg soup
프 Soupe aux oeufs
중 蛋花汤 dànhuātāng

ㄱ

일 ケランタン, 玉子スープ

국. 일명 달걀국 또는 달걀탕. 육수 또는 채소 맛을 낸 국물에 파를 채 썰어 넣고, 국물이 끓을 때 달걀 푼 물을 가만히 채쳐 풀어 익힌 국으로 중국식 달걀탕에서 유래됨.

재료 달걀, 파, 마늘, 육수 또는 국물, 소금, 간장, 후춧가루

계룡-백일주 [gyeryong-baekilju]

영 Matured rice wine for hundred days
프 Vin de riz affiné pour cent jours
중 鸡龙百日酒 jīlóngbǎirìjiǔ
일 ゲリョンベギルジュ, 百日熟成酒

민속주. 조선 인조(仁祖)가 양조법을 연안 이씨 가문에 하사했다는 술로, 통밀과 찹쌀가루를 같은 양을 넣고 양조수로 반죽하여 누룩을 만들어 찹쌀과 여러 가지 꽃과 솔잎, 오미자를 고루 배합하여 빚어 100여일 묻었다가 먹는다는 술.

재료 통밀과 찹쌀가루를 양조수로 반죽하여 만든 누룩, 찹쌀, 재래종 황국화, 진달래꽃, 잇꽃, 솔잎, 오미자

계피-차 [gyepi-cha]

영 Cinnamon tea
프 Thé à la cannelle
중 桂皮茶 guìpíchá
일 ゲピチャ, シナモンチャ茶

음청류. 통 계피를 물에 넣어 끓일 때 생강도 편으로 썰어 조금 넣고 다져진 물에 대추를 채 썰어 띄우고 설탕이나 꿀을 넣은 음청류.

재료 통 계피, 생강, 대추, 설탕, 꿀

고구마순-김치 [gogumasun-kimchi]

영 Autumnal sweet potato stem kimchi
프 Kimchi à la tige de patate douce
중 地瓜幼芽泡菜 dìguāyòuyápàocài
일 ゴグマスンキムチ, さつまいも茎キムチ

김치. 연한 고구마순의 껍질을 벗겨 마늘, 소금으로 양념하고 풋고추를 섞은 것.

재료 고구마순, 고구마줄기, 마늘, 소금, 풋고추, 고춧가루

고구마순-나물 [gogumasun-namul]

영 Sauted sweet potato stems
프 Tige de patate douce sautée
중 凉拌地瓜幼芽菜 liángbàndìguāyòuyácài
일 ゴグマスンナムル, さつまいも茎ナムル

숙채. 고구마순을 한번 데쳐 껍질을 벗긴 후에 식용유에 볶다가 갖은 양념을 하여 맛을 낸 것.

재료 고구마순, 참기름, 깨소금, 간장, 식용유, 다진 파, 다진 마늘, 후춧가루, 참기름

고구마-전 [goguma-jeon]

영 Pan fried sweet potato
프 Patate douce panées
중 地瓜小煎饼 dìguāxiǎojiānbing
일 ゴグマジョン, さつまいもの唐揚げ

전(煎). 고구마를 편으로 썰거나 채로 썰어 밀가루와 달걀물로 반죽(batter)을 만들어 옷을 입혀 지져 낸 것.

재료 고구마, 밀가루, 달걀, 식용유, 소금

고구마줄기-김치 [gogumajulgi-kimchi]

영 Sweet potato stem kimchi
프 Kimchi à la tige de patate douce

중 地瓜秧泡菜 dìguāyāngpàocài
일 ゴグマジュルギキムチ, さつまいも茎キムチ

김치. 데친 고구마줄기를 김치 양념으로 버무려 익힌 것. 고구마순 김치와 거의 같다.

고구마줄기-나물 [gogumajulgi-namul]

영 Seasoned sweet potato stems
프 Tiges de patate douce assaisonnées
중 凉拌地瓜秧菜 liángbàndìguāyāngcài
일 ゴグマジュルギナムル, さつまいも茎ナムル

숙채. 고구마줄기를 삶아 껍질을 벗겨 적당한 길이로 잘라서 파, 마늘, 간장, 깨소금, 참기름 또는 들기름에 무쳐 기름에 볶은 것.
《재료》 고구마줄기, 파, 마늘, 참기름, 깨소금

고구마-튀김 [goguma-twigim]

영 Deep-fried sweet potatoes
프 Beignets patates douces
중 油炸地瓜 yóuzhádìguā
일 ゴグマチギム, 揚げさつまいも

튀김. 고구마를 채로 썰어 기름에 튀기거나 둥글고 얇게 썰어 밀가루 반죽물에 담갔다가 기름에 튀긴 것.

고둥-국 [godung-guk]

영 Small trumpet shell soup
프 Soupe aux petites coquilles
중 海螺清酱汤 hǎiluóqīngjiàngtāng
일 ゴドングック, サザエスープ

국. 고둥은 서로 비벼 씻어서 깨끗이 하여 끓는 소금물에 넣어 살짝 삶아서 바늘로 고둥 살을 빼내고 데쳐낸 풋배추와 도라지, 길게 썬 부추를 섞어 양념하여 물을 넣고 끓인 후 먹는 것. 산초가루를 넣어 먹기도 한다.
《재료》 고둥, 풋배추, 도라지, 부추, 된장, 고춧가루, 들깨, 파, 마늘, 생강, 산초

고둥-찜 [godung-jjim]

영 Braised trumpet shell meat with vegetables
프 Petites coquilles braisées aux légumes
중 蒸海螺 zhēnghǎiluó
일 ゴドンチム, サザエの蒸し煮

찜. 고둥을 물에 삶아 속살을 빼내고 여러 가지 채소를 손질하여 비슷한 길이로 썰어 놓고 찹쌀가루와 들깨가루, 고춧가루를 물에 잘 푼 후 뿌려 익혀서 소금으로 간한 것.
《재료》 고둥, 찹쌀가루, 들깨가루, 콩나물, 고사리, 방앗잎, 파, 후춧가루, 고춧가루, 소금

고들빼기-김치 [godeulppaegi-kimchi]

영 Godeulppaegi kimchi
프 Kimchi de crucifère
중 苦荬菜泡菜 kǔmǎicàipàocài
일 ゴドゥルペギキムチ, いぬやくしそうキムチ

김치. 고들빼기(Ixeris Sonchifolia)를 열흘 정도 물에 담갔다가 물기를 빼 여러 가지 양념과 젓갈을 넣어 버무린 것.

《재료》 고들빼기, 파, 밤, 마늘, 생강, 멸치젓, 소금, 고춧가루, 설탕, 통깨

고등어-소금구이 [godeungeo-sogeumgui]

영 Grilled mackerel with salt
프 Maquereau grillé au sel
중 盐烤鲐鱼 yánkǎotáiyú, 盐烤青花鱼 yánkǎoqīnghuāyú
일 コドンオソグムグイ, さばの塩焼き

구이. 고등어의 배를 갈라 깨끗이 손질한 후 소금을 뿌려 간이 배게 하여 구운 것.

고등어-자반 [godeongeo-jaban]

영 Half dried mackerel in brine
프 Maquereau demi séché en marinade
중 腌咸鲐鱼 yānxiántáiyú
일 コドンオジャバン, 塩漬けさば

고등어의 내장과 아가미를 빼고 소금물에 담그거나 소금을 뿌려 절였다가 건져 보에 싸서 눌러 반쯤 말려 놓은 것으로 굽거나 찌거나 하여 먹음.

고등어-조림 [godeongeo-jorim]

영 Braised mackerel
프 Maquereau mijoté à la sauce de soja
중 酱炖鲐鱼 jiàngdùntáiyú, 辣炖鲐鱼 làdùntáiyú
일 コドンオジョリム, さばの味噌煮

조림. 고등어를 토막 내어 간장, 파, 마늘 등의 양념을 넣고 조린 것.

《재료》 고등어, 간장, 파, 마늘, 고춧가루, 생강, 설탕

고비-나물 [gobi-namul]

영 Sauted flowering fern
프 Fougère sautée
중 拌薇菜 bànwēicài
일 コビナムル, ゼンマイナムル

나물. 고사리와 비슷한 말린 고비를 물에 불려 물기 없이 짠 후에 썰어 갖은 양념에 무쳐 볶아 낸 것.

《재료》 고비, 파, 마늘, 참기름, 깨소금, 간장, 설탕

고사-떡 [gosa-tteok]

영 Rice layer cake offered to Gods
프 Gâteau de riz à la couche dédié aux dieux
중 祭祀糕 jìsìgāo
일 コサトック, 祈願祭に供えるお餅(小豆のさらしあん)

떡. 가을 추수와 집안의 평안을 기원하는 뜻으로 쌀가루와 붉은 팥고물을 얹어 켜를 받쳐 찐 팥고물 시루떡.

고사리-나물 [gosari-namul]

영 Young shoots of bracken namul
프 Jeunes fougères cuites
중 拌蕨菜 bànjuécài
일 コサリナムル, ゼンマイナムル

숙채. 데쳐서 말렸던 고사리를 다시 물에 불려 떫은맛을 빼고 썰어 기름에 볶다가 양념한 것.
《재료》 고사리, 실고추, 참기름, 깨소금, 간장, 설탕, 후춧가루, 다진 파, 마늘

고사리-전 [gosari-jeon]

영 Pan fried bracken
프 Pané de fougère frite à la pôele
중 蕨菜煎饼 juécàijiānbing
일 コサリジョン, ゼンマイチヂミ

전(煎). 불린 고사리를 잘게 썰어 밀가루 달걀 푼 것과 섞어서 지진 것.
《재료》 고사리, 달걀, 밀가루, 식용유, 소금, 다진 파, 다진 마늘, 후춧가루, 참기름, 깨소금, 초간장

고사릿-국 [gosarit-guk]

영 Bracken soup
프 Soupe de fougère
중 蕨菜清汤 juécàiqīngtāng
일 コサリグック, ゼンマイスープ

국. 물에 불린 고사리를 5~6cm 정도로 잘라 기름에 볶아 밀가루를 고루 묻히고 달걀물에 담갔다가 맑은 장국에 넣어 양념을 한 후 다시 끓임.
《재료》 고사리, 쇠고기, 달걀, 밀가루, 실파, 양념

고수-강회 [gosu-ganghoe]

영 Fresh coriander with hot sour pepper paste sauce
프 Coriandre salade avec sauce piquante
중 生香菜 shēngxiāngcài, 辣拌香菜 làbànxiāngcài
일 コスガンフェ, こえんどろの和え物

무침. 고수풀을 날로 말아서 초고추장에 찍어 먹거나 고수풀을 초고추장에 무친 것.
《재료》 고수풀, 식초, 고추장, 깨소금, 간장

고욤 [goyom]

영 Diospyros lotus (wild persimon)
프 Plaguemine
중 黑枣 hēizǎo, 君迁子 jūnqiānzǐ
일 ゴヨム, マメガキ

과일. 야생의 고욤나무 열매를 따서 항아리에 담아 엿을 넣고 푹 익도록 두었다가 질척해지면 그릇에 담아 먹는다.

고추-감자-조림 [gochu-gamja-jorim]

영 Braised green pepper and potatoes in sauce
프 Piment vert et pommes de terre mijotées à la sauce
중 辣椒炖土豆 làjiāodùntǔdòu
일 コチュガムジャジョリム, 唐辛子とじゃがいもの煮付け

조림. 풋고추와 감자를 썰어 섞고 간장, 기름, 물을 넣어 심심하게 조린 것. 어름에는 풋고추를 넣어 조리기도 한다.

고추-김치 [gochu-kimchi]

영 Cruenchy green chili pepper kimchi
프 Kimchi aux piments rouges
중 辣椒泡菜 làjiāopàocài

ㄱ

🇬 コチュキムチ, 唐辛子キムチ

김치. 고추를 이틀 정도 삭혔다가 마늘, 생강 다진 것, 청량 고춧가루를 버무려 익힌 김치. 때로는 배를 갈아 속에 소를 넣어 익히기도 함.

고추-냉채 [gochu-naengchae]

영 Cold green pepper salad
프 Salade aux piments verts
중 青辣椒丝凉拌鱿鱼
qīnglàjiāosīliángbànyóuyú
일 コチュネンチェ, 唐辛子とするめの冷菜

생채. 풋고추를 채 썰고 생 오징어를 물에 데쳐 가늘게 썰거나 말린 오징어채와 오이채를 섞고 초고추장에 무친 것.
재료 풋고추, 생 오징어 또는 말린 오징어채, 오이채, 초고추장

고추-두부-조림 [gochu-dubu-jorim]

영 Braised pepper and Dubu
프 Piments verts et tofu mijotés
중 辣椒炖豆腐 làjiāodùndòufǔ
일 コチュドゥブジョリム, 唐辛子豆腐煮付け

조림. 두부를 기름에 부친 후 간장, 설탕, 마늘 등의 양념에 조린 것. 여름철에 풋고추를 함께 넣어 조리기도 한다.

고추-볶음(풋고추-볶음) [gochu-bokkeum (putgochu-bokkeum)]

영 Sauted young pepper(variation : sauted red pepper and green vegetable)
프 Piments verts sautés
중 清炒辣椒 qīngchǎolàjiāo
(清炒青辣椒 qīngchǎoqīnglàjiāo)
일 コチュボクム, 唐辛子炒め

볶음. 연한 풋고추를 그대로 또는 뜨거운 물에 넣었다가 바로 꺼내어 기름에 볶으면서 피망, 고추와 셀러리 등 푸른 채소와 같이 볶아 양념함.
재료 풋고추, 간장, 참기름, 깨소금, 고추, 셀러리, 식용유

고추장-볶음 [gochujang-bokkeom]

영 Sauted hot pepper paste with oil and sugar
프 Pâte de soja piquante sautée à l'huile et au sucre
중 辣酱炒剁牛肉 làjiàngchǎoduòniúròu, 油炒辣椒酱 yóuchǎolàjiāojiàng
일 コチュジャンボックム, コジュジャン炒め(薬コチュジャン)

볶음. 고추장을 냄비에다 기름, 설탕 등을 알맞게 섞어서 되직하게 볶은 것. 식성에 따라 실백 또는 다진 쇠고기 등을 넣고 볶기도 하며 이렇게 만든 고추장은 약고추장(藥苦草醬)이라고 함.
재료 고추장, 식용유, 설탕, 꿀, 쇠고기 다진 것, 다진 마늘, 다진 파, 후춧가루, 깨소금, 참기름, 실백

고추-장아찌 [gochu-jangajji]

영 Pickled green pepper
프 Piments verts macérés
중 辣椒酱菜 làjiāojiàngcài
일 コチュジャンアチ, 唐辛子の漬物

장아찌. 풋고추를 소금물에 일주일 정도 삭힌 후 고추에 군데군데 구멍을 내고 양념간장에 버무려 담금.
《재료》 풋고추, 소금, 간장, 고춧가루, 파, 마늘, 생강즙, 설탕

고추-전 [gochu-jeon]

영 Pan fried stuffed green pepper
프 Piment vert farci et pané
중 (青)辣椒煎饼 (qīng)làjiāojiānbing
일 コチュジョン, 牛肉づめの青唐辛子焼き

전(煎). 풋고추 씨를 빼고 그 속에 다져 조미한 쇠고기를 끼워서 그 부분만 밀가루, 달걀을 씌워 지진 것.
《재료》 풋고추, 쇠고기, 간장, 다진 파, 마늘, 설탕, 고춧가루, 참기름, 밀가루, 달걀

고추-찜 [gochu-jjim]

영 Steaned young green pepper
프 Piments verts cuits à la vapeur
중 酱拌干蒸(青)辣椒 jiàngbàngānzhēng(qīng)làjiāo
일 コチュチム, 唐辛子の蒸し煮

찜. 풋고추의 꼭지를 따고 씻어 밀가루를 묻혀 찐 후에 간장 양념에 무친 것.
《재료》 풋고추, 밀가루, 설탕, 간장, 참기름, 고춧가루, 다진 파, 마늘

고춧잎-나물 [gochunnip-namul]

영 Green pepper leaf namul
프 Feuilles du piment vert assaisonnées
중 凉拌辣椒叶子菜 liángbànlàjiāoyèzicài
일 コチュイプナムル, 唐辛子の葉っぱナムル

나물. 고춧잎을 따서 데친 것을 물을 꼭 짜서 그대로 하던지 말린 것을 다시 물에 불려 물기를 짜서 갖은 양념으로 무친 나물.
《재료》 고춧잎 말린 것, 콩기름, 엿(설탕), 간장, 깨소금

곤포-탕 [gonpo-tang]

영 Kelp soup
프 Soupe à la laminaire
중 海带汤 hǎidàitāng
일 ゴンポタン, 昆布スープ

국. 일명 다시마국. 파, 움파 등과 다시마를 잘게 썰어 같이 끓인 것.
《재료》 다시마, 파, 마늘, 달걀, 움파

골곰-짠지 [golgom-jjanji]

영 Salty and dried radish with Chinese cabbage
프 Radis séché et salé au chou chinois
중 萝卜干泡菜 luóbogānpàocài
일 ゴルゴムチャンジ, 大根の漬物

김치. 가을에 썰어 말린 무말랭이를 소금물, 조청, 배춧잎 썬 것과 함께 찹쌀풀이 섞인 양념에 버무린 것.
재료 무말랭이, 파, 배춧잎, 고춧잎, 엿기름, 찹쌀 풀, 멸치젓, 고춧가루, 소금, 마늘, 통깨

골동반 [goldongban]

영 Cooked rice with various vegetables and meat
프 Riz cuit aux légumes et à la viande
중 蔬菜拌饭 shūcàibànfàn
일 ゴルドンバン, 宮廷のビビンバー

밥. 비빔밥의 궁중 용어. 밥에 쇠고기 볶음, 전, 튀각, 여러 가지 나물 등을 넣고 참기름과 양념으로 비벼 먹는 궁중요리.
재료 쌀, 표고, 고사리, 오이, 달걀, 도라지, 콩나물, 흰살 생선, 다시마, 소금, 후춧가루, 참기름, 고추장

골무-떡 [golmu-tteok]

영 Thimble shaped rice cake
프 Gâteau de riz au forme de pouce
중 顶针糕 dǐngzhēngāo, 小圆白打糕 xiǎoyuánbáidágāo
일 ゴルムトック, 短く切った棒状の白餅

떡. 멥쌀가루로 쪄서 안반에 쳐서 가래를 빚어 짧게 자른 후 골무 모양으로 만든 흰 떡.

골뱅이-무침 [golbaengi-muchim]

영 Spicy fresh water snails with mixed vegetables
프 Escargots assaisonnés aux légumes
중 辣拌扁玉螺肉 làbànbiǎnyùluóròu
일 ゴルベンイムチム, ツブ貝の和え物

생채. 골뱅이를 삶아 살을 빼내서 여러 가지 채소를 썰어 넣고 양념장에 무친 것.
재료 골뱅이, 오이, 미나리, 무, 깨소금, 간장, 파, 마늘, 고춧가루, 참기름

곰-국(곰-탕) [gom-guk(gom-tang)]

영 Thick beef soup
프 Soupe de boeuf
중 牛肉炖汤 niúròudùntāng, 精熬牛肉汤 jīngāoniúròutāng
일 コムグック(コムタン), 牛肉の煮込みスープ

국(탕). 쇠고기(양지머리 또는 사태), 손질한 양(䑋), 도가니에 무와 물을 붓고 오래 고아서 건져 얇게 썰고 파, 마늘, 간장, 기름, 후춧가루로 양념한 것.
재료 쇠고기(양지머리 또는 사태), 양, 도가니, 무, 파, 마늘, 소금

곰-국수 [gom-guksu]

영 Noodles in thick beef soup
프 Soupe de boeuf aux nouilles
중 牛肉汤面 niúròutāngmiàn
일 コムグックス, 牛スープ麺

국수. 곰국에 밥 대신 국수를 삶아 넣

어 먹는 주식.

곰장어-회 [gomjangeo-hoe]

영 Sliced raw conger eel
프 Anguille de mer crue dépouillée et émincée
중 生切蒲氏粘盲鳗肉片 shēngqiēpúshìniánmángmánròupiàn
일 コムジャンオフェ, うなぎさしみ

회(膾). 동해 바다에서 잡은 뱀장어의 껍질을 벗기고 살을 저며 풋고추와 마늘 편을 곁들이고 초고추장에 찍어 먹음.

곱돌 육회-비빔밥 [gopdol yukhoe-bibimbap]

영 Stone pot Bibimbap with beef tartare
프 Casalette de riz aux légumes et au beuf cru assaisonné
중 蜡石锅生牛肉丝拌饭 làshíguōshēngniúròusībànfàn
일 ゴプドルユッケビビンバップ, 牛さし石焼きビビンバ

밥. 쇠고를 가늘게 채를 썰어 다진 마늘, 다진 파, 간장, 깨소금, 참기름으로 간을 한 회를 비빔밥과 함께 곱돌 솥에 담아 뜨겁게 내어 놓는 밥.

곱창-구이 [gopchang-gui]

영 Grilled beef tripes
프 Tripes de boeuf grillées
중 烤牛小肠 kǎoniúxiǎocháng
일 コプチャングイ, ホルモン焼き

구이. 소의 작은 창자를 손질하여 소금으로 주물러 깨끗이 씻은 후 짤막하게 썰어 숯불에 소금을 뿌리면서 구워 먹음.

곱창-전골 [gopchang-jeongol]

영 Beef meat and tripes hot pot
프 Casserole aux tripes de boeuf
중 牛小肠火锅 niúxiǎochánghuǒguō
일 コプチャンジョンゴル, もつ鍋

전골. 쇠고기 국물에 여러 가지 채소를 넓적한 전골냄비에 옆옆이 담고 손질한 곱창을 작게 썰어 양념한 것과 삶은 국수를 넣어 얼큰하게 끓인 것.
《재료》 소 곱창, 양파, 버섯, 국수, 소금, 마늘, 후춧가루

곱창-전골 정식 [gopchang-jeongol jeongsik]

영 Table d'hôte with beef tripes hot pot
프 Table d'hôte au ragoût de tripes de boeuf
중 牛小肠火锅定食 niúxiǎochánghuǒguōdìngshí
일 コプチャンジョンゴルジョンシック, もつ鍋定食

전골. 곱창 전골이 주 요리가 되고 기본 찬을 곁들인 한상차림.

ㄱ

곶감 [gotgam]

영 Dried persimon
프 Kaki séché
중 柿饼 shìbǐng
일 コッカム, 干し柿

과일류. 감의 껍질을 벗겨 말려서 그대로 후식으로 먹거나 떡이나 수정과 등에 이용된다.

곶감-쌈 [gotgam-ssam]

영 Dried persimon with walnut
프 Kaki séché farci de noix
중 柿饼包胡桃仁 shìbǐngbāohútáorén, 柿饼包核桃仁 shìbǐngbāohétáorén
일 コッカムサム, ぐるみ入れ干し柿

과일류. 곶감을 갈라 호두를 속에 넣고 꼭꼭 말아 호두가 보이도록 얇게 썰어 놓은 것.

《재료》 곶감, 호두 깐 것

과편 [gwapyeon]

영 Jelly
프 Gelée
중 果冻 guǒdòng
일 グヮピョン, 果物ゼリー

한과. 과일을 익혀서 씨를 없애고 응고재를 넣어 굳힌 것.

곽탕 [gwaktang]

영 Seaweed soup (mee-yok soup)
프 Soupe d'algues
중 裙带菜汤 qúndàicàitāng
일 グヮクタン, わかめスープ

국. 미역국의 옛말

광어-전 [gwangeo-jeon]

영 Pan fried halibut
프 Pané de flétan
중 牙鲆煎饼 yápíngjiānbing
일 クヮンオジョン, ヒラメの薄焼き

전(煎). 광어의 포를 떠서 소금, 후추를 조금 뿌려 간을 한 후 밀가루, 달걀을 씌워 지진 것.

《재료》 광어, 밀가루, 달걀, 식용유, 잣가루, 소금, 후춧가루, 간장, 식초

광어-조림 [gwangeo-jorim]

영 Braised halibut in sauce of ginger, garlic and soy
프 Flétan mijoté à la sauce de gingembre, ail et soja
중 辣炖牙鲆 làdùnyápíng
일 クヮンオジョリム, ヒラメ煮付け

조림. 광어를 토막 내어 갖은 양념을 한 간장 물을 켜켜이 뿌리고 그릇 밑에 무를 썰어 깔고 풋고추 등을 넣고 조린 것.

《재료》 광어, 무, 풋고추(청, 홍), 간장, 설탕, 다진 파, 마늘, 생강, 후춧가루, 참기름

광어-회 [gwangeo-hoe]

영 Sliced raw halibut
프 Flétan cru tranché
중 生牙鲆鱼片 shēngyápíngyúpiàn
일 クヮンオフェ, ヒラメさしみ

회(膾). 바다에서 잡은 광어를 손질하여 얇게 저며 날로 초고추장에 찍어 먹거나 풋고추나 다진 마늘 등을 섞은 된장 양념에 찍어 먹음.

《재료》 광어, 초고추장, 된장, 다진 마늘

구기자-차 [gugija-cha]
영 Gougija tea
프 Thé au 'gugija'
중 枸杞子茶 gǒuqǐzǐchá
일 クギザチャ, クコ茶

음청류. 구기자 열매를 물을 붓고 중불에서 달여 물만 마시거나 꿀을 타서 달게 마시는 음료.
《재료》 구기자, 꿀 또는 설탕

구절판 [gujeolpan]
영 Nine-sectioned hors d'oeuvre dish (platter of nine delicacies)
프 Assiette de neuf délices d'hors-d'oeuvre
중 九折坂 jiǔzhébǎn
일 グジョルパン, 九品盛り合わせクレープ

쌈. 중심에 얇은 밀가루 전병을 놓고 여러 가지 채소를 채 썰어 볶은 것과 쇠고기, 전복 등을 채로 썰어 볶은 것 등 아홉 가지를 돌려가며 담아내며, 밀전병에 싸서 초장에 찍어 먹는다.
《재료》 밀가루, 쇠고기, 전복, 표고, 오이, 당근, 잣, 석이, 숙주, 죽순, 달걀, 소금, 후춧가루, 식용유, 참기름

국수 [guksu]
영 Noodles
프 Nouilles
중 面 miàn, 面条 miàntiáo
일 クックス, 麺類の総称

곡류 가루를 반죽하여 가늘게 뽑아낸

국수.

국수-장국 [guksu-jangguk]
영 Noodle in clear broth
프 Soupe aux nouilles avec garniture et de légume
중 酱汤泡面 jiàngtāngpàomiàn
일 オンミョン, 澄まし汁の温麺(玉子, シイタケなどをトッピング)

국수. 삶아 건진 국수를 맑은 장국(양지머리, 우둔 등을 넣고 끓인 국물)에 말아 고명을 얹은 것.
《재료》 밀국수 또는 메밀국수, 육수, 표고, 석이, 달걀, 실고추, 육수, 청장

국수-전골 [guksu-jeongol]
영 Noodles hot pot
프 Nouilles à la casserole, marmite de légumes, viande et nouilles
중 面条火锅 miàntiáohuǒguō
일 クックスジョンゴル, 麺入り寄せ鍋

전골. 국수 요리의 변형. 양념한 쇠고기에 여러 채소를 옆옆이 담아 끓인 것에 국수를 넣어 끓임.
《재료》 국수, 쇠고기, 양파, 파, 당근, 버섯, 무, 미나리

ㄱ

국화-주 [gukhwa-ju]

영 Chrysanthemum rice wine
프 Liqueur de chrysanthème
중 菊花酒 júhuājiǔ
일 クックフヮジュ, 菊酒

민속주. 말린 황국 잎을 주머니에 넣어 청주에 담갔다가 꺼낸 술이나 또는 술을 빚을 때 감국화와 약재를 넣어 빚어 담은 한방주로 장수를 누린다고 전해짐.

《재료》 황국, 청주, 생지황, 구기자, 나무껍질, 찹쌀, 누룩

굴-국(굴-탕) [gul-guk(gul-tang)]

영 Oyster soup
프 Soupe aux huîtres
중 牡蛎虾酱汤 mǔlìxiājiàngtāng
일 グルグック, カキスープ

국. 무를 얄팍하게 썰어 맑은 탕을 끓이다가 생굴과 작게 썬 두부와 파를 넣고 새우젓국으로 간을 하여 끓인 것. 일명 석화갱이라고도 함.

《재료》 굴, 두부, 무, 파, 새우젓국

굴-김치 [gul-kimchi]

영 Fresh oysters kimchi
프 Kimchi aux huîtres
중 牡蛎泡菜 mǔlìpàocài
일 グルキムチ, カキキムチ

김치. 초가을에 배추를 소금에 살짝 절였다가 양념에 버무리고 생굴을 넣어 섞은 다음 국물을 심심하게 익힌 것.

《재료》 배추, 생굴, 파, 마늘, 생강, 소금

굴-깍두기 [gul-kkakdugi]

영 Diced radish and oyster kimchi
프 Kimchi aux radis coupés en cube et aux huîtres
중 牡蛎萝卜块泡菜 mǔlìluóbokuàipàocài
일 グルカックトゥギ, カキ入れのカクテギ (大根の角切りキムチ)

김치. 굴을 넣어 만든 깍두기.

《재료》 무, 생굴, 파, 미나리, 고춧가루, 마늘, 생강, 새우젓국, 소금, 설탕, 실고추

굴-냉국 [gul-naengguk]

영 Chilled oyster soup
프 Soupe aux huîtres froides
중 牡蛎凉汤 mǔlìliángtāng
일 グルネングック, カキ冷しスープ

국. 굴을 양념하여 찬물을 부어 굴과 국물을 함께 먹도록 만든 국.

《재료》 생굴, 동치미 국물, 간장, 파, 마늘, 고춧가루, 식초

굴-두부-조치 [gul-dubu-jochi]

영 Clear soup with oyster and dubu
프 Consommé au dubu et aux huîtres
중 牡蛎豆腐虾酱汤 mǔlìdòufǔxiājiàngtāng
일 グルドゥブジョチ, カキと豆腐のチゲ鍋

찌개. 무를 얄팍하고 작은 네모로 썰어 끓여 익힌 후 작은 크기로 썬 두부와 손질한 생굴을 넣고 홍고추와 파를 썰어 넣고 살짝 끓인 후 새우젓으로 간을 한 것.

《재료》 굴, 두부, 무, 실파, 홍고추, 새우젓, 소금, 참기름

굴-떡국 [gul-tteokguk]

영 Sliced rice pasta soup with oysters
프 Soupe aux rondelles de pâte de riz et aux huîtres
중 牡蛎年糕汤 mǔlìniángāotāng
일 グルトックック, カキ入りの韓国風おぞうに

국. 떡국을 끓일 때 쇠고기 국물을 내지 않고, 신선한 굴과 두부 등을 넣고 고명을 얹은 국.

《재료》 떡, 굴, 두부, 달걀, 김, 간장, 참기름, 깨소금, 파, 마늘

굴린 만두 [gulin mandu]

영 Ball dumpling
프 Ravioli à la boule
중 滚馅饺子汤 gǔnxiànjiǎozitāng
일 グルリンマンドウ, 丸いお餃子

만두. 일명 굴만두. 다진 고기(돼지고기, 쇠고기)에 데친 숙주, 배추김치 다진 것 등을 함께 버무려 완자로 빚어서 밀가루에 굴리고 냉수에 넣었다가 다시 밀가루에 굴려 껍질이 씌워지도록 만든 후 육수에 넣어 익힌 요리. 평안도 향토음식.

《재료》 밀가루, 쇠고기, 돼지고기, 숙주, 배추김치, 육수

굴-밥(생굴-밥) [gul-bap(saenggul-bap)]

영 Cooked rice with oyster
프 Riz cuit à l'huître
중 牡蛎饭 mǔlìfàn
(生牡蛎饭 shēngmǔlìfàn)
일 グルバップ, カキご飯

밥. 생굴을 섞어 지은 것, 다시마나 고기를 우린 국물에 쌀을 안쳐 끓이다가 굴을 얹어 뜸을 들임.

《재료》 쌀, 굴, 육수

굴-보쌈 [gul-bossam]

영 Fresh oyster wrapped with kimchi
프 Huîtres fraîche enveloppée dans le kimchi
중 白菜包牡蛎 báicàibāomǔlì, 泡菜包牡蛎 pàocàibāomǔlì
일 グルボサム, カキ包み白菜

쌈. 배춧잎이나 배추김치, 겉절이 등으로 신선한 굴을 싸서 먹도록 손질한 것.

굴비 [gulbi]

영 Dried yellow corvina
프 Ombrine séchée
중 咸黄鱼干 xiánhuángyúgān, 干黄花鱼 gānhuánghuāyú
일 クルビ, イシモチ

4~5월에 알이 찬 조기를 비늘이 있는 채로 소금에 절여 3~4일 꼭 눌러 두었다가 고르게 말린 것.

※ **굴비의 유래** : 고려 16대 예종, 17대 인종 2대에 걸쳐 왕에게 딸을 시집보낸 이자겸이 척신으로 온갖 권세를 누리다 귀향간 곳이 영광이었다. 그곳 철산 앞 바다에서 잡힌 조기 맛에 반하게 되어 잡힌 조기를 소금에 절여 바위 위에서 말려 인종에게 진상하였더니 세간에서 임금께 비굴하게 아부한다고 하니, 자기는 굴(屈 굴할 굴) 비(非아닐 비)라고 주장하며 해마다 인종에게 바치니, 왕 또한 별미라고 즐겼다는 이야기가 전해내려온다. 즉, 이자겸은 아부가 아니고 뜻을 굽히지 않겠다는 의미로 굴비라고 명명하였다는 것이다.

굴비-구이 [gulbi-gui]

영 Grilled dried yellow corvina
프 Ombrine séchée et grillée
중 盐烤咸黄鱼干 yánkǎoxiánhuángyúgān
일 クルビグイ, イシモチ焼き

구이. 조기를 간하여 적당히 말린 굴비의 비늘을 긁고 지느러미를 떼고 석쇠나 구이 판에서 낮은 불에 구운 것.

굴비 백반 [gulbi baekban]

영 Yellow corvina and a bowl of rice
프 Ombrine grillée avec un bol de riz
중 盐烤咸黄鱼干加白饭 yánkǎoxiánhuángyúgānjiābáifàn
일 クルビペッパン, イシモチ定食

식단. 굴비 구이를 주 반찬으로 찬밥과 반찬으로 내는 한상차림.

《식단의 예》 밥, 굴비, 오이냉국, 열무김치, 가지볶음

굴비-찌개 [gulbi-jjigae]

영 Yellow corvina stew
프 Ragoût à l'ombrine séchée
중 咸黄鱼干(炖)汤 xiánhuángyúgān(dùn)tāng
일 クルビチゲ, イシモチチゲ鍋

찌개. 굴비를 물에 불려 비늘을 긁고 토막을 내어 호박, 풋고추, 파, 마늘을 넣어 물을 붓고 끓인 것.

《재료》 굴비, 애호박, 풋고추, 파, 마늘, 생강

굴-적 [gul-jeok]

영 Skewered oyster
프 Brohette aux huîtres
중 烤牡蛎串 kǎomǔlìchuàn
일 グルジョク, カキ串

구이. 껍질을 벗긴 굵은 토굴(굴)을 참기름과 깨소금에 버무린 뒤 꼬치에 꿰어 살짝 구어 낸 음식.

《재료》 토굴, 참기름, 깨소금

굴-전 [gul-jeon]

영 Pan fried oyster in egg batter
프 Huîtres panées

중 牡蛎煎饼 mǔlìjiānbing
일 グルジョン, カキの薄焼き

전(煎). 생굴을 껍질 없이 손질하여 밀가루를 묻히고 달걀을 풀어 씌워서 기름에 지져 초간장에 찍어 먹음.

《재료》 굴, 밀가루, 달걀, 지짐기름, 잣가루

굴-젓 [gul-jeot]

영 Spicy pickled oysters
프 Huîtres saumurées
중 牡蛎酱 mǔlìjiàng
일 グルジョッ, カキ塩辛

젓갈. 굴과 멧돌에 갈은 고춧가루를 소금에 섞어 익힌 것. 반찬으로 이용.

《재료》 생굴, 소금, 붉은 고추 간 것(고춧가루)

굴-튀김 [gul-twigim]

영 Deep fried oyster
프 Beignets d'huîtres
중 炸牡蛎 zhámǔlì
일 グルチギム, カキ天ぷら

튀김. 생굴을 약한 소금물에서 씻어 껍질 없이 물기를 빼고 밀가루를 묻힌 후에 달걀 푼 것과 밀가루를 넣은 반죽에 묻혀 튀긴 음식.

《재료》 생굴, 밀가루, 달걀, 튀김기름, 소금

굴-회 [gul-hoe]

영 Fresh raw oyster in sauce
프 Huîtres crues à la sauce
중 生牡蛎 shēngmǔlì
일 グルフェ, カキさしみ

회(膾). 생굴을 날로 양념장이나 초고추장에 찍어 먹음.

《재료》 굴, 흰 파, 쑥갓, 간장, 식초, 파, 마늘, 생강, 설탕, 고춧가루, 초고추장

궁중-닭찜 [gungjung-dakjjim]

영 Braised royal chicken
프 Poulet royal braisé
중 宫廷炖鸡 gōngtíngdùnjī
일 グンジュンダックチム, 宮廷若鶏の煮込み

찜. 닭고기를 익혀 뼈 없이 살을 발린 다음 버섯과 달걀 등을 넣어 간을 하고 국물을 넉넉히 하여 익힌 것.

《재료》 닭, 표고, 석이, 달걀, 파, 마늘, 생강, 소금, 후춧가루, 참기름, 깨소금

궁중-전골 [gungjung-jeongol]

영 Royal casserole
프 Casserole royal
중 宫廷火锅 gōngtínghuǒguō
일 グンジュンジョンゴル, 宮廷式寄せ鍋

전골. 쇠고기 양념한 것, 대구, 굴 등과 버섯과 채소 등을 썰어 가지런히 놓고 끓인 것.

ㄱ

《재료》 쇠고기, 대구, 굴, 양파, 당근, 무, 파, 표고, 미나리, 마늘, 간장, 참기름, 깨소금, 술

규아상 [gyuasang]

영 Sea cucumber shaped dumplings
프 Ravioli en forme de l'holothurie
중 黄瓜馅蒸饺子 huángguaxiànzhēngjiǎozi
일 ギュアサン, ナマコ模様の餃子

만두. 달걀을 섞은 밀가루 반죽을 얇게 밀어 만든 피에 소금에 절인 오이, 쇠고기, 표고, 파 등의 볶은 소를 넣고 해삼 모양으로 만두같이 빚어 찐 후 초간장에 찍어 먹음.
《재료》 밀가루, 표고, 오이, 잣, 쇠고기, 소금, 간장, 설탕, 다진 파, 마늘, 깨소금, 참기름, 후춧가루

귤-화채 [gyul-hwachae]

영 Mandarine orange punch
프 Punch à la clémentine
중 糖水橘子 tángshuǐjúzi
일 ギュルフヮチェ, みかんカクテル

음청류. 귤을 까서 귤 알이 떼어지도록 한 후 설탕물이나 꿀물에 띄워 놓은 화채.
《재료》 귤, 설탕, 꿀

근대-김치 [geundae-kimchi]

영 Swiss chard kimchi
프 Kimchi d'épinards
중 牛皮菜泡菜 niúpícàipàocài
일 グンデキムチ, フダンソウキムチ

김치. 근대를 소금에 살짝 절여 김치로 담은 것.
《재료》 근대, 소금, 고춧가루, 파, 마늘, 새우젓갈

근댓-국 [geundae-guk]

영 Chard soup with soybean paste
프 Soupe d'épinards à la pâte de soja
중 牛皮菜酱汤 niúpícàijiàngtāng, 莙荙菜酱汤 jūndácàijiàngtāng
일 グンデグック, フダンソウスープ

국. 근대를 넣고 된장을 풀어 넣어 끓인 국. 때로는 고추장을 섞어 토장국에 근대를 넣어 끓이기도 함.
《재료》 근대, 된장, 파, 마늘

금귤-정과 [keumgyul-jeonggwa]

영 Carameleded kumguat
프 Citron au caramel
중 金橘蜜煎 jīnjúmìjiān
일 グムギュルジョングクヮ, きんかん菓子

한과(정과). 작은 크기의 금귤을 꼬챙이로 찔러 속의 국물이 나오도록 한 후 살짝 데쳐서 설탕, 조청을 넣고 조려 만듦.

금산 인삼-백주 [geumsan insam-baekju]

영 Hundred days fermented ginseng rice wine
프 Liqueur de riz au ginseng fermenté pendant cent jours
중 锦山人参白酒 jǐnshānrénshēnbáijiǔ
일 クムサンインサムベクジュ, クムサン朝鮮人参白酒

민속주. 인삼주가 최초로 빚어진 것은 백제시대이며, 그 후로 오랫동안 만병통치의 영약으로 알려져 왔다. 금산은 한국의 고려 인삼주를 대표하는 우수한 생산지이다. 밀에 인삼을 섞어 누룩을 만들고 인삼 누룩과 쌀, 미삼, 솔잎, 쑥을 섞어 발효시켜 100일 이상 두고 향미가 뛰어 나도록 만든 술.
《재료》 삼 누룩(밀, 인삼), 쌀, 미삼, 솔잎, 쑥

기장-밥 [ghijang-bap]

영 Cooked rice with millet
프 Riz cuit au millet
중 黄米饭 huángmǐfàn
일 キザンバップ, キビご飯

밥. 쌀과 기장을 섞어 짓거나 기장만으로 짓기도 함.
《재료》 기장, 쌀

김 [gim]

영 Dried laver
프 Algues séchés
중 紫菜 zǐcài
일 キム, 海苔

해조류인 김을 바다에서 건져 네모진 판때기에 넣어 말린 것.

김-구이 [gim-gui]

영 Toasted dried laver
프 Feuilles d'algue séchées et grillées
중 烤紫菜 kǎozǐcài
일 キムグイ, 焼き海苔

구이. 마른 김에 기름을 고르게 바르고 고운 소금을 조금만 고루 뿌려 새파랗게 되도록 구운 것.
《재료》 마른 김, 참기름 또는 식용유, 소금

김-국 [gim-guk]

영 Laver soup
프 Soupe aux feuilles d'algue
중 紫菜清酱汤 zǐcàiqīngjiàngtāng
일 キムグック, 海苔と卵スープ

국. 맑은 육수와 맑게 끓인 장국에 김을 구어 넣고 달걀을 풀어 넣어 끓인 국.
《재료》 김, 육수, 달걀, 파, 마늘

김-무침 [gim-muchim]

영 Seasoned laver
프 Feuilles d'algues séchées assaisonnées
중 拌紫菜碎片 bànzǐcàsuìpiàn
일 キムムッチム, 海苔の和え物

무침. 김을 구워 부서뜨리고 간장, 설탕, 참기름, 깨소금을 넣고 무친 것.
《재료》 김, 간장, 설탕, 참기름, 깨소금

김-밥 [gim-bap]

영 Rice rolls in laver sheet
프 Rouleau de riz farcis entourés de

feuilles d'algue
중 紫菜包饭 zǐcàibāofàn, 紫菜卷饭 zǐcàijuǎnfàn
일 キムバップ, 韓国風の海苔巻き

밥. 김에 밥과 놓고 그 위에 쇠고기 볶음, 달걀과 여러 가지 채소를 넣고 만 것.
【재료】 김, 밥, 쇠고기, 달걀, 당근, 시금치, 단무지, 우엉

김-부각 [gim-bugak]

영 Deep fried laver
프 Friture de feuilles d'algues frites
중 干炸紫菜 gānzházǐcài
일 キムブガク, 海苔天ぷら

튀김. 김에 찹쌀 풀을 발라 말렸다가 먹을 때 잘라서 기름에 튀긴 것.
【재료】 김, 찹쌀가루, 소금, 통깨, 식용유, 설탕

김-쌈 [gim-ssam]

영 Toasted dry laver for wrapped rice
프 Algue séchée ét grillée pour envelopper le riz
중 烤紫菜 kǎozǐcài
일 キムサム, 海苔包みご飯

김에 참기름과 소금을 고루 뿌려 재웠다가 파랗게 구워서 밥을 싸서 먹는 것.

김-자반 [gim-jaban]

영 Dried flavored laver
프 Feuilles d'algue assaisonnées séchées
중 炸调味紫菜 zhátiáowèizǐcài
일 キムジャバン, 揚げ海苔

마른 찬. 김 두 장을 겹쳐 찹쌀 풀을 바르고 양념장과 통깨를 뿌려 말렸다가 그대로 먹거나 튀겨 먹는다.
【재료】 김, 찹쌀 풀, 간장, 다진 파, 통깨, 설탕

김-장아찌 [gim-jangajji]

영 Flavoured laver with soy sauce
프 Algue assaisonnée avec la sauce de soja
중 紫菜酱菜 zǐcàijiàngcài
일 キムチャンアチ, 海苔の醤油和え

장아찌. 김을 3×4cm로 자르고 간장에 양념한 것을 켜켜로 뿌려서 맛을 낸 것.
【재료】 김, 밤채, 생강채, 진간장, 물엿, 고추장, 통깨

김치 [kimchi]

영 Kimchi, femented vegetables
프 Kimchi, légumes fermentées
중 泡菜 pàocài
일 キムチ, キムチ

여러 종류의 채소를 소금에 절여 고춧가루, 파, 마늘, 젓갈 등을 넣어 버무려 발효시켜 먹는 한국의 특유한 채소 요리.

김치-냉면 [kimchi-naengmyeon]

영 Cold buckwheat noodles soup with kimchi
프 Soupe froide de nouilles du blé noir au kimchi
중 泡菜冷面 pàocàilěngmiàn
일 キムチネンミョン, キムチ冷麺

국수. 냉면을 삶아 건진 후 시원한 육수에 넣고 익은 김치를 얹음.
《재료》 냉면, 김치(열무김치, 나박김치), 육수

김치-누름적 [kimchi-nureumjeok]

영 Pan fried kimchi skewer
프 Brochette de kimchi frite à la poêle
중 干煎泡菜肉串 gānjiānpàocàiròuchuàn
일 キムチヌルムジョック, キムチチヂミ串

적(炙). 배추김치를 줄기째, 쇠고기와 파 등과 같은 크기로 썰어서 꼬챙이에 고루 꿰고 밀가루 물을 묻히거나 밀가루와 달걀을 씌워 지진 것.
《재료》 통김치, 쇠고기, 파, 밀가루, 달걀, 참기름, 식용유

김치-라면 [kimchi-ramyeon]

영 Kimchi ramyeon(instant noodles)
프 Ramen au kimchi(Nouilles instantanées)
중 泡菜快速面 pàocàikuàisùmiàn
일 キムチラミョん, キムチラーメン

국수. 라면에 김치를 넣어 끓인 것.

김치-만두 [kimchi-mandu]

영 Kimchi dumpling
프 Ravioli au kimchi
중 泡菜饺子 pàocàijiǎozi
일 キムチマンドゥ, キムチ餃子

만두. 김치를 썰어 다른 재료와 섞은 소를 넣고 빚은 것.
《재료》 김치, 찹쌀가루, 메밀가루, 밀가루, 참기름, 들기름

김치-말이 [kimchi-mali]

영 Chilled watery kimchi with cooked rice
프 Kimchi aqueux glacé avec du riz cuit
중 泡菜泡饭 pàocàipàofàn
일 キムチマリ, キムチ汁ご飯(キムチお茶漬け)

밥 또는 국수. 추운 겨울철 맑은 김칫국물에 찬밥을 말고 김치 무를 썰어 넣고 깨소금과 참기름 등을 넣어 먹는 것. 때로는 닭국물과 김칫국물 또는 동

치미 국물을 섞어 밥을 말기도 하고 삶은 닭고기 살을 고명으로 얹기도 함. 추운 이북지방에서 먹는 음식.
《재료》 김칫국물 또는 동치미 국물, 김치 무 또는 동치미 무, 깨소금, 참기름, 밥

김치-말이-국수 [kimchi-mari-guksu]

영 Noodles in juicy kimchi
프 Nouilles au kimchi aqueux
중 泡菜泡面 pàocàipàomiàn
일 キムチマリグックス, キムチうどん

국수. 삶은 국수를 김치 썬 것과 김칫국물을 이용하여 만든 국물에 말은 것. 추운 겨울철 평안도 지방에서 많이 먹던 음식.
《재료》 국수, 김치, 깨소금, 참기름, 설탕

김치-밥 [kimchi-bap]

영 Cooked rice with kimchi
프 Riz cuit au kimchi
중 泡菜饭 pàocàifàn
일 キムチバップ, キムチご飯

밥. 배추김치를 잘게 썰어 솥 밑에 깔고 쌀을 안쳐 지음. 고기나 콩나물을 섞기도 함.
《재료》 쌀, 김치, 고기나 콩나물

김치-볶음 [kimchi-bokkeum]

영 Sauted kimchi
프 Kimchi sauté
중 油炒泡菜 yóuchǎopàocài
일 キムチボックム, キムチ炒め

볶음. 김치를 잘게 썰어 식용유를 넣어 볶은 것, 김치를 넣기 전에 돼지고기를 작게 썰어서 볶다가 김치를 넣기도 함.
《재료》 김치, 제육, 식용유, 설탕, 양파

김치-볶음-밥 [kimchi-bokkeum-bap]

영 Fried rice mixed with kimchi and meat
프 Riz sauté assorti de kimchi et de viande
중 泡菜炒饭 pàocàichǎofàn
일 キムチボックムバップ, キムチチャーハン

밥. 잘게 썬 김치를 볶은 후 밥을 넣고 다시 볶아 냄.

김치-쌈 [kimchi-ssam]

영 Kimchi for wrapped rice
프 Kimchi enveloppé pour le riz
중 泡菜包饭 pàocàibāofàn
일 キムチサム, キムチ包み

쌈. 김치 잎사귀에 쇠고기를 다져서 양념하여 볶은 것 또는 돼지고기를 넣고 밥을 싼 것

김치-적 [kimchi-jeok]

영 Pan fried kimchi skewers
프 Brochette de kimchi frites à la poêle
중 泡菜肉串 pàocàiròuchuàn
일 キムチジョク, キムチ串

적(炙). 김치누름적과 같이 저냐를 한 것이나 김치의 줄기만 잘라서 여러 가

지 재료와 같이 꿰어 만든 것. 조금 크게 만든 것은 김치산적이라 함.

《재료》 배추김치, 쇠고기, 마른 표고, 통 도라지, 밀가루, 달걀, 간장, 설탕, 다진 파, 마늘, 깨소금, 식초

김치-전 [kimchi-jeon]

영 Kimchi pancake
프 Crêpe de kimchi
중 泡菜煎饼 pàocàijiānbing, 泡菜饼 pàocàibing
일 キムチジョン, キムチチヂミ

전(煎). 밀가루와 달걀을 풀어 반죽할 때 김치를 잘게 썰어 섞어서 둥글납작하게 지져낸 것.

《재료》 김치, 밀가루, 달걀, 돼지고기, 식용유

김치-찌개 [kimchi-jjigae]

영 Kimchi and pork casserole
프 Ragoût au kimchi et au porc
중 泡菜(炖)汤 pàocài(dùn)tāng
일 キムチチゲ, キムチ鍋

찌개. 배추김치에 납작하게 썬 돼지고기와 양파 썬 것을 함께 넣고 후춧가루, 설탕으로 맛을 낸 것.

《재료》 배추김치, 돼지고기, 양파, 설탕, 후춧가루

김치-찌개-백반 [kimchi-jjigae-baekban]

영 Kimchi and pork casserole with a bowl of race
프 Ragoût au kimchi et au porc accompagné d'un bol de riz
중 泡菜(炖)汤加白饭 pàocài(dùn)tāngjiābáifàn
일 キムチチゲベックバン, キムチ鍋定食

식단. 김치찌개가 주 반찬이 되고 밥과 기본 찬 몇 가지를 곁들인 한상차림.

김칫-국 [kimchi-guk]

영 Kimchi soup
프 Soupe au kimchi
중 泡菜清汤 pàocàitāngqīngtāng
일 キムチッグック, キムチスープ

국. 김치를 썰어 국물과 함께 끓인 것.

《재료》 배추김치, 두부

까나리-젓 [kkanari-jeot]

영 Fine anchovy sauce
프 Sauce d'anchois fins
중 玉筋鱼酱 yùjīnyújiàng
일 カナリジョッ, イカナゴの塩辛

젓갈. 멸치보다 가늘게 생긴 까나리를 멸치젓 담그는 방법과 같이 소금으로 담가 삭으면 달여 밭쳐서 간장 대용으로 씀.

깍두기 [kkakdugi]

영 Spicy diced radish kimchi
프 Kimchi de radis épicé et coupé en dés

ㄱ

중 萝卜块泡菜 luóbokuàipàocài
일 カクテキ, カクテキ

김치. 무를 깍뚝썰기로 썰어 소금에 절였다가 고춧가루와 여러 채소와 젓갈을 넣어 익힌 것.
(재료) 무, 소금, 갓, 미나리, 새우젓, 멸치젓, 고춧가루, 다진 마늘, 생강, 파

깨-국수(깻국-국수) [kkae-guksu(kkaeguk-guksu)]

영 Noodles in sesame soup
프 Nouilles dans la soupe de sésame
중 芝麻(汤)面 zhīma(tāng)miàn
일 ケグックス, ゴマうどん

국수. 깻국에 밀국수를 넣은 국수의 일종. 쇠고기 완자, 미나리초대, 표고볶음, 오이채 등을 국수 위에 고명으로 얹음.
(재료) 밀국수, 닭, 흰깨, 쇠고기, 달걀, 미나리, 오이, 표고, 파, 마늘, 소금, 참기름, 후춧가루

깨-죽 [kkae-juk]

영 Black sesame seed and rice porridge
프 Bouille de riz et au sésame noir
중 芝麻粥 zhīmazhōu
일 ケジュック, ゴマおかゆ

죽. 물에 불린 쌀을 갈아 놓고, 깨를 볶아서 체에 밭쳐 함께 넣어 끓인 것. 흑임자죽, 참깨죽이 있음.
(재료) 쌀, 깨, 설탕

깨편(깨떡) [kkaepyeon(kkaetteok)]

영 Sesame seed and rice layer cake
프 Gâteau de riz à la couche et au sésame
중 芝麻蒸糕 zhīmazhēnggāo
일 ゲトック(ケピョン), 白餡やキビゴナをまぶしたお餅

떡. 시루에 찹쌀가루와 멥쌀가루를 섞어 두껍지 않도록 켜를 만들고 흑임자(검정깨)와 참깨 또는 볶은 콩가루를 고물로 얹어 찐 떡. 전라도 지방에서 많이 만드는 떡.

깻국-냉면 [kkae-guk-naengmyeon]

영 Buckwheat noodles in chilled sesame soup
프 Nouilles froides de blé noir à la soupe de sésame
중 芝麻(汤)冷面 zhīma(tāng)lěngmiàn
일 ケックックネンミョン, ゴマスープ冷麺

국수. 찬 깻국에 삶은 메밀국수를 넣은 냉면. 깻국은 통깨를 거피하여 볶아서 가루로 낸 것에 냉육수를 부어 찬 국물로 만든다. 깻국을 한 번 체에 밭쳐 껄끄럽지 않게 해야 함.
(재료) 흰깨, 육수, 메밀국수

깻잎-김치 [kkaennip-kimchi]

영 Perilla leaves kimchi
프 Kimchi aux feuilles de perilla
중 芝麻叶泡菜 zhīmayèpàocài
일 ケッイプキムチ, エゴマの葉キムチ

김치. 들깻잎을 소금에 절였다가 갖은 양념을 넣어 담은 김치.
(재료) 들깻잎, 소금, 고춧가루, 마늘, 파, 생강, 실고추, 젓갈, 통깨

깻잎-나물 [kkaennip-namul]

영 Flavored perilla leaves
프 Feuilles de perilla assaisonnées
중 凉拌芝麻叶菜 liángbànzhīmayècài
일 ケッイプナムル, エゴマの葉ナムル

숙채. 깻잎을 뜨거운 물에 데쳐 물기를 없애고 갖은 양념에 무친 것.

《재료》 깻잎, 간장, 참기름, 파, 마늘, 깨소금

깻잎-말이-김치 [kkaennip-mali-kimchi]

영 Perilla leaf rolls kimchi
프 Kimchi en rouleaux de feuilles de perilla
중 萝卜馅芝麻叶卷泡菜 luóboxiànzhīmayèijuǎnpàocài
일 ケッイプマリキムチ, エゴマの葉巻きキムチ

김치. 깻잎을 소금물에 절여 물기를 빼고 무 채 썬 것으로 속을 넣고 돌돌 말아서 젓국 국물을 부어 익힌 것

깻잎-부각 [kkaennip-bugak]

영 Deep fried perilla leaves
프 Feuilles de perilla frites
중 干炸芝麻叶 gānzházhīmayè
일 ケッイプブガク, エゴマの葉天ぷら

마른 잔. 들깻잎 한 년에 찹쌀 풀을 발라 말린 후 기름에 튀긴 것. 설탕을 뿌리기도 함.
《재료》 들깻잎, 찹쌀 풀, 소금, 통깨, 설탕, 식용유

깻잎-쌈 [kkaennip-ssam]

영 Cooked perilla leaves with meat
프 Feuilles de perilla cuites à la viande
중 酱油熬芝麻叶 jiàngyóuáozhīmayè
일 ケッイプサム, エゴマの葉包み

장아찌. 들깻잎에 쇠고기 조미한 것을 조금씩 끼워 기름장에 간간하게 익힌 것.
《재료》 깻잎, 쇠고기, 실고추, 간장, 설탕, 파, 마늘

깻잎-장아찌 [kkaennip jangajji]

영 Perilla leaves in soy sauce
프 Feuilles de perilla macérées dans la sauce de soja
중 芝麻叶酱菜 zhīmayèjiàngcài
일 ケッイプジャンアチ, エゴマの葉漬け

장아찌. 깻잎을 간장 양념장에 적셔 만든 것. 된장에 박아 만들면 깻잎 된장 장아찌, 젓갈에 적시면 젓갈 장아찌가 된다.

깻잎-전 [kkaennip-jeon]

영 Pan fried perilla leaves with filling
프 Feuilles de perilla farcies et panées
중 芝麻叶煎饼 zhīmayèjiānbing
일 ケッイプジョン, エゴマの葉薄焼き

전(煎). 깻잎에 다진 쇠고기 양념한 것을 얹어 반을 접고 밀가루 묻히고 달걀물을 묻혀 번철에 지진 것.
《재료》 깻잎, 다진 쇠고기, 두부, 달걀, 마늘, 파, 후추, 깨, 소금, 참기름, 밀가루

꼬리-곰탕 [kkori-gomtang]
영 Oxtail thick soup
프 Soupe à la queue de boeuf
중 牛尾汤 niúwěitāng, 清炖牛尾汤 qīngdùnniúwěitāng
일 コリゴムタン, 牛テールスープ

국. 쇠꼬리를 물에 넣고 푹 고아서 살이 연하게 익으면 건져 양념하고 국물의 기름을 걷은 다음 먹을 때 건더기를 넣고 한소끔 끓임.
《재료》 쇠꼬리, 소금, 청장, 후춧가루, 파, 마늘, 참기름

꼬리-떡 [kkori-tteok]
영 Press-cutting tail shaped rice cake
프 Gâteau de riz en forme de queue coupée sous la pression
중 尾巴蒸糕 wěibazhēnggāo
일 コリトック, 両端をしっぽ形にしたお餅

떡. 흰 가래떡 뽑듯이 색색으로 떡을 만들어 손날로 눌러 자르면서 양쪽에 꼬리가 있는 것처럼 만드는 떡. 경기도 지방의 꼬리떡이 가장 예쁜 모양임.

꼬막-무침 [kkomak-muchim]
영 Seasoned ark shell meat
프 Petites coquilles assaisonnées
중 拌泥蚶 bànníhān
일 コマックムチム, あさりの和え物

무침. 꼬막을 끓는 물에 넣어다가 바로 꺼내 껍질을 때고 조갯살을 떼어내어 양념간장을 무친 것.
《재료》 꼬막, 달걀지단, 다진 마늘, 파, 고춧가루, 참기름, 실고추, 간장, 깨소금

꼬막-회 [kkomak-hoe]
영 Seasoned ark shells
프 Petites coquilles assaisonnées
중 焯调料酱泥蚶 chāotiáoliàojiàngníhān
일 コマックフェ, あさりさしみ

회(膾). 꼬막을 끓는 물에 넣었다가 벌어지면 바로 꺼내어 한쪽 껍질을 떼고 양념장을 조개 살 위에 얹는다.

꼬치-구이 [kkochi-gui]
영 Meet and vegetables brochette
프 Brochette de viande aux légumes grillées

중 烤串 kǎochuàn
일 コチグイ, 串し焼き

고기와 채소를 꼬치에 끼워 양념하여 구운 것.

꼴뚜기-젓 [kkolddugi-jeot]

영 Pickled small octopus
프 Poulpe saumuré
중 墨斗鱼酱 mòdǒuyújiàng
일 コルトウギジョッ, イイダコの塩辛

젓갈. 꼴뚜기의 먹통과 눈을 뗀 다음 굵은 소금에 절여 몇 일 두었다가 물을 뺀 뒤 고운 소금에 삭힌 것.

〈재료〉 꼴뚜기, 소금

꼴뚜기-조림 [kkolddugi-jorim]

영 Braised small octopus in sauce
프 Poulpe mijoté à la sauce
중 炖墨斗鱼 dùnmòdǒuyú
일 コルトウギジョリム, イイダコの辛味噌煮付け

조림. 내장을 빼고 손질한 꼴뚜기 배 속에 곱게 다져 양념한 쇠고기를 채워 넣고 고추장, 간장, 마늘, 조청, 물을 섞은 양념장을 윤기나게 바싹 졸인 것. 마른 것은 물에 불려 같은 양념장을 넣고 끓여 조린다. 젓갈로도 많이 이용됨.

〈재료〉 꼴뚜기, 쇠고기, 고추장, 간장, 마늘, 조청, 물

※ 꼴두기(lolido beka)는 작은 연체동물로 화살 오징어과의 소형 낙지로 길이가 7cm 정도 됨

꽁치-된장-구이 [kkongchi-doenjang-gui]

영 Grilled mackerel pike in soy bean paste
프 Orphie grillée à la pâte de soja
중 黄酱烤秋刀鱼 huángjiàngkǎoqiūdāoyú
일 コンチデンジャングイ, さんまの辛味噌焼き

구이. 꽁치를 손질하여 된장 양념한 것을 발라 구운 것.

〈재료〉 꽁치, 된장, 고추장, 설탕, 파, 마늘, 생강즙, 참기름, 깨소금

꽁치-조림 [kkongchi-jorim]

영 Braised mackerel pike
프 Orphie mijotée à la sauce de soja
중 酱炖秋刀鱼 jiàngdùnqiūdāoyú
일 コンチジョリム, さんまの蒲焼き

조림. 꽁치를 손질하여 간장양념에 조린 것.

〈재료〉 꽁치, 간장, 파, 마늘, 참기름, 후춧가루, 고춧가루

꽃게-무침 [kkotge-muchim]

영 Seasoned fresh crab meat
프 Crabe cru assaisonné
중 辣拌梭子蟹肉 làbànsuōzixièròu, 辣拌花蟹肉 làbànhuāxièròu
일 コッケムチム, ワタリガニの和え物

무침. 싱싱한 꽃게의 살과 알이 많을 때(5월) 속을 발라내어 고운 고춧가루, 고추장, 파, 마늘, 생강, 참기름 등을 넉넉히 넣어 무친 것. 또는 꽃게를 토막을 내어 양념으로 무치기도 함. 남도지방, 목포 해변 지방에서만 맛볼 수 있는 향토음식.

〈재료〉 꽃게, 고춧가루, 고추장, 파, 마늘, 생강, 참기름

꽃게-장 [kkotge-jang]

영 Spicy marinated crab
프 Crabe mariné et épicé

ㄱ

㊥ 辣拌梭子蟹 làbànsuōzixiè
㊐ コッケジャン, ワタリガニの醬油漬け

무침. 바닷게를 손질하여 토막을 내거나 반 토막만 내고 고춧가루와 간장, 파, 마늘, 생강, 설탕 등의 양념에 무쳐 반찬으로 먹기도 함.
《재료》 꽃게, 고춧가루, 간장, 파, 마늘, 생강, 깨소금

꽃게-찌개 [kkotge-jjigae]

㊎ Crab stew
㊄ Ragoût au crabé
㊥ 梭子蟹辣黄酱(炖)汤 suōzixièlàhuángjiàng(dùn)tāng
㊐ コッケチゲ, ワタリガニのチゲ鍋

찌개. 꽃게를 손질하여 토막을 낸 후 토장국에 호박이나 풋고추를 넣고 얼큰하게 끓인 찌개.
《재료》 꽃게, 호박, 풋고추, 고추장, 된장, 파, 마늘

꽃게-찜 [kkotge-jjim]

㊎ Steamed fravored crab
㊄ Crabe à la vapeur
㊥ 清蒸梭子蟹 qīngzhēngsuōzixiè
㊐ コッケチム, ワタリガニの蒸し煮

찜. 게를 씻어 다리와 게딱지의 살을 모

두 빼어 달걀을 섞어 양념하고 다시 게딱지에 곱게 담아 고명을 얹어 찐 것.
《재료》 꽃게, 두부, 쇠고기, 마른 표고, 달걀, 실파, 실고추, 참기름, 깨소금, 후춧가루, 소금, 파, 마늘, 청장

꽃게-탕 [kkotge-tang]

㊎ Crab soup
㊄ Soupe au crabe
㊥ 梭子蟹清酱汤 suōzixièqīngjiàngtāng
㊐ コッケタン, ワタリガニスープ

국. 맑은 장국에 꽃게를 넣고 끓인 국. 여러 가지 방법이 있다.
《재료》 꽃게, 다시마, 쇠고기, 무, 미나리, 파, 마늘, 국 간장

꿩(고기)-구이 [kkwong(gogi)-gui]

㊎ Broiled pheasant
㊄ Faisan grillé
㊥ 烤山鸡(肉) kǎoshānjī(ròu)
㊐ クォン(ゴギ)グイ, キジ肉焼き

구이. 꿩의 다리 살을 얇게 저며서 간장, 깨소금, 후추, 파, 마늘, 생강 등의 양념에 재웠다가 석쇠에 구운 것.
《재료》 꿩 다리 살, 간장 또는 소금, 후춧가루, 깨소금, 설탕, 참기름, 생강, 파, 마늘, 잣가루

꿩-김치(생치-김치) [kkwong-kimchi(saengchi-kimchi)]

㊎ Pheasant kimchi
㊄ Kimchi au faisan
㊥ 山鸡肉泡菜 shānjīròupàocài
㊐ クォンキムチ, キジキムチ

김치. 일명 생치김치라 함. 소금에 절

인 오이나 겨울에는 동치미 무와 꿩의 살을 익혀 동치미 국물이나 소금물에 나박김치처럼 담근 것.

《재료》 꿩, 오이, 파, 동치미 무, 동치미 국물, 잣

꿩-만두 [kkwong-mandu]

영 Pheasant dumplings
프 Raviolis au faisan
중 山鸡肉饺子 shānjīròujiǎozi
일 クォンマンドゥ, キジ餃子

만두. 꿩고기와 채소로 소를 만들어 넣어 맑은 장국에 끓인 만두. 겨울철의 별미 음식.

《재료》 꿩고기, 무, 숙주, 양파, 달걀, 소금, 파, 두부

꿩-섭-산적 [kkwong-seop-sanjeok]

영 Grilled minced pheasant with dubu
프 Faisan haché et grillé au dubu
중 烤山鸡肉泥片 kǎoshānjīròunìpiān
일 クォンソプサンジョク, ミンチのキジ肉と豆腐焼き

적(炙). 꿩고기를 곱게 다져서 두부를 넣어 양념한 다음 얇고 넓적하게 반대기를 지어 석쇠에 구운 것.

《재료》 꿩, 소금, 파, 마늘, 깨소금, 참기름, 깨소금

꿩-쟁반 [kkwong-jaengban]

영 Pheasant special casserole
프 Casserole au faisan
중 山鸡肉铜盘火锅 shānjīròutóngpánhuǒguō
일 クォンジェンバン, キジ肉と野菜の寄せ鍋

전골. 놋쟁반에 꿩고기를 얄팍하게 썰어 양념하고 여러 채소들을 그 위에 살살 덮어 국물을 부어 끓인 것.

《재료》 꿩고기, 표고, 미나리, 숙주, 배, 양파, 대파, 마늘, 청장, 후춧가루

꿩-칼국수 [kkwong-kalguksu]

영 Home made noodles in pheasant soup
프 Soupe de faisan aux nouilles faites maison
중 山鸡肉刀切面 shānjīròudāoqiēmiàn
일 クォンカルグックス, キジうどん

국수. 밀가루에 날콩가루와 달걀을 섞어 반죽하여 얇게 밀고 가늘게 썰어 국수를 만들고, 꿩고기국물에 간을 하여 끓인 후 국수를 넣고 호박 등을 채 썰어 넣음.

《재료》 꿩고기, 밀가루, 날콩가루, 달걀, 호박, 풋고추, 국간장, 파, 마늘, 고춧가루, 생강, 깨소금, 참기름

ㄱ

ㄴ

나물 [namul]

영 Vegetables dish potherb
프 Plat de légumes variées
중 拌素菜 bànsùcài
일 ナムル, 野菜の和え物

풀이나 잎 따위를 데치거나 볶거나 날것으로 여러 가지 양념하여 무친 음식.

나박-김치 [nabak-kimchi]

영 Sliced radish and cabbage watery kimchi
프 Kimchi aux radis et choux tranchés dans l'eau assaisonnée
중 萝卜白菜片水泡菜 luóbobáicàipiànshuǐpàocài
일 ナバクキムチ, 大根·白菜·セリの水キムチ

김치. 배추, 무를 얇고 납작하게 썰고 미나리를 섞어 파, 마늘, 생강, 소금으로 양념하고 고춧가루와 실고추를 조금 섞어 분홍색 띤 국물이 많은 물김치의 한 종류.

《재료》 무, 배추속대, 홍고추, 미나리, 흰 파, 마늘, 생강, 고춧가루, 설탕, 소금

낙지-볶음 [nakji-bokkeum]

영 Stir fried baby octopus (poulp)
프 Poulpe sauté
중 辣炒章鱼 làchǎozhāngyú
일 ナックジボックム, 手長だこ甘辛炒め

볶음. 낙지를 짤막하게 썰어 고추장과

간장 양념으로 고루 주물러 볶다가 양파, 고추, 파 썬 것을 넣어 볶은 것.

《재료》 낙지, 양파, 고추, 파, 고추장, 간장, 기름

낙지-숙회 [nakji-sukhoe]

영 Parboiled poulp
프 Poulpe demi bouilli
중 白灼章鱼 báizhuózhāngyú
일 ナックジスクフェ, 湯ガキ手長だこ

숙회(熟膾). 낙지의 먹물과 껍질을 없애고 칼로 잘라서 녹말을 묻혀 끓는 물에 살짝 데친 회.

《재료》 낙지, 녹말

낙지-적 [nakji-jeok]

영 Grilled poulp brochette
프 Brochette au poulpe grillée
중 烤章鱼串 kǎozhāngyúchuàn
일 ナックジジョク, 手長だこ串

적(炙). 낙지의 눈을 떼어내고 씻어 간장, 파, 기름, 깨소금에 버무린 후 꼬챙이에 꿰어서 살짝 구운 것.

《재료》 낙지, 간장, 다진 파, 참기름, 깨소금

낙지-전골 [nakji-jeongol]

영 Baby octopus hot pot (poulp casserole)
프 Poulpe à la casserole

중 章鱼火锅 zhāngyúhuǒguō
일 ナックジジョンゴル, 手長だこの辛鍋

전골. 낙지와 쇠고기에 양념을 하여 골파, 쑥갓을 옆옆이 놓고 국물을 넣어 끓인 것.

《재료》 낙지, 쇠고기, 파, 마늘, 참기름, 깨소금, 후추, 생강, 골파, 쑥갓

낙지-호롱 [nakji-horong]

영 Grilled fancy rolled baby octopus
프 Rouleau de poulpe grillé
중 烤调味章鱼卷 kǎotiáowèizhāngyújuǎn
일 ナックジホロン, 巻き手長だこ焼き

구이. 낙지를 통째로 갖은 양념하여 짚이나 막대에 길게 돌돌 말아 구운 것.

《재료》 낙지, 짚이나 막대, 소금, 파, 마늘, 깨소금, 후춧가루

날 오이-선 [nal oy-seon]

영 Stuffed fresh cucumber with beef, mushroom and eggs
프 Concombre frais farci à la sauce aigre-douce avec boeuf, champignon et oeuf
중 镶肉菜丝生黄瓜 xiāngròucàisīshēnghuánggua
일 ナルオイソン, 肉とキノコ入れのキュウリ

선. 날 오이를 반으로 잘 개어 짤막하게 썰고 칼집을 내어 소금물에 절였다가 파랗게 볶아서 칼집 사이사이에 알지단, 버섯채, 쇠고기 채 썬 것을 볶아 끼워 넣고 겨자장이나 초장을 곁들여 찍어 먹는다.

《재료》 오이, 소금물, 쇠고기, 달걀, 표고, 석이, 간장, 후춧가루, 깨소금, 간장, 식초

내장-전(간전, 천엽전, 콩팥전, 부아전) [naejang-jeon(gan-jeon, cheonyeop-jeon, kongpat-jeon, bua-jeon]

영 Pan fried beef kidney and liver
프 Foie pané et rognon de boeuf frits à la poêle
중 内脏煎饼 nèizàngjiānbing (肝煎饼 gānjiānbing, 百叶煎饼 bǎiyèjiānbing, 肾煎饼 shènjiānbing, 肺煎饼 fèijiānbing)
일 ネジャンジョン, ホルモンチヂミ

전(煎). 간은 얇게 저미고, 콩팥도 얇은막을 벗겨 얇게 저미고, 천엽은 소금으로 주물러서 한 잎씩 떼어 내고, 허파는 삶아 얇게 저며 놓고 밀가루, 달걀을 씌워 지진 것.

《재료》 쇠간, 콩팥, 천엽, 허파, 소금, 후춧가루, 밀가루, 달걀, 식용유

내장-탕 [naejang-tang]

영 Meat and beef tripes soup
프 Soupe au viande et aux tripes de boeuf
중 内脏汤 nèizàngtāng
일 ネジャンタン, ホルモンスープ

국. 쇠고기 내장을 물에 넣고 푹 고아서 연하게 익으면 건져 파, 마늘, 청장, 후춧가루, 참기름으로 양념하고, 국물은 식혀서 뜨는 기름을 거두고 먹을 때 건지를 넣고 한소끔 끓여 먹음. 기호에 따라 다대기를 넣어 먹기도 함. 국물을 적게 하고 내장과 채소를 돌려 담아 끓이면 전골이 됨.
《재료》 쇠고기 내장(부아, 곱창), 대파, 마늘, 후춧가루, 청장, 참기름, 소금

냉-국수 [naeng-guksu]

영 Chilled noodles soup
프 Soupe froide aux nouilles
중 凉面 liángmiàn
일 ネングックス, 冷しうどん

국수. 밀국수를 삶아 찬물에 건져 열무김치 국물에 넣은 후 달걀지단과 쇠고기 꾸미를 얹은 것.
《재료》 열무김치, 밀국수, 쇠고기, 달걀, 설탕, 마늘, 참기름, 후춧가루

냉면 [naengmyeon]

영 Buckwheat noodles in chilled broth
프 Nouilles du blé noir au bouillon froid
중 冷面 lěngmiàn

일 ネンミョン, 冷麺

국수. 메밀로 만든 냉면을 삶아 찬물에 헹구어 물을 빼고 편육, 무김치, 배 썬 것, 삶은 달걀, 오이 무침을 국수 위에 얹고 냉육수를 붓고 식초와 겨자로 간을 함.
《재료》 메밀냉면, 육수, 편육, 무김치, 배, 달걀, 오이

냉이-나물 [naengi-namul]

영 Shepherd's purse namul
프 Capselles à la sauce de soja
중 凉拌荠菜 liángbànqícài
일 ネンイナムル, ナズナナムル

생채. 냉이를 흙 없이 손질하여 삶아 건져서 간장과 갖은 양념을 넣어 주물러서 간이 배도록 맛을 낸 반찬.
《재료》 냉이, 간장, 파, 마늘, 고춧가루, 참기름, 깨소금, 후춧가루

냉이-무침 [naengi-muchim]

영 Shepherd's purse salad
프 Salade aux capselles
중 凉拌荠菜 liángbànqícài
일 ネンイムチム, ナズナの和え物

나물. 냉이나물 참조.

냉이-조개-무침 [naengi-jogae-muchim]

영 Blenched seasoned shepherd's purse and cockle meat
프 Capselles à pasteur blanchi à la viande de coquille
중 凉拌荠菜蛤蜊 liángbànqícàigéli
일 ネンイジョゲムチム, ナズナと貝の和え物

무침. 냉이를 다듬어 데친 것과 조갯살을 데쳐 양념에 무친 것.

《재료》 냉이, 모시조개, 고추장, 식초, 참깨, 조미료, 마늘

ㄴ

냉잇-국 [naengi-guk]

영 Shepherd's purse soup(naengi soup)

프 Soupe aux capselles

중 荠菜大酱汤 qícàidàjiàngtāng, 荠菜清酱汤 qícàiqīngjiàngtāng

일 ネンイッグック, ナズスープ

국. 된장국에 냉이와 모시조개를 넣고 파, 마늘을 넣어 끓인 것.

《재료》 냉이, 모시조개, 된장, 파, 다진 마늘

냉-콩-국 [naeng-kong-guk]

영 Chilled soybean milk

프 Lait de soja glacé

중 凉豆浆 liángdòujiāng

일 ネンコングック, 冷し豆スープ

국. 차게 만든 콩국으로 여름철에 흔히 먹음. 콩만 삶아서 갈아 만들기도 하고, 볶은 깨를 같이 넣어 갈아 고운 채에 받친 콩국에 소금으로 간을 맞춤.

《재료》 흰콩, 볶은 깨, 소금

냉-콩-국수 [naeng-kong-guksu]

영 Noodles soup in chilled soybean milk

프 Soupe aux nouilles dans le lait froid de soja

중 凉豆浆面 liángdòujiāngmiàn

일 ネンコングックス, 冷し豆うどん

국수. 찬 콩국에 밀국수를 만 여름철 음식.

너비아니 [neobiani]

영 Grilled marinated beef

프 Boeuf à la marinade grillé

중 烤牛肉片 kǎoniúròupiàn

일 ノビアニ, 牛肉の薄焼き

구이. 쇠고기를 얇은 편으로 썰어 잔칼질을 하고 갖은 양념에 재워 놓았다가 구운 것. 일명 불고기라고도 함. 종잇장 같이 얇게 썰지 않음.

《재료》 쇠고기(등심, 안심), 간장, 설탕, 파, 마늘, 배즙, 참기름, 후춧가루, 깨소금, 잣가루

노각-생채 [nogak-saengchae]

영 Fresh over-ripe cucumber salad

프 Salade au concombre vieilli

중 腌拌老黄瓜 yānbànlǎohuángguā

일 ノガクセンチェ, 熟キュウリナムル

생채. 노각의 껍질을 벗기고 저며서 소금에 절였다가 헹구어 물기를 빼고 초고추장과 파, 마늘, 후춧가루, 설탕을 넣어 무친 것. 노각은 늙은 오이를 말함.
(재료) 노각, 홍고추, 실파, 고추장, 소금, 식초, 설탕, 다진 파, 마늘, 참기름, 깨소금

노티떡 [notytteok]
- 영 Pan fried glutinous sweet rice cake
- 프 Gâteau de riz au sucré et glutineux frit à la poêle
- 중 甜米煎饼 tiánmǐjiānbing, 甜煎饼 tiánjiānbing
- 일 ノティトック, 蜂蜜づけ煎餅

떡. 찹쌀가루와 기장쌀을 섞어 넣고 엿기름물로 반죽을 하여 삭힌 다음, 작게 전병으로 지지고 조청에 재워 겨울 동안 두고 먹음. 이북의 평안남도와 황해도의 떡.
(재료) 찹쌀가루, 기장, 엿기름, 꿀 또는 조청

녹두-나물 [nokdu-namul]
- 영 Cooked mungbean sprout
- 프 Pousses de pois chiches cuites
- 중 凉拌绿豆芽菜 liángbànlǜdòuyácài
- 일 ノクトゥナムル, 緑豆ナムル

나물. 일명 숙주나물. 숙주를 물에 데쳐 물기 없이 한 후 갖은 양념과 실고추, 미나리를 섞어 무친 것. 신숙주 자손들은 꼭 녹두나물이라고 칭한다. 쉽게 변하기 때문에 마음이 잘 변한다는 의미로 붙여진 이름이다.
(재료) 녹두나물, 미나리, 실고추, 파, 마늘, 깨소금, 참기름, 식초, 소금

녹두-묵-무침 [nokdu-muk muchim]
- 영 Seasoned mung bean curd
- 프 Pâte de lentilles vertes en gelée assaisonnée
- 중 拌凉粉 bànliángfěn
- 일 ノクドゥムクムチム, 緑豆こんにゃくの和え物

무침. 녹두묵을 먹기 좋게 썰어 양념장을 얹은 것.
(재료) 녹두묵, 간장, 파, 마늘, 깨소금, 설탕, 참기름

녹두-빈대떡(녹두-전병) [nokdu-bindaetteok(nokdu-jeonbyung)]
- 영 Mung bean pancake with meat and vegetables
- 프 Crêpe aux lentilles vertes avec viande et légumes
- 중 绿豆煎饼 lǜdòujiānbing
- 일 ノクドゥビンデトック, 緑豆のお好み焼き

전(煎). 껍질을 깐 녹두를 물에 담가 맷돌이나 블렌더에 갈아 찹쌀가루를 조금 넣고, 썰어 놓은 돼지고기와 김치, 숙주, 파 등을 넣고 잘 섞은 다음 기름을 두르고 지진 부침개.
(재료) 녹두, 찹쌀가루, 돼지고기, 숙주, 배추김치, 파, 마늘, 소금

녹두-죽 [nokdu-juk]
- 영 Mung bean porridge

ㄴ

🅟 Bouillie de riz aux lentilles vertes
🅩 绿豆粥 lǜdòuzhōu
🅘 ノックトゥジュック, 緑豆おかゆ

죽. 녹두를 물에 넣어 오래 끓여서 블렌더에 갈고 충분히 불린 쌀을 넣어 푹 퍼지도록 같이 끓인 것. 먹을 때 소금으로 간을 한다.

재료 녹두, 쌀, 소금

녹말-국수 [nokmal-guksu]

영 Fine starch noodles mixed with flour
프 Nouilles fines de l'amidon à la farine de blé
중 淀粉面 diànfěnmiàn
일 ノクマルグックス, 澱粉うどん

국수. 일명 체면. 밀가루 풀에 녹말가루를 섞어 반죽하여 만든 가늘고 질긴 국수. 녹말국수장국으로 흔히 만듦. 함경도에서 흔히 먹던 것.

녹말-다식 [nokmal-dasik]

영 Starch and honey cookie(Dasik)
프 Galete d'amidon et de miel
중 淀粉茶食 diànfěncháshi, 淀粉印糕子 diànfěnyìngāozǐ
일 ノクマルダシク, 澱粉と蜂蜜のらくがん

한과. 녹두녹말에 설탕, 꿀을 섞고 오미자 우린 물을 넣어 반죽하여 다식판에 찍어낸 것.

재료 녹두, 설탕, 꿀, 오미자

녹-차 [nock-cha]

영 Green tea
프 Thé vert coréen
중 绿茶 lǜchá
일 ノクチャ, 緑茶

차(茶). 차나무의 푸른 잎에 그대로 알 수 있도록 만든 차 또는 그것을 우려 마실 수 있는 차.

녹차-밥 [nokcha-bap]

영 Cooked rice with green tea
프 Riz cuit au thé vert coréen
중 绿茶饭 lǜcháfàn
일 ノクチャバップ, 緑茶ご飯

밥. 녹차 잎을 넣은 물로 지은 것.

재료 쌀, 찻잎

농어-회 [nongeo-hoe]

영 Raw sea bass with various hot sauces
프 Bar cru tranché aux plusieurs sauces piquantes
중 生鲈鱼片 shēnglúyúpiàn
일 ノンオフェ, スズキさしみ

회(膾). 농어의 껍질을 벗기고 살을 저미되 너무 얇지 않도록 떠낸 후 초고추장 양념과 쑥갓, 풋고추, 깻잎 등과 함께 먹는 회.

재료 농어, 쑥갓, 풋고추, 다홍고추, 잣가루, 깻잎, 참기름, 고추장, 간장, 식초, 설탕, 마늘, 생강, 깨소금

누룽지 [nurungji]

영 Crusty browned rice
프 Gratin de riz
중 锅巴 guōbā
일 ヌルンジ, おこげ

밥을 지을 때 뜸을 오래 들이거나 불이 너무 세서 밥솥에 밥이 누른 것에 물을 넣어 끓여 만듦.

누름-적 [nureum-jeok]

영 Pan fried vegetables and meat brochette
프 Panées de brochette à la viande et aux légumes

중 干煎菜肉串 gānjiāncàiròuchuàn
일 ヌルムジョック, お肉と野菜串

구이(적). 여러 가지 채소와 쇠고기를 살로만 손가락 길이만큼씩 자르고 갖은 양념을 하여 대꼬챙이에 꿰어 석쇠에 굽거나 밀가루, 달걀을 무쳐서 기름에 지진 것. 제사 음식을 장만할 때 많이 이용됨. 느름적이라고도 함.
《재료》 쇠고기, 도라지, 박오가리, 느타리버섯, 움파, 마늘, 파, 후춧가루, 간장, 기름, 설탕

느르미–전 [neureumi-jeon]

영 Vegetables pancake
프 Panée aux légumes
중 细葱蕨菜煎饼 xìcōngjuécàijiānbing
일 ヌルミジョッン, ワケギとゼンマイのチヂミ

전(煎). 실파와 고사리, 그 외 여러 가지 채소를 같은 길이로 맞추고 밀가루와 달걀, 소금으로 만든 옷을 입혀 번철에 지진 것.
《재료》 실파, 고사리, 여러 가지 채소, 달걀, 소금, 식용유

느타리버섯–볶음 [neutaribeoseot-bokkeum]

영 Sauteed agaric mushroom with green onion and meat
프 Agaric sauté au poireau et à la viande
중 炒平菇 chǎopínggū, 炒糙皮侧耳 chǎocāopícèěr
일 ヌタリボソッボックム, ひらたけ炒め

볶음. 끓는 물에 소금을 넣고 느타리버섯을 데쳐낸 후 쇠고기를 다져서 양념하여 볶은 것과 실파 썬 것과 함께 볶아 양념한 것.
《재료》 느타리버섯, 쇠고기, 실파, 홍고추

다슬깃-국 [daseulgit-guk]

영 Small shell and vegetables soup
프 Soupe aux petits clams et aux légumes
중 放逸短沟蜷清酱汤 fàngyìduǎngōuquánqīngjiàngtāng, 川蜷清酱汤 chuānquánqīngjiàngtāng
일 ダスルギグック, カワニナスープ

국(탕). 다슬기를 삶아 살을 뺀 국물에 된장과 고추장을 엷게 타서 국물을 끓여 아욱과 부추를 썰어 넣고 끓인 국.
재료 다슬기, 된장, 고추장, 아욱, 부추, 파

다시마 [dasima]

영 Kelp, sea tangle
프 Laminaire
중 海带 hǎidài
일 ダシマ, 昆布

바다에서 자란 해조류로 튀각에 쓰이고 맛있는 국물을 만들 때도 이용됨.

다시마-부각 [dasima-bugak]

영 Fried kelp coated with glutinous rice
프 Laminaire séchée et enveloppée dans le riz glutineux
중 干炸海带 gānzháhǎidài
일 ダシマブガク, もち米と漬けて揚げた昆布

튀김. 물을 축여 반듯하게 펴서 꾸덕꾸덕하게 말린 다시마에 되직하게 지은 찰밥을 한 면에 붙여 말렸다가 기름에 튀긴 것.

다시마-쌈(날다시마-쌈) [dasima-ssam(naldasima-ssam)]

영 Kelp with salted anchovy
프 Laminaire aux anchois saumurés
중 (生)海带片 (shēng)hǎidàipiàn
일 ダシマサム, 昆布包みご飯

쌈. 생 다시마 먹는 것에 멸치젓을 얹어 밥을 싸 먹는 것.
재료 생 다시마, 멸치젓

다시마-조림 [dasima-jorim]

영 Simmered kelp in soy sauce
프 Laminaire mijotée à la sauce de soja
중 炖海带 dùnhǎidài
일 ダシマジョリム, 昆布煮付け

조림. 다시마와 북어를 섞어서 간장에 조린 것.
재료 다시마, 북어, 간장, 설탕

다시마-튀각 [dasima-twigak]

영 Deep dried kelp flat wise
프 Friture de laminaire séchée
중 油炸海带干 yóuzháhǎidàigān
일 ダシマチガク, 昆布の切り天ぷら

튀김. 마른 다시마를 비교적 크게 잘라 기름에 튀긴 것. 설탕을 조금 뿌려도 좋다. 작게 튀기는 것을 다시마 튀김이라고 한다.
재료 다시마, 식용유, 설탕

다식 [dasik]

영 Traditional pressed sweets
프 Gaufres aux céréales avec miel
중 茶食 cháshi, 印糕子 yìngāozǐ
일 ダシク, 澱粉と蜂蜜のらくがん

한과. 쌀가루, 콩가루, 볶은 흑임자나 흰깨를 빻은 가루 등을 엿이나 꿀로 반죽하여 다식판에 박아 냄. 글자, 꽃, 잎 모양의 다식판에 따라 여러 가지 모양이 만들어짐.

다진 갈비-구이(떡-갈비) [dajin galbi-gui(tteok-galbi)]

영 Grilled minced beef ribs meat patties
프 Côtes de boeuf hachées et grillées
중 烤排骨肉饼 kǎopáigǔròubǐng,
烤排骨碎末饼 kǎopáigǔsuìmòbǐng
일 トッカルビ, 粗挽き牛カルビ焼き

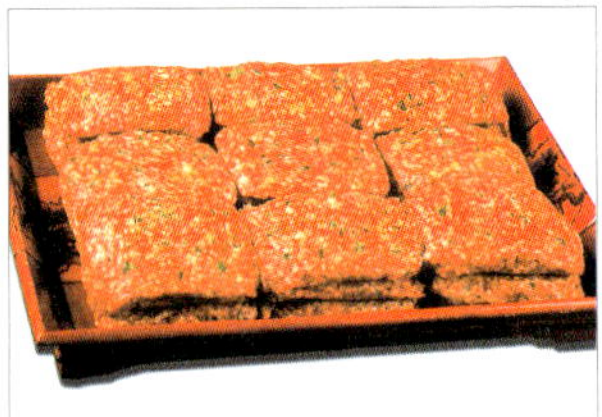

구이. 쇠갈비 살을 다져 갖은 양념을 하여 두툼하고 네모나게 빚어 구운 것. 갈비뼈에 고기를 붙여서 굽기도 함.
재료 쇠갈비, 간장, 설탕, 파, 마늘, 참기름, 깨소금, 후춧가루, 청주

단술 [dansul]

영 Malty sweet rice punch
프 Punch au riz sucré de malt
중 甘酒 gānjiǔ, 酒酿 jiǔniáng, 糯米酒 nuòmǐjiǔ, 江米酒 jiāngmǐjiǔ, 甜酒 tiánjiǔ
일 ダンスル, 甘酒

일명 감주라고 함. 식혜와 차이는 쌀알과 함께 국물을 일단 끓여 국물이 식혜보다 탁하다.

단오병 [danobyeong]

영 Dano festival rice cake
프 Gâteau de riz à la fête de Dano
중 车轮印糕 chēlúnyìngāo
일 ダンオビョン, 端午お餅

떡. 단오절의 절식. 멥쌀가루 찐 것에 수리취를 넣고 곱게 찧어 둥글게 빚은 후 수레바퀴 모양의 떡살로 찍어 내는 떡으로, 수리취떡이라고도 한다.

단자 [danja]

영 Coated sweet rice cake
프 Gâteau de riz revêti en sucre
중 糯米团了 nuòmǐtuánzi
일 ダンジャ, ナツメ·栗粉·松の実をまぶしたお団子

떡. 찹쌀가루에 소금간을 조금하고 익반죽하거나 석이가루나 대추 다진 것 등을 섞어 찐 후에 치대어 갸름하게 작게 빚어 채 썬 밤이나 잣가루, 대추채 등의 고물을 묻힌 떡.

달걀 장-조림 [dalgyal jang-jorim]

영 Braised hard boiled eggs
프 Oeufs durs mijotés dan la sauce de soja
중 酱油炖鸡蛋 jiàngyóudùnjīdàn
일 ダルギャルジャンゾリム, 玉子醤油煮込み

삶은 달걀을 3~4조각으로 내거나 통째로 양념간장에 조린 것.

달걀 조개-쌈 [dalgyal jogae-ssam]

영 Clam meat wrapped with pan fried egg
프 Coquillage enveloppé dans l'oeuf frit à la poêle
중 鸡蛋蛤蜊肉煎饼 jīdàngélíròujiānbing
일 ダルギャルジョゲサム, 卵·貝の包みご飯

전(煎). 달걀 푼 것에 소금간을 하고 둥글게 부친 후 그 속에 볶은 조갯살을 넣고 반으로 접어 조개 모양으로 지진 것.

(재료) 달걀 푼 것, 소금, 조갯살, 식용유

달걀-탕 [dalgyal-tang]

영 Egg soup(egg-stirred soup)
프 Potage aux oeufs
중 蛋花汤 dànhuātāng
일 ダルギャルグック, 玉子スープ

계란-탕 참조.

달래-무침 [dalae-muchim]

영 Wild scallion salad
프 Ail sauvages à la sauce de soja et au vinaigre
중 生拌山蒜 shēngbànshānsuàn
일 ダルレムッチム, ノビルの和え

생채. 어린 달래와 무를 초간장 양념으로 무친 것.

(재료) 달래, 무, 간장, 식초, 설탕, 깨소금, 참기름, 고춧가루

달래-장과 [dalae-jeonggwa]

영 Sauteed wild scallion with seasoning
프 Ail sauvages sauté à l'assaisonnement
중 辣味拌炒山蒜 làwèibànchǎoshānsuàn
일 ダルレジャングヮ, ノビル炒め

장아찌. 어린 달래를 살짝 볶아 간장, 깨소금, 고춧가루로 무친 것.

(재료) 달래, 기름, 간장, 설탕, 깨소금, 고춧가루, 후춧가루

달래-장아찌 [dalae-jangajji]

영 Seasoned wild scallion with soy sauce
프 Ail sauvage assaisonné à la sauce de soja
중 山蒜酱菜 shānsuànjiàngcài
일 ダルレジャンアチ, ノビルの漬物

장아찌. 달래를 씻어 간장과 양념을 섞어 무치거나 소금에 절였다가 선시고 파와 미나리 줄기를 짤막하게 썰어 섞어서 양념에 고루 무친 후 항아리에 눌러 보관하면서 먹는다.

ㄷ

달래-전 [dalae-jeon]

영 Wild scallion pancake with batter
프 Crêpe d'ail sauvages à la pâte lisse
중 山蒜牛肉煎片 shānsuànniúròujiānpiān
일 ダルレジョック, ノビルチヂミ

전(煎). 밀가루를 물로 갠 반죽에 손질한 달래와 고기 다진 것을 양념하여 섞어 번철에 지진 것. 초장을 곁들여 낸다. 달래적이라고도 함.

재료 달래, 밀가루, 고기 다진 것, 파, 마늘, 후춧가루, 소금, 참기름, 식용유, 초장

닭갈비-구이 [dakgalbi-gui]

영 Grilled chicken block with hot spice
프 Morceaux de poulet grillés à la sauce piquante
중 炒鸡排 chǎojīpái, 烤鸡肋 kǎojīlèi
일 ダックカルビグイ, 鶏肉の辛味鉄板焼き

구이. 닭구이와 같은 방법으로 살고기를 저미면서 뼈째 구운 것.

닭-강정 [dak-gangjeong]

영 Glazed fried chicken with sweet and spicy sauce
프 Morceaux de poulet frit et caramelisés
중 鸡肉糖果 jīròutángguǒ
일 ダックガンジョン, 唐揚げの煮付け

강정. 닭고기를 조각내어 옷을 입혀 튀긴 후에 단맛 나는 간장에 잠깐 굴린 것.

재료 닭고기, 간장, 설탕, 후춧가루, 식용유, 생강

닭-개장 [dakgaejang]

영 Spicy hot chicken soup
프 Soupe de poulet épicée et piquante
중 香辣鸡肉汤 xiānglàjīròutāng
일 ダックゲジャン, 鶏肉の辛味コンソメ

탕(湯). 닭고기를 삶아 살을 떼어 매콤하게 양념하고 파를 썰어 넣고 맛이 들도록 끓인 국.

재료 닭고기, 간장, 대파, 고춧가루, 마늘, 참기름, 달걀,

닭고기-튀김 [dak(gogi)-twigim]

영 Deep fried chicken meat
프 Poulet frit à la sauce sucrée et épicée
중 炸鸡肉 zhájīròu
일 ダックゴギチギム, 唐揚げ

튀김. 닭고기 살을 저며 소금, 후추로 간하여 밀가루 반죽을 입혀서 기름에 튀긴 것.

닭-곰탕 [dak-gomtang]

영 Chicken thick soup
프 Soupe épicée au poulet
중 鸡肉炖汤 jīròudùntāng
일 ダックゴムタン, 野菜入れの鶏煮込みスープ

탕(湯). 닭고기를 아주 무르도록 푹 삶

아 소금과 파, 마늘, 후춧가루로 간한 진한 국.
《재료》 닭(중), 소금, 파, 마늘, 참기름, 후춧가루

닭(고기)-구이 [dak(gogi)-gui]

영 Broiled chicken meat
프 Poulet grillé
중 烤鸡(肉) kǎojī(ròu)
일 ダック(ゴギ)グイ, 鶏肉焼き

구이. 닭을 토막 내어 밀가루 반죽을 만들어 묻히거나 간장 양념이나 고추장 양념을 하여 구운 것.
《재료》 닭, 간장, 참기름, 설탕, 깨소금, 고춧가루 또는 고추장

닭날개-튀김 [daknalgae-twigim]

영 Fried chicken wings
프 Beignet d'ailes de poulet
중 炸鸡翅 zhájīchì
일 ダックナルゲツィギム, 手羽先天ぷら

튀김. 닭날개를 손질하여 생강즙과 소금으로 간한 후 밀가루 반죽을 입혀 기름에 튀긴 것.
《재료》 닭날개, 소금, 생강즙, 밀가루, 식용유

닭다리-구이 [dakdari-gui]

영 Broiled dark chicken meat
프 Cuisses de poulet grillées
중 烤鸡腿 kǎojītuǐ
일 ダックダリグイ, 鶏の足焼き

구이. 닭다리를 손질하여 간장양념에 잰 후에 구운 것.
《재료》 닭다리, 간장, 파, 마늘, 생강즙, 참기름, 깨소금, 후춧가루, 식용유

닭다리-튀김 [dakdari-twigim]

영 Fried dark chicken meat
프 Cuisses de poulet frites
중 炸鸡腿 zhájītuǐ
일 ダックダリチギム, 鶏の足天ぷら

튀김. 닭다리 살에 소금, 후추를 뿌리고 밀가루 반죽을 입혀 튀긴 것.
《재료》 닭고기, 소금, 후춧가루, 밀가루, 달걀, 식용유

닭-백숙 [dak-baeksuk]

영 Boiled stuffed chicken

프 Poulet farci et cuit
중 白斩鸡 báizhǎnjī, 药膳炖鸡 yàoshàndùnjī
일 ダックベックスク, 鶏肉の水炊き

국. 영계나 중닭을 손질하여 물을 붓고 끓여 양념소금과 함께 먹거나, 뱃속에 불린 찹쌀과 대추, 인삼, 마늘을 넣고 물에 푹 무르도록 끓인 것.
재료 닭(영계), 찹쌀, 대추, 인삼, 마늘

ㄷ

닭-볶음 [dak-bokkeum]

영 Sauteed chicken
프 Poulet sauté au piment
중 炒鸡肉 chǎojīròu
일 ダックボックム, 鶏肉の炒め

볶음. 닭고기를 토막 내어 풋고추와 파를 썰어 넣고 양념하여 볶은 것.
재료 닭, 풋고추, 파, 마늘, 참기름, 깨소금, 후춧가루, 새우젓

닭-섭-산적 [dak-seop-sanjeok]

영 Broiled ground chicken meat patties
프 Petits pâtés de poulet moulus et grillés
중 烤鸡肉泥片 kǎojīròunìpiān
일 ダックソプサンゾク, 鶏肉ミンチの薄焼き

구이. 닭고기를 곱게 다져 양념하고 얇고 네모난 반대기를 지어 구운 것.
재료 닭고기, 간장, 참기름, 다진 파, 마늘, 깨소금, 후춧가루

닭-젓국-조치 [dak-jeotguk-jochi]

영 Chicken casserole with shrimp sauce
프 Casserole de poulet à la sauce de crevettes
중 鸡肉虾酱汤 jīròuyxiājiàngtāng
일 ダックジョッグックジョチ, 鶏肉とネギ·にんにく·アミ塩辛のチゲ鍋

찌개. 닭고기를 토막 내어 새우젓과 파, 마늘, 참기름으로 간을 맞추어 뭉근하게 끓인 것.

닭-조림 [dak-jorim]

영 Braised chicken
프 Poulet mijotée à la sauce de soja
중 炖鸡肉 dùnjīròu
일 ダックゾリム, 鶏肉の煮付け

조림. 닭고기를 토막 내어 썬 감자나 밤과 고추, 양파를 넣고 간장과 양념에 조린 것.
재료 닭고기, 감자, 밤, 고추, 양파, 간장, 설탕, 생강, 후춧가루, 참기름, 소금

닭-죽 [dak-juk]

영 Chicken and rice gruel
프 Bouillie de riz et de poulet
중 鸡肉粥 jīròuzhōu
일 ダックジュク, 鶏肉お粥

죽. 닭을 고아 발친 국물에 고기를 잘게 뜯어 섞어서 쌀을 넣고 오래 끓인 것.

⟪재료⟫ 찹쌀, 닭, 대추, 인삼, 간장, 파, 마늘, 참기름, 깨소금, 후춧가루

닭-찜 [dak-jjim]

영 Braised chicken with chestnuts and vegetables
프 Poulet mijoté aux châtaignes et légumes
중 蒸鸡肉块 zhēngjīròukuài
일 ダックチム, 鶏肉の煮込み

찜. 닭고기를 큰 토막을 내어 간장 양념과 밤, 버섯, 양파, 당근, 다시마 등을 넣어 찜을 한 것.
⟪재료⟫ 닭, 마른 북어, 밤, 대추, 은행, 다시마, 무, 간장, 참기름, 양파, 달걀, 표고버섯, 다진 파, 마늘

닭-칼국수 [dak-kalguksu]

영 Hand made noodles soup with chicken meat
프 Soupe au poulet et aux nouilles faites à la main
중 鸡肉刀切面 jīròudāoqiēmiàn
일 ダックカルグックス, 鶏肉きしめん

국수. 밀가루에 날콩가루를 넣어 만든 칼국수를 푹 익힌 닭고기 국물에 끓이고 닭고기 살을 잘게 뜯어 양념한 것을 얹어 냄.
⟪재료⟫ 밀가루, 날콩가루, 닭, 소금, 간장, 파, 마늘, 참기름

닭-튀김 [dak-twigim]

영 Fried chicken meat
프 Viande de poulet frite
중 炸鸡肉 zhájīròu
일 ダックティギム, 唐揚げ

튀김. 닭을 토막 내어 밀가루 반죽을 만들어 묻히거나 밀가루만 묻혀 기름에 튀긴 것.

담북-장-찌개 [dambuk-jang-jjigae]

영 Fermented soybean stew with dubu
프 Ragoût au soja fermenté avec tofu
중 清麴酱(炖)汤 qīngqújiàng(dùn)tāng
일 ダムブックジャンチゲ, 醗酵味噌なべ

찌개. 담북장으로 끓인 찌개로 청국장 찌개와 비슷함.
⟪재료⟫ 담북장, 두부, 호박, 파, 마늘, 멸칫가루

당귀-차 [danggwi-cha]

영 Angelica tea
프 Thé à l'angélique
중 当归茶 dāngguīchá
일 ダンギチャ, トウキ茶

음청류. 당귀 다린 물에 설탕이나 꿀을 넣은 차.
⟪재료⟫ 당귀, 설탕 또는 꿀

당귀-편 [danggui-pyeon]

영 Rice cake mixed with angelica sinesis leaf powder
프 Gâteau de riz mélangé de farine de feuille d'angelica sinesis
중 当归蒸糕 dāngguīzhēnggāo
일 ダングィピョン, トウキ餅

떡. 승검초편.
⟪재료⟫ 쌀가루, 승검초(당귀잎), 설탕, 소금

ㄷ

ㄷ

당근-화양적 [danggeon-hawyangjeok]

영 Carrot brochette
프 Brochette à la carotte
중 干煎胡萝卜串 gānjiānhúluóbochuàn
일 ダングンフワヤンジョク, にんじんの薄焼き

적(炙). 당근을 손가락 굵기로 썰어 끓는 물에 살짝 데쳐 꼬치에 꿰어서 밀가루에 묻혀 지진 것. 노란색의 당근이 있을 때는 두 가지 색의 당근을 번갈아 꿰어서 누름적을 하면 좋다.

재료 당근, 소금, 밀가루, 식용유

대게-찜 [daege-jjim]

영 Steamed king crab
프 Grand crabe cuit à la vapeur
중 清蒸雪蟹 qīngzhēngxuěxiè, 清蒸松叶蟹 qīngzhēngsōngyèxiè
일 デゲチム, ズワイガニの 蒸し煮

찜. 큰 게를 통째로 찜통에 쪄서 살을 발라먹도록 한 것. 술을 조금 뿌려 찌면 비린내를 없앨 수 있다.

재료 대게, 소금, 술

대구-섞박지 [daegu-seokbakji]

영 Kimchi with cod
프 Kimchi au cabillaud émincé
중 鳕鱼什锦粗泡菜 xuěyúshíjǐncūpàocài
일 テグソクバクジ, タラ入りキムチ

김치. 섞박지를 담글 때 대구살을 저며 섞어 버무려 담근 것.

대구-육개장 [daegu-yukgaejang]

영 Spicy cod thick soup with vegetables
프 Soupe de morue épicée aux légumes
중 香辣鳕鱼汤 xiānglàxuěyútāng, 香辣大头鳕汤 xiānglàdàtóuxuětāng
일 テグユッケジャン, たらと野菜の辛味スープ

국. 대구를 푹 고아 뼈를 발라 버리고 육개장에 들어가는 여러 가지 채소와 고춧가루 양념을 넣어 맵게 끓인 국.

재료 대구, 무, 숙주, 토란줄기, 파, 청장, 다진 마늘, 고춧가루, 후춧가루, 참기름, 깨소금

대구-전 [daegu-jeon]

영 Pan fried cod fillet
프 Pané de morue
중 鳕鱼煎饼 xuěyújiānbing
일 テグジョン, たらの薄焼き

전. 대구 살을 포를 떠서 소금, 후추를 조금 뿌리고 밀가루, 달걀을 씌워 기름에 지진 것.

재료 대구살(포 뜬 것), 소금, 후추, 밀가루, 달걀, 식용유

대구-조림 [daegu-jorim]

영 Braised cod in sauce
프 Morue mijotée à la sauce
중 炖鳕鱼 dùnxuěyú
일 テグジョリム, たらの醤油煮付け

조림. 대구의 내장을 빼고 손질한 것을 크게 토막을 내어, 간장, 물, 설탕, 파, 마늘을 넣고 끓이는 소스 속에 대구를 넣어 조린 것.

재료 대구 간장, 설탕, 파, 마늘, 생강, 참기름, 실고추

대구-지리 [daegu-jiri]

영 Clear cod soup
프 Soupe à la morue (cabillaud)
중 清炖鳕鱼汤 qīngdùnxuěyútāng
일 テグジリ, たらコンソメ

국. 국물을 맑게 끓여 대구, 다시마, 파, 마늘을 넣어 맑게 끓인 물에 대구 토막을 넣어 끓인 국.

재료 대구, 배춧잎, 파, 소금, 청장, 마늘, 생강, 술

대구-탕 [daegu-tang]

영 Spicy cod soup
프 Soupe pimenté de cabillaud (morue)

중 鳕鱼辣黄酱汤 xuěyúlàhuángjiàngtāng
일 テグタン, たらの辛味噌スープ

국. 대구로 끓인 국. 고추장, 된장을 섞은 국물에 무, 쇠고기, 실파를 넣어 푹 끓이고 미나리를 넣은 국.
《재료》 대구, 생굴, 배춧잎, 파, 소금, 청장, 다진 마늘, 다진 생강, 고춧가루

대나무-밥 [daenamu-bap]

영 Rice cooked in bamboo trunk
프 Riz cuit dans le tronc de bambou
중 竹筒饭 zhútǒngfàn
일 テナムバップ, 竹筒ご飯

밥. 대나무 통에 불린 쌀을 넣어 쪄서 만든 것.
《재료》 쌀, 여러 가지 콩류나 견과류

대추 [daechu]

영 Jujube(s)
프 Jujubes

중 大枣 dàzǎo, 红枣 hóngzǎo
일 デチュ, ナツメ

과실류. 대추나무에서 열리는 열매. 풋대추로 먹거나 말려 두었다가 후식을 만들 때와 한약을 달일 때 넣는다.

대추-단자 [daechu-danja]

영 Jujube small rice cake coated with pine nuts
프 Gâteau de riz au jujube et aux pignons de pin
중 大枣 dàzǎo, 红枣 hóngzǎo
일 デチュダンジャ, ナツメまぶしのお餅

떡. 다진 대추와 찹쌀가루를 반죽하여 찜통에 찐 후 차지게 만들어 납작하고 길쭉하게 빚어 꿀, 잣가루, 대추채를 묻힌 것.
《재료》 찹쌀가루, 꿀, 잣, 대추

대추-생강-차 [daechu-saenggang-cha]

영 Jujube ginger tea
프 Thé aux jujubes et au gingembre
중 红枣姜茶 hóngzǎojiāngchá
일 デチュセンガンチャ, ナツメしょうが茶

음청류. 생강을 끓인 물에 대추를 넣어 울어나도록 끓인 후 꿀을 탄 차.
《재료》 대추, 생강, 설탕이나 꿀, 실백

대추-죽 [daechu-juk]

영 Jujube gruel(Jujube and rice porridge)
프 Bouillie de riz aux jujubes
중 大枣粥 dàzǎozhōu,
红枣粥 hóngzǎozhōu

일 デチュジュック, ナツメおかゆ

죽. 대추를 오래 끓여 씨를 빼고 으깬 후 체에 밭쳐 그 물에 쌀을 섞어 넣고 끓인 것.

《재료》 쌀, 대추

대추-징조 [daechu-jingjo]

영 Soft jujube coated with honey and sesame seed

프 Jujube molle enveloppée de miel et de sésame

중 糖衣蒸红枣 tángyīzhēnghóngzǎo

일 デチュジンジョ, 蜂蜜とゴマをかぶせた煮ナツメ

한과(숙실과). 찐 대추를 설탕물과 조청에 넣어 되직하게 끓인 것에 볶은 통깨를 뿌린 후식. 경상도 향토음식.

대추-차 [daechu-cha]

영 Jujube tea

프 Thé aux jujubes

중 红枣茶 hóngzǎochá

일 デチュチャ, ナツメ茶

음청류. 대추를 끓여 우린 차에 꿀을 넣고 잣을 띄운 것.

《재료》 대추, 생강, 잣

대추-초 [daechu-cho]

영 Sweet jujube

프 Jujube sucrée

중 糖浆炖红枣 tángjiāngdùnhóngzǎo

일 デチュチョ, ナツメの砂糖煮込み

숙실과. 대추를 부드럽게 하여 꿀이나 설탕물에 넣어 윤기가 나도록 조린 다음, 씨 대신 잣을 박고 계피를 뿌린 것.

대추 편-포 [daechu pyeon-po]

영 Jujube shaped minced dry beef

프 Viande de boeuf séchée et hachée en forme de jujube

중 枣型牛肉脯 zǎoxíngniúròufǔ

일 デチュピョンポ, 牛肉ミンチをナツメ形にし, 松のみを挟んだもの

포(脯). 쇠고기를 다져 간장, 설탕, 후춧가루로 양념하여 대추모양으로 빚어 꼭지에 잣을 끼워 말린 것. 흔히 칠보편보와 어울려 담는다.

《재료》 쇠고기, 잣, 간장, 설탕 또는 꿀, 참기름, 후춧가루

대하-구이 [daeha-gui]

영 Broiled king prawns

프 Gambas grillée

중 烤对虾 kǎoduìxiā

일 デハグイ, 焼きクルマエビ

구이. 큰 새우의 수염과 발만 잘라내고 긴꼬치에 꿰어 불에 구어 껍질을 벗기고 살을 먹는다.

대하-잣-즙 무침 [daeha-jat-jeub muchim]

영 Steamed king prawns with beef vegetables and pine-nuts sauce
프 Gambas braisées farcies au boeuf et aux légumes
중 松子汁拌对虾 sōngzǐzhībànduìxiā
일 デハジャッズップ, クルマエビと松のみ絞り汁の和え物

무침. 대하를 쪄서 껍질을 벗기고 두께를 절반으로 져미고 편육, 오이 썰어 절이고 건죽순과 함께 썰어 살짝 볶아 식혀서 잣즙에 무친 것. 알지단으로 윗 고명을 얹기도 함.

【재료】 대하, 쇠고기, 오이, 죽순, 잣가루, 식용유, 흰 후추, 참기름, 달걀

대하-전 [daeha-jeon]

영 Pan fried king prawns
프 Gambas panées
중 对虾煎饼 duìxiājiānbing
일 デハジョン, クルマエビチヂミ

전(煎). 큰 새우를 껍질 벗겨 반으로 갈라 밀가루, 달걀을 씌워 지진 것.

【재료】 대하, 소금, 흰 후춧가루, 밀가루, 달걀, 지짐기름

대하-찜 [daeha-jjim]

영 Steamed king prawns
프 Gambas cuite à la vapeur
중 蒸对虾 zhēngduìxiā
일 デハチム, クルマエビの蒸し煮

찜. 큰새우를 등을 갈라 반듯하게 놓이도록하고 새우살을 더 채워서 조미하여 찌고 고명을 얹은 것.

【재료】 대하(큰새우), 새우살, 녹말, 소금, 고명(달걀, 홍고추, 버서, 파채 등)

대합-구이 [daehap-gui]

영 Grilled clam stuffed with beef and dubu
프 Clams grillée farcie de boeuf et de tofu
중 烤文蛤 kǎowéngé
일 デハップグイ, 焼きハマグリ

구이. 대합 살, 다진 쇠고기, 으깬 두부를 섞고 양념하여 대합의 껍질에 다시 담아 번철에 달걀을 씌워 지진 후에 석쇠에 올려 구운 것.

ㄷ

《재료》 대합, 다진 쇠고기, 갖은 양념, 두부, 밀가루, 달걀, 기름

대합-국(대합-별탕) [daehap-guk(daehap-byoultang)]

영 Clam soup
프 Soupe aux clams
중 文蛤清酱汤 wéngéqīngjiàngtāng
일 デハップグック, ハマグリスープ

국. 맑은 국물에 대합을 넣고 끓여 양념한 국 또는 양념한 대합 살과 쇠고기를 양념하여 익힌 것을 섞어 대합껍질에 담고 달걀을 황백으로 나누어 씌워 지진 다음 국물에 넣어 끓인 국. 대합만 끓인 것이 아니고 껍질에 소를 넣어 지져서 국물에 넣은 것은 대합별탕이라고 칭함. 전라남도 향토음식.
《재료》 대합, 쇠고기, 달걀, 소금, 파, 마늘

대합-전골 [daehap-jeongol]

영 Clam hot pot
프 Ragoût de clams aux légumes
중 文蛤火锅 wéngéhuǒguō
일 デハップジョンゴル, ハマグリスープ

전골. 대합 살이 재료가 되고, 쇠고기와 채소를 색 맞추어 담고 장국을 부어 끓인 후 달걀을 풀어 익힌 전골.
《재료》 대합 살, 쇠고기, 두부, 당근, 미나리, 파, 달걀, 간장, 후춧가루, 참기름

대합-전유어 [daehap-jeonyueo]

영 Pan fried clam meat and egg
프 Clams frits à la poêle avec oeuf
중 文蛤煎饼 wéngéjiānbing
일 デハップジョニュオ, ハマグリチヂミ

전(煎). 대합은 한 쪽에 붙은 내장을 떼고 씻어 물기 없이 하고 두꺼운 살은 한편으로만 칼집을 넣어 넓게 펴서 밀가루, 달걀을 무쳐 번철에 지진 것. 소금은 달걀 푼 것에 넣고 대합 살에 뿌리지 않음.
《재료》 대합 살, 밀가루, 달걀, 소금, 식용유

대합-죽 [daehap-juk]

영 Clam and rice gruel
프 Porridge aux clams et au riz
중 文蛤粥 wéngézhōu
일 デハップジュック, ハマグリお粥

죽. 대합 살로 맑은 장국을 끓이다가 쌀을 넣어 끓인 죽.
《재료》 대합, 멥쌀, 참기름, 소금

대합-찜 [daehap-jjim]

영 Steamed fancy stuffed clams
프 Clams farcies à la vapeur
중 蒸文蛤 zhēngwéngé
일 デハップチム, ハマグリの 蒸し煮

찜. 조갯살, 다진 쇠고기, 썬 표고, 달걀 노른자위를 섞어 부쳐 대합껍질에 채워 밀가루를 뿌리고 달걀을 발라 찐 후 위에 달걀 실백, 버섯으로 장식한다.
《재료》 대합, 양파, 당근, 쇠고기, 간장, 후춧가루, 달걀

더덕-구이 [deodeok-gui]

영 Grilled wild root
프 Racine de Codonopis lanceolata grillés
중 烤党参 kǎodǎngshēn, 烤沙参 kǎoshashēn
일 トドクグイ, つるにんじんの辛焼き

구이. 더덕을 납작하게 조금 두들겨서 간장과 고추장 양념에 재웠다가 구운 것.

【재료】 더덕, 간장, 고추장, 파, 마늘, 참기름, 깨소금, 설탕

더덕-김치 [deodeok-kimchi]

영 Wild root kimchi
프 Kimchi aux racines de Codonopis lanceolata
중 党参泡菜 dǎngshēnpàocài
일 トドクキムチ, つるにんじんキムチ

김치. 더덕을 썰고 무와 배춧잎을 섞어 쌀가루 풀과 같은 김치 양념에 버무려 담근 것.

【재료】 더덕, 쌀가루 풀, 무, 대파, 밤, 배춧잎, 다진 마늘, 다진 생강, 고춧가루, 설탕, 소금

더덕-보푸라기 무침 [deodeok-bopuragi muchim]

영 seasoned softened deodeok-root
프 Dedeok(condonopis lanceolata) doux assaisonne
중 生拌捣党参 shēngbàndǎodǎngshēn
일 トドクムボプラギムチム, つるにんじんの酢もの

무침. 껍질 벗긴 더덕을 절구에 찧어 즙을 짜내고 부드럽게 된 더덕에 소금, 설탕, 식초, 참기름으로 무친 것

【재료】 소금, 설탕, 식초, 참기름

더덕-생채 [deodeok-saengchae]

영 Fresh deodeok root spicy salad
프 Salade pimenté aux racines de deodeok
중 辣拌党参丝 làbàndǎngshēnsī
일 トドクセンチェ, つるにんじんの和え物

무침. 더덕의 쓴 물을 빼고 반으로 갈라 두들겨서 곱게 찢어 고춧가루로 붉게 물들이거나 간장양념을 넣어 무친 것. 더덕무침이라고도 함.

【재료】 더덕, 고춧가루, 고추장, 설탕, 식초, 참기름, 깨소금, 간장, 소금

ㄷ

더덕-장아찌 [deodeok-jangajji]

영 Salted deodeok root in red pepper paste
프 Racine de codonopis lanceolata macérée à la pâte de piment rouge
중 党参酱菜 dǎngshēnjiàngcài
일 トドクジャンアチ, つるにんじんの漬物

장아찌. 생더덕을 고추장에 박아 장아찌로 만든 것.

더덕-전 [deodeok-jeon]

영 Pan fried deodeok root
프 Deodeok (codonopis lanceolata)frit à la poêle
중 党参煎饼 dǎngshēnjiānbing
일 トドクジョン, つるにんじんチヂミ

전(煎). 더덕의 껍질을 벗기고 반으로 잘라 끓는 물에 데쳐낸 후 조금 두들겨서 밀가루와 달걀을 묻혀 기름에 지져낸 것.
(재료) 더덕, 소금, 밀가루, 달걀

덮밥 [deopbap]

영 Cooked rice covered with stew
프 Riz cuit recouvert de ragoût
중 盖饭 gàifàn, 盖浇饭 gàijiāofàn
일 ドッパップ, どんぶり

밥. 튀긴 새우나 달걀 또는 버섯 등 여러 가지를 넣은 걸쭉한 국을 끼얹어 만든 것. 전통 한식이 아니고 일본의 밥 요리의 일종에서 온 것.
(재료) 쌀밥, 새우, 달걀, 쇠고기, 버섯, 파, 마늘, 청장

도가니-탕 [dogani-tang]

영 Knuckle bone thick soup
프 Soupe au jarret de boeuf
중 牛膝汤 niúxītāng
일 ドガニタン, 牛の膝軟骨を煮込んだスープ

국. 도가니(무릎뼈 포함)와 쇠고기(양지머리 부위)를 함께 고아 기름을 거두고 소금으로 간 한 뒤 파, 마늘, 후춧가루로 양념한 것.
(재료) 도가니, 쇠고기(양지머리), 파, 마늘, 소금, 후춧가루

도라지-나물 [doraji-namul]

영 Sauted bellflower roots
프 Plat aux racines de campanule cuites
중 拌桔梗菜 bànjiégěngcài
일 トラジナムル, ききょナムル

숙채. 데친 도라지를 기름, 소금, 마늘, 파, 깨소금으로 무쳐 물을 조금 부어 볶은 것.
(재료) 도라지, 소금, 깨소금, 참기름, 다진 파, 마늘

도라지-산적 [doraji-sanjeok]

영 Bellflower root brochette with beef
프 Brochette de racines de campanule au boeuf

중 烤桔梗牛肉串 kǎojiégěngniúròuchuàn
일 トラジサンジョク, ききょ串

적(炙). 통도라지의 쓴 물을 뺀 다음 두들기고, 쇠고기를 채 썰어 양념한 것으로 파, 홍고추 등과 같이 길이를 맞추어 자르고 색을 맞추어 꼬챙이에 꿰어 양념장에 재였다가 구운 것. 도라지를 주로 많이 이용한 것이 특징.

《재료》 통 도라지, 소고기, 붉은 고추, 버섯, 양념장

도라지-생채 [doraji-saengchae]

영 Bellflower root red salad
프 Salade pimentée aux racines de campanule
중 辣拌桔梗丝 làbànjiégěngsī
일 トラジセンチェ, ききょの和え物

생채. 도라지를 곱게 갈라서 고춧가루와 식초, 소금, 설탕으로 무친 것.

《재료》 도라지, 간장, 소금, 고춧가루, 깨소금, 식초, 참기름, 파, 마늘

도라지-정과 [doraji-jeonggwa]

영 Candied bellflower roots
프 Racines de campanule glacées
중 桔梗蜜煎 jiégěngmìjiān
일 トラジジョングヮ, ききょお菓子

한과(정과). 겁질 벗긴 통도라지를 물과 꿀 또는 설탕을 넣어 황색으로 조린 후식(다른 정과와 같이 담는다).

《재료》 도라지, 꿀, 소금, 설탕

도루묵-구이 [dorumuk-gui]

영 Grilled sand fish
프 Arctoscopus japonicus grillé
중 烤叉牙鱼 kǎochāyáyú
일 ドルムックグイ, はたはた焼き

구이. 도루묵을 소금물에서 씻어 그대로 석쇠에 구운 것. 양념을 바르지 않고 산뜻하고 깔끔하게 구수한 맛이 나도록 구우면 가시도 바르기 쉽다.

도루묵-식해 [dorumuk-sikhae]

영 Preserved sand fish with spicy seasoned millet
프 Arctoscopus japonicus préservé à l'assaisonnement de millet épicé
중 叉牙鱼食醢 chāyáyúshíhǎi
일 ドルムックシケ, 熟成のはたはた

식해. 물기를 뺀 도루묵, 차좁쌀, 쌀밥 식힌 것, 고춧가루, 무 같은 양념을 섞어 삭힌 것. 함경도 향토음식.

《재료》 도루묵, 차좁쌀 밥, 고춧가루, 무채, 파, 마늘, 소금

도미 구이 [domi gui]

영 Grilled sea bream(porgy)
프 Dorade grillée
중 烤鲷鱼 kǎodiāoyú
일 ドミグイ, タイ焼き

구이. 도미를 씻어 소금에 절였다가 약한 불에 참기름을 발라 가면서 구운

구이. 양념장을 발라서 굽기도 함.
《재료》 도미, 소금, 참기름, 양념

도미-면 [domi-myeon]

- 영 Pan fried sea bream casserole with vegetables and vermicelli
- 프 Dorade casserole aux vermicelles et aux légumes
- 중 鲷鱼粉条火锅 diāoyúfěntiáohuǒguō
- 일 ドミミョン, タイと野菜·春雨の蒸し煮

전골. 도미살을 저며 전을 부쳐 위에 얹고 육수에 여러 채소와 당면, 완자를 넣고 알지단을 넣어 끓인 전골과 같은 요리.
《재료》 도미, 당근, 양파, 파, 마늘, 미나리 초대, 완자, 표고, 고추, 육수

도미-전골 [domi-jeongol]

- 영 Sea bream hot pot
- 프 Dorade casserole
- 중 鲷鱼火锅 diāoyúhuǒguō

- 일 ドミジョンゴル, タイの寄せ鍋

전골. 도미 살을 크게 떠서 달걀 씌워 지진 것과 쇠고기 양념한 것, 여러 채소를 색 맞춰 담아 국물을 부어 끓인 것.
《재료》 도미, 밀가루, 달걀, 쇠고기, 파, 마늘, 후춧가루, 미나리, 당근, 육수

도미-전유어 [domi-jeonyueo]

- 영 Pan fried sea bream with eggs
- 프 Dorade frite à la poêle avec des oeufs battus
- 중 鲷鱼煎饼 diāoyújiānbing
- 일 ドミジョニュオ, タイチヂミ

전(煎). 도미 살을 저며 소금을 뿌린 뒤 밀가루를 묻히고 달걀을 씌워 지진 것.
《재료》 도미 살, 소금, 후춧가루, 밀가루, 달걀, 식용유

도미-조림 [domi-jorim]

- 영 Braised sea bream in soy sauce
- 프 Dorade mijotée à la sauce de soja
- 중 炖鲷鱼 dùndiāoyú
- 일 ドミジョリム, タイの醤油煮付け

조림. 도미의 내장과 지느러미를 없애고 진간장 양념, 파, 마늘, 살코기를 양념한 것을 넣어 조린 것.
《재료》 도미, 진간장 양념, 파, 마늘, 쇠고기

도미-죽 [domi-juk]

- 영 Sea bream and rice gruel
- 프 Bouillie de riz au pagel
- 중 鲷鱼粥 diāoyúzhōu
- 일 ドミジュック, 鯛おかゆ

죽. 비늘 긁은 도미를 통째로 끓이다가 살을 발라 국물과 함께 쌀을 넣고 쑨 것.
《재료》 도미, 쑥갓, 파, 고기, 고추, 간장

도미-찜 [domi-jjim]

- 영 Stuffed and steamed sea bream
- 프 Dorade farcie aux légumes à la vapeur

중 蒸鯛鱼 zhēngdiāoyú
일 ドミチム, タイの 蒸し煮

찜. 손질한 도미를 칼집을 넣어 다진 쇠고기를 여러 가지 양념으로 간하여 소를 만들어 채우고 원형대로 하여 냄비에 담아 여러 가지 채소와 고명으로 얹어 찐 것.
《재료》 도미, 쇠고기, 표고, 석이, 달걀, 쑥갓, 미나리, 당근, 실고추, 식용유, 소금, 후춧가루, 청주, 참기름, 간장, 설탕, 파, 마늘, 깨소금

도미-회 [domi-hoe]

영 Raw sea bream
프 Dorade crue
중 生鯛鱼片 shēngdiāoyúpiàn
일 ドミフェ, タイさしみ

회(膾). 도미 살을 얇게 저며 초고추장에 겨자, 초장에 찍어 먹는 회.
《재료》 도미(활어), 무채, 초고추장, 겨자, 무순

도토리-냉면 [dotori-naengmyeon]

영 Chilled acorn noodle soup with vegetables
프 Soupe de nouilles de farine de gland aux légumes froids

중 橡子凉粉冷面 xiàngzǐliángfěnlěngmiàn
일 ドトリネンミョン, ドングリ冷麺

국수. 도토리가루로 만든 냉면을 삶은 후 여러 가지 채 썬 채소와 양념장을 넣고 냉육수를 부어 먹는 찬 음식.
《재료》 말린 도토리냉면, 달걀, 버섯, 오이, 당근, 배, 간장, 마늘, 양파, 고춧가루, 식초, 참기름, 깨소금, 설탕

도토리-떡 [dotori-tteok]

영 Steamed acorn powder and bean cake
프 Gâteau de farine de gland et de grain à la vapeur
중 橡子大米蒸糕 xiàngzǐdàmǐzhēnggāo, 橡子饼 xiàngzǐbing
일 ドトリトック, ドングリ餅

떡. 도토리가루에 차수수가루를 섞어 콩과 팥을 고물로 얹어 시루에 찐 것.
《재료》 도토리가루, 차수수, 팥, 콩, 소금, 설탕

도토리-묵 [dotori-muk]

영 Acorn starch curd
프 Pâte de gland en gelée
중 橡子凉粉 xiàngzǐliángfěn
일 ドトリムック, ドングリこんにゃく

묵. 도토리녹말에 물을 부어 끓여 그릇에 담아 굳힌 것.

도토리-묵-무침 [dotori-muk muchim]

영 Seasoned acorn starch curd with vegetables
프 Pâte de gland en gelée assaisonnée aux légumes

ㄷ

중 拌橡子凉粉 bànxiàngzǐliángfěn
일 ドトリムックムッチム, ドングリこんにゃくの和え物

무침. 도토리묵을 먹기 좋도록 썰고 채소와 함께 양념 간장에 무친 것.
《재료》 도토리묵, 오이, 풋고추, 다홍고추, 간장, 고춧가루, 다진 파, 마늘, 참기름, 깨소금

ㄷ

도행병 [dohaengbyeong]

영 Rice cake with peach paste
프 Gâteau de riz à la pâte de pêche
중 桃杏团子 táoxìngtuánzi
일 ドヘンビョン, 粳米に桃汁を入りの蒸し餅

떡. 멥쌀가루에 복숭아즙과 살구즙을 넣어 버무리고 설탕이나 꿀에 버무려 대추, 밤, 잣, 계피 등으로 고명하여 찐 떡.

돈 고추장-구이 [don gochujang-gui]

영 Broiled pork with hot pepper paste sauce
프 Porc grillé à la sauce de pâte piquante
중 辣酱烤猪肉 làjiàngkǎozhūròu
일 ドンゴチュジャングイ, 豚肉の辛味噌焼き

구이. 돼지고기 고추장 구이.
《재료》 돼지고기, 간장, 고추장, 설탕, 깨소금, 참기름, 후춧가루, 파, 마늘, 생강

돈 육-구이 [don yuk-gui]

영 Broiled pork
프 Porc grillé
중 烤猪肉 kǎozhūròu
일 ドンユクグイ, 豚肉焼き

구이. 돼지고기 구이를 말함.

돈-저냐 [don-jeonya]

영 Meat patties(fried meat patties, fried pork in egg batter)
프 Porc haché pané
중 丸子煎饼 wánzijiānbing
일 ドンジョニャ, ミートボール焼き

완자전. 동전과 같이 둥글게 전을 만들었다고 해서 붙여진 이름.

돌김-부각 [dolgim-bugak]

영 Fried and dried laver coated with glutinous rice paste
프 Algue sauvage séchée et frite enveloppee dans la pâte de riz glutineux
중 干炸天然紫菜 gānzhátiānránzǐcài
일 トルギム, 石海苔

부각. 일명 쏙대기 부각이라고도 한다. 봄에 나는 돌김을 찹쌀 풀을 쑤어 소금 간장으로 간을 하여 돌김에 바르고 다시 한 장을 덮고 풀칠을 하고 맨 위에 다시 풀칠한 후 통깨와 실고추를 뿌려 말렸다가 기름에 튀긴 것.
《재료》 돌김 마른 것, 찹쌀 풀, 소금, 간장, 통깨, 실고추, 식용유, 설탕

돌나물-물김치 [dolnamul-mulkimchi]

영 Sedum watery kimchi
프 Kimchi aux orpins aqueux
중 垂盆草水泡菜 chuípéncǎoshuǐpàocài
일 トルナムルムルキムチ, まんねんぐさの水キムチ

김치. 돌나물을 씻어 김치 양념으로 버무린 후 물을 넉넉히 부어 김치 맛으로 익힌 것.

《재료》 돌나물, 풋고추, 마늘, 고춧가루, 소금, 쌀밥(누룽지)

돌나물-생채 [dolnamul-saengchae]

영 Sedum green salad
프 Salade aux orpins
중 生拌垂盆草 shēngbànchuípéncǎo
일 トルナムルセンチェ, まんねんぐさの和え物

생채. 돌나물을 으깨지지 않도록 물에 씻어 양념간장에 살짝 무친 것.

《재료》 돌나물, 간장, 식초, 설탕, 다진 파, 마늘, 깨소금, 참기름, 고춧가루

돌산갓-김치 [dolsangat-kimchi]

영 Mustard leaf kimchi
프 Kimchi aux feuilles de moutarde
중 突山芥菜泡菜 tūshānjiècàipàocài, 突山雪里蕻泡菜 tūshānxuělǐhóng-pàocài
일 トルサンガッキムチ, ドルサンからしなキムチ

김치. 억센 돌산갓에 뜨거운 물을 부어 숨을 죽인 다음 김치 양념을 하여 익힌 것.

《재료》 돌산갓, 마른 고추, 고춧가루, 양파, 소금, 파, 마늘, 멸치젓, 새우젓, 생강

돌솥-밥 [dolsot-bap]

영 Stone pot rice
프 Cassolette de riz aux châtaignes et aux champignons dans un pot de pierre
중 石锅饭 shíguōfàn
일 トルソッバップ, 栄養釜飯

밥. 밤, 버섯, 대추 등을 넣고 돌솥에 지은 것.

돌솥-비빔밥 [dolsot-bibimbap]

영 Stone pot bibimbap
프 Cassolette de riz aux légumes et à la viande hachée
중 石锅拌饭 shíguōbànfàn
일 トルソッビビンバップ, 石焼きビビンバー

밥. 돌솥에 흰밥을 지어 쇠고기 볶음과 여러 가지 채소를 볶아 양념한 나물, 달걀부침을 올려 넣고 비벼 먹는 일품 요리.

《재료》 흰밥, 쇠고기, 콩나물, 호박, 당근, 표고, 달걀, 파, 마늘, 고추장, 참기름

동동-주 [dongdong-ju]

영 Thick rice beer
프 Alcool de riz
중 清米酒 qīngmǐjiǔ, 浮蚁酒 fúyǐjiǔ, 漂浮饭粒酒 piāofúfànlìjiǔ
일 ドンドンジュ, どぶろく

민속주. 쌀에 누룩을 넣어 발효시킨 술. 술을 뜰 때에 발효된 밥알이 동동 뜬다고 하여 붙여진 이름.

동래 파전 [dongrae pajeon]

영 Pan fried green onions with seafoods, Dongrae style
프 Oignons verts aux fruits de mer frits à la poêle, à la Dongrae
중 东莱细葱煎饼 dōngláixìcōngjiānbing

ㄷ

일 トンレパジョン, ドンレねぎチヂミ

전(煎). 밀가루에 멥쌀가루를 섞고 멸치 육수와 달걀을 넣은 다음, 파, 미나리, 생굴, 조갯살, 홍합 등을 섞어 지진 것. 부산의 동래(마을 이름)에서 맛있게 잘 부친다 하여 붙여진 이름.

《재료》 밀가루, 멥쌀가루, 멸치 육수, 달걀, 홍합, 실파, 소금, 굴, 조갯살, 식용유

동백잎-부각 [dongbaekip-bugak]

영 Fried camellia leaves coated with glutinous rice

프 Feuilles de camélia frites enveloppées dans la pâte de riz glutineux

중 干炸山茶叶 gānzháshāncháyè

일 トンベクイプブガク, つつじの葉っぱの天ぷら

마른 찬. 어린 동백잎을 따서 찹쌀 풀을 입혀 말려 두었다가 먹을 때 기름에 튀겨 설탕과 소금을 뿌린 것. 향기가 매우 좋아 부각 중 손꼽히는 것.

《재료》 어린 동백잎, 찹쌀가루, 설탕, 소금, 식용유

동아-정과 [donga-jeonggwa]

영 Candied wax gourd

프 Courge glacées

중 冬瓜蜜煎 dōngguāmìjiān

일 ドンアジョングクヮ, トウガのお菓子

한과(정과). 동아를 조각내어 조개 태운 횟가루를 뿌려 재웠다가 설탕, 꿀이나 조청을 넣어 조린 것.

《재료》 동아, 사횟가루, 꿀 또는 조청, 설탕

동지-팥죽 [dongji-patjuk]

영 Red bean and rice gruel

프 Bouillie aux pois rouges et au riz

중 冬至紅豆粥 dōngzhìhóngdòuzhōu

일 ドンジパッジュック, ぜんざい

죽. 겨울에 팥과 쌀을 섞어 끓인 죽에 쌀가루로 새알심을 넣고 익힌 것. 동지는 한해 중 밤이 가장 길고 낮이 가장 짧은 날로 팥죽을 쑤어 먹었다. 잡귀가 붉은빛을 싫어한다 하여 붉은 팥죽을 쑤어 대문이나 현관에 액막이로 끼얹기도 했다.

《재료》 팥, 쌀, 쌀가루, 소금

동치미 [dongchimi]

영 White radish kimchi in water

프 Kimchi de navet à l'eau

중 冬腌萝卜水泡菜

dōngyānluóboshuǐpàocài
일 ドンチミ, 大根水キムチ

김치. 무를 씻어 소금에 굴려 항아리에 담고 소금물에 삭힌 고추, 파, 마늘, 생강 등을 넣고 소금물을 부어 발효시킨 물이 많은 김치. 먹을 때는 무와 삭힌 고추만을 내놓는다.

《재료》 조선무, 삭힌 풋고추, 파, 생강, 마늘, 소금

동치미-냉면 [dongchimi-naengmyeon]

영 Buckwheat noodles with white radish water kimchi
프 Nouilles de blé noir au kimchi de navet à l'eau
중 冬腌萝卜水泡菜冷面 dōngyānluóboshuǐpàocàilěngmiàn
일 ドンチミネンミョン, 水大根キムチ冷麺

국수. 냉면을 삶아 육수와 동치미 국물을 붓고 냉면김치, 삶은 달걀, 편육 등을 넣어 먹음.

《재료》 냉면국수, 육수, 동치미 국물, 냉면김치, 겨자, 식초, 달걀, 돼지고기 편육

동태-구이 [dongtae-gui]

영 Broiled frozen pollack with seasoning
프 Merlan gelé assaisonné et grillé
중 烤冻明太鱼 kǎodòngmíngtàiyú
일 ドンテグイ, 冷凍スケトウダラ焼き

구이. 동태를 씻어서 크게 3 토막을 내어 양념을 하여 구운 것.

《재료》 동태, 파, 마늘, 후춧가루, 기름, 간장, 설탕

동태-매운탕 [dongtae-maeuntang]

영 Hot pollack
프 Soupe de merlan pimentée
중 冻明太鱼辣湯 dòngmíngtàiyúlàtāng
일 ドンテメウンタン, 冷凍スケトウダラの辛味噌鍋

국. 무를 썰어 장국을 끓이다가 동태를 넣고 고추, 두부를 넣어 얼큰하게 끓인 국.

《재료》 동태, 쇠고기, 무, 파, 팽나무버섯. 쑥갓, 다홍고추, 두부, 청장, 다진 파, 마늘, 소금, 참기름, 후춧가루

동태-섞박지 [dongtae-seokbakji]

영 Kimchi with pollack
프 Kimchi au merlan séché
중 冻明太鱼什锦粗泡菜 dòngmíngtàiyúshíjǐncūpàocài
일 ドンテソッバックジ, スケトウダラと大根のキムチ

김치. 절인 배추와 무를 납작하게 썰고 동태도 포를 떠서 넣고 김치 양념을 하여 버무린 것.

《재료》 배추, 무, 동태, 파, 마늘, 생강, 고춧가루, 소금

동태-순대 [dongtae-sundae]

영 Pollack sausage
프 Saucisson de merlan
중 冻明太鱼香肠 dòngmíngtàiyúxiāngcháng
일 ドンテスンデ, 冷凍スケトウダラの腸詰め

순대. 동태의 내장과 뼈를 발라서 속을 비도록 한 것에, 불은 쌀, 동태 알, 이리를 된장으로 간을 하여 속을 채우고, 입을 실로 동여 꿰매어 찜통에 찐 것. 먹을 때는 썰어서 양념장을 곁들임. 함경도 향토 요리.

《재료》 동태, 쌀, 알, 이리, 파, 마늘, 된장, 후춧가루, 생강즙

ㄷ

동태–식해 [dongtae-sikhae]

영 Fermented spicy pollack with strip radish
프 Merlan épicé et fermenté à la tranche de radis
중 冻明太鱼食醢 dòngmíngtàiyúshíhǎi
일 ドンテシケ, 熟したアワご飯と冷凍スケトウダラ

젓갈. 동태 살을 저며 소금에 절였다가 무채, 고춧가루, 마늘, 파, 좁쌀 밥을 섞어 양념하고 삭혀 맛을 들인 것.
《재료》 동태, 무, 좁쌀 밥, 고춧가루, 파, 마늘, 소금

동태–조림 [dongtae-jorim]

영 Braised pollack with soy sauce
프 Merlan mijoté à la sauce de soja
중 炖冻明太鱼 dùndòngmíngtàiyú
일 ドンテジョリム, 冷凍スケトウダラの醤油煮付け

조림. 간장 양념에 물을 조금 넣어 국물을 먼저 끓이다가 손질한 동태를 3~4 토막 친 것을 넣고 국물이 거의 졸을 때까지 끓여 조림.
《재료》 동태, 간장, 파, 마늘, 실고추, 조청 또는 설탕, 후춧가루, 생강즙

동태–찌개 [dongtae-jjigae]

영 Hot pollack stew
프 Ragoût pimenté au merlan
중 冻明太鱼辣黄酱(炖)汤 dòngmíngtàiyúlàhuángjiàng(dùn)tāng
일 ドンテチゲ, 冷凍スケトウダラの辛味チゲ鍋

찌개. 맑은 장국에 고춧가루 또는 고추장, 무, 동태를 토막 내어 넣고 채소 양념을 넣어 끓인 것.
《재료》 동태, 무, 고춧가루, 파, 마늘, 후춧가루, 당근, 양파

돼지갈비–강정 [doejigalbi-gangjeong]

영 Glazed spareribs in sweet soy sauce
프 Travers de porc caramélisés
중 猪排糖果 zhūpáitángguǒ
일 デジカルビガンジョン, 豚カルビの唐揚げに辛味噌をつけたもの

강정. 돼지갈비를 잘라 밀가루를 씌워 튀긴 후 달고 매운 간장에 잠깐 굴린 것.
《재료》 돼지갈비, 생강, 술, 밀가루, 튀김기름, 설탕, 간장, 고추기름

돼지갈비–구이 [doejigalbi-gui]

영 Broiled spareribs
프 Côtes de porc grillées

㊥ 烤猪排 kǎozhūpái
㊐ デジカルビグイ, 豚カルビ焼き

구이. 돼지갈비를 짤막하게 잘라 간장 양념에 조미하여 재워 놓았다가 구운 것. 갈비를 길게 자를 수도 있고 양념에 고춧가루를 섞을 수도 있음.

재료 돼지갈비, 생강, 술, 식용유, 설탕, 간장, 마른 고추, 홍고추, 밤, 당근, 대추, 다진 파, 마늘, 참기름, 후춧가루

돼지갈비-찜 [doejigalbi-jjim]

㊂ Braised spareribs
㊁ Travers de porc braisées aux légumes
㊥ 蒸猪排 zhēngzhūpái
㊐ デジガルビチム, 豚カルビの煮込み

찜. 토막 낸 돼지갈비에 고추, 밤, 당근, 대추를 넣고 양념에 버무려 물을 조금 부어 찌는 듯하게 조린 것.

재료 돼지갈비, 생강, 술, 식용유, 간장, 설탕, 마른 고추, 홍고추, 밤, 당근, 대추, 다진 파, 마늘, 참기름, 후춧가루

돼지고기 고추장-구이 [daejigogi gochujang-guil]

㊂ Hot broiled pork
㊁ Porc grillé à la sauce de pâte piquante
㊥ 辣酱烤猪肉 làjiàngkǎozhūròu
㊐ デジコギコジュジャン, 豚肉の辛味噌焼き

구이. 돼지고기를 두툼하게 저며 고추장 양념에 버무려 구운 것.

재료 돼지고기, 고추장, 파, 마늘, 간장, 설탕, 후춧가루, 참기름

돼지고기 김치-볶음 [daejigogi kimchi-bokkeum]

㊂ Pork and kimchi stir-fry
㊁ Porc sauté au kimchi
㊥ 泡菜炒猪肉 pàocàichǎozhūròu
㊐ デジゴギキムチボクム, 豚肉キムチ炒め

볶음. 돼지고기를 납작납작하게 썰어 양파와 함께 볶다가 김치 썬 것을 넣고 볶은 것.

재료 돼지고기, 김치, 양파, 식용유, 후춧가루

돼지고기-구이 [daejigogi-guil]

㊂ Broiled marinated pork
㊁ Barbecue de porc
㊥ 烤猪肉 kǎozhūròu
㊐ デジゴギグイ, 豚肉焼き

구이. 얄팍하게 썬 돼지고기를 간장과 고추장을 섞은 양념장에 재웠다가 구운 것.

재료 돼지고기, 고추장, 파, 마늘, 간장, 생강, 설탕, 참기름, 깨소금

돼지고기-보쌈 [daejigogi-bossam]

㊂ Broiled pork wrapped with chinese cabbage
㊁ Porc bouilli enveloppé dans les choux chinois
㊥ 白菜包猪肉片 báicàibāozhūròupiàn
㊐ デジゴギボサム, ゆで豚肉

쌈. 돼지고기 편육과 무생채 나물을 절인 배춧잎에 싸서 먹도록 옆옆이 담은 것.

재료 돼지고기, 무, 배추

돼지고기-볶음 [daejigogi-bokkeum]

㊂ Stir fried pork and vegetables
㊁ Porc sauté aux légumes
㊥ 蔬菜炒猪肉 shūcàichǎozhūròu
㊐ デジゴギボックム, 豚肉炒め

볶음. 썬 돼지고기를 여러 가지 채소와 같이 양념하여 볶은 것.

ㄷ

《재료》 돼지고기, 고추장, 당근, 버섯, 양파, 파, 마늘, 간장, 설탕, 후춧가루

돼지고기-전 [daejigogi-jeon]
- 영 Pan fried sliced pork
- 프 Porc tranché frit à la poêle
- 중 猪肉煎饼 zhūròujiānbing
- 일 デジゴギジョン, 豚肉の薄焼き

전(煎). 삶은 돼지고기(편육)를 납작하게 저며 밀가루, 달걀을 씌워 기름에 지진 것.

《재료》 돼지고기, 소금, 밀가루, 달걀, 식용유

ㄷ

돼지고기-편육 [daejigogi-pyeonyuk]
- 영 Pressed boiled pork
- 프 Porc bouilli pressé
- 중 白切猪肉 báiqiēzhūròu, 猪肉肉片 zhūròuròupiàn
- 일 デジゴギピョンユック, チャシュ

편육. 돼지고기 덩어리를 된장을 조금 풀어 끓인 물에 생강을 넣고 잘 익혀 무거운 돌로 눌렀다가 얇게 썬 것.

《재료》 돼지고기, 된장, 생강

돼지머리-편육 [daejimeori-pyeonyuk]
- 영 Pressed boiled pork head meat
- 프 Viande de tête de porc bouillie et pressée
- 중 白切猪头肉 báiqiēzhūtóuròu, 猪头肉肉片 zhūtóuròuròupiàn
- 일 デジモリピョンユック, 豚の頭ゼリー

편육. 깨끗이 손질한 돼지머리를 뒤를

쪼개어 양파, 생강, 마늘, 통후추를 함께 넣고 삶아 뼈를 뺀 후에 속고기가 나오지 않도록 싸서 무거운 돌로 누른 것. 먹을 때 얇게 편육으로 썰어 새우젓에 찍어 먹는다.

《재료》 돼지머리, 양파, 생강, 마늘, 통후추

돼지목살-구이 [daejimoksal-gui]
- 영 Grilled pork shoulder
- 프 Collier de porc grillé
- 중 烤猪肩肉 kǎozhūjiānròu
- 일 デジモクサルグイ, 焼き豚の肩肉

구이. 돼지고기 목살을 얇게 저며 양념간장에 재었다가 구운 것.

《재료》 돼지고기(목살), 간장, 파, 마늘, 설탕, 참기름, 깨소금, 후추

돼지-불갈비 [daeji-bulgalbi]
- 영 Barbecued sparēribs
- 프 Barbecue de côtes de porc
- 중 烤猪排 kǎozhūpái
- 일 デジブルカルビ, 焼き豚カルビ

돼지갈비 구이 참조.

돼지-불고기 [daeji-bulgogi]
- 영 Barbecued pork
- 프 Barbecue de porc
- 중 烤猪肉 kǎozhūròu
- 일 デジブルゴギ, 焼き豚肉

돼지고기 구이 참조.

돼지-불고기 백반 [daeji-bulgogi baekban]
- 영 Grilled pork with a bowl of rice

프 Porc grillé accompagné d'un bol de riz
중 烤猪肉加白饭 kǎozhūròujiābáifàn
일 デジブルゴギペツパン, 焼き豚肉定食

식단. 돼지고기 구이를 흰밥과 찬과 함께 내는 한상차림.

돼지 생 삼겹살-구이 [daeji saeng samgyeopsal-gui]

영 Grilled sliced bacons
프 Lard tranché et grillé
중 烤鲜五花肉 kǎoxiānwǔhuāròu
일 デジセンサムギョプサルグイ, 豚のばら肉焼き

구이. 얼리지 않은 삼겹살 고기를 썰어 양념에 무쳐 구운 것.

돼지-족 [daeji-jok]

영 Pig's feet specialty
프 Pattes de porc
중 猪蹄 zhūtí, 猪脚 zhūjiǎo
일 デジゾク, 豚足

돼지 족의 털을 깎고 깨끗이 손질하여 물을 넣어 끓여 익힌 다음 탕을 하거나 조림고기를 하거나 지단에 싸서 요리를 하는 재료.

돼지-족-조림 [daeji-jok-jorim]

영 Cooked pig's feet boiled in spicy soy sauce
프 Pattes de porc cuites et bouillies à la sauce de soja épicée
중 炖猪蹄 dùnzhūtí
일 デジゾクゾリム, 豚足の醤油煮付け

조림. 익은 돼지족을 엿, 간장 양념에 조려 새우젓에 찍어 먹음.

《재료》 돼지족, 갱엿, 파, 마늘, 간장, 생강, 후춧가루, 새우젓

돼지-족-찜 [daeji-jok-jjim]

영 Braised pig's feet in seasoned soy sauce
프 Pattes de porc briseés à la sauce de soja assaisonnée
중 蒸猪蹄 zhēngzhūtí
일 デジゾクチム, 豚足の蒸し煮

찜. 돼지족에 물을 붓고 생강, 마늘을 넣고 끓여 익힌 후 간장 양념을 넣고 바짝 끓인 찜.

《재료》 돼지족, 간장, 설탕, 파, 마늘, 생강, 후춧가루, 깨소금

되비지-탕 [doebiji-tang]

영 Blended ground soybean stew
프 Ragoût de soja moulu et mélangé

중 黃豆末(炖)汤 huángdòumò(dùn)tāng
일 デビジチゲ, おあがら鍋

찌개. 살짝 삶은 콩을 갈아서 콩비지를 만들어 돼지고기, 김치 또는 배추를 썰어 넣고 끓인 것으로 진한 양념장을 곁들여 먹음. 일명 되비지 찌개라고도 함.

《재료》 콩비지, 돼지고기, 김치 또는 배추, 양념장

된장-국 [doenjang-guk]

영 Soybean paste soup
프 Soupe à la pâte de soja fermentée
중 大酱清汤 dàjiàngqīngtāng
일 デンジャングック, 味噌汁

국. 된장을 물에 풀어 여러 가지 채소와 고기를 넣고 끓인 것.

된장-떡 [doenjang-tteok]

영 Seasoned soybean paste patty
프 Petit pâte de la pâte de soja assaisonnée
중 大酱煎饼 dàjiàngjiānbing
일 デンジャントッウ, 味噌焼き餅

구이. 장떡. 된장에 돼지고기와 양념을 하여 섞어서 동글납작하게 빚어 말려두었다가 석쇠에 구어 찬으로 한다.

《재료》 햇된장, 돼지고기, 파, 마늘, 생강, 참기름, 후춧가루

된장-찌개 [doenjang-jjigae]

영 Rich soybean paste casserole
프 Ragoût à la pâte de soja
중 大酱(炖)汤 dàjiàng(dùn)tāng, 豆酱(炖)汤 dòujiàng(dùn)tāng,

黄酱(炖)汤 huángjiàng(dùn)tāng
일 デンジャンチゲ, 味噌チゲ鍋

찌개. 멸치를 우린 국물에 된장을 걸쭉하게 풀어 넣고 여러 가지 채소를 넣고 끓인 국보다 진한 찌개.

《재료》 된장, 애호박, 풋고추, 파, 마늘, 멸치

된장-찌개 백반 [doenjang-jjigae baekban]

영 Rich soybean paste casserole and cooked rice
프 Ragoût de pâte de soja avec un bol de rig
중 大酱(炖)汤加白饭 dàjiàng(dùn)tāngjiābáifàn
일 デンジャンチゲペックパン, 味噌チゲ定食

식단. 된장찌개와 밥 그리고 반찬 두세 가지로 구성된 한상차림.

두견-주 [dugyeon-ju]

영 Azalea liquor
프 Liqueur d'azalée
중 杜鹃花酒 dùjuānhuājiǔ
일 ドゥギョンジュ, ツツジ酒

민속주. 진달래술. 연천의 민속주. 그늘에서 말린 두견화(진달래) 꽃잎과 찹쌀로 빚은 술로 진해작용을 도와주고 피로회복에 효과가 있다는 술.

《재료》 찹쌀, 누룩, 진달래꽃

두견화-전 [dugyeonhwa-jeon]

영 Rice pancake topped with azalea flower
프 Crêpe de riz couronnée de fleur d'azalée

중 杜鹃花煎饼 dùjuānhuājiānbing
일 ドゥギョンフヮジョン, ツツジの焼き餅

떡. 진달래 화전 참조.

두견-화채 [dugyeon-hwachae]

영 Azalea punch
프 Punch à l'azalée
중 糖水杜鹃花 tángshuǐdùjuānhuā, 糖水金达莱 tángshuǐjīndálái
일 ドゥギョンフヮチェ, ツツジカクテル

진달래 화채.

두골-탕, 등골-탕 [doogol-tang, deonggol-tang]

영 Spinal cord soup, Skull soup
프 Soupe de moelle
중 牛脑汤 niúnǎotāng, 牛脊椎骨汤 niújǐzhuīgǔtāng
일 ドゥゴルタン, ドゥンゴルタン, 牛の頭骨スープ, 牛の背骨スープ

국. 소의 두골을 작은 조각으로 떠서 밀가루와 달걀을 씌워 전을 부쳐 장국을 끓이다가 넣고 파, 마늘, 미나리초대를 썰어 넣고 끓인 국. 등골탕도 소의 등골의 얇은 껍질을 벗기고 양면으로 펴서 판판하게 하여 전을 부쳐 다른 채소와 함께 넣어 끓이는 장국. 최근에는 소의 광우병이 생긴 후 잘 해 먹지 않는다.

《재료》 두골, 등골, 밀가루, 달걀, 미나리, 식용유, 파, 마늘, 간장, 소금, 후춧가루

두루치기 [duruchigi]

영 Beef liver and tripes julienne
프 Foie et tripes de boeuf julienne
중 什锦蔬菜炒牛肉丝 shíjǐnshūcàichǎoniúròusī
일 ドゥルチギ, 牛肉·牛キモと野菜のごった煮

볶음. 쇠고기, 간, 천엽 등을 가늘게 채 썰고 양념하여 여러 가지 볶은 채소 등과 함께 걸쭉한 국물이 있도록 끓여서 고명을 얹은 것. 호남지방의 향토음식.

두릅-나물 [dureup-namul]

영 Dureup (fatsia shoots) salad (namul)
프 'Dureup' blanhi et assaisonné
중 凉拌刺嫩芽菜 liángbàncìnènyácài
일 ドゥルプナムル, ウドナムル

숙채. 두릅을 데친 후 양념으로 무친 것.

《재료》 두릅, 파, 마늘, 간장, 참기름, 고추장, 식초

두릅-부각 [dureup-bugak]

영 Fried dried fatsia shoots
프 Pousses de fatsia asséchées frites
중 干炸刺嫩芽 gānzhácìnènyá
일 ドゥルプブガク, ウドの天ぷら

마른 찬. 이른 봄 두릅에 밀가루를 묻혀 찜통에 찐 후 말려 두었다가 필요할 때 기름에 튀긴 밑반찬.

《재료》 두릅, 밀가루 또는 찹쌀가루, 소금, 식용유

두릅-적(두릅-산적) [dureup-jeok(dureup-sanjeok)]

영 Dureup and beef brochettes
프 Brochettes au boeuf et au dureup
중 干煎刺嫩芽串 gānjiāncìnènyáchuàn
일 ドゥルプジョク, ウドと肉のお串

전(적). 삶은 두릅과 쇠고기를 양념장에 무쳐 꼬치에 번갈아 꿰어 밀가루와 달걀을 씌워 지진 것.
《재료》 두릅, 쇠고기, 밀가루, 달걀, 간장, 설탕, 식용유, 소금, 파, 마늘, 참기름, 후춧가루, 깨소금

두릅-전 [dureup-jeon]

영 Pan fried dureup
프 Dureup frit à la poêle
중 刺嫩芽煎饼 cìnènyájiānbing
일 ドゥルプジョン, ウドチヂミ

전(煎). 두릅을 소금물에 삶아 물기 없이 한 후 밀가루와 달걀을 씌워 지진 것.
《재료》 두릅, 밀가루, 달걀, 소금

두릅-회 [dureup-hoe]

영 Parboiled fatsia shoots with red pepper sauce
프 Pousses de dureup bouillies à demi à la sauce de piment rouge
중 焯刺嫩芽 chāocìnènyá
일 ドゥルプフェ, ウドさしみ

회(膾). 연한 두릅에 녹말가루를 묻혀 살짝 데쳐서 초고추장에 찍어 먹음.

두부-된장-국 [dubu-doenjang-guk]

영 Soybean paste soup with soybean curd
프 Soupe de pâte de soja au tofu
중 豆腐大酱清汤 dòufǔdàjiàngqīngtāng
일 ドゥブデンジャングック, 豆腐入りの味噌汁

국. 물에 된장을 풀어 멸치를 넣고 국이 끓을 때 두부, 애호박, 파, 풋고추 등을 넣어 끓인 것.
《재료》 된장, 두부, 애호박, 파, 마늘, 멸치, 풋고추

두부-된장-찌개 [dubu-doenjang-jjigae]

영 Soybean curd stew with soybean paste
프 Ragoût de tofu à la pâte de soja

중 豆腐大酱(炖)汤 dòufǔdàjiàng(dùn)tāng
일 ドゥブデンジャンチゲ, 豆腐入りの味噌チゲ鍋

찌개. 된장을 걸러서 끓인 국물에 쇠고기 양념한 것과 두부 썬 것, 버섯, 파, 풋고추 등을 넣고 끓인 찌개.

《재료》 두부, 쇠고기, 된장, 표고, 파, 생강, 풋고추, 홍고추, 참기름, 후춧가루, 파, 마늘

두부-부침(두부-전) [dubu-buchim(dubu-jeon)]

영 Pan fried dubu
프 Tofu frit à la poêle
중 煎豆腐 jiāndòufǔ (豆腐煎饼dòufǔjiānbing)
일 ドゥブブチム, 焼き豆腐

전. 두부를 넓적하게 저며서 기름에 지진 것. 일명 두부전 또는 두부저냐라고 함.

두부-선 [dubu-seon]

영 Steamed fancy Dubu with meat, mushroom and eggs
프 Tofu à la vapeur en assortiment de viande, champignons et œufs
중 蒸菜码儿豆腐泥片 zhēngcàimǎrdòufǔnípiàn

일 ドゥブソン, 挽き豆腐·挽き肉·野菜のチヂミ

선(膳). 으깬 두부를 간하고 양념한 닭고기를 섞어 표고, 석이를 채 썰고 황백 달걀지단, 실고추, 파채, 비늘잣과 함께 고명을 고루 뿌려 도톰하고 넓적한 모양으로 만들어 찐 것.

《재료》 두부, 닭고기, 표고, 석이, 달걀, 비늘잣, 실고추, 소금, 설탕, 파, 마늘, 참기름, 깨소금, 후춧가루

ㄷ

두부-새우젓-찌개 [dubu-saewoojeot-jjigae]

영 Dubu and oyster stew with salty shrimp sauce
프 Ragoût d'huître et de tofu à la sauce de crevette salée
중 豆腐虾酱(炖)汤 dòufǔxiājiàng(dùn)tāng
일 ドゥブセウチゲ, 豆腐とアミの塩辛の鍋

찌개. 생굴과 두부를 작게 썰어 새우젓으로 간을 하고 물을 부어 끓인 것.

《재료》 두부, 생굴, 파, 마늘, 새우젓

두부-장-조림 [dubu-jang-jorim]

영 Pan fried Dubu simmered with seasoning
프 Tofu frit à la poêle et mijoté avec assaisonnement
중 酱油炖豆腐 jiàngyóudùndòufǔ
일 ドゥブジャンゾリム, 豆腐の煮物

조림. 두부를 썰어 번철에 기름을 두르고 노릇하게 부친 후 양념장을 넣어 조린 것. 조릴 때 쇠고기를 조금 넣어 졸이기도 하는데 이것을 두부 조리개라 함

《재료》 두부, 식용유, 간장, 파, 마늘, 설탕, 참기름, 깨소금

두부-전 [dubu-jeon]

영 Pan fried Dubu(soybean curd)
프 Tofu frit à la poêle

중 豆腐煎饼 dòufǔjiānbing
일 ドゥブブジョン, 豆腐の薄焼き

전(煎) 두부를 넓적하게 저며서 기름에 지진 것. 양념장을 준비하거나 소금물에 즉시 담가 꺼내기도 함.
재료 두부, 식용유, 간장, 파, 마늘, 설탕, 참기름, 깨소금

두부-전골 [dubu-jeongol]

영 Stuffed Dubu casserole with vegeta bles
프 Tofu farci à la casserole de légumes
중 豆腐火锅 dòufǔhuǒguō
일 ドゥブジョンゴル, 豆腐の寄せ鍋

전골. 두부를 구워, 쇠고기를 다져 양념한 것을 두부 사이에 끼워 미나리초대, 파 등으로 묶어 담고 여러 가지 채소를 옆옆이 담아 양념한 쇠고기, 완자와 고명 등을 담아 물을 붓고 끓인 것.
재료 두부, 쇠고기, 미나리, 대파, 표고, 당근, 양파, 달걀, 마늘, 간장, 후춧가루, 깨소금, 참기름

두부-젓국-찌개 [dubu-jeotguk-jjigae]

영 Dubu stew with fermented shrimp sauce

프 Ragoût de tofu à la sauce crevette fermentée
중 豆腐虾酱(炖)汤 dòufǔxiājiàng(dùn)tāng
일 ドゥブジョックックチゲ, 豆腐とアミの塩辛チゲ鍋

찌개. 일명 두부 새우젓찌개. 생굴과 두부에 새우젓으로 간을 하고 물을 부어 끓인 것.
재료 두부, 생굴, 새우젓, 파, 마늘, 배추

두부-조림 [dubu-jorim]

영 Pan fried and simmered Dubu in soy sauce
프 Tofu mijoté et frit à la sauce de soja
중 炖豆腐 dùndòufǔ
일 ドゥブジョリム, 豆腐の辛味の煮物

조림. 두부를 지진 다음 양념장을 뿌려서 다시 불 위에서 잠깐 조린다.
재료 두부, 식용유, 파, 마늘, 고춧가루, 간장, 참기름, 설탕, 깨소금

두부-조개탕 [dubu-jogaetang]

영 Dubu soup with clams
프 Soupe de tofu aux coquilles
중 豆腐蛤蜊清酱汤 dòufǔgélíqīngjiàngtāng
일 ドゥブゾゲタン, 豆腐ハマグリスープ

국. 맑은 장국에 두부와 조개를 넣고 끓인 국.
재료 두부, 조개, 청장, 파, 마늘

두부-지짐 [dubu-jijim]

영 Golden fried bean curd (Golden fried Dubu)
프 Tofu frit
중 豆腐煎饼 dòufǔjiānbing
일 ドゥブチジミ, 焼き豆腐

지짐. 두부전 참조.

두부-찌개 [dubu-jjigae]

영 Soybean curd stew
프 Ragoût de tofu

중 豆腐(炖)汤 dòufǔ(dùn)tāng
일 ドゥブチゲ, 豆腐チゲ鍋

찌개. 두부가 주재료가 되어 끓인 것.

두부-회 [dubu-hoe]

영 Parboiled Dubu with seasoned soy sauce
프 Tofu demi bouilli à la sauce de soja assaisonnée
중 焯切豆腐片 chāoqiēdòufǔpiàn
일 ドゥブフェ, 豆腐さしみ 회(膾)

회. 두부를 통째로 끓는 물에 넣어 찬기를 없앨 정도로 익혀서 썬 후 양념장을 부어 만든 회.
재료 두부, 파, 간장, 마늘, 고춧가루, 참깨, 소금, 설탕, 참기름

두텁-경단 [duteop-gyeongdan]

영 Coated rice ball with citrus filling
프 Boule de riz enduite avec remplissage d'agrumes
중 粗厚糯米团子 cūhòunuòmǐtuánzi
일 ドゥトップギョンダン, お団子

떡. 두텁떡과 같은 재료를 가지고 쉽게 만들기 위해 경단으로 만든 떡.
재료 찹쌀, 볶은 팥고물, 유자, 유자청, 밤, 후추, 계피, 대추, 잣, 설탕, 꿀

두텁-떡 [duteop-tteok]

영 Steamed coated rice cake with fillings
프 Gâteau de riz glutineux farci et enduit à la vapeur
중 粗厚糯米粘糕 cūhòunuòmǐniángāo
일 ドゥトップトック, ゆず餡·あずきのさらし餡のお餅

떡. 찹쌀가루를 고물 위에 소복이 얹어 유자청과 잣 등으로 소를 박고 볶은 팥고물을 떡 주위에 풍부히 되도록 켜켜로 봉우리떡이 되도록 찐 떡. 정성이 많이 들고 맛이 있는 고급 떡.
재료 찹쌀, 볶은 팥고물, 유자청, 밤, 후추, 계피, 대추, 잣, 설탕, 꿀

들깨-송이-부각 [deulkkae-songi-bugak]

영 Fried perilla shoots
프 Pousses de perilla frites
중 干炸野芝麻苞 gānzháyězhīmabāo
일 ドルケソンイブガク, エゴマワの天ぷら

마른 찬. 들깨가 완전히 여물기 전에 들깨송이를 떼어 찹쌀가루 풀을 발라 말려 두었다가 기름에 튀겨 소금, 설탕을 뿌린 것.
재료 들깨송이, 찹쌀가루, 소금, 설탕

ㄷ

ㄷ

들깨-엿강정 [deulkkae-yeotgangjeong]

영 Perilla seeds nougat
프 Nougat de grains de perilla
중 野芝麻糖稀糖果 yězhīmatángxītángguǒ
일 ドルケヨッガンジョン, エゴマのおこし

한과(강정). 들깨를 설탕과 엿에 조려 뭉쳐서 납작하게 밀어 네모로 썰거나 동글게 말아 얇게 썬 것.

〈재료〉 들깨, 갱엿, 설탕

들깨-죽 [deulkkae-juk]

영 Perilla gruel with rice powder
프 Porridge au perilla avec farine de riz
중 野芝麻粥 yězhīmazhōu
일 ドルケジュック, エゴマおかゆ

죽. 들깨가루와 쌀가루를 섞어 끓인 것.

〈재료〉 들깨, 쌀

들깻잎-전 [deulkkaennip-jeon]

영 Pan fried perilla leaves with beef and eggs
프 Feuilles de perilla frites à la poêle au boeuf et aux oeufs
중 野芝麻叶煎饼 yězhīmayèjiānbing
일 ドルケッイプジョン, エゴマチヂミ

전(煎). 연한 깻잎에 쇠고기를 다져 조미한 것을 넣고 반으로 접어 밀가루, 달걀을 씌워 지진 것(깻잎전 참조).

〈재료〉 들깻잎, 쇠고기, 밀가루, 달걀, 간장, 파, 마늘, 후춧가루, 참기름, 소금

등심-구이 [deungsim-gui]

영 Korean style sirloin steak
프 Bifteck de faux filet à la coréenne
중 烤外脊肉 kǎowàijiròu
일 ドゥシングイ, ロース焼き

구이. 연한 쇠고기 등심 부위 고기를 조금 도톰하게 썰어 구운 것.

따로-국밥 [ttaro-gukbap]

영 Meat and vegetables soup with a bowl of rice
프 Soupe à la viande et aux légumes accompagnée d'un bol de riz
중 湯加白饭 tāngjiābáifàn
일 タログックバップ, ご飯いれスープ

식단. 밥과 국을 따로따로 주는 한 끼의 식단(밥과 국을 섞지 않음).

딸기-화채 [ttalgi-hwachae]

영 Strawberry punch
프 Punch à la fraise
중 糖水草莓 tángshuǐcǎoméi
일 タルギフヮチェ, イチゴカクテル

화채. 딸기를 저며 썰어서 설탕에 잠깐 재였다가 끓여 식힌 설탕물을 부어 만든 화채.

〈재료〉 딸기, 설탕, 레몬

땅콩(엿)-강정 [ttangkong(yeot)-gangjeong]

영 Carameled peanuts nougat
프 Nougat d'arachides au caramel
중 花生(糖稀)糖果 huāshēng(tángxī)tángguǒ
일 タンコン(ヨッ)ガンジョン, ピーナツのおこし

후식. 엿강정(한과). 땅콩을 설탕과 엿에 조려 작게 뭉치거나 얇게 밀어 조그맣게 썬 것.

〈재료〉 땅콩, 설탕, 조청

떡 [tteok]

영 Rice cake

프 Gâteau de riz
중 年糕 niángāo, 粘糕 niángāo
일 トック, お餅

멥쌀이나 찹쌀 그 밖에 곡류를 가루로 만들어 찌거나 삶거나 지지거나 익혀 치거나 하여 만든 쌀 요리.

떡-갈비 [tteok-galbi]

영 Grilled minced beef ribs meat patties
프 Côtes de boeuf hachées et grillées
중 烤排骨肉饼 kǎopáigǔròubǐng, 烤排骨碎末饼 kǎopáigǔsuìmòbǐng
일 トッカルビ, 粗挽き牛カルビ焼き

구이. 쇠갈비 살을 다져 갖은 양념을 하여 두툼하고 네모나게 갈비뼈에 고기를 붙여서 굽는다.
《재료》 쇠갈비, 간장, 설탕, 파, 마늘, 참기름, 깨소금, 후춧가루, 청주

떡-국 [tteok-guk]

영 Sliced rice pasta soup
프 Soupe aux rondelles de pâte de riz
중 年糕汤 niángāotāng
일 トックック, 韓国風のお雑煮

국. 흰떡을 썰어 맑은 탕국을 끓여 넣고 쇠고기, 달걀 등 웃고명을 넣은 것.
《재료》 가래떡, 쇠고기, 달걀, 파, 마늘, 김, 소금, 간장, 후춧가루

떡-꼬치-구이 [tteok-kkochi-gui]

영 Brochette of rice pasta with vegetables
프 Baguette de gâteau de riz à la brochette avec des légumes diverses
중 烤年糕牛肉串 kǎoniángāoniúròuchuàn
일 トッコチグイ, 焼き串餅

구이. 떡산적 참조.

떡-만두-국 [tteok-mandu-guk]

영 Sliced rice pasta soup with dumplings
프 Soupe aux rondelles de pâte de riz et aux raviolis
중 年糕饺子汤 niángāojiǎozitāng
일 トッマンドゥグック, 餃子入りのお雑煮

국. 쇠고기로 맑은 국을 끓여 가래떡 썬 것과 만두를 넣어 끓인 국으로 주식 대용으로 먹음.
《재료》 가래떡, 만두, 쇠고기, 파, 마늘, 후춧가루, 김, 소금, 간장

떡-볶이 [tteok-bokki]

영 Stir-fried small rice pasta with beef and vegetables medley
프 Baguette de pâte de riz au boeuf et aux légumes mélangés frits à la

poêle
중 (辣)炒年糕 (là)chǎoniángāo
일 トッポキ, お餅の甘辛炒め

볶음. 양념에 잰 쇠고기 썬 것을 볶다가 떡을 넣고 여러 가지 채소를 함께 섞어 볶은 것. 본래의 전통 떡볶이다. 최근에는 매운 고추장 소스에 가는 가래떡을 넣어 매운맛이 나도록 하여 끓이는데, 이와 같은 떡볶이는 한국전쟁 이후에 나타난 음식이다.
《재료》 흰떡, 쇠고기, 당근, 미나리, 양파, 버섯, 파, 마늘, 간장, 설탕, 후춧가루

떡-산적 [tteok-sanjeok]

영 Brochette of stick rice paste and beef
프 Brochette à la barbecue de pâte de riz et au boeuf
중 烤年糕牛肉串 kǎoniángāoniúròuchuàn
일 トッサンゾク, 白餅と牛肉串

구이. 흰떡과 쇠고기를 조미하여 꼬치에 꿰어 구운 것.
《재료》 흰떡, 쇠고기, 간장, 설탕, 청주, 파, 마늘, 후춧가루, 참기름, 깨소금, 잣가루

떡-수단 [tteok-sudan]

영 Punch with Sweet rice cake ball
프 Boule de farine de riz dans l'eau de miel
중 糖水小糕团 tángshuǐxiǎogāotuán
일 トッスダン, 団子入れの蜂蜜飲料

음청류. 흰떡을 앵두 크기만큼 썰어

겉에 녹말을 묻혀 끓는 물에 데친 다음 설탕이나 꿀을 탄 물에 띄운 음료. 유두절식의 하나로 이용됨.
《재료》 흰 떡, 녹말, 꿀물

떡-찜 [tteok-jjim]

영 Braised rice pasta stuffed with beef and vegetables
프 Baguette de pâte de riz braisée farcie de boeuf et de légumes
중 蒸年糕 zhēngniángāo
일 トッチム, 挽き牛肉を入りお餅のお雑煮

찜. 가래떡을 칼집 내어 쇠고기 다져 양념한 것을 끼워 넣고 여러 가지 채소를 같은 길이로 썰어 다른 고명과 함께 육수를 넣어 찌는 듯하게 맛을 들인 것.
《재료》 가래떡, 쇠고기 다져 양념한 것, 사태, 무, 당근, 표고, 은행, 달걀, 잣, 간장, 설탕, 파, 마늘, 참기름, 깨소금, 후춧가루

똑똑이-자반 [ttockttogi-jaban]

영 Cooked thin beef fillet with seasoning soy sauce
프 Filet de boeuf fin cuit à la sauce de soja assaisonnée
중 酱暴牛肉薄片 jiàngbàoniúròubáopiàn

일 トクトギジャバン, 牛肉の煮込み

조림. 쇠고기를 얇게 저며 간장, 설탕, 참기름, 후춧가루, 깨소금 등을 넣어 조린 것. 반면 장똑똑이는 가늘게 채 썰어 간장을 부어 조린다는 점에서 다르다.

ㄹ*

라면 [ramyeon]

영 Ramyeon
프 Ramen
중 快速面 kuàisùmiàn
일 ラミョン, ラーメン

국수. 국수의 일종으로 국수를 기름에 일단 튀겨서 끓는 국물에 넣어 익힌 즉석 음식.

레몬-차 [lemon-cha]

영 Lemon tea
프 Thé au citron
중 柠檬茶 níngméngchá
일 レモンチャ, レモン茶

레몬즙을 넣어 따뜻하게 마실 수 있는 차.

(재료) 레몬즙, 설탕물

로스구이 정식 [rosgui jeongsik]

영 Table d'hôte with sliced and braised fine beef
프 Table d'hôte au filet tranché et grillé
중 烤肉定食 kǎoròudìngshí
일 ロスグイジョンシク, ロース定食焼き

식단. 품질이 좋은 고기 부위를 구운 것과 여러 가지 찬과 밥, 후식 등 일체를 한 끼의 식사로 내어 놓는 음식.

마늘잎-장아찌 [maneulip-jangajji]

영 Garlic leaf with soy sauce
프 Feuilles d'ail à la sauce de soja
중 大蒜叶酱菜 dàsuànyèjiàngcài
일 マヌルイプジャンアチ, ネギ葉漬け

장아찌. 마늘잎 연한 것(연한 줄기)을 마늘종과 같이 간장이나 고추장에 담근 것.

마늘-장아찌 [maneul-jangajji]

영 Pickled garlic in vinegar soy sauce
프 Ail macéré à la sauce de soja vinaigrée
중 大蒜酱菜 dàsuànjiàngcài
일 マヌルジャンアチ, にんにく漬け

장아찌. 완전히 여물지 않은 통마늘을 식초물에 담갔다가 10여 일 지난 후에 간장, 설탕, 식초가 혼합된 물을 끓여 식힌 후 부어서 맛을 들인 것.

마늘종-볶음 [maneuljong-bokkeum]

영 Sauteed garlic stem
프 Tige d'ail sautée
중 油炒蒜苗 yóuchǎosuànmiáo
일 マヌルチョンボックム, にんにくの茎炒め

볶음. 마늘종을 썰어 기름에 볶고 양념한 것.
《재료》 마늘종, 식용유, 간장, 소금, 설탕, 통깨

마늘종-장아찌 [maneuljong-jangajji]

영 Garlic stem in hot sauce
프 Tige d'ail à la sauce piquante
중 蒜苗酱菜 suànmiáojiàngcài
일 マヌルチョンジャンアチ, にんにくの茎漬け

장아찌. 마늘종을 소금물에 담갔다가 말려 고추장에 박거나 식초와 간장에 담근 것.
《재료》 마늘종, 간장, 소금, 설탕, 식초

마른 문어-쌈 [mareun muneo-ssam]

영 Dry octopus wrapped with walnuts shape
프 Pieuvre séchée et farcie de noix
중 大章鱼干包坚果 dàzhāngyúgānbāojiānguǒ
일 マルンムンオサム, 干しだこ包み

쌈. 마른 문어 다리를 구어 편편히 얇게 펴서 자르고 꿀을 발라 실백이나 호두를 얹어 놓고 맞붙여 조개 모양으로 오린 것.

《재료》 마른 문어 다리, 꿀, 실백, 호두

마른 새우-볶음 [mareun saeu-bokkeum]

영 Sauteed dry shrimps
프 Crevettes séchées et sautées
중 炒对虾干 chǎoduìxiāgān
일 マルンセウボクム, 干しエビ炒め

볶음. 마른 보리새우를 약간 찧어 까불러서 볶아 양념하여 통깨를 뿌린 것.

《재료》 마른 보리새우, 간장, 설탕, 물엿, 참기름, 통깨

마른 안주 [mareun anju]

영 Dry snacks (accompaniment of wine)
프 (Accessoires secs au vin) Amuse bouche
중 干酒菜 gānjiǔcài
일 マルンアンジュ, おつまみ

술을 마실 때 안주로 먹을 수 있는 어포, 육포, 콩류, 견과류 등을 말함.

《재료》 호두, 은행, 밤, 곶감, 어포, 육포, 잣, 북어포

마른오징어 [mareun ojingeo]

영 Dried squid
프 Calmar séché
중 墨鱼干 mòyúgān, 鱿鱼干 yóuyúgān, 乌贼鱼干 wūzéiyúgān
일 マルンオジンオ, するめ

말린 오징어를 채 썰거나 편으로 부드럽게 만들어 조각내어 안주나 간식으로 만든 것.

마른 파래-무침 [mareun parae-muchim]

영 Dried grassy laver seasoned with soy sauce
프 Algues vertes séchées et assaisonnées à la sauce
중 拌浒苔干碎片 bànxǔtāigānsuìpiàn
일 マルンパレムッチム, 青海苔の和え物

무침. 마른 파래를 티를 골라내고 살짝 구어서 부수어 간장, 설탕, 후춧가루, 참기름을 넣고 무친 것. 통깨를 넣어도 됨.

《재료》 마른 파래, 간장, 설탕, 후춧가

루, 참기름, 통깨

막걸리 [makgeolli]

영 Milky rice beer
프 Alcool de riz laiteux
중 韩国米酒 hánguómǐjiǔ, 稠酒 chóujiǔ
일 マッコリ, 濁り酒

민속주. 일명 탁주. 술을 빚어 맑은 술을 떠내지 않고 그대로 거른 술의 총칭.

막국수 [makguksu]

영 Buckwheat noodles with vegetables in clear soup
프 Nouilles du blé noir aux légumes dans la soupe claire
중 菜丝荞麦面 càisīqiáomàimiàn
일 マッグックス, 甘辛おそば

국수. 메밀가루를 국수로 뽑아 물에 익혀 건져 채 썬 채소를 조금 넣고 양념장을 넣어 비비거나 육수를 넣어 만든 것. 강원도 향토음식.
《재료》 메밀국수, 오이, 김치, 당근, 육수, 고춧가루, 깨소금, 간장 양념

막김치 [makkimchi]

영 Mixed sliced kimchi
프 Kimchi aux tranches mélangées
중 粗腌泡菜 cūyānpàocài
일 マクキムチ, キムチ

김치. 배추, 무를 썰어 소금에 잠깐 절였다가 파, 마늘, 생강, 새우젓에 버무려 섞어 쉽게 담근 김치로 막 담았다고 해서 붙여진 이름. 섞박지 참조.
《재료》 배추, 무, 고춧가루, 소금, 파, 마늘, 생강, 새우젓

만두과 [mandugwa]

영 Dumpling shaped pastries
프 Patisserie en forme de ravioli
중 油炸饺子 yóuzhájiǎozi
일 マンドゥクヮ, 餃子形の韓国風お菓子

한과. 약과. 반죽과 같이 반죽하여 대추 이긴 것과 꿀, 계피가루를 섞어 소를 만들어 만두 모양으로 빚어 튀겨서 집청한 유밀과.
《재료》 밀가루, 꿀, 청주, 소금, 대추, 계피가루, 식용유, 참기름, 생강즙

만두-전골 [mandu-jeongol]

영 Casserole with dumplings
프 Casserole aux raviolis
중 饺子火锅 jiǎozihuǒguō
일 マンドゥジョンゴル, 餃子の寄せ鍋

전골. 여러 가지 채소와 고기, 육수가 넣어진 전골에 만두를 넣어 밥 대신으로 식사할 수 있도록 만든 음식.

만둣-국 [mandut-guk]

영 Dumplings soup
프 Soupe aux raviolis
중 饺子汤 jiǎozitāng
일 マンドゥグック, 餃子スープ

국. 맑은 고기 국물(육수)에 만두를 넣

어 익히고 편육과 파, 달걀을 풀어 국물과 같이 먹음.
《재료》 만두(밀가루, 쇠고기, 양념), 쇠고기, 편육, 파, 달걀, 육수

말린 묵-볶음 [marlin muk-bokeom]

영 Sauteed acorn starch jelly
프 Gelée de gland sautée
중 炒橡子凉粉干 chǎoxiàngzǐliángfěngān
일 マルリンムクボックム, 干しどんぐりこんにゃくの炒め

볶음. 도토리묵을 1cm 두께와 네모지게 썰어 햇볕에 말려 두었던 것을 미지근한 물에 불려서 쇠고기, 당근, 양파 등을 채 썰어 함께 볶아 양념한 것.

맑은-국 [malgeun-guk]

영 Clear beef broth
프 Bouillon de boeuf léger
중 清汤 qīngtāng
일 マルグングック, 澄まし汁

국. 고기를 넣어 탁하지 않고 맑게 끓인 것.

맑은-장국 [malgeun-jangguk]

영 Clear beef soup
프 Consommé au boeuf
중 清汤 qīngtāng
일 清酱汤 qīngjiàngtāng

국. 쇠고기와 무를 덩어리째 삶아 맑게 끓인 것.
《재료》 쇠고기, 파, 마늘, 무, 청장, 소금, 후춧가루

매듭-자반 [maedeup-jaban]

영 Fried a knot kelp
프 Laminaire séchée, liée et frite
중 油炸海带结 yóuzháhǎidàjié
일 メドゥプジャバン, 松のみ入れの昆布巻き天ぷら

튀김. 다시마를 적당히 썰어서 속에 잣과 통후추가 떨어지지 않도록 매듭을 지어 묶어서 기름에 튀긴 것.
《재료》 다시마, 실백, 통후추, 튀김기름, 설탕

매생이-탕 [maesaengi-tang]

영 Thin seaweeds soup
프 Soupe d'algues fines
중 软肠浒苔清酱汤 ruǎnchángxǔtáiqīngjiàngtāng
일 メセンイタン, 海草スープ

국. 바다에서 뜯어 건진 가늘고 초록색인 매생이의 물기를 빼고 참기름에 잠깐 볶은 다음 물을 붓고 국간장을 넣어 끓인 국. 굴을 넣어도 좋음.
《재료》 매생이, 국 간장, 참기름, 생굴

매실 [maesil]

영 Japanese apricot
프 Prunelle

중 梅子 méizi
일 メシル, 梅

과실류. 매실은 청매, 적매가 있는데, 염장을 하여 장아찌류나 정과류에 이용됨. 향이 아주 좋아서 술을 만들 때 이용되기도 한다.

매실-장아찌 [maesil-jangajji]

영 Pickled Japanese apricot
프 Prunells marinés à la pâte de soja fermentée
중 梅子酱菜 méizijiàngcài
일 メシルジャンアチ, 梅干

장아찌. 매실 열매의 과육을 고추장이나 간장, 식초, 설탕 등으로 장아찌를 담은 저장식품.
《재료》 매실, 설탕, 고추장, 간장, 식초, 소금

매실-주 [maesil-ju]

영 Japanese plum liquor
프 Liqueur de prunelles japonaise
중 青梅酒 qīngméijiǔ, 梅子酒 méizijiǔ
일 メシルジュ, 梅酒

과실주. 청매를 설탕과 소주 섞은 것에 넣어 밀폐하여 담근 술.

매실-화채 [maesil-hwachae]

영 Plum punch
프 Punch de prunelle
중 糖水梅子 tángshuǐméizi
일 メシルフヮチェ, 梅カクテル

음청류. 매실즙이나 매실 향이 들어간 화채.

매운-탕 [maeun-tang]

영 Hot spicy fish soup
프 Soupe de poissons épicée
중 辣汤 làtāng, 辣味鲜鱼汤 làwèixiānyútāng
일 メウンタン, 魚と野菜の辛味噌チゲ鍋

국. 어패류와 채소를 함께 넣어 고춧가루, 고추장을 넣어 얼큰하고 매운맛이 나도록 끓인 국.
《재료》 흰살 생선, 조개, 새우, 당근, 양파, 미나리, 고춧가루, 후춧가루, 고추장, 설탕

매작과 [maejakgwa]

영 Ginger-flavored fried and ribbon shaped pastries
프 Patisserie frite en forme de ruban et au parfum de gingembre
중 梅雀果 méiquèguǒ
일 メジャックヮ, 生姜·砂糖入り揚げ菓子

ㅁ

한과. 밀가루를 반죽하여 얇게 밀어 리본 모양으로 만든 후 튀겨서 집청하여 잣가루를 뿌린 유밀과의 일종. 매잡과 또는 매엽과로 불리어지기도 한다.
《재료》 밀가루, 소금, 설탕, 생강, 잣가루, 식용유

매화-강정 [maehwa-gangjeong]

영 Light finger rice cookie coated with plum blossoms
프 Légère galette de riz en forme de doigt enveloppée dans des fleurs de prune
중 梅花糖果 méihuātángguǒ
일 メフヮカンジョン, 梅花形のおこし

한과. 찰벼를 말려서 술에 축여 가마솥에 튀긴 후 매화꽃 모양의 고물을 찹쌀가루로 만든 강정에 묻혀 만든 것.

매화-산자 [maehwa-sanja]

영 Square light rice cookie coated with plum-blossoms
프 Léger carré de galette au riz enveloppée dans des fleurs de prune
중 梅花米花糖 méihuāmǐhuātáng
일 メフヮサンジャ, 梅入りお菓子

한과. 크고 네모반듯하게 만든 과즐 재료를 기름에 지져 엿물이나 조청을 모두 바르고 매화밥을 곱게 박아 만든 유밀과.

맥-주 [maek-ju]

영 Beer
프 Bière
중 啤酒 píjiǔ
일 メックジュ, ビール

주정 음료주의 하나로 쓴맛이 나고 거품이 일어나도록 양조된 술.

머우-깻국(머위-깨꾹) [meowi-kkaetguk(meowi-kkaetguk)]

영 Butterbur stem in perilla potage
프 Soupe de perilla au tussilage
중 蜂斗菜野芝麻汤 fēngtóucàiyězhīmatāng
일 モウケッグック, フキごまスープ

국. 머위대를 삶아 겁질을 벗긴 후 가르고 짧게 잘라 볶다가 소금으로 간하여 쌀 간 것과 들깨가루를 넣고 끓인 것.
《재료》 머위대, 쌀가루, 들깨가루, 들기름, 소금

머위-깨즙-나물 [meowi-kkaejeup-namul]

영 Butterbur stem with perilla sauce
프 Tussilage à la sauce de perilla
중 野芝麻汁拌蜂斗菜 yězhīmazhībànfēngtóucài
일 モウィケズップナムル, フキの茎とゴマ汁の和え物

나물. 머위대를 삶아 겁질을 벗기고 갈라 마른 새우와 함께 들기름에 볶다

가 쌀가루, 들깨가루를 넣고 조미하여 무친 것.

《재료》 머위대, 마른 새우, 들기름, 쌀가루, 들깨가루, 다진 마늘, 소금, 청장, 홍고추

머위-나물 [meowi-namul]

영 Seasoned butterbur stem

프 Tussilage sautés et assaisonné

중 蒸拌蜂斗菜 zhēngbànfēngtóucài

일 モウィナムル, フキナムル

숙채. 머위-깨즙-나물 참조.

머위잎-쌈 [meowiip-ssam]

영 Cooked butterbur leaf to wrap rice

프 Feuille de tussilage cuite envelopper du riz

중 蒸蜂斗菜叶 zhēngfēngtóucàiyè

일 モウィイプサム, フキの葉包み

쌈. 머위의 잎을 삶아 아린 맛을 우리고 밥을 싸 먹는 것.

멍게-회 [meongge-hoe]

영 Raw sea urchin with vinegar and red pepper paste sauce

프 Oursin crue au vinaigre et à la sauce de pâte de piment rouge

중 生真海鞘 shēngzhēnhǎiqiào

일 モンゲフェ, ホヤさしみ

회(膾). 멍게 살을 발라내어 초고추장에 찍어 먹는 회.

《재료》 멍게 살, 초고추장

메기-매운탕 [megi-maeuntang]

영 Spicy catfish stew

프 Soupe épicée de poisson chat

중 鲇鱼辣汤 niányúlàtāng

일 メギメウンタン, ナマズと野菜の辛味鍋

국. 민물고기인 메기를 손질하여 여러 가지 채소를 넣고 얼큰하게(매운맛) 끓인 국.

《재료》 메기, 미나리, 무, 쑥갓, 깻잎, 고추장, 마늘, 생강, 다진 파

메밀-국수 [memil-guksu]

영 Buckwheat noodles

프 Nouilles du blé noir

중 荞麦面 qiáomàimiàn

일 メミルグックス, おそば

국수. 메밀국수를 삶아 물에 헹구어 차가운 물기를 없앤 후 다랑어, 다시마 국물에 간을 한 소스에 담가 먹는 음식.

《재료》 메밀가루, 다랑어 국물, 다시마, 설탕, 간장, 무(간 것), 파(썬 것), 고추냉이

메밀-묵-무침 [memil-muk-muchim]

영 Seasoned buckwheat jelly with kimchi

프 Gelée du blé noir assaisonnée au kimchi

중 拌荞麦凉粉 bànqiáomàiliángfěn
일 メミルムックムチム, そば粉こんにゃくの和え物

무침. 메밀묵을 먹기 좋도록 썰어 양념장을 뿌리고 김을 구어 위에 얹고 배추김치를 썰어 옆에 담아 섞어 먹도록 한 것.

《재료》 메밀묵, 배추김치, 김, 간장, 설탕, 다진 파, 마늘, 참기름, 깨소금

메-밥 [me-bap]

영 Cooked rice ; white rice ; plain boiled rice
프 Riz cuit
중 粳米饭 jīngmǐfàn
일 メバップ, 粳ご飯

밥. 멥쌀로 지은 밥으로 제사상에 올릴 때 쓰는 말임.

메-시루떡 [me-sirutteok]

영 Steamed rice cake with red bean layers
프 Gâteau de riz à la vapeur et aux couches d'haricots rouges
중 粳米甑糕 jīngmǐzènggāo
일 メシルトック, 小豆粉トピングのうるち米餅

떡. 쌀가루에 고물을 얹어 켜켜로 시루에 안쳐 찐 떡.

《재료》 쌀가루, 팥고물, 소금, 설탕

멸치-볶음 [myeolchi-bokkeum]

영 Sauteed dry anchovy
프 Anchois séchés sautés
중 油炸鳀鱼 yóuzhátíyú
일 ミョルチボクム, イリコ炒め

볶음. 멸치를 기름에 볶아 간장 또는 고추장에 설탕, 물엿을 넣어 조미하여 통깨를 뿌린 것.

《재료》 마른 멸치, 기름, 간장, 설탕, 물엿, 통깨, 고추장

멸치-자반 [myeolchi-jaban]

영 Sauteed dry anchovy with seasoning
프 Anchois séchés sautés avec assaisonnement
중 香辣炸鳀鱼 xiānglàzhátíyú
일 ミョルチジャバン, イリコの醤油炒め

볶음. 마른 멸치에 간장, 기름, 설탕, 고추장이나 고춧가루를 넣어 짭잘하게 볶은 것.

멸치-젓 [myeolchi-jeot]

영 Anchovy sauce
프 Sauce d'anchois
중 鳀鱼酱 tíyújiàng
일 ミョルチジョッ, イリコの塩辛

젓갈. 늦은 봄철에 생멸치를 손질하여 소금을 고르게 뿌려 돌로 눌러 담아 삭힌 것. 후에 기름을 거두어 내고 그 즙액을 달여 밭쳐 멸장으로 만듦.

멸치-조림 [myeolchi-jorim]

영 Braised dry anchovy with soy sauce
프 Anchois mijotés à la sauce de soja assaisonnée
중 炖鳀鱼 dùntíyú
일 ミョルチジョリム, イリコ醤油煮付け

조림. 멸치를 간장에 조려서 양념한 것.

《재료》 생멸치, 마늘, 생강, 파, 간장, 깨소금, 물엿

명란-젓 [myeongran-jeot]

영 Pickled pollack roe
프 Oeufs de merlan saumurés
중 明太鱼子酱 míngtàiyúzǐjiàng
일 ミョンランジョッ, 明太子塩辛

젓갈. 북어의 알을 꺼내어 소금을 뿌려 만들거나 고춧가루나 소금을 섞어 양념하여 만든 젓갈.

명란-젓-찌개 [myeongran-jeot-jjigae]

영 Pollack roe stew with vegetables
프 Ragoût aux oeufs de merlan et aux légumes
중 明太鱼子酱(炖)汤 míngtàiyúzǐjiàng(dùn)tāng
일 ミョンランジョッチゲ, 明太子塩辛のチゲ鍋

찌개. 명란젓과 여러 가지 채소를 넣어 간을 맞추어 끓인 찌개. 쇠고기도 양념하여 볶아 넣어 국물을 먼저 만들 수도 있다.
(재료) 명란젓, 쇠고기, 호박, 무, 파, 마늘, 참기름, 고춧가루

명란-찌개 [myeongran-jjigae]

영 Pollack roe casserole
프 Casserole aux oeufs de merlan
중 明太鱼子清酱汤 míngtàiyúzǐqīngjiàngtāng
일 ミョンランチゲ, 明太子とアミ塩辛チゲ

찌개. 일명 명란조치. 명란과 무를 썰어 담고 움파, 마늘, 청장 또는 새우젓으로 간을 한 맑은 국물의 명란 조치.

명란-찜 [myeongran-jjim]

영 Steamed pollack
프 Oeufs de merlan cuits à la vapeur
중 蒸明太鱼子 zhēngmíngtàiyúzǐ
일 ミョンランチム, 明太子の蒸し煮

찜. 명란젓 위에 고춧가루, 파, 마늘, 참기름, 깨소금을 섞어 양념으로 얹고 그릇 채 찜통에 넣어 찐 것.
(재료) 명란젓, 고춧가루, 파, 마늘, 참기름, 깨소금

명태-국 [myeongtae-guk]

영 Pollack soup with white radish
프 Soupe de merlan au navet
중 明太鱼清酱汤 míngtàiyúqīngjiàngtāng
일 ミョンテグック, 明太スープ

국. 무를 썰어 파, 마늘, 청장, 고추장으로 양념하여 국물을 끓이다가 명태 토막을 넣고 끓인 국.
(재료) 명태, 무, 파, 마늘, 청장, 고추장 또는 고춧가루, 후춧가루

명태-이리-찌개 [myeongtae-eeli-jjigae]

영 Pollack soft roe and dubu stew
프 Ragoût à la laitance de merlan et au tofu
중 明太鱼鱼白辣酱(炖)汤 míngtàiyúyúbáilàjiàng(dùn)tāng
일 ミョンテイリチゲ, しらことと野菜チゲ

찌개. 명태의 이리에 두부와 무를 썰어 넣고 고추장으로 간하여 끓인 것. 미나리, 파, 쑥갓, 등도 넣는다.
(재료) 명태 이리, 두부, 파, 미나리,

고추장, 쑥갓

명태-찜 [myeongtae-jjim]

영 Steamed pollack stuffed with meat and dubu
프 Merlan cuit farci de viande et de tofu
중 蒸明太鱼 zhēngmíngtàiyú
일 ミョンタイチム, 明太の 蒸し煮

찜. 생태의 내장을 모두 떼어 내고 그 안에 다진 고기를 양념한 것, 채소, 으깬 두부를 조미하여 섞어 채우고 양념을 얹어서 찐 것. 겨울철 강원도 향토 음식.
《재료》 명태, 다진 쇠고기, 양파, 배추, 두부, 파, 마늘, 소금, 후춧가루, 참기름, 간장, 설탕

ㅁ

모과-정과 [mogwa-jeonggwa]

영 Carameled Chinese quince jelly
프 Gelée du coing chinois au caramel
중 木瓜蜜煎 mùguāmìjiān
일 モグヮジョングヮ, ハニーローストカリン

한과(정과). 모과를 편으로 썰어 설탕과 물엿에 조려 만든 후식.
《재료》 모과, 꿀, 설탕, 물엿

모과-차 [mogwa-cha]

영 Chines quince tea
프 Thé au coing
중 木瓜茶 mùguāchá
일 モグヮチャ, かりん茶

음청류. 모과를 얇은 편으로 썰어 설탕이나 꿀에 재워 두었다가 물에 끓여 잣을 띄워 마시는 차.
《재료》 모과, 설탕, 꿀, 잣

모듬-전 [modeum-jeon]

영 Assorted pan fried delicacies
프 Assiette de poissons et légumes panés
중 什锦煎饼 shíjǐnjiānbing, 煎饼拼盘 jiānbingpīnpán
일 モドゥムジョン, チヂミ盛り合わせ

전(煎). 쇠고기, 흰살 생선, 버섯, 애호박 등을 얇게 썰어 밀가루, 달걀을 씌워 지진 것을 모아 담은 것.
《재료》 쇠고기, 흰살 생선, 버섯, 애호박, 밀가루, 달걀, 소금, 식용유

모듬-회 [modeum-hoe]

영 Assorted raw fish with sauce
프 Assiette de poissons crus à la sauce
중 什锦生鱼片 shíjǐnshēngyúpiàn, 生鱼片拼盘 shēngyúpiànpīnpán
일 モドゥムフェ, さしみ盛り合わせ

회(膾). 광어, 민어, 참치, 문어, 도미, 멍게 등을 생으로 초장에 찍어 먹을 수 있도록 보기 좋게 하여 큰 접시에 담아 내는 것. 고추냉이 초간장과 초고추장을 곁들임.

모시잎-송편 [mosiip-songpyeon]

영 Stuffed and steamed ramie leaf rice cake
프 Gâteau de riz à la vapeur aux feuiles de ramie et farci
중 苎麻叶子松糕 zhùmáyèzisōnggāo
일 モシイプソンピョン, カラムシ·栗·豆·ゴマ餡餅

떡. 무 송편을 만들 때와 같이 쌀가루와 모시잎 데친 것을 섞어 진한 녹색의 송편을 빚어 만든 것(흰 송편과 같이 담아야 더 빛이 난다).
《재료》 멥쌀가루, 모시잎, 밤, 풋콩, 깨소금, 설탕, 참기름

모시조개-젓 [mosijogae-jeot]

영 Pickled short necked clam meat
프 Coquillage saumurés
중 青蛤酱 qīnggéjiàng, 蛤蜊酱 gélíjiàng
일 モシゾゲジョッ, あさり塩辛

젓갈. 모시조개의 속살에 소금을 뿌려 담근 젓갈.
《재료》 모시조개살, 소금

목이-버섯 [mogi-beoseot]

영 Juda's ear
프 Oreille de juda (champignon)
중 黑木耳 hēimùěr
일 モギボソッ, きくらげ

버섯류. 말린 것을 보관하였다가 사용할 때 물에 불려 음식에 넣는다. 최근에는 목이 버섯을 말리지 않고 생으로 먹는다.

무-갑장과 [mu-gapjanggwa]

영 Soy sauce flavored radish with beef and water cress
프 Radis au parfum de sauce de soja, au boeuf et au cresson
중 熟萝卜酱菜 shúluóbojiàngcài
일 ムガップジャングヮ, 大根の醤油煮付け

장아찌. 굵게 채 썬 무를 간장 물에 재워 놓았다가 물이 들면 건져내어 간장을 꼭 짜고, 양념한 쇠고기와 표고를 볶고 다시 미나리 또는 오이 절인 것을 넣어 무친 다음, 남긴 간장을 끓여 농축시켜서 모든 재료를 넣고 조린 것.
《재료》 무, 쇠고기, 표고, 미나리, 오이, 간장, 생강, 소금, 깨소금, 참기름,

무-나물 [mu-namul]

영 Cooked julienne white radish (white radish namul)
프 Navet cuit en julienne
중 凉拌萝卜丝菜 liángbànluóbosīcài
일 ムナムル, 大根ナムル

숙채. 채 썬 무를 파, 마늘 다진 것과 소금, 생강즙으로 무친 후 물을 조금 부어 은근한 불에 푹 익혀 낸 나물.
《재료》 무, 파, 소금 또는 간장, 생강즙

무-된장국 [mu-doenjangguk]

영 Radish soup with soybean paste
프 Soupe de radis blanc à la pâte de soja
중 萝卜酱汤 luóbojiàngtāng
일 ムデンジャングック, 大根味噌汁

국. 된장을 푼 국물에 무를 썰어 넣고 끓인 국.
《재료》 무, 된장, 멸치, 두부

무말랭이-무침 [mumallaengi-muchim]

영 Seasoned dried radish strips
프 Pièces de radis asséchées et assaisonnées
중 拌萝卜干儿 bànluóbogānr
일 ムマルレンイムッチム, 干し大根の和え物

무침. 무말랭이를 물에 불려 물기 없이 꼭 짜서 갖은 양념을 하여 무친 것.
《재료》 무말랭이, 파, 마늘, 고춧가루, 후춧가루, 소금, 간장, 깨소금, 참기름

무말랭이-장아찌 [mumallaengi-jangajji]

영 Chewy salted radish-strips with dried pepper leaf
프 Radis blanc tranché et macéré aux feuilles de piment séchées
중 萝卜干儿酱菜 luóbogānrjiàngcài
일 ムマルレンイジャンアチ, 干し大根の漬物

장아찌. 말린 무채를 물에 씻어 간장

에 절였다가 양념에 무치고 말린 고춧잎도 잠깐 물에 담가 물기를 없애고 양념한 후 섞은 것.
《재료》 무말랭이, 고춧잎 말린 것, 간장, 참기름, 파, 마늘, 고춧가루, 후춧가루

무-밥 [mu-bap]

영 Cooked rice with radish
프 Riz cuit au radis blanc
중 萝卜饭 luóbofàn
일 ムバップ, 大根ご飯

밥. 무 채 썬 것을 밥솥 밑에 먼저 펴놓고 그 위에 쌀과 돼지고기 썬 것을 켜켜로 얹어 밥을 지은 것. 돼지고기를 안 넣기도 함. 양념장을 곁들임.
《재료》 쌀, 무, 돼지고기

무-비늘-김치 [mu-bineul-kimchi]

영 Slit-cut radish kimchi

프 Kimchi au radis blanc tranché
중 鳞片萝卜泡菜 línpiànluóbopàocài
일 ムビヌルキムチ, 白菜包み大根キムチ

김치. 무에 빗겨 칼집을 넣고 절여 무채 양념한 것을 칼집 사이에 소를 넣어 절인 배춧잎으로 싸서 김칫국을 부어 익힌 것.

재료 무, 소금, 실파, 마늘, 생강, 고춧가루, 새우젓, 황석어젓, 배춧잎

무-생채 [mu-saengchae]

영 Julienne radish salad
프 Salade au radis julienne piquante
중 生拌萝卜丝 shēngbànluóbosī
일 ムセンチェ, 大根の酢物

생채. 무를 채 썰어 고춧가루로 먼저 물을 들인 후 식초, 소금, 설탕 등으로 무친 것.

재료 무, 고춧가루, 식초, 소금, 설탕, 참기름

무-송편 [mu-songpyeon]

영 Steamed rice cake stuffed with white radish
프 Gâteau de riz à la vapear farci de radis blanc
중 萝卜(馅)松糕 luóbo(xiàn)sōnggāo
일 ムソンピョン, 大根あん餅

떡. 멥쌀가루를 익반죽하고 무를 채 썰어 소금에 절인 것을 꼭 짜서 갖은 양념으로 무쳐 조금 매운맛이 나도록 만든 소를 넣고 빚어 찐 송편.

재료 멥쌀가루, 무, 소금, 파, 마늘, 생강, 깨소금, 고춧가루, 참기름

무숙-장아찌 [musuk-jangajji]

영 Soy sauce flavored turnips with beef
프 Navet au parfum de sauce de soja et au boeuf
중 熟萝卜酱菜 shúluóbojiàngcài
일 ムスクジャンアチ, 大根のしょうゆ漬け

장아찌. 무갑장과 참조.

무-왁저지 [mu-wuackgeoji]

영 Cooked white radish with mushrooms
프 Radis blanc cuit aux champignons
중 炖萝卜片 dùnluóbopiàn
일 ムワクジョジ, 大根と牛肉チゲ

찌개. 일명 왁저지. 무를 반달모양으로 도톰하고 납작하게 썰어서 물을 부어 삶고, 이 국물에 쇠고기, 표고, 석이 등을 채 썰어 양념한 것을 넣고 간을 맞추어 국물이 자작하도록 끓인 것.

재료 무, 쇠고기, 표고, 석이, 생강, 간장, 후춧가루, 파, 마늘, 깨소금, 참기름

무-젓국-조치 [mu-jeotguk-jeochi]

영 Radish casserole with salty shrimp sauce
프 Casserole de radis à la sauce de crevette salée

중 萝卜虾酱(炖)汤 luóboxiājiàng(dùn)tāng
일 ムジョッグックジョチ, 大根とあみの塩辛チゲ

찌개. 일명 무새우젓찌개. 무를 얇게 저며 썰고 마늘과 파를 섞어 새우젓만으로 끓인 것. 쇠고기 다진 것을 양념하여 넣기도 함.

재료 무, 파, 마늘, 새우젓

무-정과(무-전과) [mujeonggwa (mu-jeongwa)]

영 Carameled radish jelly
프 Gelée de radis blanc au caramel
중 萝卜蜜煎 luóbomìjiān
일 ムジョングヮ, ハーニローストト大根

한과(정과). 무를 얇게 썰어 조청이나 설탕과 섞은 물엿에 조린 것. 여러 꽃 모양으로 만들 때 색소를 넣어 보기 좋게 만든다.

재료 무, 설탕, 물엿 소금, 식용색소

무지개-떡 [mujigae-tteok]

영 Rainbow rice cake
프 Gâteau de riz en forme de l'arc-en-ciel
중 彩虹蒸糕 cǎihóngzhēnggāo
일 ムジゲトック, にじ餅(彩り餅)

떡. 쌀가루에 소금, 설탕을 넣고 코코아가루와 식용색소로 켜켜로 넣어 쪄서 무지개색을 낸 것.

재료 멥쌀가루, 소금, 설탕, 코코아가루, 식용색소(빨강, 치자, 녹색)

무-짠지 [mu-jjanji]

영 Salty white radish in brine
프 Radis blanc saumuré
중 萝卜咸菜 luóboxiáncài
일 ムチャンジ, 大根の塩漬け

김치. 김장 때 무를 통으로 짜게 절여 담근 저장 김치로 이듬해 늦은 봄부터 여름에 잘게 썰어 물에 우려 물김치로 먹음.

무-찜 [mu-jjim]

영 Braised white radish
프 Radis blanc braisé
중 蒸萝卜条 zhēngluóbotiáo
일 ムチム, 大根の蒸し煮

찜. 무를 도톰하고 길쭉하게 썰어 놓고 쇠고기 양념한 것을 넣고 파, 마늘, 참기름, 호두 등의 양념장을 반만 넣고 볶다가 고기가 다 익으면 무와 밤 나머지 양념장을 넣고 끓인 것. 경기도 향토음식.

재료 무, 쇠고기, 다진 마늘, 파, 간장, 참기름, 호두, 밤

무-채 [mu-chae]

영 Julicnne white radish
프 Radis blanc julienne
중 萝卜丝 luóbosī

㉠ ムチェ, 千切り大根

생채. 무를 가늘게 채로 썬 것을 말하며, 이렇게 썬 것으로 익혀서 나물로 하거나 생것으로 생채를 하고 김치소로도 이용한다.

무-채-김치(채-김치) [mu-chae-kimchi(chae-kimchi)]

영 Julienne white radish kimchi
프 Kimchi au radis blanc julienne
중 萝卜丝泡菜 luóbosīpàocài
일 ムチェキムチ, 千切り大根キムチ

김치. 무를 채 썰어 김치 양념을 하고 새우젓, 미나리, 갓을 넣어 버무려 익힌 김치. 일명 채김치라 한다. 동태살을 섞기도 함.

재료 무, 파, 마늘, 새우젓, 생강, 미나리, 갓

무-채-무침 [mu-chae-muchim]

영 Seasoned shredded white radish
프 Navet julienne assaisonné
중 生拌萝卜丝 shēngbànluóbosī
일 ムチェムチム, 千切り大根の和え物

생채. 무생채 참조.

무청-김치 [mucheong-kimchi]

영 Spicy radish leaf kimchi
프 Kimchi aux feuilles de radis blanc épicées
중 萝卜叶梗泡菜 luóboyègěngpàocài
일 ムチョンキムチ, スズナキムチ

김치. 무청을 소금에 절여 밀가루 풀과 여러 재료를 섞은 양념에 버무려 익힌

김치.

재료 무청, 소금, 밀가루 풀, 고춧가루, 파, 마늘, 생강, 멸치젓, 설탕

묵-무침 [muk-muchim]

영 Seasoned starch jelly (acorn, mung bean, buckwheat)
프 Amidon en gelée assaisonné (gland, lentille verte, blé noir)
중 拌凉粉 bànliángfěn
일 ムックムチム, こんにゃくの和え物

무침. 도토리의 녹말과 녹두녹말, 메밀의 녹말에 물을 붓고 끓여 두부와 같이 굳힌 것을 적당한 크기로 썰어 양념장과 함께 무친 것.

묵-채 [muk-chae]

영 Acorn starch jelly with cress
프 Gelée de gland avec cresson
중 拌凉粉丝 bànliángfěnsī
일 ムックチェ, こんにゃくと野菜の和え物

무침. 도토리묵, 메밀묵 등을 채쳐서 미나리, 편육, 알지단 등과 함께 간장, 식초, 설탕, 후춧가루, 깨소금, 참기름으로 무친 것.

문배-주 [munbae-ju]

영 Aromatic cereal spirits
프 Liqueur aux céréales aromatiques
중 闻香梨酒 wénxiānglíjiǔ, 大轮山梨香酒 dàlúnshānlíxiāngjiǔ
일 ムンベジュ, アワの蒸留酒

전통 증류주. 밀, 좁쌀, 수수가 주재료가 되어 만들어진 증류주로 과실향기가 난다고 붙여진 이름. 고려시대부터

ㅁ

제조되어 내려온 함경도 지방의 민속 토속주.
《재료》 조, 수수, 밀, 누룩

문어-숙회 [muneo-sukhoe]
영 Poached octopus
프 Poulpe poché
중 白灼大章鱼 báizhuódàzhāngyú
일 ムノスクフェ, 茹でタコ

숙회. 문어를 데쳐서 얇게 썰어 초고추장에 찍어 먹음. 보기 좋도록 통 마리를 담아도 좋다.
《재료》 문어, 초고추장

물김치 [mulkimchi]
영 Watery kimchi
프 Kimchi aqueux
중 水泡菜 shuǐpàocài
일 ムルキムチ, 水キムチ

김치. 물을 많이 넣어 익힌 김치의 총칭. 나박김치, 열무물김치, 더덕물김치, 인삼나박김치 등이 이에 속함.

물-냉면 [mul-naengmyeon]
영 Buckwheat noodles in chilled broth
프 Nouilles dans un bouillon froid
중 水冷面 shuǐlěngmiàn
일 ムルネンミョン, 水冷麺

국수. 찬 국수에 찬 육수와 국물을 붓고 고명을 얹어 말아먹는 냉면. 물을 붓지 않은 것은 비빔냉면이라 함.
《재료》 메밀국수, 육수, 동치미 국물, 편육, 냉면김치, 오이, 무, 고명

물-만두 [mul-mandu]
영 Boiled dumplings
프 Raviolis cuits à léau
중 水饺 shuǐjiǎo
일 ムルマンドゥ, 水餃子

만두. 육수나 물에 삶아 물과 같이 먹는 음식.
《재료》 만두, 육수

물쑥-나물 [mulssuk-namul]
영 Cooked artemisia salad
프 Salade à l'armoise cuite
중 凉拌蒌蒿菜 liángbànlóuhāocài, 凉拌水蒿菜 liángbànshuǐhāocài
일 ムルスックナムル, たかよもぎナムル

숙채. 물쑥을 다듬어 삶아 초고추장 양념에 무치고 숙주도 데쳐 양념하고, 구워 부순 김을 섞어서 만든 봄철의 나물.
《재료》 물쑥, 숙주, 김, 간장, 참기름, 고추장, 깨소금, 설탕, 파, 마늘, 식초

물호박-떡 [mulhobak-tteok]
영 Sweet pumpkin cake mixed with rice powder
프 Gâteau de citrouille sucré mélangé de farine de riz
중 老南瓜蒸糕 lǎonánguāzhēnggāo
일 ムルホバックトック, かぼちゃ餅

ㅁ

떡. 일명 호박 모시리떡. 청둥호박 날것을 껍질을 벗기고 씨를 빼고 얄팍하게 썬 다음 멥쌀가루에 설탕과 함께 버무려 시루에 쪄낸 것. 전라남도의 향토음식.

물-회 [mul-hoe]

영 Sliced raw fish in seasoned water
프 Poisson cru tranché avec de l'eau assaisonnée
중 冷水生鱼片 lěngshuǐshēngyúpiàn
일 ムルフェ, 味付けのさしみ

광어, 도미, 자리돔, 한치 등의 살을 떠서 곱게 썰어 양념을 하고 그 위에 물을 타서 간을 맞추어 물과 생선 살을 같이 먹는 회.
재료 생선 살, 실고추, 기름, 통깨, 마늘, 고추장, 다진 파, 물

뭇-국(무-맑은-탕) [mu-guk(mu-malgeum-tang)]

영 White radish clear soup
프 Soupe au navet
중 萝卜清汤 luóboqīngtāng
일 ムグック, 大根スープ

국. 네모지게 썬 무와 쇠고기 양념한 것을 끓는 물에 넣어 끓인 맑은 국.
재료 무, 쇠고기, 다시마, 파, 청장, 마늘, 참기름, 후춧가루

뮈-쌈 [mwi-ssam]

영 Pan fried sea cucumber stuffed with meat
프 Holothurie frite à la poêle et farcie de viande
중 海参煎饼 hǎishēnjiānbing
일 ミサム, 豆腐と挽き肉入れのナマコチヂミ

전(煎). 일명 해삼전. 마른 해삼을 물에 불려서 배를 가르고 다진 쇠고기와 으깬 두부를 양념하여 섞어 넣고 밀가루와 달걀 물을 씌워 지진 것. 미 쌈은 뮈쌈의 오기로 널리 쓰이고 있음. 미만두(규아 쌈) 미 쌈으로 쓰임.

미나리-강회 [minari-ganghoe]

영 Minari bundles with beef
프 Faisceau de cresson coréen au boeuf
중 水芹卷 shuǐqínjuǎn
일 ミナリガンフェ, セリと茹で肉の盛り合わせ

회(膾). 데친 미나리를 편육과 달걀 지단, 홍고추를 감아 초고추장에 찍어 먹는 반찬.
재료 미나리, 양지머리 편육, 달걀, 홍고추, 고추장, 청장, 식초, 설탕, 마늘, 생강

미나리-김치 [minari-kimchi]

영 Watercress juicy kimchi
프 Kimchi aux cressons coréen aqueux
중 水芹泡菜 shuǐqínpàocài
일 ミナリキムチ, セリキムチ

김치. 미나리가 주재료가 되도록 김치 양념에 버무려 국물을 넉넉히 부어 익힌 것.

미나리-무침 [minari-muchim]

영 Blanched and seasoned minari
프 Cresson coréen assaisonné
중 凉拌水芹 liángbànshuǐqín
일 ミナリムチム, セリの和え物

무침. 미나리를 데쳐 적당히 썰어 양념에 무친 것.
《재료》 미나리, 파, 간장, 깨소금, 참기름, 설탕

미나리와 숙주초-나물 [minari-sukjucho-namul]

영 Blanched watercress and mung bean salad
프 Salade aux cressons coréens et aux pois chiches demi bouillis
중 醋拌水芹绿豆芽菜 cùbànshuǐqínlǜdòuyácài
일 ミナリワスッジュチョナムル, セリとモヤシの酢もの

초나물. 미나리 줄기와 숙주를 손질하여 물에 살짝 데친 후 소금, 설탕, 식초를 넣어 맛이 들도록 살짝 묻힌 것. 다른 채소를 채 썰어 데쳐 넣어도 되고 쇠고기도 좀 넣을 수 있음.

《재료》 미나리, 숙주, 당근, 실고추, 소금, 설탕, 식초

미나리-전 [minari-jeon]

영 Pan fried dropwort mixed with mussel
프 Cresson coréen frit à la poêle avec des moules
중 水芹煎饼 shuǐqínjiānbing
일 ミナリジョン, セリとお肉のチヂミ

전(煎). 미나리를 다듬어 적당한 길이로 썰고 홍합이나 쇠고기 다진 것을 양념하여 섞어서 얄팍하게 지진 것.
《재료》 미나리, 홍합, 소금, 밀가루, 식용유

미나리-초대 [minari-chodae]

영 Pan fried dropwort with flour and eggs
프 Cresson coréen frit à la poêle avec la farine et l'oeuf

중 煎水芹梗串 jiānshuǐqíngěngchuàn
일 ミナリチョデ, セリチヂミ

고명으로 이용되는 전. 미나리를 다듬어서 가지런히 길이를 맞추어 잘라 소금 뿌리고 밀가루와 달걀을 씌워 얇게 지진 것으로 요리의 고명으로 널리 쓰인다.
《재료》 미나리, 소금, 밀가루, 달걀, 식용유

미더덕-찜 [mideodeok-jjim]

영 Braised ascidian(styela clava)
프 Cassolette de jujubes de mer

ㅁ

중 蒸水沙参 zhēngshuǐshāshēn, 蒸柄海鞘 zhēngbǐnghǎiqiào
일 ミドドックチム, えぼやの蒸し煮

찜. 다진 쇠고기, 조갯살을 볶다가 미더덕, 콩나물을 넣어 볶으면서 간을 하고 쌀가루, 고춧가루, 들깨가루를 물에 풀어 넣고 익힌 후에 미나리를 넣은 것.
《재료》 미더덕, 쌀가루, 쇠고기, 조갯살, 미나리, 콩나물, 양파, 풋고추, 방앗잎, 들깨가루, 고춧가루, 마늘, 소금, 다진 파

미삼-무침 [misam-muchim]

영 Seasoned ginseng rootlet
프 Petites racines de ginseng assaisonnées
중 辣拌参须 làbànshēnxū
일 ミサムムッチム, 朝鮮人参のひげの和え物

무침. 미삼을 적당한 길이로 다듬어 간장 양념이나 초고추장에 무친 것.
《재료》 미삼, 간장, 파, 마늘, 고추장, 식초, 설탕

미삼-차 [misam-cha]

영 Young ginseng tea
프 Thé de petites racines de ginseng
중 参须茶 shēnxūchá
일 ミサムチャ, 朝鮮人参のひげ茶

음청류. 미삼을 끓여 꿀을 타고 밤채와 대추채, 잣을 띄운 차.
《재료》 미삼, 밤채, 대추채, 잣, 꿀

미수 [misu]

영 Toasted sticky rice powder in sweet ice water
프 Farine de riz glutineux grillée dans l'eau sucrée
중 糖水炒糯米干粉 tángshuǐchǎonuòmǐgānfěn
일 ミス, もち米·麦などの炒り粉の蜂蜜飲料

음료. 찹쌀가루를 쪄서 볶아 곱게 가루 내어 꿀물이나 설탕물에 타고 얼음을 띄워 마시는 음료.
《재료》 찹쌀 미숫가루, 설탕물이나 꿀물, 얼음

미숫가루 [misutgaru]

영 Steamed and toasted sticky rice powder
프 Farine de riz glutineux à la vapeur et rôti
중 油茶面儿 yóuchámiànr, 谷粉 gǔfěn
일 ミスッカル, もち米·麦などの炒り粉

음료. 찐 찹쌀과 콩, 깨, 보리 등을 말려 볶은 후 가루로 만들어 설탕물이나 꿀물에 타서 먹음. 여름철에 많이 마심.
《재료》 찹쌀(멥쌀), 콩(흰콩), 깨, 보리, 율무

미역-국 [miyeok-guk]

영 Sea mustard soup
프 Soupe d'algues
중 裙带菜汤 qúndàicàitāng
일 ミヨックック, わかめスープ

국. 일명 곽탕(藿湯). 마른 미역을 물에 불려 쇠고기를 조금 넣고 끓인 국.

ㅁ

아기 낳은 산모가 처음에 먹는 국.
《재료》 미역, 쇠고기, 참기름, 청장, 마늘, 후춧가루, 소금

미역-냉국 [miyeok-naengguk]
영 Sea mustard in chilled vinegar water
프 Soupe froide vinaigrée aux algues
중 裙带菜凉汤 qúndàicàiliángtāng
일 ミヨックネングック, わかめ冷しスープ

국. 미역을 불려 간장으로 조미한 후 냉수를 넣어 따듯한 국 대신 여름에 먹는 냉국.
《재료》 마른 미역, 쇠고기, 다홍고추, 청장, 식초, 소금, 간장, 다진 파, 마늘, 참기름, 깨소금

미역-무침 [miyeok-muchim]
영 Sea mustard with cress
프 Algues à la salade de cresson
중 醋拌裙带菜 cùbànqúndàicài
일 ミヨックムチム, わかめの酢もの

무침. 물에 불린 미역이나 생미역을 데쳐 미나리를 섞고 식초, 겨자, 간장 등으로 무친 것.
《재료》 생미역, 미나리, 생강, 마늘, 식초, 조미료

미역-부각 [miyeok-bugak]
영 Fried dried seaweed coated with glutinous rice paste
프 Algues séchées, enveloppée dans la pâte de riz glutincux ct frites
중 干炸裙带菜 gānzháqúndàicài
일 ミヨックブガク, もち米ころものわかめ天ぷら

부각. 손질한 미역 조각에 찹쌀 풀 양념한 것을 칠하고 통깨 실고추를 적당히 뿌려 말려 두었다가 기름에 튀겨낸 것.
《재료》 미역, 찹쌀 풀, 참기름, 간장, 설탕, 통깨, 실고추, 식용유

미역-쌈 [miyeok-ssam]
영 Rice wrapped with raw seaweed
프 Riz enveloppé dans l'algues crues
중 半熟裙带菜片 bànshúqúndàicàipiàn
일 ミヨクサム, わかめ包みご飯

쌈. 생미역을 데쳐 밥을 싸서 먹도록 한 것. 여름철에 상추쌈 같이 먹음.
《재료》 날미역, 밥, 쌈장, 초간장

미역-오이-냉국 [miyeok-oi-naengguk]
영 Cold soup with seaweed and cucumber
프 Soupe froide aux algues et au concombre
중 裙带菜黄瓜凉汤 qúndàicàihuángguāliángtāng
일 ミヨクオイネングック, わかめキュウリ冷しスープ

냉국. 불린 미역과 오이를 채 썰어 양념하고 찬 물을 부어 만든 냉국.
《재료》 미역, 오이, 간장, 파, 설탕, 식초

미역-자반 [miyeok-jaban]
영 Fried and sugared dry seaweed
프 Algues séchées frites et sucrées
중 炸裙带菜 zháqúndàicài
일 ミヨクジャバン, 砂糖付けのわかめ天ぷら

튀김. 자반미역을 행주로 깨끗하게 피

면서 손질하여 부드럽게 하여 가늘게 가위로 썰거나 네모나게 썰어 잠깐 튀기거나 기름에 볶아 설탕과 통깨를 뿌린 것.
《재료》 자반미역, 튀김기름, 설탕, 통깨

미역-죽 [miyeok-juk]
영 Rice gruel with sea mustard
프 Bouillie de riz aux algues
중 裙带菜粥 qúndàicàizhōu
일 ミヨッジュック, わかめおかゆ
죽. 쌀과 미역에 물을 많이 넣어 오래 끓임.
《재료》 쌀, 미역

미역-초회(생미역-초회) [miyeok-chohoe(saengmiyeok-chohoe)]
영 Seaweed and cucumber salad
프 Algues au concombre à la sauce vinaigrée
중 酸味(生)裙带菜 suānwèi(shēng)qúndàicài
일 ミヨクチョフエ, 茹でわかめときゅうりの酢もの
회(膾). 생미역을 끓인 물에 데치고 얇게 저며 썬 오이와 함께 새콤한 양념장으로 무친 것.
《재료》 생미역, 오이, 참기름, 간장, 깨소금, 식초, 실고추

미역-튀각 [miyeok-twigak]
영 Fried dried seaweed (Dulse)
프 Friture d'algues séchécs
중 油炸干裙带菜片 yóuzhágànqúndàicàipiàn
일 ミヨクチガック, 干しわかめ天ぷら
튀김. 마른 미역을 짤막하게 썰어 기름에 잠깐 튀겨낸 것.
《재료》 미역, 튀김기름, 설탕, 통깨

미음 [mieum]
영 Rice soup
프 Soupe au riz
중 米汤 mǐtāng, 稀粥 xīzhōu
일 ミウム,おかゆ

쌀에 물을 10배 이상 넣어 되직하지 않게 마실 수 있도록 끓인 것. 유동식으로 중환자가 흔히 먹음.

민어-구이 [mineo-gui]
영 Grilled croaker
프 Sciène grillée
중 烤鮸鱼 kǎomiǎnyú
일 ミノグイ, ニベ焼き
구이. 민어 토막을 큼직하게 하여 소금을 뿌렸다가 물기가 가실 만큼 되면 잠시 말렸다가 참기름을 발라가며 구운 것.
《재료》 민어, 소금, 참기름

민어-매운탕 [mineo-maeuntang]
영 Spicy croaker stew
프 Soupe à la sciène piquante
중 鮸鱼辣汤 miǎnyúlàtāng
일 ミノメウンタン, ニベと野菜の辛味鍋
국. 쇠고기 양념한 것과 민어 토막을 넣고 끓이다가 고춧가루와 참기름 버무린 것을 넣어 매운 국물을 만들어 붓고 미나리, 파, 고추, 애호박을 썰어

넣어 한소끔 끓인 매운 국.
【재료】 민어, 쇠고기, 파, 마늘, 참기름, 고춧가루, 생강

민어-산적 [mineo-sanjeok]

영 Skewered fish sticks (croaker sticks)
프 Brochette aux tranches de sciène
중 烤鮸鱼肉串 kǎomiǎnyúròuchuàn
일 ミノサンゾク, ニベ串焼き

구이. 민어를 살로만 5~6cm 길이로 도톰하게 썰어 양념하여 꼬챙이에 꿰어 구운 것.
【재료】 민어 살, 파, 간장, 참기름, 설탕, 후춧가루, 마늘, 실고추

민어-전 [mineo-jeon]

영 Pan fried croaker fillet
프 Filet de sciène frit à la poêle
중 鮸鱼煎饼 miǎnyújiānbing
일 ミノジョン, ニベ薄焼き

전. 얇게 저민 민어 살을 소금, 후춧가루를 조금 뿌려서 밀가루, 달걀을 씌워 기름에 지진 것.
【재료】 민어 살, 밀가루, 달걀, 지짐기름, 소금, 후춧가루, 간장, 식초, 잣가루

민어-포 [mineo-po]

영 Dried croaker fillets
프 Filet de sciène séché et assaisonné
중 鮸鱼肉脯 miǎnyúròufǔ
일 ミノポ, 干しニベ

포(脯). 민어의 살을 얇게 저며 간장, 소금, 설탕으로 양념하여 채반에서 말린 것.
【재료】 민어 살, 설탕, 소금, 간장

민어-회 [mineo-hoe]

영 Sliced raw croaker with seasoning
프 Sciène crue tranchée et assaisonnée
중 生拌鮸鱼片 shēngbànmiǎnyúpiàn
일 ミノフェ, ニベさしみ

회(膾). 생선을 뼈와 껍질을 벗기고 살을 썰어 소금, 참기름이나 초장에 무친 것. 상추 잎이나 쑥갓을 깔고 접시에 담는다. 이 같은 생회는 도미, 잉어, 해삼, 생복, 굴 등도 회로 만듦.
【재료】 민어 살, 초장(고춧가루, 간장, 식초, 잣가루, 파, 후춧가루, 참기름) 또는 초고추장(고추장, 식초, 후춧가루, 파, 설탕, 잣가루)

밀감-화채 [milgam-hwachae]

영 Mandarine orange punch
프 Punch à la mandarine
중 糖水蜜柑 tángshuǐmìgān
일 ミルガムフヮチェ, みかんカクテル

화채. 밀감을 까서 속껍질을 벗겨 밀감 알알이 떨어지도록 한 후 설탕물에 띄운 화채.
【재료】 밀감, 설탕, 잣

밀-국수 [mil-guksu]

영 Wheat flour noodles
프 Nouilles à la farine du blé
중 小麦面 xiǎomàimiàn
일 ミルグックス, 小麦粉麵

국수. 밀가루로 만든 국수.

밀-쌈 [mil-ssam]

영 Wrapped julienne vegetable and meat
프 Viande et légume julienne enveloppées
중 白面卷儿 báimiànjuǎnr, 小麦煎饼包烤菜肉丝 xiǎomàijiānbǐngbāokǎocàiròusī
일 ミルサム, お肉·キノコ·卵の炒め物·玉子焼きと小麦粉の薄焼きの包み

쌈. 쇠고기, 달걀지단, 버섯, 호박 등을 가늘게 채 썰어 볶아 소금, 참기름, 깨소금으로 간한 것을 얇게 부친 밀전병에 놓아 말아 싸서 먹기 좋은 길이로 자른 것. 술안주나 간식으로 이용. 구절판과 소는 같지만 밀전병만 좀 크게 만드는 것이 다름.

재료 밀가루, 달걀, 쇠고기, 미나리 또는 호박, 당근, 표고, 식용유, 참기름, 소금, 후춧가루

ㅂ

바람-떡 [baram-tteok]

영 Half-moon puffed wind cake
프 Gâteau gonflé en forme de croissant
중 豆沙(馅)糕 dòushā(xiàn)gāo, 月亮糕 yuèlianggāo
일 バラムトック, 空気いれあん餅

떡. 개피떡 참조.

바지락-칼국수 [bagirac-kalguksu]

영 Home made noodle with sort necked clam
프 Nouilles dans la soupe de petit coquillage
중 蛤仔刀切面 gézǐdāoqiēmiàn
일 バジラックカルグツス,アサリ手打ち麺

국수. 밀가루와 콩가루를 섞어 손칼국수를 만들어서 국물이 끓을 때 바지락을 넣어 벌어지도록 익히고 썰은 국수에 호박을 넣어 익으면 부추 썬 것, 숙주, 쑥갓 등을 넣고 바로 그릇에 푼다. 바지락 칼국수와 같다.

재료 밀가루, 콩가루, 바지락, 부추, 숙주, 쑥갓, 호박, 시금치, 청장

박-나물 [bak-namul]

영 Cooked young bottle gourd
프 La jeune calebasse cuites
중 匏菜 páocài, 炒拌葫芦菜 chǎobànhúlucài
일 バクナムル, ふくべ炒めナムル

숙채. 어린 박의 껍질을 벗겨 썰고 버섯을 채 썰어 넣고 마늘, 파, 간장을 가하여 볶다가 깨소금을 넣어 무친 것.

재료 박(여물지 않은 것), 표고, 파, 마늘, 소금, 깨소금, 참기름 또는 들기름

박오가리-나물 [bakogari-namul]

영 Chewy sliced and dried bottle gourd namul
프 La calebasse tranchée et séchée mijotées
중 炒拌葫芦干菜 chǎobànhúlugāncài
일 バクオガリナムル, ふくべナムル

숙채. 말린 박오가리(박살을 썰어 말린 것)를 물에 불려 적당한 길이로 잘라 양념하여 뭉근한 불에서 맛을 들인 것.

재료 박오가리, 간장, 후추, 깨소금, 참기름, 파, 마늘

박-회 [bak-hoel]

영 Sliced gourd with sour soy sauce
프 Courge tranchée à la sauce de soja vinaigrée
중 生拌葫芦 shēngbànhúlu
일 バクフェ, ふくべの辛酢もの

무침. 어린 박을 얇게 채 썰어 소금을 뿌린 후 물기를 짜서 초장에 버무린 것.

재료 박, 소금, 초장(간장, 식초, 잣가루, 파, 고춧가루, 후춧가루)

밤-다식 [bam-dasik]

영 Chestnut sweet pressed sweets
프 Gaufres aux châtaigne sucrée et moulée
중 栗子茶食 lìzicháshi, 栗子印糕子 lìziyìngāozǐ

일 バムダシク, 栗らくがん

한과(다식). 밤을 삶아 속을 빼내어 꿀과 설탕, 계피가루를 섞어 다식판에 찍어 낸 후식.

재료 밤, 꿀, 계피가루, 설탕

밤-단자 [bam-danja]

영 Sweat rice ball coated with chestnuts
프 Boule de riz sucrée couverte de châtaignes
중 栗子沙团子 lìzishātuánzi
일 バムダンジャ, 栗粉まぶし団子

떡. 찹쌀가루를 익반죽하여 둥글게 빚어 물에 삶아 건져낸 후 물기를 빼고 꿀을 바르고 밤고물을 묻힘.

재료 찹쌀가루, 밤, 계피가루, 꿀

밤-밥 [bam-bap]

영 Cooked rice with chestnuts
프 Riz cuit aux châtaignes
중 栗子饭 lìzifàn
일 バムバップ, 栗ご飯

밥. 쌀로 밥을 지을 때 껍질을 벗긴 밤을 섞어 넣어 지은 것.

밤-죽 [bam-juk]

영 Chestnuts porridge
프 Porridge aux châtaignes et au riz

중 栗子粥 lìzizhōu
일 バムジュック, 栗おかゆ

죽. 쌀을 곱게 갈아 끓이다가 밤을 삶아 채에 곱게 내린 것을 다시 넣고 오래 끓임. 먹을 때는 계피가루를 조금 뿌리면 좋다.

재료 쌀, 밤, 계피가루

밤-초 [bam-cho]

영 Honeyed chestnuts
프 Châtaignes au miel
중 糖熬栗子 tángāolìzi, 糖炒栗子 tángchǎolìzi
일 バムチョ, 栗の砂糖煮込み

숙실과. 밤을 까서 속껍질을 벗기고 익혀서 냄비에 설탕과 꿀, 물을 넣어 천천히 윤기 나도록 조린 것.

재료 밤, 설탕, 꿀, 계피가루, 잣가루

밥 [bap]

영 Cooked rice (ripen boiling rice; boiling and settling)
프 Riz cuit à la vapeur
중 饭 fàn
일 バップ, ご飯

쌀에 물을 넣어 끓여서 뜸을 들여 만든 것. 우리나라 밥 짓는 방법은 동남아시아나 서양처럼 단순히 물에 삶거나 찜통에 찌는 것이 아니고, 쌀과 물의 양을 맞추어 넣고 끓이다가 쌀이 익으면 뜸을 들이는 단계적 조리 방법이다.

방앗잎-쌈 [bangaip-ssam]

영 Lettuce with rabdosia to wrap rice
프 Laitue et rabdosia pour envelopper du riz
중 生藿香叶 shēnghuòxiāngyè
일 バンアイップサム, 香織草·サンチュの包みご飯

쌈. 향기가 있는 방아풀잎을 상추와 곁들여 밥을 싸 먹는 것.

방어-구이 [bangeo-gui]

영 Grilled yellow tail
프 Seriola quinqueradiata grillé
중 烤鰤鱼 kǎoshīyú
일 バンオグイ, ブリ焼き

구이. 방어를 토막 내어 기본 간장 양념에 담갔다가 센 불에서 양념을 자주 발라가며 구운 것.
《재료》 방어, 간장, 설탕, 후춧가루, 고추장, 참기름

방울-강정 [bangul-gangjeong]

영 Light small ball rice cookie
프 Légère galette de riz en boule
중 铃铛糖果 língdangtángguǒ
일 バンウルガンジョン, 鈴形のおこし

강정. 찹쌀반죽을 경단만큼씩 썰어 동글게 만들어 말려 튀긴 후 조청을 칠하여 옷을 입혀 만듦.

방울-증편 [bangul-jeungpyeon]

영 Rice ball puffed cake
프 Gâteau de riz en boule
중 铃铛蒸糕 língdangzhēnggāo
일 バンウルズンピョン, 鈴形の醗酵餅

떡. 쌀가루를 술에 반죽하여 부풀린 다음 작고 둥글게 빚어 위에 대추채, 밤채 등을 얹고 찐 떡. 증편의 모양을 달리하여 붙여진 이름.
《재료》 쌀가루, 술(막걸리), 대추, 밤, 소금

배숙 [baesuk]

영 Boiled sweet pear with ginger
프 Poires cuites au sirop de gingembre
중 糖水熟梨 tángshuǐshúlí
일 ベスク, ナシの生姜蜂蜜飲料

배를 껍질 벗겨 작은 조각으로 등분하여 통후추를 박고 생강 끓인 설탕물에 넣어 익힌 것. 실백을 띄운다.
《재료》 배, 통후추, 생강, 설탕, 잣

배추-겉절이 [baechu-geotjeori]

영 Spicy Chinese cabbage salad kimchi
프 Kimchi au chou chinois frais

중 生拌白菜泡菜 shēngbànbáicàipàocài
일 ベチュゴッジョリ, 切り白菜キムチ

김치. 배춧잎 하나하나를 떼어먹기 쉬운 크기로 찢어 소금에 절였다가 고춧가루, 파, 마늘, 간장, 참기름, 설탕, 후춧가루를 넣어 고루 무친 것.

배추-김치 [baechu-kimchi]

영 Chinese cabbage kimchi
프 Kimchi au chou chinois
중 白菜泡菜 pàocàibáicài, 辣白菜 làbáicài
일 白菜キムチ, 白菜キムチ

김치. 배추를 절여 무채를 김치 양념으로 버무려 속을 넣고 익힌 것.

《재료》 배추, 무, 소금, 고춧가루, 파, 마늘, 생강, 젓갈

배추꼬리-국 [baechukkori-guk]

영 Chinese cabbage roots soup
프 Soupe aux racinces de chou chinois
중 白菜根酱汤 báicàigēnjiàngtāng
일 ペチュコリグック, 白菜と牛スープ

국. 배추꼬리(배추뿌리) 껍질을 벗겨 저며서 된장을 푼 국물에 쇠고기를 조금 넣어 끓인 국으로 김장철에 잠깐 먹을 수 있는 음식.

《재료》 배추꼬리, 쇠고기, 파, 된장, 간장, 쌀뜨물

배추꼬리-볶음 [baechukkori-bokkeum]

영 Sauteed Chinese cabbage roots
프 Racinces de chou chinois sautées
중 炒白菜根 chǎobáicàigēn
일 ペチュコリボクム, 白菜炒め

볶음. 배추뿌리의 껍질을 벗기고 잘게 썰어 돼지고기를 넣고 볶아 간을 한 것.

《재료》 배추꼬리(배추뿌리), 돼지고기, 실고추, 파, 마늘, 간장, 소금

배추-된장국 [baechu-doenjangguk]

영 Chinese cabbage soup with soybean paste sauce
프 Soupe de chou chinois à la sauce de pâte de soja
중 白菜酱汤 báicàijiàngtāng
일 ペチュデンジャングック, 白菜味噌汁

국. 배추를 씻어 잘게 썰어 된장을 풀어서 끓인 것.

《재료》 배추, 된장, 파, 마늘

배추속댓-국 [baechusokdae-guk]

영 Cabbage heart soup
프 Soupe à la partie intérieure de chou
중 白菜心酱汤 báicàixīnjiàngtāng
일 ペチュソクデグック, 白菜筋金スープ

국. 배추속대를 씻어 고기를 썰어 넣고 된장, 고추장을 풀어 끓인 토장국.

《재료》 배추속대, 무, 쇠고기, 파, 된장, 고추장, 생강, 마늘

배추-적 [baechu-jeok]

영 Pan fried Chinese cabbage with batter
프 Chou chinois à la pâte lisse frit à la poêle
중 白菜串 báicàichuàn
일 ペチュジョク, 白菜チヂミ

전(煎). 배추의 속대와 잎을 하나씩 떼어 소금에 절인 것에 밀가루 갠 것을 묻혀 기름에 지진 것.

재료 배춧잎, 소금, 밀가루

배추-찜 [baechu-jjim]

영 Steamed chinese cabbage stuffed with meat and bean sprout
프 Chou chinois cuit farci de viande et de pousses de pois chiches
중 蒸白菜 zhēngbáicài
일 ペチュチム, 白菜蒸し煮

찜. 살짝 데친 작은 크기의 통배추 사이사이에 고기를 채 썰거나 다져서 양념한 것과 숙주를 섞어 소를 만든 것을 끼워서 배추를 오므려 찜통에 찌거나 고기국물을 붓고 끓이다가 잣, 목이 등을 함께 넣고 국물이 자작하게 끓인 것.

재료 배추, 쇠고기 또는 돼지고기, 다진 파, 마늘, 후춧가루, 소금, 간장, 육수, 녹말가루

배추통-김치 [baechutong-kimchi]

영 Whole chinese cabbage kimchi
프 Kimchi de chou chinois entier
중 整颗大白菜泡菜 zhěngkēdàbáicàipàocài
일 ペチュトンキムチ, 丸ごと白菜キムチ

김치. 배추를 썰지 않고 통으로 절여 담은 김치.

ㅂ

배춧-국 [baechu-guk]

영 Cabbage soup
프 Soupe au chou
중 白菜清汤 báicàiqīngtāng
일 ペチュッグック, 白菜味噌スープ

국. 토장국이나 된장을 물에 풀어 배춧잎을 넣어 끓인 것.

재료 배추, 된장, 파, 마늘 ,멸치

배춧잎-쌈 [baechunnip-ssam]

영 Rolled cabbage with rice and seasoning
프 Chou chinois au rouleau assaisonné
중 白菜心叶 báicàixīnyè
일 ペチュッイプサム, 白菜包みご飯

쌈. 배추 속의 노란 잎사귀에 고추장과 함께 밥을 싸 먹는 것. 배춧잎으로

여러 가지 재료를 싸서 먹기 좋게 만든 것을 칭하기도 함.

재료 배추속대, 쌈장

배-화채 [bae-hwachae]

영 Pear punch
프 Punch à la poire
중 糖水梨 tángshuǐlí
일 ベフヮチェ, なしカクテル

음청류(화채). 오미자를 물에 담가 만든 오미자 즙에 설탕이나 꿀을 타서 배를 모양 있게 썰거나 채 썰어 띄운 것.

재료 배, 오미자, 설탕, 꿀

백김치 [baekkimchi]

영 White chinese cabbage kimchi
프 Kimchi blanc de chou chinois
중 白泡菜 báipàocài
일 ベクキムチ, 白い水キムチ

김치. 배추를 통째로 소금에 절였다가 고춧가루를 넣지 않은 무채 양념을 속으로 넣어 소금물을 부어 익힌 것.

재료 배추, 무, 미나리, 낙지, 굴, 표고, 배, 잣, 밤, 흰 파, 소금, 마늘, 생강, 새우젓국, 실고추

백반 [baekban]

영 Cooked white rice
프 Riz blanc cuit
중 白饭 báifàn, 米饭 mǐfàn
일 ペッパン, 白ご飯

밥. 흰쌀로만 지은 밥. 일명 흰밥.

백설기 [baekseolgi]

영 Steamed white rice powder cake
프 Gâteau de farine de riz blanc cuit à la vapeur
중 粳米蒸糕 jīngmǐzhēnggāo, 白(米)蒸糕 bái(mǐ)zhēnggāo
일 ベクソルギ, 白蒸し餅

떡. 쌀가루에 설탕을 섞어 시루에 안쳐 찐 떡. 순수하고 신성한 음식이란 뜻에서 백일과 첫돌이 되는 날에 만들던 떡. 친척, 이웃과 함께 나누어 먹는다. 사찰에서 제를 올릴 때나 전통적 토속적인 의례에서도 쓰임.

재료 멥쌀, 설탕, 소금

백세-주 [baekse-ju]

영 Herbs and rice wine for a long life
프 Vin de riz et d'herbe pour la longévité
중 百岁酒 bǎisuìjiǔ
일 ベクセジュ, 漢方の百歳酒

민속주. 찹쌀로 술밥을 쪄서 건조시킨 후 가루를 빻지 않은 밀로 누룩을 만든 것을 같은 분량대로 섞은 다음 아홉 번 찐 숙지황과 구기자, 하수오, 술을 만들어 용기에 넣고 종이로 밀봉하여 땅에 묻은 이후 30~100일이 지나면 백세주가 된다. 노화방지에 좋으며, 간과 위를 보호하여 장수할 수 있다는 술로 유명한 민속주.

재료 찹쌀 누룩, 밑술, 숙지황. 구기자, 하수오, 황정

백자-편 [baekja-pyeon]

영 Honey reserved pine-nut
프 Pignon de pin au miel

㊥ 松子蒸糕 sōngzizhēnggāo
㊐ ベクジャピョン, 松のみ入りおこし

강정. 일명 잣박산, 잣편이라 함. 잣을 실백 또는 백자라고도 함. 꿀과 설탕을 섞어 끓이다가 엉킬만할 때 잣을 넣어 반반한 그릇에 담아 굳힌 것. 작게 네모로 썬다.
《재료》 잣, 물엿, 설탕

백하-젓 [baekha-jeot]

㊕ Pickled white shrimp
㊉ Crevette blanche marinée
㊥ 草虾酱 cǎoxiājiàng, 米虾酱 mǐxiājiàng
㊐ ペカジョッ, 白エビの塩辛

젓갈. 눈같이 하얀 새우를 소금에 싱겁게 절여 삭힌 젓갈.

밴댕이-젓 [baendaengi-jeot]

㊕ Pickled shad (large eyed herrings)
㊉ Harenguet saumuré et fermenté
㊥ 青鳞鱼酱 qīnglínyújiàng
㊐ ベンデンイジョッ, ニシンの塩辛

젓갈. 작고 납작한 밴댕이에 소금을 뿌려 만든 젓갈.

뱀장어-구이 [baemjangeo-gui]

㊕ Grilled eel
㊉ Anguille grillée
㊥ 烤鳗鲡k ǎománlí, 烤鳗鱼 kǎománýú
㊐ ベムジャンオグイ, うなぎの蒲焼

구이. 뱀장어는 민물고기인 참장어과에 속하며, 몸통이 짙은 청록색에 가까운 암갈색이며, 배쪽은 은백색이다. 큰 것은 60cm 정도. 뱀장어의 뼈를 떼어내고 5~10cm 길이로 잘라서 양념을 하여 굽거나, 구어 내어 양념을 찍어 먹음.
《재료》 장어, 진간장, 설탕, 다진 파, 마늘, 고춧가루, 후춧가루, 기름, 생즙, 조미술

뱅어-포-구이 [baengeo-po-gui]

㊕ Toasted dried whitebait
㊉ Blanchaille séchées et grillées
㊥ 烤银鱼脯 kǎoyínyúfǔ
㊐ ベンオポ, しらすほしし焼き

구이. 뱅어포 위에 고추장 양념을 고루 발라 구어서 먹기 좋도록 작게 자른 것.
《재료》 뱅어포, 고추장, 간장, 설탕, 마늘, 다진 파, 참기름, 깨소금

버섯-국 [beoseot-guk]

㊕ Mushroom soup

ㅂ

프 Soupe au champignon
중 蘑菇清汤 móguqīngtāng
일 ボソッグック, きのこスープ

국. 버섯, 쇠고기, 두부 등을 넣고 끓인 것.

《재료》 버섯, 쇠고기, 두부, 파, 마늘, 소금

버섯-볶음 [beoseot-bokkeum]

영 Stir fried mushroom
프 Champignon sauté à la sauce de soja
중 炒蘑菇 chǎomógu
일 ボソッボックム, きのこ炒め

볶음. 버섯을 저며 썬 양파와 쇠고기를 넣어 간장과 물을 넣어 볶은 것.

《재료》 버섯, 양파, 쇠고기, 간장, 기름, 통깨(볶은 것)

ㅂ

버섯-전 [beoseot-jeon]

영 Pan fried mushroom
프 Champignons frits à la poêle
중 蘑菇煎饼 mógujiānbing
일 ボソッジョン, きのこ薄焼き

전(煎). 표고는 물에 불려 채 썰거나 통으로, 느타리는 데쳐 내어 찢어서 간을 한 후, 밀가루와 달걀 푼 것을 묻혀 기름에 지진 것.

《재료》 표고, 느타리 또는 목이, 싸리버섯 등, 밀가루, 달걀, 소금, 식용유

버섯-전골 [beoseot-jeongol]

영 Mixed mushroom hot pot
프 Marmite de champignons mélangés
중 蘑菇火锅 móguhuǒguō
일 ボソッジョンゴル, きのこの寄せ鍋

전골. 여러 가지 버섯을 전골냄비에 옆옆이 놓고 양념한 고기와 미나리초대를 옆옆이 담아 장국을 부어 끓인 것.

《재료》 여러 가지 버섯, 쇠고기 양념한 것, 미나리초대, 육수 또는 장국

법-주(경주 법-주) [beop-ju (gyeongju beop-ju)]

영 Pure rice wine Gyeongju style
프 Alcool de riz de qualité de style Gyeongju
중 法酒 fǎjiǔ(庆州法酒 qìngzhōufǎjiǔ)
일 ボップジュ(ギョンジュボップジュ), 清酒

경주에서 생산된 품질 좋은 청주. 전통적으로 계승된 전통주의 하나. 술을 담근 후 찌꺼기를 가라앉히기 위해 50여 일간 독을 바꾸어 가며 숙성시키고, 담근지 백일 이상이 되어 마실 수 있는 양조주.

《재료》 찹쌀, 누룩, 국화, 솔잎, 생수

병시(병시-만두) [biyeongsi]

영 Mushroom dumpling with various kind of minced meat
프 Raviolis de champignons à la viande hachée de plusieurs sortes
중 汤匙饺子汤 tāngchíjiǎozitāng
일 ビョンシ, お餃子スープ

국. 밀가루에 달걀 물을 넣어 반죽하여 만두피를 만들고 쇠고기, 돼지고기, 꿩고기 등을 다져 양념하고, 데친 숙주와 표고, 송이 등을 다지고 잣을 넣어

소를 만들어 반달 모양으로 맞붙여 끓는 장국에 넣어 붙지 않도록 익힌 것.
《재료》 밀가루, 달걀, 고기, 숙주, 표고, 파, 마늘, 후춧가루, 참기름, 장국

병어-구이 [byongeo-gui]

영 Grilled pomfret
프 Pampus argenteus grillé
중 烤银鲳 kǎoyínchāng
일 ビョンオグイ, まながつお焼き

구이. 병어는 원통마리로 굽는데, 내장을 빼고 깨끗이 씻어 물기를 없앤 다음 생선에 기름을 발라 석쇠에 놓고 소금을 뿌리면서 대강 굽고 나서 간장, 파, 마늘, 생강을 모두 곱게 다져 섞어 양념을 만들어 생선에 발라 가면서 다시 굽는다.
《재료》 병어, 간장, 파, 마늘, 설탕, 생강, 고춧가루, 참기름

병어-조림 [byongeo-jorim]

영 Braised pomfret in soy sauce with seasoning
프 Pampus argenteus mijoté à la sauce de soja
중 炖银鲳 dùnyínchāng
일 ビョンオジョリム, まながつお醤油煮付け

조림. 병어를 토막을 내어 간장, 파, 마늘, 설탕, 실고추, 참기름 등 양념을 넣고 조린 것.

보리-밥 [bori-bap]

영 Cooked barley with rice
프 Orge cuit au riz
중 大麦饭 dàmàifàn
일 ボリバップ, 麦ご飯

밥. 쌀과 보리를 섞어 지은 밥.

보리새우-호박-볶음 [borisaeu-hobak-bokkeum]

영 Sauteed tiger prawn with zucchini
프 Petites crevettes sautées à la courgette(Acetes japonicus)
중 南瓜炒对虾 nánguāchǎoduìxiā
일 ボリセウホバクボクム, ぬかえびとかぼちゃ炒め

볶음. 보리새우를 까불러서 깨끗이 하여 썬 애호박과 같이 볶은 음식.
《재료》 보리새우, 애호박, 기름, 간장, 설탕, 파

보리-수단 [bori-sudan]

영 Omija (Schizandra chinesis) Barley balls in omija punch
프 Punch à l'omija(schizandra chinesis) avec boule d'orge
중 糖水蒸大麦粒 tángshuǐzhēngdàmàilì
일 ボリスダン, 麦いれの五味茶

음청류. 녹말을 여러 번 두껍게 입혀 익힌 보리알을 오미자 국에 담가 만든 단맛의 음청류.
《재료》 보리, 녹두녹말, 오미자, 꿀

보리-쌈-밥 [bori-ssam-bap]

영 Cooked barley with rice wrapped with lettuce
프 Orge cuit au riz enveloppé dans une laitue
중 菜叶包大麦饭 càiyèbāodàmàifàn
일 ボリサムバップ, 包み麦ご飯

ㅂ

쌈. 보리밥을 쌈(여러 가지)에 싸서 먹는 것.
《재료》 보리밥, 상추와 쌈거리, 고추장, 된장, 참기름, 설탕

보리-차 [bori-cha]
영 Roasted barley tea
프 Thé d'orge rôtie
중 大麦茶 dàmàichá
일 ボリチャ, 麦茶
겉보리를 볶아 물에 끓인 물을 보리차라 함.

보쌈김치 [bossamkimchi]
영 Wrapped kimchi
프 Kimchi farci aux épices variées
중 包泡菜 bāopàocài, 包卷泡菜 bāojuǎnpàocài, 白菜卷泡菜 báicàijuǎnpàocài
일 ボサムキムチ, 白菜の包みキムチ

김치. 절인 배추와 무 등 여러가지 귀한 재료와 함께 양념을 하여 배춧잎으로 오므려 싸서 국물을 부어 익힌 것.
《재료》 배추, 무, 미나리, 갓, 쪽파, 마늘, 생강, 실고추, 낙지, 전복, 표고, 생률, 석이, 잣, 대추, 고춧가루, 소금, 조기젓, 조기젓국

보푸라기 [bopuragi]
영 softened dried fish or softened dried root
프 Poisson jaune séché au racine de plante
중 肉松 ròusōng
일 ボプラギ, ぼろ干し魚
북어와 암치 같이 마른 생선을 부드럽게 부서뜨려 솜처럼 만든 것이나, 식물의 뿌리를 짓이겨 부드럽게 만든 것을 양념하여 찬으로 이용함.

복-냄비 [bok-naembi]
영 Globe fish stew in pot
프 Ragoût au poisson globe
중 平锅河豚汤 píngguōhétúntāng
일 ボクネンビ, フグ鍋
국. 복 지리나 국을 냄비에 끓여 뜨겁게 낸 것.

복(어)-매운탕 [bok(eo)-maeuntang]
영 Spicy puffer fish stew
프 Soupe de poisson globe pimentée
중 河豚辣汤 hétúnlàtāng
일 ボゴメウンタン, フグと野菜の辛味噌鍋
국(탕). 고추장을 풀어 끓인 국물에 핏줄과 내장을 모두 없앤 후 복어와 미나리를 넣고 여러 채소와 두부를 넣어 맵게 끓인 국.
《재료》 복어, 두부, 파, 마른 표고, 배춧잎, 무, 고추장, 고춧가루, 소금, 마늘, 생강, 후춧가루, 간장

복숭아-화채 [boksunga-hwachae]
영 Peach punch
프 Punch à la pêche
중 糖水桃子 tángshuǐtáozi
일 ボクスンアフゥチェ, 桃カクテル
화채. 복숭아를 얇게 저며서 꿀이나 설탕에 잿였다가 오미자국을 부어 복숭아가 떠오르도록 만든 화채.
《재료》 신선한 복숭아, 설탕, 오미자즙

복쌈 [bokssam]
영 January 15 wrapped food
프 Aliment enveloppé pour le 15 janvier
중 元宵节菜叶 yuánxiāojiécàiyè
일 ボクサム, 福包み
쌈. 음력 정월 보름날 먹는 김이나 취

나물, 배춧잎 쌈 등 기복의 의미를 갖고 있는 음식.

복(어)-지리 [bok(eo)-jiri]

영 Puffer fish clear soup
프 Soupe claire de poisson globe
중 清炖河豚汤 qīngdùnhétúntāng
일 ボゴジリ, フグと野菜の澄まし汁

국. 손질한 복어를 토막 내어 데치고, 무, 배춧잎을 넣어 끓인 맑은 장국에 미나리와 준비된 복어를 넣어 끓인 국.
《재료》 복어, 다시마, 배춧잎, 파, 생강, 무, 표고, 소금, 마늘, 후춧가루, 간장

복(어)-찜 [bok(eo)-jjim]

영 Braised puffer fish with vegetables (globe fish)
프 Cassolette de poisson globe aux légumes
중 蒸河豚 zhēnghétún
일 ボゴチム, フグの 蒸し煮

찜. 손질한 복어를 큼직하게 토막 내어 고명을 넣고 간장국물에 익히다가 물이 졸면 새우젓으로 간을 한 것.
《재료》 복어, 미나리, 소루쟁이, 무, 파, 마늘, 간장, 새우젓, 설탕, 생강

볶음-밥 [bokkeum-bap]

영 Fried rice
프 Riz sauté
중 炒饭 chǎofàn
일 ボックムバップ, チャーハン

밥. 밥에 고기와 여러 가지 채소 등을 잘게 썰어 넣고 기름에 볶은 것.
《재료》 밥, 고기, 당근, 양파, 우엉, 기름, 소금, 달걀

봄-나물 [bom-namul]

영 Spring salad with vegetables and herbs
프 Salade de printemps aux légumes et aux herbes
중 春菜 chūncài
일 ボムナムル, 春ナムル

나물. 봄철에 싹이 터서 나오는 향채(달래, 냉이, 쑥, 소루쟁이)로 만든 것.

봉우리-떡 [bonguri-tteok]

영 Summit rice cake
프 Gâteau de riz en forme de colline
중 粗厚糯米粘糕 cūhòunuòmǐniángāo
일 ボンウリトック, 峰形のあん餅

떡. 고물 위에 찹쌀가루를 소복이 수저로 붓고 소를 넣은 후 그 위에 다시 쌀가루를 부어 산봉우리같이 고물을 뿌리고 찌는 과정에서 표현된 두텁떡.

부꾸미 [buggumi]

영 Cereal powder pancake
프 Crêpe de farine de céréale
중 煎饼 jiānbing
일 ブクミ, 焼き餅

떡. 일명 전병(煎餠). 찹쌀가루, 차수수가루, 밀가루, 녹두가루 등으로 둥글게 지지다가 소를 넣고 접어 반달모양으로 만든 것.

부대-찌개 [budae-jjigae]

영 Spicy mixed smoked meat and vegetable stew(military stew)
프 Ragoût militaire
중 泡菜香肠火锅 pàocàixiāngchánghuǒguō, 乱炖火腿香肠辣汤 luàndùnhuǒtuǐxiāngchánglàtāng
일 プデチゲ, お肉やハム·野菜の辛味鍋

찌개. 훈제고기와 채소 등을 썰어 양

ㅂ

념을 많이 넣고 끓인 찌개. 한국전쟁 이후 미군 부대에서 흘러나온 훈제 육류를 넣어 채소와 함께 끓인 것에서 유래된 이름임.
재료 햄, 소시지, 양파, 당근, 무, 마늘, 고춧가루, 후춧가루, 간장

부레-찜 [bure-jjim]

영 Steamed air bladders filled with chopped beef and seasoning
프 Vessie natatoire de sciène cuite, farcie de boeuf haché assaisonné
중 蒸鱼肚 zhēngyúdǔ, 蒸鱼鳔 zhēngyúbiào
일 ブレチム, 浮き袋 の蒸し煮

찜. 민어의 부레를 원통으로 씻어서 다진 쇠고기와 채 썬 버섯을 양념하여 부레 속에 넣어 찜통에 쪄서 식은 후에 썬다. 어채나 어만두와 어울려 담고 초간장을 곁들인다.

부산 잡채 [busan japchae]

영 Sauteed vermicelli with shellfish and vegetables, Busan style
프 Vermicelle sauté avec crustacé et légumes à la Busan
중 釜山海鲜炒粉丝 fǔshānhǎixiānchǎofěnsī, 釜山海鲜炒冬粉 fǔshānhǎixiānchǎodōngfěn
일 プサンジャプチェ, 釜山春雨と海鮮ジャップチェ

볶음. 보통 잡채와는 달리 문어, 홍합, 대합 등을 손질하여 물에 데쳐서 당면 등 다른 재료와 함께 양념하여 만든 해물이 많이 들어간 잡채.
재료 당면, 문어, 홍합, 대합, 양파, 시금치, 당근, 간장, 깨소금, 파, 마늘, 참기름

부추-김치 [buchu-kimchi]

영 Chinese chive kimchi
프 Kimchi de poireau chinois

중 韭菜泡菜 jiǔcàipàocài
일 ブチュキムチ, にらキムチ

김치. 부추를 젓갈과 고춧가루, 다진 마늘, 찹쌀 풀에 버무려 익힘.
재료 부추, 고춧가루, 멸치젓, 마늘, 찹쌀 풀

부추-볶음 [buchu-bokkeum]

영 Sauteed chinese chive with pork
프 Poireau chinois sauté au porc
중 炒韭菜 chǎojiǔcài
일 ブチュボクム, にら炒め

볶음. 돼지고기를 채로 썰어 볶다가 부추와 양파도 썰어 넣고 볶아 소금, 간장, 후춧가루로 간을 한 것.
재료 부추, 돼지고기, 양파, 소금, 간장, 후춧가루, 식용유

부추-전 [buchu-jeon]

영 Chinese chive pancake
프 Crêpe au poireau chinois
중 韭菜煎饼 jiǔcàijiānbing
일 ブチュジョン, にらチヂミ

전. 부추를 짧게 썰고 밀가루 푼 것에 잘게 썬 풋고추나 조갯살을 함께 섞어 얇게 기름에 지진 것.
재료 부추, 밀가루, 달걀, 조갯살, 풋

고추, 소금, 식용유

북어 [bugeo]

영 Dried alaska pollack
프 Merlan jaune séché
중 干明太鱼 gānmíngtàiyú
일 ブゴ, スケトウダラ

명태 말린 것을 일컫는 말로서 한국 사람이 좋아하는 여러 형태로 반찬에 많이 이용되는 어물.

북어-구이 [bugeo-guil]

영 Grilled dried pollack
프 Merlan jaune séché grillé
중 辣烤干明太鱼 làkǎogānmíngtàiyú
일 ブゴグイ, スケトウダラ焼き

구이. 북어를 토막 쳐서 물에 담갔다가 건져 고추장 양념장을 발라 구운 것.
《재료》 북어, 고추장, 파, 마늘, 간장, 설탕, 후춧가루, 참기름

북어-국 [bugeo-guk]

영 Dried pollack soup
프 Soupe de merlan jaune séché
중 干明太鱼清汤 gānmíngtàiyúqīngtāng
일 ブゴグック, スケトウダラスープ

국. 북어를 찢어 참기름, 마늘에 잠깐 볶아 물을 부어 끓이다가 썰어 놓은 파와 달걀을 풀어 넣어 끓인 국.
《재료》 북어, 달걀, 파, 마늘, 청장, 후춧가루, 참기름

북어-껍질-국 [bugeo-kkeopjil-guk]

영 Dried pollack skin soup
프 Soupe à la peau de merlan jaune séché
중 干明太鱼皮清酱汤 gānmíngtàiyúpíqīngjiàngtāng
일 ブゴコッチルグック, スケトウダラの皮スープ

국. 일명 어글탕.
《재료》 북어껍질, 다진 쇠고기, 양념, 두부, 달걀, 숙주, 기름, 장국

북어-무침 [bugeo-muchim]

영 Seasoned dried pollack
프 Merlan jaune séché et assaisonné
중 拌干明太鱼条 bàngānmíngtàiyútiáo
일 ブゴムチム, 味付けのスケトウダラ

무침. 북어를 잘게 찢어 양념을 넣어 손으로 주물러서 간이 배이도록 한 것. 북어-채-무침이라고도 함.
《재료》 북어채, 파, 마늘, 참기름, 고추장, 깨소금

북어-보푸라기 [bugeo-bopuragi]

영 Seasoned softened dry pollack
프 Merlan jaune séché, attendri et assaisonné
중 拌干明太鱼肉松 bàngānmíngtàiyúròusōng
일 ブゴボプラギ, ぼろスケトウダラの和え物

마른 찬. 북어 살을 아주 보드랍게 만들어 매운맛은 고춧가루를 넣어 색을 들이고 또 간장, 설탕, 기름으로 무쳐 2색, 3색으로 무친 것.
《재료》 북어 살, 간장, 고춧가루, 참기름

북어-전 [bugeo-jeon]

- 영 Pan fried seasoned pollack panée
- 프 Merlan assaisonné frit à la poêle
- 중 干明太鱼煎饼 gānmíngtàiyújiānbing
- 일 ブゴジョリム, 干しスケトウダラの薄焼き

전(煎). 마른 북어를 물에 불린 후 머리와 가시, 껍질을 제거하고 적당한 크기로 잘라 양념장을 바른 뒤 밀가루, 달걀을 묻혀 기름에 지진 것.
《재료》 마른 북어, 파, 마늘, 간장, 참기름, 깨소금, 밀가루, 달걀, 식용유

북어-조림 [bugeo-jorim]

- 영 Flavored dried pollack in soy sauce
- 프 Merlan jaune séché et assaisonné à la sauce de soja
- 중 炖干明太鱼 dùngānmíngtàiyú
- 일 ブゴオゾリム, 干しスケトウダラの煮付け

조림. 토막 낸 북어에 파와 마늘, 간장 양념을 하여 조린 반찬.

《재료》 북어, 풋고추, 실고추, 간장, 마늘, 흰파, 통깨, 고춧가루, 생강

북어-찜 [bugeo-jjim]

- 영 Steamed dry pollack
- 프 Merlan jaune séché braisé
- 중 蒸干明太鱼 zhēnggānmíngtàiyú
- 일 ブゴチム, 干しスケトウダラ 蒸し煮

찜. 북어포를 물에 담갔다가 토막을 내어 양념을 발라 물을 조금 붓고 부드럽게 찜을 한 것.
《재료》 북어포, 실고추, 파, 간장, 설탕, 파, 마늘, 생강, 깨소금, 참기름, 후춧가루

북어-채-무침 [bugeo-chae-muchim]

- 영 Seasoned shredded dry pollack
- 프 Merlan jaune séché, déchiré et assaisonné
- 중 拌干明太鱼条 bàngānmíngtàiyútiáo
- 일 ブゴチェムチム, 干しスケトウダラの和え物

무침. 북어무침 참조.

북어-포 [bugeo-po]

- 영 Dried pollack
- 프 Merlan séché
- 중 干明太鱼脯 gānmíngtàiyúfǔ
- 일 ブゴポー, 干しスケトウダラ

포(脯). 마른 북어를 축축한 보에 싸서 눅눅하게 만든 후 대강 두들겨서 겁질을 벗기고 가시를 빼고 펴서 반듯하게 말린 것. 이렇게 손질한 것을 보관해 여러 가지 밑반찬에 많이 이용됨.

불-갈비 [bul-galbi]

영 Barbecued short ribs
프 Côtes de boeuf au barbecue
중 烤牛排骨 kǎoniúpáigǔ
일 ブルカルビ, 焼きカルビ

가리구이 참조.

불-갈비 정식 [bul-galbi jeongsik]

영 Table d'hôte with grilled beef rib fillet
프 Table d'hôte aux côtes de boeuf grillées
중 烤排骨定食 kǎopáigǔdìngshí
일 ブルカルビジョンシク, 焼きカルビ定食

식단. 갈비구이와 기본 반찬과 밥, 국이 같이 차려져 한 끼 식사로 마련된 상차림.

불-고기 [bul-gogi]

영 Grilled marinated beef
프 Boeuf à la marinade grillés
중 烤牛肉 kǎoniúròu
일 ブルゴギ, 焼き肉

구이. 쇠고기 살코기를 양념간장에 무쳐 두었다가 구운 것.

《재료》 쇠고기, 간장, 파, 마늘, 후춧가루, 설탕, 배즙, 참기름, 깨소금

불-고기 뚝배기 [bul-gogi ttukbaegi]

영 Barbecued beef stew in stone pot
프 Cassolette au bulgogi
중 砂锅烤牛肉 shāguōkǎoniúròu
일 プルゴギトクペギ, 韓国風すき焼きの土鍋

식단. 불고기를 구어 뚝배기에 담고 채소를 썰어 당면과 함께 국물을 넣어 끓인 것으로 최근에 시판되는 음식.

불-고기 백반 [bul-gogi baekban]

영 Grilled beef with a bowl of rice
프 Boeuf grillé accompagné d'un bol de riz
중 烤牛肉加白饭 kǎoniúròujiābáifàn
일 プルゴギベッパン, 韓国式すき焼きご飯

식단. 불고기와 밥, 반찬들이 같이 차려 먹는 한 끼 식사.

불-고기-산적 [bul-gogi-sanjeok]

영 Broiled beef brochette
프 Brochette de boeuf grillée
중 烤牛肉串 kǎoniúròuchuàn
일 プルゴギサンゾク, 焼き肉串

적(炙). 양념한 쇠고기를 꼬챙이에 꿰어 구운 것.

《재료》 쇠고기, 간장, 설탕, 파, 마늘, 후춧가루, 참기름, 깨소금

불-고기 정식 [bul-gogi jeongsik]

영 Table d'hôte with Korean style grilled beef
프 Table d'hôte au boeuf grillé à la coréenne
중 烤牛肉定食 kǎoniúròudìngshí
일 プルゴギジョンシク, 韓国風すき焼き定食

식단. 불고기와 기본 찬들이 있고 밥, 후식들이 갖추어져 한 끼 식사가 완성될 수 있도록 짜여 진 한국의 대표적인 식단.

불-낙-전골 [bul-nak-jeongol]

영 Grilled beef and poulp stew
프 Boeuf grillé et ragoût de pieuvre
중 烤牛肉与章鱼火锅 kǎoniúròuyǔzhāngyúhuǒguō
일 プルナクジョンゴル, 韓国風すき焼きとたこの寄せ鍋

찌개. 불고기와 낙지전골을 같이 요리한 것.
《재료》 쇠고기, 낙지, 간장, 설탕, 파, 마늘, 생강, 참기름, 깨소금, 후춧가루, 쑥갓

불-백 정식 [bul-baek jeongsik]

영 Table d'hôte with Korean style grilled beef
프 Table d'hôte au boeuf grillé à la coréenne
중 烤牛肉加白饭定食 kǎoniúròujiābáifàndìngshí
일 プルベクジョンシク, 韓国風すき焼きご飯定食

식단. 불고기 백반과 불고기 정식이 합쳐진 말.

붕어-조림 [bungeo-jorim]

영 Flavored crucian carp in soy sauce with radish
프 Carassin assaisonné à la sauce de soja et au radis
중 炖鲫鱼 dùnjìyú
일 ブンオゾリム, フナの煮付け

조림. 손질한 붕어를 도톰하게 썬 무를 넣고 고추장과 양념을 넣어 조린 것.
《재료》 붕어, 무, 풋고추, 파, 마늘, 생강, 고추장, 식초, 조청

붕어-찜 [bungeo-jjim]

영 Braised crucian carp
프 Carassin braisé
중 蒸鲫鱼 zhēngjìyú
일 ブンオチム, フナの蒸し煮

찜. 손질한 붕어를 된장을 풀고 양념과 밀가루를 풀어 섞고 물을 조금 부어 물이 졸도록 익혀낸 찜.
《재료》 붕어, 밀가루, 된장, 다진 파, 다진 생강, 산초, 참기름, 간장

비늘-김치 [bineul-kimchi]

영 Cruenchy scaly radish kimchi
프 Kimchi de radis écailleux
중 鳞片萝卜泡菜 línpiànluóbopàocài
일 ビヌルキムチ, うろこ大根キムチ

김치. 무비늘김치 참조.

비빔-국수 [bibim-guksu]

영 Noodles with seasoning medley
프 Nouilles au mélange d'assortiment
중 拌面 bànmiàn, 拌面条 bànmiàntiáo
일 ビビムグックス, 甘辛混ぜそうめん

국수. 국수를 삶아 건져서 쇠고기 양념한 것을 볶고 여러 채소를 채 썰어 익히거나 생것으로 옆옆이 담아 비빈 것.
《재료》 국수, 쇠고기, 애호박 또는 오이, 당근, 달걀, 파, 마늘, 참기름, 간장, 고추장

비빔-냉면 [bibim-naengmyeon]

영 Chilled cold buckwheat noodles with vegetable and spicy sauce
프 Nouilles du blé noir froides aux légumes et à la sauce épicée
중 拌冷面 bànlěngmiàn
일 ビビムネンミョン, 甘辛混ぜ冷麺

국수. 냉면국수를 삶아 재빨리 씻어 물기를 빼고 쇠고기 편육과 배, 오이, 김치 등을 넣고 양념장을 넣어 비벼 먹을 수 있도록 그릇에 담은 것.
《재료》 메밀국수, 쇠고기 편육, 오이, 냉면김치, 배, 식초, 참기름, 고추 다대기, 설탕

비빔-밥 [bibim-bap]

영 Bibim-bap (cooked rice with assorted vegetables and beef)
프 Riz cuit à l'assortiment de légumes et de boeuf
중 拌饭 bànfàn, 蔬菜拌饭 shūcàibànfàn
일 ビビムバップ, ビビンバー(混ぜご飯)

밥. 일명 골동반(骨董飯). 밥과 여러 나물, 쇠고기 볶음 등을 넣고 참기름과 양념으로 비비거나, 밥 위에 여러 나물을 가지런히 얹어 고추장 양념을 넣어 비벼 먹음. 영양소의 배합이 우수하고 맛도 좋아 외국인도 즐기는 음식.
《재료》 밥, 쇠고기, 달걀, 다시마, 튀각, 애호박, 당근, 표고, 양념장 또는 고추장

비웃-구이 [biwut-gui]

영 Broiled herring
프 Hareng grillé
중 烤鲱鱼 kǎofēiyú
일 ビウッグイ, ニシンの塩焼き

구이. 청어를 일명 비웃이라 한다. 청어의 비늘을 긁고 내장을 꺼내고 씻어 물기를 거둔 후 양념장을 뿌려 굽거나 소금간만으로 구운 것.
《재료》 청어, 소금 또는 간장, 다진 파, 마늘, 설탕

비웃-자반 [biwut-jaban]

영 Half dried salty herring
프 Hareng salé et demi séché
중 腌干鲱鱼 yāngānfēiyú
일 ビウッジャバン, ニシンのあいもの

자반. 청어를 소금에 절였다가 꾸득꾸득 하게 말린 것.

비웃-조림 [biwut-jorim]

영 Boiled herring with seasoning
프 Hareng bouilli à la sauce de soja assaisonnée
중 炖鲱鱼 dùnfēiyú
일 ビウッゾリム, ニシンの煮付け

조림. 비늘을 긁고 내장을 뺀 청어를 2~3 토막을 내고 간장이나 고추장에 양념을 하여 조린 것. 양념간장이 끓을 때 생선을 넣어 조림.
《재료》 청어, 간장물 또는 고추장물, 조청, 생강, 후춧가루, 파, 마늘

비지-찌개 [biji-jjigae]

영 Soybean puree stew
프 Ragoût au résidu de soja
중 黄豆末(炖)汤 huángdòumò(dùn)tāng

ㅂ

일 ビジチゲ, お殼鍋

찌개. 일명 콩비지 찌개 또는 되비지 찌개. 콩을 살짝 삶아서 맷돌이나 블렌더에 갈아 김치나 배추 우거지와 때로는 돼기고기도 조금 넣어 빽빽하게 끓인 것.

재료 콩, 김치 또는 배추 삶은 것, 파, 마늘, 양념장

비지-찌개 [biji-jjigae]

- 영 Bean dregs stew
- 프 Ragoût au résidu de soja
- 중 豆渣(炖)汤 dòuzhā(dùn)tāng
- 일 ビジチゲ, おぼろ鍋

찌개. 두부 만들고 남은 찌개인 비지에 여러 가지 채소를 넣고 된장을 풀어 끓인 것.

재료 비지, 돼지갈비, 배추 절인 것, 진간장, 마늘, 파, 후춧가루, 깨소금, 참기름

빈대떡 [bindaetteok]

- 영 Mungbean pancake with vegetables
- 프 Galettes de lentilles vertes aux légumes
- 중 绿豆煎饼 lǜdòujiānbing
- 일 ビンデトック, 緑豆のお好み焼き

전(煎). 녹두를 불려 되직하게 간 것에 김치, 고기, 채소 등을 잘게 썰어 섞어 기름에 둥글게 지진 것. 녹두빈대떡.

재료 녹두, 김치, 돼지고기, 파, 숙주, 소금, 마늘, 후춧가루, 식용유

빈사과 [binsagwa]

- 영 Puffed caramele rice cookie
- 프 Galette de riz au caramel
- 중 糖酥油煎果子 tángsūyóujiānguǒzi
- 일 ビンサグヮ, 揚げ菓子

빙사과와 동일어.

빙떡 [bingtteok]

- 영 Buckwheat roll with julienne turnip
- 프 Rouleau du blé noir au navet julienne
- 중 荞麦煎饼卷 qiáomàijiānbingjuǎn
- 일 ビントック, 薄焼き餅

떡. 메밀가루 반죽을 번철에 얇게 지져서 가운데 무채를 볶아 소 만든 것을 넣고 말아서 지진 떡.

재료 메밀가루, 무, 소금, 파, 깨소금, 돼지기름

빙사과 [bingsagwa]

- 영 Puffed caramele rice cookie
- 프 Galettes de riz au caramel
- 중 糖酥油煎果子 tángsūyóujiānguǒzi
- 일 ビンサグヮ, 揚げ菓子

한과. 찹쌀가루를 반죽하여 잘게 유과를 만든 후 설탕, 물엿, 꿀에 묻혀 틀에 눌러 네모지도록 자른 유과류의 일종. 빈사과라고도 함.

재료 찹쌀가루, 흰 콩가루, 소주, 설탕, 물엿, 꿀, 튀김기름

사골-국 [sagol-guk]

영 Mixed ox bones
프 Os de crosse de boeuf
중 牛腿骨汤 niútuǐgǔtāng
일 サゴルグック, 牛骨スープ

국. 사골을 넣어 끓인 국으로 설렁탕, 해장국 등에 이용됨. 쇠고기가 붙은 네 다리의 뼈를 토막을 내어 물을 붓고 오래 끓여서 그 국물을 이용함.

사슬-적 [sasel-jeok]

영 Pan fried skewered white fish meat and beef
프 Brochette au poisson blanc et au boeuf frit à la poêle
중 煎鲜鱼牛肉连锁串 jiānxiānyúniúròuliánsuǒchuàn
일 サスル, 白魚串焼き

전(煎). 흰살 생선을 도톰하고 굵게 썰고 양념하여 꼬챙이에 꿰어 놓고 사이사이에 쇠고기 다져 조미 한 것을 채워서 서로 붙도록 하거나 생선살 한쪽에 납작하게 붙여 달걀을 묻혀 번철에 지진 것.

《재료》 흰살 생선, 다진 쇠고기, 다진 파, 마늘, 참기름, 깨소금, 간장, 달걀, 식용유.

사슬(누름)-적 [saseul(nureum)-jeok]

영 Pan fried fish and beef brochette
프 Brochette au poisson et au boeuf frite à la poêle
중 煎鲜鱼牛肉连锁串 jiānxiānyúniúròuliánsuǒchuàn
일 サスル(ヌルムジョク), 魚と牛肉串焼き

적(炙). 생선과 쇠고기를 도톰하게 막대로 썰어 양념하여 꼬치에 꿰어 번철에 지진 것.

《재료》 흰살 생선, 쇠고기, 간장, 파, 마늘, 참기름, 깨소금, 후춧가루

사태-찜 [satae-jjim]

영 Braised beef shank
프 Gîte de boeuf braisée
중 蒸牛腱子肉 zhēngniújiànzĭròu
일 サテチム, 牛肉(膝の後ろの肉)の煮込み

찜. 소의 사태육, 곤자소니, 양, 곱창 등을 손질하여 삶아 건지고 무, 표고, 건고추 등을 섞어 양념하여 육수를 부어 끓인 찜. 고명으로 달걀지단, 은행, 대추 등을 넣는다.

《재료》 쇠고기(사태), 곤자소니, 양, 곱창, 무, 표고, 고추, 간장, 육수, 후춧가루, 설탕, 참기름, 달걀지단, 은행, 대추

사태-편육 [satae-pyeonyuk]

영 Pressed and boiled beef shank slices
프 Tranches de gîte de boeuf bouillies et pressées

중 白切牛腱子肉 báiqiēniújiànzǐròu, 牛腱子肉片 niújiànzǐròupiàn
일 サテピョンユック, 茹で牛肉(膝のうしろの肉)

쇠고기 사태를 물에 삶아 눌렀다가 얇게 썬 수육.

산갓-김치 [sangat-kimchi]

영 Indian mustard leaf kimchi
프 Kimchi aux feuilles de moutarde
중 山芥泡菜 shānjièpàocài
일 サンガッキムチ, からしなきムチ

김치. 산갓(논쟁이냉이)을 소금에 절여 쌀가루 풀과 멸치, 참깨, 고춧가루, 여러 양념 다진 것을 섞어 버무려서 익힌 김치.

재료 산갓, 소금, 멸치젓, 쌀가루, 고춧가루, 마늘, 생강, 파

산나물-국 [sannamul-guk]

영 Wild vegetable soup(herbs sauvage)
프 Soupe aux légumes sauvages
중 山菜汤 shāncàitāng
일 サンナムルグック, 山菜スープ

국. 들과 산에서 자생한 산나물을 끓는 물에 살짝 데친 다음 고기를 다져 넣고 된장과 고추장을 풀어 끓이다가 나물을 넣고 한소끔 끓임.

재료 여러 가지 산나물, 쇠고기, 된장, 고추장, 마늘, 파, 참기름

산병 [sanbyeong]

영 Coloured small halfmoon rice cake for decoration
프 Gâteau de riz en petit croissant coloré pour la décoration
중 豆沙馅粳米蒸饼堆 dòushāxiànjīngmǐzhēngbǐngduī
일 サンビョン, あん餅

떡. 멥쌀가루에 오색 물감을 들여 쪄서 떡메로 쳐 얇게 민 나음 소를 넣고 작은 반달 모양으로 빚어 세 개 내지 다섯 개를 붙여 웃기떡으로 이용함. 경기도 산병과 여주 산병이 유명하다.

산자 [sanja]

영 Puffed rice cookies with various coating
프 Gâteau de riz gonflé aux divers enduits
중 米花糖 mǐhuātáng
일 サンジャ, 揚げ菓子

한과. 찹쌀가루를 술로 반죽하여 찜통에 찐 후 꽈리가 나도록 치대어 얄팍한 반대기를 지어 말려 기름에 튀겨서 조청을 발라 쌀 튀밥 고물을 묻힌 것.

산채-비빔밥 [sanchae-bibimbap]

영 Bibimbap with assorted wild vegetables
프 Riz cuit à l'assortiment des légumes sauvages mélangées
중 山菜拌饭 shāncàibànfàn
일 サンチェビビンバップ, 山菜ビビンバー

밥. 밥에 여러 가지 산채 나물을 얹어 비벼 먹음.

재료 쌀밥, 산채, 도라지, 취나물, 고사리, 다진 쇠고기, 간장, 다진 파, 마늘, 참기름, 깨소금, 후춧가루, 고추장

산초-장아찌 [sancho-jangajji]

영 Zanthoxylum with soy sauce
프 Zanthoxylum à la sauce de soja
중 山花椒酱菜 shānhuājiāojiàngcài
일 サンチョジャンアチ, 山椒の実の漬物

장아찌. 산초나무에 달린 열매가 영글기 전 파란색일 때, 꽃봉오리 열매를 따서 간장에 담갔다가 먹는 장아찌. 향기가 강하고 귀하기 때문에 아주 조금씩만 먹는다.

살구-편 [salgu-pyeon]

영 Sweet apricot jelly
프 Confiture d'abricot
중 杏肉果冻 xìngròuguǒdòng
일 サルグピョン, 蜂蜜あんず菓子

한과. 살구를 물에 고아 씨를 빼내고 꿀과 설탕을 탄 후 녹말을 넣어 굳힌 것.
재료 살구, 꿀, 설탕, 녹말가루

삼겹살-구이 [samgyeopsal-gui]

영 Grilled bacon with spicy sauce
프 Poitrine de porc grillé à la sauce épicée
중 烤五花肉 kǎowǔhuāròu
일 サムギョプサルグイ, 豚のばら肉焼き

구이. 돼지고기 삼겹살을 썰어 고추장 양념에 무쳐 구운 것.
재료 삼겹살, 고추장, 설탕, 파, 마늘, 참기름, 후춧가루

삼겹살-구이 정식 [samgyeopsal-gui jeongsik]

영 Table d'hôte with grilled bacon
프 Table d'hôte poitrine de porc grillé
중 烤五花肉定食 kǎowǔhuāròudìngshí
일 サムギョプサルグイジョンシク, 豚のばら肉焼き定食

식단. 삼겹살 구이와 밥, 기본 반찬과 후식 등이 갖추어진 한 끼 식사.

삼계-탕 [samgye-tang]

영 Young chicken ginseng soup
프 Soupe de poulette au ginseng
중 参鸡汤 shēnjītāng
일 サムゲタン, 若鶏の薬膳スープ(参鶏湯)

탕(湯). 영계 뱃속에 찹쌀과 수삼, 마늘, 대추, 밤을 넣고 푹 익힌 국.
재료 영계, 찹쌀, 수삼, 마늘, 생강, 소금, 후춧가루

삼색-나물 [samsaek-namul]

영 Three colour vegetable salad(three colour vegetable side dish)
프 Salade aux trois légumes
중 三色菜拼盘 sānsècàipīnpán
일 サムセクナムル, 三色ナムル(ほうれん草·豆もやしやききょう·ぜんまい)

나물. 시금치나물, 콩나물, 도라지나물, 고비 또는 고사리나물 중 세 가지 나물을 옆옆이 담은 것. 흰색, 녹색, 붉

ㅅ

은 색 나물을 보기 좋게 배치한다.

《재료》 시금치, 콩나물, 도라지, 고비 또는 고사리, 다진 파, 마늘, 소금, 깨소금, 참기름

삼색-북어-보푸라기 [samsaek-bugeo-bopuragi]

영 Three different coloured and softened dry pollack

프 Merlan jaune séché et attendri aux trois couleurs

중 三色拌干明太鱼肉松 sānsèbàngānmíngtàiyúròusōng

일 サムセクブゴボプラギ, 三色ぼろスケトウダラの和え物

마른 찬. 북어보푸라기. 보푸라기를 붉게 양념 한 것, 희게 한 것, 간장색을 낸 것으로 주재료는 같으나 색을 세 가지로 만듬

《재료》 북어포, 간장, 소금, 고춧가루, 설탕, 깨소금, 참기름

삼숙이-탕 [samsugi-tang]

영 Rock fish soup

프 Soupe de poisson rode

중 绒杜父鱼辣汤 róngdùfùyúlàtāng

일 サムスギタン, アンコウの辛味スープ

국(탕). 생선 삼숙이를 토막 쳐 매운맛이 나도록 끓인 국.

《재료》 삼숙이(삼세기), 고춧가루, 마늘, 생강, 파

삼시기-국 [samsigi-guk]

영 Samsigi fish soup

프 Soupe de poisson samsigi

중 绒杜父鱼黄酱汤 róngdùfùyúhuángjiàngtāng

일 サムシギグック, サンコウ味噌スープ

국. 일명 삼숙이국. 동해안에서 많이 잡히는 못생긴 생선으로, 손질하여 토막 내고 된장국에 무를 납작하게 썰어 함께 끓이다가 풋고추를 넣고 소금 간을 한 국.

《재료》 삼시기(생선), 된장국, 풋고추, 파, 마늘

삼치-구이 [samchi-gui]

영 Broiled (grilled) spanish mackerel

프 Maquereau espagnol grillée

중 烤蓝点马鲛 kǎolándiǎnmǎjiāo

일 サムチグイ, サワラの塩焼き

구이. 삼치를 손질하여 소금을 뿌린 후 물기가 가시면 구운 것. 양념장을 뿌리기도 함.

《재료》 삼치, 소금

삼치-엿장-구이 [samchi-yeotjang-gui]

영 Broiled spanish mackerel with sweet soy sauce

프 Maquereau espagnol grillé à la sauce de soja sucrée

중 烤糖酱蓝点马鲛
kǎotángjiànglándiǎnmǎjiāo
일 サムチヨッジャングイ, サワラの水飴炒め

구이. 삼치를 머리, 꼬리, 지느러미를 떼고 내장을 꺼낸 후 살을 발라 씻은 후 적당한 크기로 토막 내어 간장, 설탕, 술, 생즙 양념에 30분 이상 재워 두었다가 팬에 구워낸다. 재웠던 양념장과 물엿을 함께 넣어 끓여서 걸쭉해지면 구워 놓았던 삼치토막을 다시 넣고 윤기나게 지진다. 연근이나 다른 채소와 곁들여 낸다.

재료 삼치, 간장, 설탕, 조청, 술, 생즙, 후춧가루, 술

삼합장과 [samhap-janggwa]

영 Braised abalone and mussle with beef (three braised delicacies)
프 Abalone et moules braisés au boeuf
중 酱炖红蛤蜊海参鲍鱼
jiàngdùnhónggélíhǎishēnbàoyú
일 サムハプジャングヮ, 牛肉·アワビ·人参·玉ねぎの煮込み

조림. 쇠고기 양념한 것과 전복, 홍합, 해삼과 마늘, 파를 어슷썰기로 하여 물과 양념장에 끓여 조린 것.

재료 생전복 또는 소라, 해삼, 홍합, 쇠고기, 실백, 간장, 설탕, 깨소금, 파, 마늘, 후춧가루

삼합-죽 [samhap-juk]

영 Tri-grain porridge
프 Porridge aux trois sortes de grain
중 大米黏粟糯高粱粥
dàmǐniánsùnuògāoliángzhōu
일 サンハプジュック, お米·粟·キビのおかゆ

죽. 쌀, 차조, 차수수로 죽을 쑨 것으로 먹을 때 소금으로 간을 함.

삼해-주 [samhae-ju]

영 Low temperature fermented rice wine
프 Vin de riz fermenté à la température basse
중 三亥酒 sānhàijiǔ
일 サムヘジュ, もち米と粳米の醗酵酒

민속주. 경인지역의 전통주. 정월에 찹쌀과 멥쌀로 담가 백일 만에 거르는 술로 유일하게 저온에서(10~15℃) 장기 발효되는 미황색을 띤 술.

상추-겉절이 [sangchu-geotjeori]

영 Lettuce salad
프 Salade à la laitue(Laitue assaisonnée de sauce de soja)
중 生拌生菜 shēngbànshēngcài
일 サンチュゴッジョリ, サニレタスの和え物

김치. 상추를 큰 조각으로 하여 양념간장에 가볍게 무친 것.

재료 상추, 파, 마늘, 고춧가루, 간장, 참기름, 깨소금, 설탕

상추 백반 [sangchu baekban]

영 Lettuce with hot pepper sauce and bowl of rice
프 Laitue à la sauce piquante avec un bol de riz
중 生菜加白饭 shēngcàijiābáifàn
일 サンチュペッパン, サニレタス包みご飯定食

식단. 상추, 쑥갓 등 여러 가지 채소를 준비하고 밥과 함께 섭산적, 웅어감정, 보리새우 볶음, 백합, 맑은 장국, 쌈장을 먹을 수 있도록 한 상차림.

상추-시루떡 [sangchu-sirutteok]

영 Rice powder cake with lettuce
프 Gâteau de farine de riz à la laitue
중 生菜甑糕 shēngcàizènggāo
일 サンチュシルトック, サニレタス入り小豆お餅

떡. 쌀가루와 설탕을 섞은 것과 상추를 큼직하게 뜯어 섞거나 켜켜로 얹고 또 팥고물을 고물로 켜켜로 하여 찐 떡.

《재료》 멥쌀, 상추, 거피팥, 소금, 설탕

상추-쌈 [sangchu-ssam]

영 Cooked rice wrapped in lettuce
프 Riz cuit enveloppé dans une laitue

중 生菜叶 shēngcàiyè
일 サンチュサム, サニレタスの包みご飯

쌈. 상추와 실파, 쑥갓 등을 준비하여 쌈장을 넣은 밥을 싸서 먹는다.

《재료》 상추, 실파, 풋고추, 쇠고기, 쌈장, 참기름.

새우-매운탕 [saeu-maeuntang]

영 Hot spicy shrimp soup
프 Soupe à la crevette épicée et piquante
중 虾子辣汤 xiāzilàtāng
일 セウメウンタン, えびと野菜の辛味鍋

국. 맑은 장국에 새우와 고춧가루를 넣고 달걀을 풀어 끓인 국.

《재료》 새우, 무, 쑥갓, 미나리, 냉이, 호박, 막 된장, 고추장, 조선간장, 고춧가루, 소금, 파, 마늘

새우-전 [saeu-jeon]

영 Pan fried prawns
프 Crevettes rouges frites à la poêle
중 虾子小煎饼 xiāzixiǎojiānbing
일 セウジョン, えびの薄焼き

전(煎). 새우등 속에 있는 내장을 빼내고 두께를 반으로 저며 펴서 소금을 뿌렸다가 밀가루와 달걀을 씌워 지진 것.

《재료》 왕새우, 밀가루, 달걀, 지짐기름, 잣가루, 소금, 후춧가루

새우-젓 [saeu-jeot]

영 Pickled shrimp
프 Crevette marinée

㊥ 虾子酱 xiāzijiàng, 虾酱 xiājiàng
㊐ セウジョッ, あみの塩辛

젓갈. 새우에 소금을 뿌려 담근 것. 생산 시기에 따라 오젓, 육젓, 동백하젓, 추젓, 동젓, 풋젓 등이 있고, 소금 넣는 양에 따라 반찬용, 김장젓갈 조미용으로 이용됨. 소금의 농도는 시판용은 대략 25~30%가 됨.

새우-찜 [saeu-jjim]

㊀ Steamed prawn
㊄ Crevette rouge cuite
㊥ 蒸虾子 zhēngxiāzi
㊐ セウチム, エビの 蒸し煮

찜. 새우의 껍질을 까서 등 쪽이 붙도록 두께의 절반을 저며 편 후 소금, 생즙, 흰 후춧가루를 뿌리고 찐 것.

《재료》 왕새우, 소금, 후춧가루, 생강

새우-튀김 [saeu-twigim]

㊀ Deep fried shrimp
㊄ Beignets de crevettes
㊥ 炸虾子 zháxiāzi
㊐ セウチギム, エビ天ぷら

튀김. 꼬리를 부친 채 손질한 새우에 밀가루, 달걀 흰자위로 반죽한 것을 부쳐서 기름에 튀긴 것. 새우튀김은 다른 튀김 재료와 함께 모둠 튀김으로 하면 좋다.

《재료》 새우, 밀가루, 달걀 흰자위, 튀김기름, 소금, 레몬조각

생 갈비-구이 [saeng galbi-gui]

㊀ Grilled fresh beef rib
㊄ Côtes de boeuf fraîches grillées
㊥ 烤生排骨 kǎoshēngpáigǔ, 烤鲜排骨kǎ oxiānpáigǔ
㊐ センカルビグイ, 生カルビ焼き

얼리지 않은 갈비고기에 양념을 하여 구운 것.

생-란 [saeng-ran]

㊀ Ginger jellied balls(ginger shape)
㊄ Boules de gingembre en gelée
㊥ 生姜丸 shēngjiāngwán
㊐ センガンラン, 餡蜜ショウガ菓子

한과(숙실과). 생강란이라고도 한다. 껍질을 벗긴 생강을 다진 후 물을 붓고 끓이다가 매운 물을 한번 따라 버리고 설탕과 조청을 넣고 조리고 생강 모양으로 빚어 잣가루를 입힌 것.

《재료》 생강, 설탕, 조청, 잣가루

생강-정과(전과) [saenggang-jeonggwa(jeongwa)]

㊀ Candied ginger slices
㊄ Tranches de gingembre confit
㊥ 生姜蜜煎 shēngjiāngmìjiān
㊐ センガンジョングヮ, 餡蜜ショウガおこし

한과. 생강을 얇게 저며 삶은 후 설탕, 조청에 넣어 뭉근한 불로 조린 것.

《재료》 생강, 꿀, 물엿, 설탕

생강-차 [saenggang-cha]

㊀ Ginger tea
㊄ Thé au gingembre
㊥ 姜茶 jiāngchá
㊐ センガンチャ, ショウガ茶

음청류. 생강편을 냉수에 넣고 끓여

중불에서 달인 후에 받쳐서 꿀이나 설탕을 타서 대추채, 실백을 띄운 차.
《재료》 생강, 대추, 계피, 설탕 또는 꿀, 실백(잣)

생 고등어-국 [saeng godeungeo-guk]

- 영 Fresh mackerel soup
- 프 Soupe au maquereau
- 중 鲜鲐鱼辣黄酱汤 xiāntáiyúlàhuángjiàngtāng
- 일 センゴドンオグツク, さば味噌スープ

국. 신선한 고등어를 푹 삶아서 뼈를 바르고 국물에 된장, 쌀가루 풀은 물, 들깨가루, 생즙 등을 넣고 추어탕처럼 끓인 국으로 경남 지방의 향토음식.
《재료》 고등어, 된장, 쌀가루, 들깨가루, 생즙, 홍고추, 우거지

생 멸치-회 [saeng myeolchi-hoe]

- 영 Raw anchovy fillet
- 프 Filet d'anchois crus
- 중 鲜鳀鱼泡米酒 xiāntíyúpāomǐjiǔ
- 일 センミョルチフェ, イワシさしみ

회(膾). 신선한 생멸치를 막걸리에 잠깐 담가 기름기를 빼고 뼈를 발라내어 쑥갓과 초고추장을 곁들여 찍어 먹는 회.
《재료》 생멸치, 쑥갓, 고추장, 식초, 설탕, 깨소금, 파

생 미역-국 [saeng miyeok-guk]

- 영 Fresh seaweed with vegetables soup
- 프 Soupe d'algues aux légumes
- 중 生裙带菜汤 shēngqúndàicàitāng
- 일 センミヨッグック, わかめと野菜スープ

국. 생미역에 고사리, 도라지, 숙주 등을 섞어 맑은 장국을 끓여 간장, 후춧가루, 식초로 간을 맞추고, 녹말을 풀어 넣어 끓인 국으로 전남 지방의 향토음식.
《재료》 생미역, 숙주, 고사리, 도라지, 국 간장, 파, 마늘, 녹말, 후춧가루

생 미역-오이-무침 [saeng miyeok-oi-muchim]

- 영 Seaweed with cucumber salad
- 프 Salade d'algues et du concombre
- 중 醋拌生裙带菜黄瓜 cùbànshēngqúndàicàihuánggua
- 일 センミヨックオイムチム, わかめときゅうりの和え物

생채. 생미역을 씻어 끓는 물에 데쳐 파랗게 된 것을 썰고 오이는 채 썰거나 둥근 썰기로 하여 섞어 식초, 설탕, 간장에 무쳐 시원하게 먹는 음식. 오징어가 있으면 데쳐 썰어 섞어도 됨.

생 미역-초-회 [saeng miyeok-cho-hoe]

- 영 Parboiled seaweed with seasoning
- 프 Algues demi bouillies à l'assaisonnement

중 酸味生裙带菜 suānwèishēngqúndàicài
일 センミヨクチョフェ, わかめ中華サラダ

무침. 생미역을 끓는 물에 잠깐 넣었다가 꺼내어 냉수에 헹구어 물기를 뺀 후 얇게 저며 썬 오이와 초간장에 무쳐 먹는다.

《재료》 생미역, 오이, 간장, 식초, 볶은 통깨

생 버섯 [saeng beoseot]

영 Mushroom
프 Champignon
중 生蘑菇 shēngmógu
일 センボソッ, 生きのこ

향기가 좋은 송이를 비롯하여 표고, 느타리, 목이, 팽이, 싸리버섯, 양송이 등 종류가 다양하다.

생 복-찜 [saeng bok-jjim]

영 Steamed ablone with beef and mushroom
프 Abalone cuit au boeuf et au champignon
중 蒸生河豚 zhēngshēnghétún
일 センボクチム, フグ蒸し煮

찜. 생전복 연한 것을 골라서 고기비늘 모양으로 칼집을 내고 쇠고기와 버섯을 다져서 양념하여 저민 틈에 속을 넣고 고기장국을 끓이다가 생전복을 속이 빠지지 않도록 장국에 넣어 다시 끓여 통으로 그릇에 담아 알지단을 채로 썰어서 뿌린다.

《재료》 생전복, 쇠고기, 표고버섯, 석이버섯, 달걀, 간장, 설탕, 참기름, 깨소금, 후춧가루, 파, 마늘

생 복-회 [saeng bok-hoe]

영 Sliced raw abalone
프 Abalone cru tranché
중 生河豚生鱼片 shēnghétúnshēngyúpiàn
일 センボクフェ, フグさしみ

회(膾). 전복을 생으로 도톰하게 썰어서 초장에 찍어먹는 회.

《재료》 생전복, 간장, 참기름, 식초, 잣가루, 깨소금

생선-고추장-조림 [saengseon-gochujang-jorim]

영 Braised fish with hot pepper paste
프 Poisson mijotés à la pâte de soja piquante
중 辣酱炖鲜鱼 làjiàngdùnxiānyú
일 センソンゴチュジャンゾリム, 魚ゴチュジャン煮付け

조림. 생선 중 기름기가 많고 등 푸른 생선인 고등어, 방어, 아지 등에 고추장, 간장, 파, 마늘, 생강을 넣고 조리다가 설탕이나 물엿, 참기름을 넣고 윤기 나게 조린 것.

《재료》 등 푸른 생선, 고추장, 간장, 파, 마늘, 생강, 설탕, 물엿, 참기름

생선-구이 [saengseon-gui]

영 Grilled fish (broiled)
프 Poisson grillé
중 烤鱼 kǎoyú, 烤鲜鱼 kǎoxiānyú
일 センソングイ, 焼き魚

구이. 손질한 생선을 구어 양념장을 얹던가, 양념장에 담가 구운 것.

《재료》 생선, 파, 마늘, 후춧가루, 생강, 간장, 깨소금, 설탕

생선-국 [saengseon-guk]

영 Fish soup
프 Soupe de poisson
중 鲜鱼清汤 xiānyúqīngtāng
일 センソングック, 魚スープ

국. 생선이 재료가 되어 국을 끓인 것.

생선-볶음 [saengseon-bokkum]

영 Sauteed fish coated with flour
프 Poisson sauté et enveloppé dans la farine
중 炒鲜鱼 chǎoxiānyú
일 センソンボクム, 魚炒め

볶음. 생선을 손질하여 썰어서 소금을 뿌렸다가 밀가루를 묻혀 넉넉한 기름에 볶은 것. 양파, 버섯, 마늘 등을 조림으로 하여 함께 넣어 볶기도 함.

생선-부침 [saengseon-buchim]

영 Pan fried fish
프 Poisson frit à la poêle
중 鲜鱼煎饼 xiānyújiānbing
일 センソンブチム, 魚薄焼き

전(煎). 생선을 저며 밀가루, 달걀을 씌워 지진 것. 저냐와 같음.

생선-조림 [saengseon-jorim]

영 Boiled fish in soy sauce
프 Poisson mijoté à la sauce de soja
중 炖鲜鱼 dùnxiānyú
일 センソンゾリム, 魚の煮付け

조림. 생선을 큰 토막으로 잘라 간장 양념을 하여 조린 것.
《재료》 생선토막, 설탕, 간장 양념한 것

생선-지리-탕 [saengseon-jiri-tang]

영 Clear fish soup
프 Soupe de poisson
중 清炖鲜鱼汤 qīngdùnxiānyútāng
일 センソンジリタン, 魚の澄まし汁

국. 일본풍의 생선 맑은 국물과 건지가 있는 국을 말하는 것으로 대개 흰살 생선을 토막 내어 한번 데쳐 낸 후 짜지도 맵지도 않게 끓여낸 국.

생선-찌개 [saengseon-jjigae]

영 Hot and spicy fish stew
프 Ragoût aux poisson épicé et piquant
중 鲜鱼酱(炖)汤 xiānyújiàng(dùn)tāng
일 センソンチゲ, 魚鍋

찌개. 생선토막과 감자 썬 것. 파, 마

늘, 고추 등을 간장과 함께 넣고 물을 조금 부어 끓인 것.

《재료》 생선, 파, 양파, 간장, 다홍고추, 마늘, 설탕, 참기름

생선-찌개 백반 [saengseon-jjigae baekban]

영 Table d'hôte with spicy fish stew
프 Table d'hôte au ragoût de poisson épicé
중 鲜鱼酱(炖)汤加白饭 xiānyújiàng(dùn)tāngjiābáifàn
일 センソンチゲベッパン, 魚鍋の定食

식단. 뜨겁고 얼큰한 생선찌개와 밥, 반찬, 후식까지 나오는 한 끼의 식단.

생선-찜 [saengseon-jjim]

영 Steamed fish with garnish
프 Poisson cuit à la vapeur et garni
중 蒸鲜鱼 zhēngxiānyú
일 センソンチム, 魚の蒸し煮

찜. 생선을 토막 쳐서 밀가루와 달걀을 묻혀 지져낸 후 냄비에 담고 그 위에 미나리 초대, 고기완자, 표고, 밤 등 고명을 얹어 육수를 조금 부어 잠시 익힌 것.

《재료》 생선, 미나리, 밀가루, 달걀, 고기완자, 표고, 밤, 홍고추

생선-초밥 [saengseon-chobap]

영 Assorted raw fish on rice
프 Riz recouvert d'assortiment de poisson cru(sushi)
중 鲜鱼醋味饭 xiānyúcùwèi]fàn, 司寿 sīshòu
일 センソンチョバップ, おすし

밥. 고추냉이를 얹고 날생선 조각을 씌워 놓은 일본식 밥.

생선-회 [saengseon-hoe]

영 Raw fish
프 Assiette de poisson cru
중 生鲜鱼片 shēngxiānyúpiàn
일 センソンフェ, おさしみ

회(膾). 생선살을 얇게 저미거나 가늘게 채 썰어 초장이나 겨자장과 같이 먹는 날생선.

생선회-무침 [saengseonhoe-muchim]

영 Flavored raw fish with mixed vegetables and sauce
프 Poisson cru assaisonné aux légumes variées
중 生拌生鲜鱼片 shēngbànshēngxiānyúpiàn
일 センソンフェムッチム, 刺身と野菜の中華サラダ

회(膾). 생선살을 얇게 저미거나 가늘게 채 썰고 생강, 무, 파, 당근 등을 채 썰고 겨자즙을 넣고 무친 것.

《재료》 생선살, 생강, 파, 무, 당근, 겨자즙, 소금, 간장

생 오징어-초-회 [saeng ojingeo-cho-hoe]

영 Parboiled sliced sguid
프 Calmar tranché demi bouilli
중 酸辣酱凉拌生墨鱼 suānlàjiàngliángbànshēngmòyú

일 センオジンオチョフェ, イカときゅうりの辛酢もの

무침. 오징어 다리와 내장을 떼고 껍질을 벗긴 후 가늘게 썰거나 칼집을 넣어 데친 후 솔방울 모양이 되도록 손질하여 끓는 물에 아주 잠깐 데친다. 얇게 썬 오이와 함께 초간장이나 초고추장에 무친 것.

《재료》 물오징어, 오이, 초간장(간장, 식초, 파, 마늘, 깨소금) 또는 초고추장(고추장, 식초, 설탕, 파, 마늘, 후춧가루, 참기름)

ㅅ

생율 [saengyul]

영 Peeled chestnuts
프 Châtaignes épluchées
중 生栗子 shēnglìzi
일 センユル, 生栗

견과류. 껍질을 벗겨 생으로 먹을 수 있도록 된 밤. 여러 요리의 고명으로 이용되며 제사상에 반드시 올림.

생채 [saengchae]

영 Fresh vegetables with sauce
프 Légumes fraîches à la sauce
중 生拌菜 shēngbàncài
일 センチェ, 生のナムル

나물. 채소를 익히지 않고 양념을 넣어 무친 것.

생치-만두 [saengchi-mandu]

영 Pheasant dumpling
프 Raviolis au faisan
중 山鸡肉饺子 shānjīròujiǎozi
일 センチマンドゥ, キジ餃子

만두. 꿩고기의 살을 발라 다져 양념한 것과 숙주, 표고채, 두부를 섞어 소를 만들어 만두껍질에 싸서 장국에 넣어 끓인 것.

《재료》 밀가루, 꿩고기, 두부, 숙주, 달걀, 표고, 장국, 소금, 파, 마늘, 참기름, 깨소금, 후춧가루

생 해삼-무침 [saeng haesam-muchim]

영 Sliced fresh sea cucumber with seasoning
프 Holothurie crue tranchée et assaisonnée
중 醋拌生海参 cùbànshēnghǎishēn
일 センヘサムムッチム, なまこの中華サラダ

무침. 해삼의 배를 갈라 내장을 빼고 얄팍하게 저며 식초를 조금 뿌리고 소금, 간장, 설탕으로 무친 것.

《재료》 생 해삼, 식초, 소금, 간장, 설탕

서속-떡 [seosok-tteok]

영 Steamed millet cake
프 Gâteau de millet sucré à la vapeur
중 小米黍蒸糕 xiǎomǐshǔzhēnggāo
일 ソソクトック, 粟餅

떡. 일명 서속시루편. 기장과 조를 함께 빻아 가루로 만든 것에 꿀이나 설탕, 견과류를 버무려 시루에 찐 것.

《재료》 기장, 조, 꿀이나 설탕, 대추, 밤

석류-탕 [seogryu-tang]

영 Pomegranate shped dumplings soup
프 Soupe aux raviolis en forme de

grenade
중 石榴饺子汤 shíliujiǎozitāng
일 ソクリュウタン, ザクロ形の餃子

만두. 밀가루 반죽에 소를 쌀 때 석류 모양이 되게 빚어 만든 만두. 맑은 장국과 함께 끓여 익힘.

《재료》 쇠고기, 닭고기, 밀가루, 표고, 두부, 무, 미나리, 숙주, 달걀, 청장, 다진 파, 마늘, 참기름, 깨소금, 후춧가루, 잣

석이-단자 [seogi-danja]

영 Glutinous rice cake with mannalichen covered with pinenut powder
프 Gâteau de riz glutineux au mannalichen recouvert de poudre de pignon
중 石耳糯米沙团子 shíěrnuòmǐshātuánzi
일 ソギダンジャ, シイタケお団子

떡. 찹쌀가루와 석이를 곱게 다진 것을 섞어 뜨거운 물로 반죽하고 삶아 건져 치댄 것을 단자 모양으로 빚어 꿀을 바르고 잣가루를 묻힌 단자.

《재료》 찹쌀, 석이, 대추, 황률, 참기름, 잣, 꿀

석이-메-시루떡 [seogi-me-sirutteok]

영 Steamed rice and mannalichen powder cake
프 Gâteau de farine de mannalichen et de riz cuit
중 石耳粳米甑糕 shíěrjīngmǐzènggāo
일 ソギメシルトック, イワタケと粳米の小豆トッピング餅

떡. 일명 석이병. 쌀가루에 손질한 석이가루를 섞어 설탕 또는 꿀을 넣고 손으로 고루 비빈 후에 물을 내려 시루에 찐 떡.

《재료》 멥쌀, 석이가루, 꿀 또는 설탕

석탄병 [seoktanbyeong]

영 Sweet rice and persimmon powder cake
프 Gâteau de farine de kaki et de riz sucré
중 粳米柿子蒸糕 jīngmǐshìzizhēnggāo
일 ソクタンビョン, 柿の粉, 生姜, ナツメ粉餅

떡. 멥쌀가루와 감가루를 섞고 설탕물을 넣어 체에 내린 가루에 잣가루, 생강가루, 계피가루, 대추, 밤 등을 섞고 녹두 고물을 얹은 후 종이를 얹고 다시 가루를 넣고 켜를 여러 층 만들어

전 떡으로 손이 많이 가는 떡이다.
《재료》 쌀가루, 감가루, 설탕, 잣, 생강, 계피, 대추, 밤

석화-전 [seokhwa-jeon]

영 Pan fried oyster
프 Huîtres frites à la poêle
중 牡蛎煎饼 mǔlìjiānbing
일 ソクファジョン, カキの薄焼き

전(煎). 굴전.

석박지 [seokbakji]

영 Medley kimchi with radish and Chinese cabbage
프 Mélange de kimchi au radis et au chou chinois
중 什锦粗泡菜 shíjǐncūpàocài
일 ソッバックジ, 白菜と大根のキムチ

김치. 절인 배추와 무를 썰어 미나리, 갓 등과 섞어 김치 양념과 젓갈에 버무려 담근 것.
《재료》 무, 배추, 갓, 소금, 미나리, 고춧가루, 젓갈, 파, 마늘, 생강

선지-해장-국 [seonji-heajang-guk]

영 Ox blood and vegetables soup
프 Soupe aux caillots au sang de boeuf et aux légumes
중 鲜血醒酒汤 xiānxuèxǐngjiǔtāng, 牛血醒酒汤 niúxuèxǐngjiǔtāng
일 ソンジヘジャングック, 牛の生き血辛味噌スープ

국. 쇠뼈를 푹 곤 국물에 된장, 고추장을 풀어 채소 등을 넣어 끓이다가 선지를 넣고 끓인 토장국.
《재료》 쇠뼈, 선지, 콩나물, 우거지, 무, 파, 된장, 고추장, 마늘, 청장

선짓-국 [seonjit-guk]

영 Ox blood and vegetables soup
프 Soupe aux caillots au sang de boeuf et aux légumes
중 鲜血汤 xiānxuèxtāng, 牛血汤 niúxuètān
일 ソンジッグッ, 牛の生き血スープ

선지해장국 참조.

설기떡 [seolgitteok]

영 Steamed rice powder cake mixed with peas
프 Gâteau de farine de riz à la vapeur mélangé des pois
중 粳米加水蒸糕 jīngmǐjiāshuǐzhēnggāo
일 ソルギトック, 黒豆の蒸餅

떡. 멥쌀가루에 검은콩이나 팥, 쑥 등을 섞으면서 켜를 짓지 않고 시루에 안쳐 찐 떡. 쌀가루에 섞은 재료에 따라 이름이 달라진다.

설렁-탕 [seolleong-tang]

영 Ox bone and beef soup
프 Soupe de boeuf bouilli avec des os
중 牛杂碎清汤 niúzásuìqīngtāng
일 ソルロンタン, 牛肉の煮込みスープ

국. 사골과 쇠머리, 여러 고기 부위를 함께 섞어서 여러 시간 푹 곤 곰탕으로 시간에 따라 고기는 건져 편육으로 하여 국물에 넣음.
《재료》 쇠뼈(사골), 쇠머리, 도가니, 사태, 양지머리, 양, 마늘, 소금, 후춧가루

섭-산적 [seop-sanjeok]

영 Pan fried ground beef patties
프 Pâte de boeuf grillé
중 烤牛肉泥片 kǎoniúròunìpiàn
일 ソプサンゾク, 韓国風ハンバーグステーキ

구이. 쇠고기를 곱게 다져서 양념하여 얇고 네모난 반대기를 지어 구운 것.
《재료》 쇠고기(우둔), 두부, 간장, 소금, 설탕, 다진 파, 마늘, 참기름, 깨소금, 후춧가루, 잣가루

성게-국 [seongge-guk]

영 Sea urchin and seaweed soup
프 Soupe aux oursins et aux algues
중 海胆裙带菜汤 hǎidǎnqúndàicàitāng
일 ソンゲグック, うにスープ

국. 성게와 미역을 넣고 끓인 국으로 제주도의 향토음식.
《재료》 성게, 미역, 소금

성게-젓 [seongge-jeot]

영 Pickled sea urchin
프 Pâte de l'oursin marinée
중 海胆酱 hǎidǎnjiàng
일 ソンゲジョッ, うにの塩辛

성게의 껍질을 까서 물기를 뺀 다음 소금을 뿌려 하룻밤 재웠다가 주정(알코올)을 넣어 성게 살, 내장을 분리시킨 후 재가공하여 담근 젓갈.

세반-강정 [seban-gangjeong]

영 Light small bar rice cookies
프 Légère et petite barre de galette de riz
중 碎米糖果 suìmǐtángguǒ
일 セバンガンジョン, おこし

강정. 고물로 세반을 겉에 묻힌 것. 세반은 찹쌀을 쪄서 말린 다음 절구에 대충 찧어서 튀겨 낸 것.

소국-주 [soguk-ju]

영 Light malt wine
프 Malt liqueur léger
중 素麴酒 sùqūjiǔ, 小麴酒 xiǎoqūjiǔ
일 ソグッジュ, 素麴酒

민속주. 기록상 백제 때부터 빚어진 것으로 알려져 있으며, 조선 초기부터 많이 담기 시작한 충남 한산 민속주. 누룩을 적게 쓰는 이유로 붙여진 이름.

소라-꼬치-구이 [sora-kkochi-gui]

영 Grilled conch brochette
프 Brochette à la conque grillée
중 烤蝾螺肉串 儿kǎoróngluóròuchuànr, 烤海螺肉串 儿kǎohǎiluóròuchuànr

일 ソラコチグイ, サザエ串焼き

구이. 소라 살을 넓적하게 썰어 꼬챙이에 편편이 꽂아서 살짝 쪄낸 다음 양념장에 재웠다가 구운 것.

재료 소라 살, 산장, 설탕, 마늘, 후춧가루

소라-무침 [sora-muchim]

영 Seasoned conches with cucumber
프 Conques à la sauce piquante avec concombre
중 酸辣拌海螺 suānlàbànhǎiluó
일 ソラムチム, サザエの和え物

무침. 소라를 소금물에 데쳐 오이 썬 것과 같이 맵고 새콤하게 무친 것.

재료 소라, 소금물, 오이, 고추장, 고춧가루, 파, 마늘, 설탕, 식초, 간장

소라-소채-무침 [sora-sochae-muchim]

영 Seasoned conches with vegetables
프 Conques assaisonnées aux légumes
중 酸辣拌蔬菜海螺 suānlàbànshūcàihǎiluó
일 ソラソチェムチム, サザエと野菜の和え物

무침. 소라무침 참조.

소라-젓 [sora-jeot]

영 Pickled top shell meat
프 Viande de conques saumuré
중 海螺酱 hǎiluójiàng
일 ソラジョッ, サザエの塩辛

젓갈. 소라 살을 떼어 소금에 버무려 한 달 정도 익으면 얇게 썰어서 기름 양념에 무쳐 먹음.

소라-찜 [sora-jjim]

영 Braised conches
프 Conques braisées
중 蒸海螺 zhēnghǎiluó
일 ソラチム, サザエの蒸し煮

찜. 소라와 홍합, 채소 등을 썰어 멸치국물에 끓여 밀가루를 넣어 좀 걸쭉하게 섞고 양념하여 푹 익힌 것.

재료 소라, 홍합, 채소, 멸치국물, 파, 마늘, 간장, 깨소금, 밀가루

소라-회 [sora-hoe]

영 Boiled conch with vinegar red pepper
프 Conques cuites à la pâte de piment rouge vinaigrée
중 生海螺片 shēnghǎiluópiàn
일 ソラフェ, サザエさしみ

회(膾). 소라를 삶아 썰어 초고추장이나 초장에 찍어 먹는 것.

재료 소라, 식초, 설탕, 고추장, 다진 파

소루쟁이-토장-국 [sorujaengi-tojang-guk]

영 Sorujaingee soup
프 Soupe au sorujangee
중 羊蹄叶芋头汤 yángtíyèyùtóutāng, 土大黄芋头汤 tǔdàhuángyùtóutāng
일 ソルゼンイトジャングック, 牛筋とサトイモスープ

국. 소 무릎뼈를 고운 국물에 된장을 풀고 소루쟁이를 넣어 끓인 국. 흔히 토장국에 소루쟁이를 넣어 끓인다.

《재료》 소루쟁이, 소 무릎뼈, 토란, 모시조개, 파, 마늘, 된장, 고춧가루

소-만두 [so-mandu]

영 Vegetables dumplings
프 Raviolis aux légumes
중 素馅饺子 sùxiànjiǎozi
일 ソマンドゥ, 野菜餃子

만두. 고기 없이 채소 종류로만 데치거나 절여 소를 만들어 빚은 만두.

소면 [somyeon]

영 Fine noodles soup
프 Soupe aux nouilles fines
중 素面 sùmiàn
일 ソミョン, そうめん

국수. 가는 국수를 삶아서 장국을 부은 것. 경우에 따라서 채소만 고명으로 넣은 국수를 말할 때도 있음.

소박이-김치 [sobagi-kimchi]

영 Stuffed kimchi
프 Kimchi farci
중 有馅泡菜 yǒuxiànpàocài
일 ソバギキムチ, きゅうりキムチ

김치. 오이, 무, 가지, 고추 등의 채소에 칼집을 넣어 양념으로 소를 박아 익힌 김치의 통칭.

소적 [sojeok]

영 Pan fried Dubu
프 Tufu frit à la poêle
중 油煎豆腐串 yóujiāndòufǔchuàn, 油煎蔬菜串 yóujiānshūcàichuàn
일 ソジョク, 焼き豆腐

전(煎). 두부를 큰 조각으로 도톰하게 썰어 기름에 지져 뜨거울 때 소금물에 담갔다가 즉시 꺼낸다. 제사 음식으로 만듦. 때로는 여러 가지 채소로 꼬치에 꿰어 전을 만든 것도 일컬음.

《재료》 두부, 소금물

소주 [soju]

영 Soju(distilled alcohol drink), spirit
프 Soju(boisson d'alcool distillée)
중 烧酒 shāojiǔ
일 ソジュ, 焼酎

민속주. 쌀, 고구마 등으로 만든 술을 증류해서 얻은 술.

소탕 [sotang]

영 Vegetable soup
프 Soupe de légumes
중 蔬菜汤 shūcàitāng
일 ソタン, 野菜スープ

국. 고기를 넣지 않은 채소국.

솎음배추-겉절이 [sokkeumbaechu-geotjeori]

영 Thinned fresh Chinese cabbage kimchi
프 Kimchi au chou chinois jeune et frais
중 生拌小白菜泡菜 shēngbànxiǎobáicàipàocài
일 ソクンベチュゴッジョリ, 白菜金筋の浅漬け

김치. 솎음배추를 풋내나지 않도록 씻어 파, 마늘, 간장 양념에 무친 것.

《재료》 솎음배추, 간장, 설탕, 다진 파, 마늘, 고춧가루, 깨소금, 참기름

솎음배추-국 [sokkeumbaechu-guk]

영 Young Chinese cabbage soup
프 Soupe au chou chinois jeune
중 小白菜清酱汤 xiǎobáicàiqīngjiàngtāng
일 ソクムベチュグック, 白菜スープ

국. 가을에 김장배추 밭에서 솎아낸 배추를 토장국으로 끓인 것.

《재료》 솎음배추, 된장, 고추장, 마늘, 파

손두부-김치-찌개 [sondubu-kimchi-jjigae]

영 Boiled home made Dubu with kimchi and pork

프 Ragoût de kimchi au tofu avec porc
중 家常豆腐泡菜(炖)汤 jiāchángdòufǔpàocài(dùn)tāng
일 ソンドゥブキムチチゲ, 手作り豆腐のキムチ鍋

찌개. 집에서 만든 두부를 넣은 김치찌개.

송기-절편 [songgi-jeolpyeon]

영 Pine endodermis rice cake
프 Gâteau de riz préparé avec écorce de pin
중 松树内皮印糕 sōngshùnèipíyìngāo
일 ソンギジョルピョン, 松の内皮を粳粉のお餅

떡. 멥쌀가루를 찔 때 소나무 껍질인 송기를 얻어 함께 찐 다음 많이 쳐서 모양을 만들고 떡살을 찍은 다음 기름을 바른 떡.

송송이 [songsongi]

영 Cubed radish kimchi(court term)
프 Kimchi au radis coupé en cube (mot de palais royal)
중 小萝卜块泡菜 xiǎoluóbokuàipàocài
일 ソンソンイ, カッテギの宮廷語

김치. 깍두기의 궁중용어. 무를 일반 깍두기보다 더 작게 썰어 잣, 굴, 젓국, 파, 마늘, 생강, 고춧가루를 넣어 버무려 담은 깍두기.

송순-주 [songsun-ju]

영 Pine bud rice wine
프 Vin de riz au bourgeon de pin
중 松笋酒 sōngsǔnjiǔ
일 ソンスンジュ, 松の芽の焼酎

민속주. 조선 선조 때부터 술 빚는 비법이 소개되어 명주로 이름이 나 있다. 쌀과 물, 송순을 넣어 빚는 이 술은 위장병과 신경통에 특효가 있고 풍치와 강정제로 효과가 뛰어나다고 알려진 술. 전북 김제의 민속주.

《재료》 멥쌀, 누룩, 소나무 순, 소주

송어-구이 [songeo-gui]

영 Broiled trout(Grilled trout)
프 Truite grillée
중 烤山女鳟 kǎoshānnǚzūn, 烤鳟鱼 kǎozūnyú
일 ソンオグイ, マスの塩焼き

구이. 송어를 손질하여 칼집을 내고 양념간장을 뿌리면서 구운 것.

《재료》 송어, 소금, 간장, 파, 마늘, 후춧가루, 깨소금, 참기름, 설탕

송이(버섯)-밥 [songi(beoseot)-bap]

영 Rice cooked with pine mushroom
프 Riz cuit aux champignons de pin
중 松菇饭 sōnggūfàn, 松茸饭 sōngróngfàn
일 ソンイバップ, マツタケご飯

밥. 송이를 썰어 쌀이 끓을 때 넣어 지음.

《재료》 쌀, 송이, 소금

송이(버섯)-볶음 [songi(beoseot)-bokkeum]

영 Sauted pine mushroom with beef
프 Champignon de pin sauté au boeuf
중 炒松菇 chǎosōnggū
일 ソンイボソッ, マツタケ炒め

볶음. 송이를 편으로 썰고 쇠고기, 양파, 흰 파를 넣고 볶으면서 양념을 넣어 빨리 익혀 낸 것.
《재료》 송이, 쇠고기, 양파, 갖은 양념

송이(버섯)-산적 [songi(beoseot)-sanjeok]

영 Pine mushroom and beef brochette
프 Brochette de champignon de pin et boeuf
중 烤松菇牛肉串 kǎosōnggūniúròuchuàn
일 ソンイボソッサンジョク, マツタケとお肉の串

적. 송이를 쪼개어 기름과 파, 마늘로 양념하고 쇠고기를 섞어 꼬챙이에 꿰어 구운 것.
《재료》 송이, 쇠고기, 실파, 간장, 설탕, 다진 파, 마늘, 소금, 깨소금, 참기름, 후춧가루

송이(버섯)-산적-구이 [songi(beoseot)-sanjeok-gui]

영 Pine mushroom and beef brochette
프 Brochette au champignon et au boeuf
중 烤松菇牛肉串 kǎosōnggūniúròuchuàn
일 ソンイボソッサンジョクグイ, マツタケとお肉の串焼き

송이산적 참조.

송이(버섯)-전골 [songi(beoseot)-jeongol]

영 Pine mushroom with beef hot pot
프 Marmite de boeuf et de champignon de pin
중 松菇火锅 sōnggūhuǒguō
일 ソンイボソッジョンゴル, マツタケの寄せ鍋

전골. 송이를 주재료로 하여 전골냄비에 쇠고기 양념한 것과 미나리초대 등 채소를 옆옆이 담고 장국을 부어 끓인 것.
《재료》 송이, 쇠고기, 미나리, 당근, 달걀, 양파, 파, 마늘, 소금, 간장, 참기름

ㅅ

송이(버섯)-찜 [songi(beoseot)-jjim]

영 Simmered pine mushrooms with beef stuffing
프 Champignon de pin farci au boeuf et braisés
중 蒸松菇 zhēngsōnggū
일 ソンイチム, マツタケ蒸し煮

찜. 송이에 칼집을 넣어 그 사이에 쇠고기 양념한 것을 끼우고 냄비에 무를 깔고 송이와 밤, 은행 등을 섞어 물이나 육수를 부어 끓인 것.
《재료》 송이, 쇠고기, 무, 밤, 은행, 파, 마늘, 간장, 설탕, 후춧가루, 참기름

송이-탕(송이-맑은-탕)
[songi(beoseot)-tang(songi-malgeun-tang)]

영 Pine mushroom clear soup with meat balls
프 Soupe au champignon de pin et aux boules de viande
중 松菇汤 sōnggūtāng (松菇清酱汤 sōnggūqīngjiàngtāng)
일 ソンイタン, マツタケスープ

국. 육수에 간을 하여 완자와 저민 송이를 넣고 끓여 완자가 뜨면 쑥갓, 실파를 조금 넣은 탕.
《재료》 송이, 육수, 쇠고기완자, 실파, 쑥갓, 간장, 후춧가루, 소금

송죽-오곡-주 [songjuk ogok-ju]

영 Pine, bamboo and herbs rice wine
프 Vin de riz au pin, au bambou et aux herbes
중 松竹五谷酒 sōngzhúwǔgǔjiǔ
일 ソンジュクオゴクジュ, 松竹の五穀酒

국가지정 전통 민속명주. 다섯 가지의 오묘한 맛을 느끼며, 차게 마시면 더욱 좋은 황금색의 술이다. 솔잎, 대잎, 각종 한약재, 찹쌀과 누룩이 약주와 혼합 발효되어 숙성시킨 술로 원기회복 및 보신, 산후 중에 좋은 효험을 본다고 알려진 술.
《재료》 찹쌀, 곡자, 솔잎, 대잎, 산수유, 구기자, 오미자, 국화

송편 [songpyeon]

영 Half-moon shaped and pine flavored stuffed rice cake

프 Gâteau de riz au parfum de pin en demi-lune
중 松糕 sōnggāo, 豆馅蒸糕 dòuxiànzhēnggāo, 豆馅糯米面饺子 dòuxiànnuòmǐmiànjiǎozi
일 ソンピョン, あん餅

떡. 멥쌀가루를 익반죽하여 여러 가지 소를 각각 넣어 반달모양으로 빚어 솔잎을 깔고 찐 떡.
《재료》 멥쌀, 쑥, 치자, 밤, 풋콩, 거피팥, 참기름, 소금, 깨, 꿀

송화-다식 [songhwa-dasik]

영 Pine pollen mould cookies
프 Galettes en moule au pollen de pin
중 松花粉印糕子 sōnghuāfěnyìngāozǐ
일 ソンフワダシク, 松の花粉と蜂蜜のらくがん

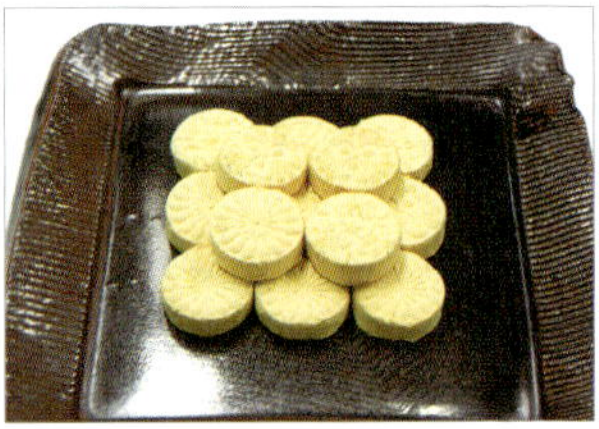

한과. 송홧가루에 설탕과 꿀을 섞어 다식판에 꼭꼭 눌러 찍어낸 것.
《재료》 송홧가루, 꿀, 설탕

송화-밀수(송화-수) [songhwa-milsu(songhwasu)]

영 Pine pollen powder in honey water
프 Eau de miel à la poudre de pollen de pin
중 松花粉蜂蜜水 sōnghuāfěnfēngmìshuǐ, 松黄蜂蜜水 sōnghuángfēngmìshuǐ

㉑ ソンフヮミルス(ソンフヮス), 松花の粉入りの蜂蜜飲料

음청류. 쓴맛이 나지 않은 송홧가루를 꿀물에 탄 것.

《재료》 송홧가루, 꿀물

쇠고기-깻잎말이-튀김 [soegogi-kaennipmari-twigim]

영 Deep fried beef rolled with perilla leaves

프 Rouleau de boeuf frit aux feuilles de perilla

중 炸牛肉芝麻叶卷 zhániúròuzhīmayèjuǎn

일 セゴギケッイプマリチギム, 牛肉エゴマ葉巻き天ぷら

튀김. 쇠고기를 얇고 넓적하게 썰어 깻잎을 넣어 말아서 찹쌀가루를 묻혀 기름에 튀긴 것.

《재료》 쇠고기, 간장, 설탕, 다진 파, 마늘, 참기름, 깨소금, 후춧가루, 깻잎, 찹쌀가루, 식용유

쇠고기-맑은-장국 [soegogi-malgeum-jangguk]

영 Clear beef soup

프 Consommé de boeuf

중 牛肉清酱汤 niúròuqīngjiàngtāng

일 セゴギマルグンジャングック, 牛の澄まし汁

국. 잘게 썬 쇠고기를 양념하여 볶다가 물을 부어 맑게 끓인 것. 여러 맑은 장국의 기본.

《재료》 쇠고기, 간장, 참기름, 파, 마늘, 통후추

쇠고기-미역-국 [soegogi-miyeok-guk]

영 Beef and seaweed soup

프 Soupe d'algues et de boeuf

중 牛肉裙带菜汤 niúròuqúndàicàitāng

일 セゴギミヨッグック, 牛肉とわかめスープ

국. 미역을 물에 불려 씻어 참기름에 볶아 쇠고기 썬 것과 함께 끓인 것.

쇠고기-산적 [soegogi-sanjeok]

영 Beef and spring onion brochette

프 Brochette de boeuf aux poireaux

중 烤牛肉蔬菜串 kǎoniúròushūcàichuàn

일 セゴギサンゾク, 牛肉串

적(炙). 쇠고기와 쪽파, 느타리버섯의 길이를 맞추어 꼬챙이에 번갈아 끼운 후 양념간장에 묻혀 석쇠나 번철에 구운 것.

《재료》 쇠고기, 파(쪽파), 느타리버섯, 다진 파, 마늘, 간장, 참기름, 깨소금, 후춧가루

쇠고기-소금구이 [soegogi-sogeumgui]

영 Grilled beef seasoned with salt

프 Boeuf grillé au sel

중 盐烤牛肉 yánkǎoniúròu

일 セゴギソグムグイ, 牛肉の塩焼き

구이. 살짝 얼린 쇠고기를 도톰하게 썰어 소금만 뿌려 불에 구운 것.

《재료》 쇠고기, 소금, 후춧가루

쇠고기-장조림 [soegogi-jangjorim]

영 Simmered beef in soy sauce(salted

ㅅ

beef in soy sauce)
프 Boeuf mijoté à la sauce de soja
중 酱油炖牛肉 jiàngyóudùnniúròu
일 セゴギジャンジョリム, 牛肉の醤油煮込み

조림. 기름기 없는 쇠고기를 덩어리째 물에 끓인 다음 간장을 넣어 짠맛이 나도록 조려서 잘게 찢어 간장과 함께 먹는 찬.
《재료》 쇠고기, 간장, 설탕, 마늘, 생강

쇠고기-전골 [soegogi-jeongol]
영 Beef hot pot
프 Casserole de boeuf aux légumes
중 牛肉火锅 niúròuhuǒguō
일 セゴギジョンゴル, すきやき

찌개. 쇠고기를 재료로 하여 여러 채소를 옆옆이 곁들여 국물이 자작하도록 끓인 것.
《재료》 쇠고기, 표고, 무, 당근, 숙주, 실파, 양파, 달걀, 소금, 참기름, 후춧가루, 간장, 청장, 육수

쇠고기-튀김 [soegogi-twigim]
영 Deep fried beef
프 Beignet de boeuf
중 炸牛肉 zhániúròu
일 セゴギチギム, 牛肉天ぷら

튀김. 쇠고기 조각을 반죽에 담가 묻혀 기름에 튀긴 것.
《재료》 쇠고기, 밀가루, 달걀, 소금, 식용유

쇠꼬리-곰탕(꼬리-곰탕) [soekkori-gomtang(kkori-gomtang)]
영 Thick oxtail and beef soup
프 Bouillon de queue de boeuf
중 牛尾汤 niúwěitāng, 清炖牛尾汤 qīngdùnniúwěitāng
일 セコリゴムタン, 牛テール煮込みスープ

탕(湯). 쇠꼬리를 물에 넣고 푹 고아서 건져 양념하고 국물에 뜨는 기름을 거둔 다음 고기를 다시 넣고 한소끔 끓임.
《재료》 쇠꼬리, 파, 마늘, 간장, 후춧가루

쇠꼬리-찜 [soekkori-jjim]
영 Braised oxtail
프 Queue de boeuf braisée
중 蒸牛尾 zhēngniúwěi
일 セコリチム, 牛しっぽの煮込み

찜. 쇠꼬리 토막을 물에 끓인 다음 다른 고기와 섞어 양념하여 무르도록 익힌 것.
《재료》 쇠꼬리, 쐬악지, 허파, 간장, 설탕, 파, 마늘, 참기름, 깨소금, 후춧가루

쇠머리-떡(소머리-떡) [soemeori-tteok(someori-tteok)]
영 Rice cake with beans and chestnuts
프 Gâteau de riz aux sojas et aux chât-

aignes
중 牛头肉片糯米蒸糕 niútóuròupiànnuòmǐzhēnggāo
일 セモリトック(ソモリトック), 栗·なつめ·豆もち

떡. 찹쌀가루에 설탕, 밤, 대추, 콩 등을 넣어 섞어서 찐 후에 굳혀 칼로 납작납작하게 썰어 먹음. 썰어 놓은 단면이 쇠머리편육과 같아서 지어진 이름.
《재료》 찹쌀가루, 설탕, 밤, 대추, 콩

쇠머리-편육 [soemeori-pyeonyuk]

영 Boiled and pressed ox-head meat
프 Viande de la tête de boeuf bouillie
중 白切牛头肉 báiqiēniútóuròu, 牛头肉片 niútóuròupiàn
일 セモリピョンユック, 牛の茹で頭肉

편육. 쇠머리를 푹 곤 다음 뼈를 골라내고 고기만 보에 싸서 눌렀다가 얇게 저민 것.
《재료》 쇠머리, 파, 마늘, 생강, 소금

수란 [suran]

영 Poached eggs
프 Oeufs pochés
중 荷包蛋 hébāodàn
일 スラム, 茶碗むし

이중냄비로 된 수란 틀에 달걀을 깨어 넣고 익혀 낸 것. 일반 냄비를 사용하여 끓는 물에 소금을 넣어 녹이고 식초를 조금 넣고 달걀을 깨어 넣어 흰자위가 익으면 건진 것.
《재료》 달걀, 식초, 소금

수리취-절편 [surichi-jeolpyeon]

영 Dano rice cake(Synurus deltoides)
프 Gâteau de riz dano(Synurus deltoides)
중 山牛蒡印糕 shānniúbàngyìngāo
일 スリチジョルピョン, 端午せんべい

떡. 일명 단오병. 수리취를 데쳐서 물기를 없앤 후 다져서 떡에 넣고 쳐서 고루 섞이면 반듯하게 만들어 일정한 크기로 썰어 절편으로 만듦.
《재료》 멥쌀가루, 수리취, 소금

수박-화채 [subak-hwachae]

영 Watermelon punch
프 Punch à la pastèque
중 糖水西瓜 tángshuǐxīguā
일 スバックフヮチェ, すいかカクテル

화채. 수박의 빨간 속을 떼어 썰어서 설탕에 재였다가 설탕물을 부어 만든 화채.
《재료》 수박, 설탕, 얼음

ㅅ

수삼–냉채 [susam-haengchae]

영 Chilled fresh ginseng and cucumber with mustard samce
프 Salade froide au ginseng et concombre á la sauce
중 凉拌水参 liángbànshuǐshēn, 醋辣酱拌水参 cùlàjiàngbànshuǐshēn
일 スサムネンチェ, 朝鮮人参の酢物

생채. 수삼을 손질하여 잘게 썰고 오이와 밤, 대추 등을 넣어 겨자 초장에 무친 것.

⟪재료⟫ 수삼, 오이, 밤, 상추, 대추, 밤, 겨자 초장

수삼–정과 [susam-jeonggwa]

영 Candied fresh ginseng
프 Friandise de ginseng frais au miel
중 水参蜜煎 shuǐshēnmìjiān
일 スサムジョングヮ, 蜂蜜づけの朝鮮人参菓子

한과(정과). 수삼을 살짝 삶아서 쓴맛을 빼고 설탕을 넣고 약한 불에서 조리다가 후에 조청이나 꿀을 넣어 만든 후식.

⟪재료⟫ 수삼, 설탕, 물엿, 소금

수수–경단 [susu-gyeongdan]

영 Sorghum ball
프 Boule de sorgho
중 粘高粱面团 niángāoliángmiàntuán, 高粱团子 gāoliángtuánzi
일 ススギョンダン, きびだんご

떡. 찰수수가루를 익반죽하여 작고 둥글게 빚어 끓는 물에 삶아서 팥고물이나 콩가루를 묻힌 삶은 떡. 설탕을 고물에 넣으면 단맛이 난다.

⟪재료⟫ 찰수수가루, 팥고물 또는 콩가루, 소금, 설탕

수수–부꾸미 [susu-buggumi]

영 Pan fried sorghum flour cake with filling
프 Gâteau de farine de sorgho frit à la poêle et farci
중 高粱煎豆包儿 gāoliángjiāndòubāor
일 ススブクミ, きび餡もち

떡. 찰수수가루를 묽게 반죽하여 거피녹두나 팥소를 넣고 반달모양으로 기름에 지진 것.

⟪재료⟫ 찰수수가루, 거피녹두 또는 팥, 지짐기름, 설탕, 소금

수수–전병 [susu-jeonbyeong]

영 Pan fried sorghum flour cake with filling
프 Gâteau de farine de sorgho frit à la poêle et farci
중 高粱煎饼 gāoliángjiānbing
일 ススジョンビョン, きびせんべい

떡. 수수부꾸미 참조.

수수-지짐이 [susu-jijimi]

영 Pan ried sorghum patty
프 Pâte de sorgho frite
중 高粱煎片 gāoliángjiānpiān
일 ススチヂミ, きび餡チヂミ

지진 떡. 수수부꾸미 참조.

수수팥-떡 [susupat-tteok]

영 Sorghum and rice ball
프 Boule de sorgho au riz
중 粘高粱面团 niángāoliángmiàntuán, 高粱团子 gāoliángtuánzi
일 ススパットック, きび小豆だんご

떡. 수수가루로 삶은 떡이나 찐 떡을 만들고 붉은 팥을 삶아서 소금을 넣고 절구에 찧어 푸슬푸슬하게 만든 떡.

수원 왕-갈비 [Suwon wang-galbi]

영 Grilled big size beef rib in Suwon style
프 Grosses côtes de boeuf grillées à la Suwon
중 水源王排骨 shuǐyuánwángpáigǔ, 水源排骨王 shuǐyuánpáigǔwáng
일 スウォンワンカルビ, スウォン王カルビ

구이. 수원 지방의 갈비로 길게 자르고 살을 넓게 떠서 양념간장에 버무려 구운 음식.

《재료》 쇠갈비, 간장, 설탕, 양파즙, 배즙, 파, 마늘, 참기름, 깨소금, 후춧가루

수육 [suyuk]

영 Boiled sliced beef
프 Tranche de boeuf bouillie
중 熟肉 shúròu
일 スユク, 茹で牛肉

쇠고기를 물에 삶아 편육으로 썬 것을 말함.

수정과 [sujeonggwa]

영 Cinnamon punch with dried persimmon
프 Punch aux kakis séchés au parfum de cannelle
중 柿饼汁 shìbǐngzhī
일 スジョングヮ, ショウガとシナモン飲料

음료. 생강, 계피 편, 통후추, 설탕을 넣고 끓인 물에 곶감을 넣어 불면 건져 두었다가 먹을 때 곶감 건지를 넣고 잣을 띄워 마시는 음료.

《재료》 곶감, 생강, 계피 편, 통후추, 설탕, 잣

수제비 [sujebi]

영 Dough pieces soup with vegetables
프 Soupe aux morceaux de pâte et aux légumes
중 面片汤 miànpiàntāng, 片儿汤 piànrtāng
일 スジェビ, 韓国すいとん

국수. 멸치국물에 썬 감자를 넣고 익혀서 진 밀가루 반죽을 뜯어 넣고 끓인 것.

《재료》 밀가루, 감자, 멸치, 청장, 실파, 미늘

숙김치 [suk-kimchi]

영 Parboiled Chinese cabbage kimchi
프 Kimchi au chou chinois demi bouilli
중 凉拌泡菜 liángbànpàocài
일 スクキムチ, 煮た白菜や大根のキムチ

ㅅ

김치. 배추와 무를 썰어 살짝 데쳐 건져서 김치 양념으로 버무린 것. 김칫국은 심심한 소금물과 젓국을 조금 타서 만든다. 노인 음식으로 좋다. 경기도 김치.

《재료》 배추, 무, 소금, 고춧가루, 파, 마늘, 새우젓 또는 조기젓

숙-깍두기 [suk-kkakdugi]

영 Parboiled diced radish kimchi
프 Kimchi aux navets coupés en dés et demi-bouillis
중 凉拌萝卜块泡菜 liángbànluóbokuàipàocài
일 スクカッドゥギ, 熟成カッテギ

김치. 깍둑썰기 한 무를 살짝 삶아 건져서 미나리, 파, 마늘, 생강, 새우젓, 고춧가루로 버무린 깍두기.

《재료》 무, 미나리, 마늘, 새우젓, 생강, 파, 고춧가루, 설탕, 소금

숙실과 [suksilgwa]

영 Cooked fruits in honey
프 Fruits cuits au miel
중 熟水果 shúshuǐguǒ
일 スクシルグヮ, 蜂蜜づけの果物煮

한과. 날것으로 쓰이는 생과일과는 달리 꿀, 조청, 설탕 등으로 버무리거나 조려서 익힌 것. 밤초, 대추초, 율란, 조란, 생강란 등이 있다.

숙주-나물 [sukju-namul]

영 Mung bean sprouts namul
프 Pousses de pois chiches blanchis et assaisonnés
중 凉拌绿豆芽菜 liángbànlǜdòuyácài
일 スクジュナムル, もやしナムル

숙채. 일명 녹두나물. 숙주를 소금물에 살짝 데쳐 물기를 짜내고 양념에 무친 것. 맛이 쉽게 변하여 변심한 조선시대 학자인 신숙주의 이름을 붙였다고 한다.

《재료》 숙주, 실고추, 파, 청장, 소금, 식초, 다진 파, 마늘, 참기름, 깨소금

숙채 [sukchae]

영 Cooked and seasoned vegetables, potherb
프 Légumes cuites assaisonnées
중 凉拌菜 liángbàncài
일 スクチェ, 野菜煮

나물. 채소를 삶거나 데치거나 볶아서 양념을 넣어 만든 찬.

숙회 [sukhoe]

영 Parboiled sliced fish fillet
프 Filet de poisson tranché et demi bouilli
중 白灼鲜鱼 báizhuóxiānyú, 蒸鲜鱼 zhēngxiānyú
일 スクフェ, 湯がき魚

회(膾). 생선을 뼈와 껍질을 벗기고 살

을 얇게 떠서 녹말가루를 묻혀 끓는 물에 데치거나 찜통에 찐 것. 초장이나 겨자에 찍어 먹는다.

재료 흰살 생선, 녹말, 초장(간장, 식초, 잣가루)

순대 [sundae]

영 Korean sausage
프 Saucisson coréen
중 香肠 xiāngcháng, 灌肠 guànchang
일 スンデ, 腸詰め

순대. 씻어 손질한 돼지 창자에 채소와 소피, 또는 돼지 피, 당면, 숙주나물 등을 많이 넣어 채워서 물에 끓여 익힌 것. 썰어서 양념장 또는 양념소금을 찍어 먹음.

재료 돼지 창자, 소 피 또는 돼지 피, 숙주나물, 배추, 조, 찹쌀, 파, 마늘, 생강, 새우젓, 초장

순대-국밥 [sundae-gukbap]

영 Korean sausage soup with a bowl of rice
프 Soupe de saucisson coréen avec un bol de riz
중 香肠汤饭 xiāngchángtāngfàn
일 スンデグックバップ, ご飯入れ腸づめスープ

식단. 순대국과 밥을 따로 준비하고 기본 찬과 함께 먹는 한 끼 식사

순댓-국 [sundaet-guk]

영 Vegetables soup with Korean sausage
프 Soupe de légumes au saucisson coréen
중 香肠汤 xiāngchángtāng
일 スンデグック, 腸詰めスープ

국. 뼈를 고아 만든 국물에 배추 데친 것과 시래기를 넣고 끓이다가 돼지 내장 고기와 순대를 썰어 넣고 양념한 국.

재료 돼지 내장(염통, 허파, 간 등), 순대, 풋배추, 시래기, 파, 마늘, 고춧가루, 간장

순두부 백반 [sundubu baekban]

영 Spicy soft bean curd stew with a bowl of rice
프 Ragoût à tofu épicé avec un bol de riz
중 嫩豆腐(炖)汤加白饭 nèndòufǔ(dùn)tāngjiābáifàn, 豆腐脑(炖)汤加白饭 dòufǔnǎo(dùn)tāngjiābáifàn
일 スンドゥブベックバン, おぼろ豆腐定食

식단. 순두부찌개, 밥, 기본 반찬으로 한 끼의 식사가 되는 음식.

순두부-찌개 [sundubu-jjigae]

영 Spicy soft bean curd stew
프 Ragoût à tofu épicé
중 嫩豆腐(炖)汤 nèndòufǔ(dùn)tāng, 豆腐脑(炖)汤 dòufǔnǎo(dùn)tāng
일 スンドゥブチゲ, おぼろ豆腐の辛味鍋

찌개. 매운맛이 나도록 끓인 연한 된장국에 조개와 애호박, 순두부를 넣어 끓인 것.

재료 순두부, 조개, 애호박, 고춧가루, 참기름, 파, 마늘, 후춧가루, 청장, 된장

ㅅ

순무-김치 [sunmu-kimchi]

영 Turnip kimchi
프 Kimchi au navet à la Ganghwa
중 芜菁泡菜 wújīngpàocài
일 スンムキムチ, かぶキムチ

김치. 단단하고 작은 순무를 썰어 파, 마늘, 고춧가루, 밴댕이 젓국에 버무려 익힌 것.
《재료》 순무, 밴댕이 젓국, 파, 마늘, 고춧가루

ㅅ

술 [sul]

영 Liquor, wine
프 Liqueur, vin
중 酒 jiǔ
일 スル, お酒

양조주, 혼합주, 증류주 등을 통틀어서 알코올이 함유된 음료.

술떡 [sultteok]

영 Steamed rice wine cake
프 Gâteau de riz soufflé au vin de riz
중 酒酿蒸糕 jiǔniàngzhēnggāo
일 スルトック, 酒入り蒸し餅

떡. 멥쌀가루에 술을 넣어 반죽하여 부풀려서 위에 대추채, 밤채, 석이채, 잣 등을 뿌려 쪄낸 떡. 일명 증편.
《재료》 멥쌀가루, 막걸리, 대추, 밤, 석이, 잣, 소금

숭늉 [sungnyung]

영 Toasted cooked rice water
프 Boisson au riz grillé
중 锅巴水 guōbāshuǐ
일 スンニュン, おこげ湯

쌀밥을 솥 밑에 눌려 물을 붓고 끓인 음료.

숭어-찜 [sungeo-jjim]

영 Simmered mullet with mushroom and meat balls
프 Muge mijoté au champignon et aux boules de viande
중 蒸鲻鱼 zhēngzīyú
일 スンオチム, ボラの蒸し煮

찜. 숭어를 토막 내어 달걀을 씌워 지진 것과 쇠고기 완자, 표고, 느타리, 석이, 파, 미나리 등과 양념을 넣어 켜켜로 넣고 물을 조금 부어 익힌 것.
《재료》 숭어, 완자, 달걀, 표고, 느타리, 미나리, 파, 마늘, 간장, 참기름

숯불-갈비 [sutbul-galbi]

영 Charcoal barbecued beef short ribs
프 Brochette de côtes de boeuf
중 木炭烤排骨 mùtànkǎopáigǔ, 炭火烤排骨 tànhuǒhuǒkǎopáigǔ
일 スッブルカルビ, 炭火焼きカルビ

갈비구이 참조. 숯불에 구운 것이므로 바비큐(Barbecue)라 함.

승검초-편 [seunggeomcho-pyeon]

영 Rice cake with seunggeomcho(leaf of ligusticum acutilo bum)
프 Gâteau de riz à seunggeomcho
중 当归蒸糕 dāngguīzhēnggāo
일 スンゴンチョピョン, とうきもち

떡. 싱검초떡이라고도 함. 멥쌀가루 또는 찹쌀가루에 승검초(당귀잎을 말린 것) 가루를 섞어 물을 내리고 2cm

정도의 켜을 두고 대추, 밤 채썬 것과 석이, 잣을 고물로 넣어 쪄내면 승검초 메시루떡, 승검초 찰시루떡이 된다. 승검초의 향이 독특하고 연한 녹색을 띠므로 적은 양만을 섞는다.

◖재료◗ 멥쌀가루(찹쌀가루), 승검초가루, 꿀 또는 설탕, 밤, 대추, 잣, 소금

시금치-김치 [sigeumchi-kimchi]

영 Spinach kimchi
프 Kimchi aux épinards
중 菠菜泡菜 bōcàipàocài
일 シグムチキムチ, ほうれんそうキムチ

김치. 시금치를 소금에 절였다가 고춧가루, 파, 마늘, 멸치젓을 넣고 버무린 것.

시금치-나물 [sigeumchi-namul]

영 Blanched and seasoned spinach
프 Épinards pochés et assaisonnés
중 凉拌菠菜 liángbànbōcài
일 シグムチナムル, ほうれんそうナムル

숙채. 시금치를 뜨거운 물에 데쳐 물기를 빼고 양념에 무친 것.

◖재료◗ 시금치, 청장, 소금, 다진 파, 마늘, 참기름, 깨소금, 실고추

시금치-된장국 [sigeumchi-doenjangguk]

영 Spinach soup with soybean paste (doenjang)
프 Soupe aux épinards avec pâte de soja
중 菠菜黄酱汤 bōcàihuángjiàngtāng
일 シグムチデンジャングック, ほうれんそう味噌汁

국. 시금치를 살짝 데쳐 파, 마늘을 넣고 된장을 푼 물에 끓인 것.

◖재료◗ 시금치, 된장, 파, 마늘

시금치-토장국 [sigeumchi-tojangguk]

영 Spinach soup with soybean hot paste
프 Soupe aux épinards avec pâte de soja piquante
중 菠菜辣黄酱汤 bōcàilàhuángjiàngtāng
일 シグムチトジャングック, ほうれんそう辛味噌汁

국. 시금치 된장국과 같은 방법으로 끓이는데 고추장을 풀어 토장국으로 끓이는 것.

◖재료◗ 시금치, 된장, 고추장, 파, 마늘

시금칫-국 [sigeumchi-guk]

영 Spinach soup
프 Soupe aux épinards
중 菠菜清酱汤 bōcàiqīngjiàngtāng
일 シグムチッグック, ほうれんそうスープ

국. 파, 마늘, 쇠고기를 썰어 장국을 끓이다가 데친 시금치를 넣고 끓인 국.

◖재료◗ 시금치, 기름기 있는 고기, 파, 마늘, 된장, 고춧가루

시래기-나물 [siraegi-namul]

영 Savory dried radish leaves
프 'Namul' de feuilles de radis séchées
중 拌炒干菜叶菜 bànchǎogāncàiyècài
일 シレギナムル, 干し菜ナムル

숙채. 시래기를 삶아서 물기를 빼고 멸치가루, 깻국물, 파, 마늘, 참기름을 넣어 주물러서 맛을 들인 다음 번철에

ㅅ

볶은 것.

재료 시래기, 멸치가루, 풋고추, 깻국, 파, 마늘, 참기름

시래기-된장-무침 [siraegi-doenjang-muchim]

영 Savory dried radish leaves with soybean paste
프 'Namul' de feuilles de radis séchées avec pâte de soja
중 黄酱拌干菜叶 huángjiàngbàngāncàiyè
일 シレギデンジャンムチム, 干し菜の味噌和え

무침. 배추와 무청 시래기를 삶아 물기를 빼고 된장, 고춧가루, 파, 마늘, 간장, 깨소금을 넣어 양념으로 무친 다음 번철에 볶은 것.

재료 배추, 무청 시래기, 된장, 고춧가루, 파, 마늘, 간장, 깨소금, 참기름

시래기-찌개 [siraegi-jjigae]

영 Dried cabbage and radish stew
프 Ragoût au radis et au chou séché
중 干菜叶(炖)汤 gāncàiyè(dùn)tāng
일 シレギチゲ, 干し菜チゲ鍋

찌개. 배추, 무청 시래기를 삶아 된장을 찌개와 같이 넣어 끓인 것.

재료 시래기, 된장, 고추장, 고기류, 멸치, 파, 마늘, 식용유

시래깃-국 [siraegit-guk]

영 Dried cabbage leaf soup with bean sprouts
프 Soupe aux feuilles de chou séchées avec bougeons de soja
중 干菜叶酱汤 gāncàiyèjiàngtāng
일 シレギグック, 干し菜スープ

국. 무청을 그대로 말리기도 하고 살짝 데쳐서 말려 두었던 시래기를 삶아 토장국에 파, 마늘과 콩나물을 넣어 끓인 것.

재료 시래기, 된장, 파, 마늘, 멸치가루

시루-떡 [siru-tteok]

영 Layered red bean rice cake
프 Gâteau de riz à la couche d'haricots rouges
중 甑糕z ènggāo, 粳米甑糕 jīngmǐzènggāo
일 シルトック, 小豆をトピングしたお餅

떡. 일명 시루편. 멥쌀가루에 팥을 삶아 만든 고물을 켜켜로 안쳐 시루에 찐 떡의 총칭. 신랑집에서 보낸 함을 신부집에서 받을 때 시루떡 위에 올려놓기도 하는데 이것을 봉치떡이라고 한다.

식혜 [sikhye]

영 Sweet malt rice punch
프 Boisson sucrée fementée à base de riz
중 酒酿 jiǔniáng, 江米酒 jiāngmǐjiǔ
일 シッケ, 韓国甘酒

음청류. 쌀을 쪄서 엿기름 물을 붓고 삭힌 다음 밥알을 냉수에 헹구어 건져 놓고, 그 물에 설탕과 생강을 넣어 끓여 식힌 다음 밥알을 띄워 만든 음료. 재료는 단술(감주)과 같으나 만드는 방법에 차이가 있음.

ㅅ

신선로 [sinseollo]

영 Royal hot pot
프 Pot au feu royal
중 火锅 huǒguō, 神仙炉 shénxiānlú
일 シンソンロ, 神仙炉鍋(肉団子·チヂミなどの寄せ鍋)

전골. 일명 열구자탕(悅口子湯)이라고도 함. 사태, 양지머리, 무를 삶아 양념하여 신선로 틀의 밑에 깔고 육회를 섞고 그 위에 편육, 간전, 생선전, 천엽전, 등골전, 미나리초대, 표고, 당근, 지단을 보기 좋게 둘러 담고 호두, 은행, 완자를 고명으로 얹어 육수를 붓고 화통에 숯불을 피워 상 위에서 끓여 먹는 음식.

※ 신선로의 유래 : 연산군 시대에 정희량이라는 사람이 의주로 귀양을 갔다가 돌아온 후 더 심한 사화가 있을 것이라 하여 산중에서 기거하며, 화통이 달린 냄비에 여러 가지 채소와 좋은 식재료를 넣어 끓여 먹었는데 후에 이 사람이 죽은 뒤 그 화로를 신선로라 불렀고 지금까지 그 음식도 같은 이름으로 전해 내려오고 있다.

실고추 [silgochu]

영 Thread red pepper

프 Fil de piment rouge
중 辣椒丝 làjiāosī
일 シルゴチュ, 糸唐辛子

말린 붉은 고추씨를 빼고 실같이 가늘게 채로 썬 것으로 김치나 요리에 쓰이며 양념과 고명으로도 이용됨.

실깨-엿-강정 [silkkae-yeot-gangjeong]

영 Sweet sesame cookies
프 Galette de sésame sucrée
중 薄皮芝麻糖稀糖果 báopízhīmatángxītángguǒ
일 シルケヨッガンジョン, ゴマおこし

한과. 속껍질을 벗겨 윤기가 나는 깨를 실깨라고 하며 이 깨를 볶아서 엿과 설탕에 버무려 만든 강정. 깨와 땅콩을 섞기도 함. 실깨는 절구에 조금만 빻으면 껍질이 벗겨지므로 채에 쳐서 속껍질과 알맹이를 분리해야 한다.

재료 깨, 땅콩, 설탕, 엿

실파-장국 [silpa-jangguk]

영 Fine green onion soup
프 Soupe de poireau fin
중 细葱清酱汤 xìcōngqīngjiàngtāng
일 シルパジャングック, わけぎ味噌汁

국. 쇠고기 맑은 장국에 실파를 썰어 넣고 끓인 국으로 봄철에 쉽게 할 수 있는 계절 음식.

재료 실파, 쇠고기, 마늘, 간장, 후춧가루, 참기름

싸리버섯-나물 [ssaribeoseot-namul]

영 Sauted mushroom with beef
프 Champignon sauté au boeuf
중 拌刷把菌菜 bànshuābăjūncài
일 サリボソッナムル, 萩きのこナムル

숙채. 싸리버섯은 손질하여 소금물에 삶아 찬물에 담갔다가 건지고, 쇠고기는 잘게 썰어 파, 마늘, 간장, 후춧가루, 참기름으로 양념하여 볶다가 준비한 버섯을 넣고 볶아 맛이 배면 참기름을 조금 더 넣고 무친 것.

《재료》 싸리버섯, 쇠고기, 파, 마늘, 간장, 참기름, 깨소금, 식용유

싸리버섯-맑은-장국 [ssaribeoseot-malgeun-jangguk]

영 Mushroom(chavaria botrytis) clear soup
프 Soupe au champignon
중 刷把菌清酱汤 shuābăjūnqīngjiàngtāng
일 サリボソッマルグンジャングック, 萩きのこ澄まし汁

국. 싸리버섯을 연한 소금물에 살살 뜯어 가며 깨끗이 씻고 헹군 후 쇠고기를 잘게 썰어 양념하고 물이 끓을 때 넣어 맑은 장국을 끓인 후 싸리버섯을 넣어 익힌 것.

《재료》 싸리버섯, 쇠고기, 파, 마늘, 후춧가루, 소금, 간장, 참기름

싸리버섯-볶음 [ssaribeoseot-bokkeum]

영 Sauted mushroom(chavaria botrytis)
프 Champignon sauté
중 炒刷把菌 chăohuābăjūn
일 サリボソッボクム, 萩きのこ炒め

볶음. 싸리버섯을 갈래로 찢어 물에 씻고, 쇠고기를 저며 양념한 후 고기를 볶다가 버섯을 넣고 다시 볶은 것.

《재료》 싸리버섯, 쇠고기, 간장, 참기름, 파, 마늘, 깨소금, 설탕, 후춧가루

쌀-다식 [ssal-dasik]

영 Molded rice powder cookies with honey
프 Galette de farine de riz en moule avec miel
중 糯米茶食 nuòmǐcháshi, 糯米印糕子 nuòmǐyìngāozǐ
일 サルダシク, お米らくがん

한과. 찹쌀로 만든 미숫가루에 꿀과 소금을 조금 섞어 넣고 반죽하여 다식판에 박아낸 것.

쌀-엿 [ssal-yeot]

영 Stick of white rice candy
프 Baguette de bonbon de riz blanc
중 大米麦芽糖 dàmǐmàiyátáng
일 サルヨッ, 水あめ

엿. 쌀밥을 지어 엿기름 물을 부어 식혀 밭쳐서 단물을 농축하여 엿을 만든 후 여러 번 늘리면 흰 엿(백당)이 된다. 이것을 가늘고 길게 늘여 만든 것.

쌀엿-강정 [ssalyeot-gangjeong]

영 Glutinous rice jelly with toasted rice
프 Gelée de riz glutineux au riz sauté
중 大米糖稀糖果 dàmǐtángxītángguǒ, 江米条 jiāngmǐtiáo
일 サルヨッガンジョン, 水あめおこし

한과. 쌀을 볶아 엿에 버무려 판에 눌러 네모나게 자른 강정.

《재료》 쌀, 엿, 설탕

쌈 [ssam]

영 Rice wrapped with vegetable leaves
프 Riz enveloppé des feuilles de légume
중 菜叶 càiyè
일 サム, 野菜の包みご飯

밥이나 구운 고기 조각을 싸서 먹을 수 있도록 한 것으로 상추, 쑥갓, 깻잎, 방앗잎, 다시마, 호박잎 등이 있다.

쌈-밥 [ssam-bap]

영 Rice with vegetable leaf wraps
프 Riz enveloppé de légumes
중 包饭 bāofàn, 菜叶包饭 càiyèbāofàn
일 サムバップ, 包みご飯

밥. 상치나 쑥갓, 호박잎 찐 것, 깻잎, 신선초 등 여러 가지 채소 잎에 밥과 쌈장을 함께 싸서 먹을 수 있도록 한 음식.

쌍화-차 [ssanghwa-cha]

영 Herbs tea
프 Thé d'herbes médicinales
중 双和茶 shuānghéchá
일 サンフヮチャ, 漢方の煎茶

차(茶). 여러 가지 한약재와 생강, 대추 등을 넣고 푹 달여 만든 차(피로를 회복하고 강장보혈작용이 있다는 한약의 차).

재료 가각약, 황기, 당기, 숙지황, 천궁, 계저, 감초, 생강, 대추

쏘가리-매운탕 [ssogari-maeuntang]

영 Spicy hot mandarin fish stew
프 Ragoût au poisson jaune épicé
중 斑鳜辣汤 bānguìlàtāng
일 ソガリメウンタン, すずきと野菜の辛味噌鍋

국. 쏘가리를 토막 내어 무, 풋고추, 미나리, 쑥갓 등을 듬뿍 넣어 맵게 끓인 국.

재료 쏘가리, 무, 풋고추, 고사리, 쑥갓, 미나리, 홍고추, 파, 고추장, 고춧가루, 마늘, 생강, 청주, 소금

쑥갓-무침 [ssuk-muchim]

영 Chrysanthemum leaf salad
프 Salade aux feuilles de chrysanthemum
중 凉拌茼蒿菜 liángbàntónghāocài
일 スッカッムチム, シュンギクの和え物

무침. 쑥갓의 억센 줄기를 떼어버리고 끓는 물에 데쳐 물기를 꼭 짜서 간장, 깨소금 등으로 무친 것. 마늘이나 참기름을 넣지 않는다.

재료 쑥갓, 간장, 소금, 파, 깨소금

쑥-개피떡 [ssuk-gaepitteok]

영 Half moon shaped mugwort puffed rice
프 Gâteau de riz en demi-lune fourré
중 豆沙馅艾草糕 dòushāxiànàicǎogāo
일 スックゲピトック, ヨモギ餅

떡. 멥쌀가루를 찐 후, 파랗게 삶아 낸 쑥을 섞어 절구에 찧어 색이 고루 섞일 때 꺼내서 얇게 민 다음 고물을 소로 넣고 반달 모양으로 찍어 낸 후 참기름을 바른 떡. 최근에는 쌀가루와 쑥가루를 섞어 찐 떡을 만든 후 얇게 밀어 소를 넣고 반달모양으로 찍어낸다. 일반적으로 여러 가지 색 개피떡을 함께 담는다.

쑥-경단 [ssuk-gyeongdan]

영 Sweet rice ball with mugwort
프 Boule de riz sucrée à l'armoise
중 艾草团子 àicǎotuánzi
일 スックギョンダン, ヨモギ団子

떡. 찹쌀가루에 쑥가루나 연한 쑥을

데쳐 다진 것을 섞어 익반죽하거나 삶아 건져 동그스름하게 만들어 거피팥 고물을 묻힌 것.

《재료》 찹쌀가루, 쑥, 검은팥

쑥구리-단자 [ssukguri-danja]

영 Sweet mugwort cake with chestnut fillings
프 Gâteau de riz à l'armoise sucré farci des châtaignes
중 栗子馅艾草团子 lìzixiànàicǎotuánzi
일 スックリチダンザ, ヨモギあん餅

떡. 일명 쑥-굴레. 찹쌀가루와 쑥가루를 섞어 익반죽하여 삶아 건진 떡에 소를 만들어 넣고 빚은 뒤 꿀을 바르고 고물을 묻힌 것.

《재료》 찹쌀가루, 밤, 설탕, 계피가루

쑥국 [ssukguk]

영 Mugwort soup
프 Soupe à l'armoise
중 艾蒿清酱汤 àihāoqīngjiàngtāng
일 スックグ, ヨモギスープ

국. 쑥을 넣어서 끓인 국의 총칭으로 생선류, 어패류, 쇠고기 등 재료에 따라 다양한 국으로 만들 수 있다.

쑥-국수 [ssuk-guksu]

영 Mugwort noodles
프 Nouilles à l'armoise
중 艾草面 àicǎomiàn
일 スックグッス, ヨモギ麺

국수. 밀가루와 쑥가루를 섞어 만듦.

쑥-떡 [ssuk-tteok]

영 Mugwort rice cake
프 Gâteau de riz à l'armoise
중 艾糕 àigāo, 艾草蒸糕 àicǎozhēnggāo
일 スックトック, ヨモギ餅

떡. 멥쌀가루에 쑥을 넣어 만든 떡을 말하며, 메밀가루, 보릿가루, 고구마가루 등으로 만들 수도 있다. 단맛이 나지 않음.

《재료》 멥쌀가루, 쑥, 소금

쑥-버무리 [ssuk-beomuri]

영 Steamed rice powder with mugwort
프 Farine de riz à la vapeur avec l'armoise
중 艾草拌粳米蒸糕 àicǎobànjīngmǐzhēnggāo
일 スックボムリ, ヨモギサトウ餅

떡. 쑥을 물에 씻어 털은 후 멥쌀가루에 설탕과 함께 섞어 찐 떡.

《재료》 쑥, 멥쌀가루, 설탕

쑥-콩국 [ssuk-kongguk]

영 Mugwort soup with soybean powder
프 Soupe de l'armoise à la farine de soja
중 艾蒿豆浆 àihāodòujiāng
일 スックコングック, ヨモギ豆スープ

국. 쑥을 물에 씻어 콩가루와 쌀가루 조금을 섞은 가루에 묻혀 끓는 장국에 넣고 끓인 것.

《재료》 쑥, 콩가루, 찹쌀가루, 멥쌀가루, 소금

쑥-토장국 [ssuk-tojangguk]

영 Mugwort soup with soybean paste
프 Soupe de l'armoise à la pâte de soja
중 艾蒿辣黄酱汤 àihāolàhuángjiàngtāng
일 スックトジャングック, ヨモギ辛味噌汁

국. 된장을 국물에 풀고 고추장을 조금 넣은 토장국을 끓이다가 쑥을 넣어 끓인다.

《재료》 쑥, 파, 마늘, 된장, 고추장

씀바귀-나물 [ssembagwi-namul]

영 Potherb of ssumbagwi(lactuca dentata)
프 Salade à lactuca denata
중 凉拌苦菜 liángbànkǔcài
일 スンバグィナムル, にがなナムル

나물. 씀바귀를 다듬어 끓는 물에 데치고 찬물에 헹구어 물기 없이 하여 양념에 무친 것.

씀바귀-생채 [sseumbagwi-saengchae]

영 Ssumbagwi salad (lactuca dentata bitter salad)
프 Salade à ssumbaguii (lactuca denata)
중 生拌苦菜 shēngbànkǔcài
일 スンバグィセンチェ, にがなの和え物

생채. 씀바귀에 소금을 뿌려 물에 담가 쓴맛을 조금 뺀 다음 건져 물기를 짜서 간장, 고추장, 깨소금, 파, 마늘 때로는 식초를 넣기도함. 때로는 숙주를 섞기도 함.

《재료》 씀바귀, 된장, 고추장, 다진 파, 마늘, 참기름, 깨소금

ㅅ

ㅇ

아귀-조림 [agui-jorim]

영 Simmered angler with sweet soy sauce
프 Lotte mijotée à la sauce de soja sucrée
중 炖鮟鱇鱼 dùnānkāngyú, 炖黑鮟鱇 dùnhēiānkāng
일 アギジョリム, アンコウ煮付け

조림. 아귀를 손질하여 토막을 내고 간장, 생강, 설탕과 양념을 넣어 조린 것.
(재료) 아귀, 파, 마늘, 생강, 설탕, 간장, 고춧가루

아귀-찜 [agui-jjim]

영 Braised spicy angler fish with bean sprouts
프 Lotte mijotée aux germes
중 辣蒸鮟鱇鱼 làzhēngānkāngyú
일 アギチム, アンコウの蒸し煮

찜. 아귀를 토막 내어 간장, 파, 마늘로 양념하여 물을 조금 부어 익힌 다음 콩나물, 미나리, 대파, 붉은 고추, 설탕을 넣어 숨이 죽을 정도로 섞어 맛을 낸다.
(재료) 말린 아귀, 엉겅퀴나물, 미나리, 대파, 붉은 고추, 간장, 설탕

아귀-탕 [agui-tang]

영 Angler fish soup
프 Soupe de lotte
중 鮟鱇鱼辣汤 ānkāngyúlàtāng
일 アギタン, アンコウの味噌チゲ鍋

탕(국). 된장을 푼 멸치국물을 끓이다가 아귀를 토막 내고 고춧가루, 미나리, 쑥갓, 파, 마늘을 넣어 끓인 국.
(재료) 아귀, 미나리, 파, 쑥갓, 멸치, 된장, 고춧가루, 깨소금, 참기름, 생강, 마늘, 조미료

아귀-탕 정식 [agui-tang jeongsik]

영 Angler fish soup table d'hôte
프 Bouillabaisse coréenne à la lotte
중 鮟鱇鱼辣汤定食 ānkāngyúlàtāngdìngshí
일 アギタンジョンシク, アンコウ味噌鍋定食

식단. 아귀탕과 기본반찬에 밥을 차려 한 끼의 식사가 되도록 한 식단.

아산 연엽-주 [asan yonyeop-ju]

영 Sacred rice wine with lotus leaf
프 Liqueur de riz sacré aux feuilles de lotus
중 牙山莲叶酒 yáshānliányèjiǔ
일 アサンヨンヨプジュ, 松葉·蓮の葉の醗酵酒

충남 아산군 송악면 외암리 이참판댁 가양로로 알려진 민속주. 대궐에서만 쓰던 것이어서 예안 이씨 집안에서 제수용으로만 썼던 술이다. 찹쌀가루와 멥쌀가루로 고두밥을 지어 식혀서 단지 밑에 솔잎을 깔고 그 위에 연엽잎을 덮어 누룩과 버무린 고두밥에 연근

육을 썰어 넣고 물을 부은 후 발효시켜 숙성시킨 청주임.

《재료》 찹쌀, 멥쌀, 솔잎, 연잎, 누룩

아욱-국 [auk-guk]

영 Vegetable malvaceae soup
프 Soupe aux mauves
중 露葵酱汤 lùkuíjiàngtāng
일 アウクグック, ふゆあおいスープ

국. 아욱을 으깬 후 된장만을 풀거나 고추장을 섞어 풀고 마른 새우와 마늘을 넣어 끓임.

《재료》 아욱, 마른 새우, 된장, 고추장, 마늘

안동 소주 [andong soju]

영 Aandong spirit (Andong soju)
프 Boisson de riz alcoolisée à Andong
중 安东烧酒 āndōngshāojiǔ
일 アンドンソジュ, アンドン焼酎

민속주. 멥쌀로 지어 밥(고두밥)에 누룩가루와 섞어서 술을 빚어 소줏고리에서 증류한 45도의 술. 고려 때부터 시작된 술로 알려졌으며, 경상북도 무형문화재 12호로 지정됨.

안동 식혜 [andong sikhye]

영 Rice punch, Andong style
프 Boisson sucrée au riz fermenté à Andong
중 安东酒酿 āndōngjiǔniáng, 安东糯米酒 āndōngnuòmǐjiǔ, 安东江米酒 āndōngjiāngmǐjiǔ
일 アンドンシッケ, アンドン甘酒

음료. 찹쌀밥에 엿기름을 넣어 삭힌

후 무, 배 썬 것과 고춧가루, 물, 생강즙을 함께 넣고 다시 삭힌 새콤한 식혜.

《재료》 찹쌀, 엿기름, 무, 배, 고춧가루, 생강

안동 칼국수 [andong kalguksu]

영 Hand-made noodles, Andong style
프 Nouilles faites maison à Andong
중 安东刀切面 āndōngdāoqiēmiàn
일 アンドンカルグックス, アンドン手打ち麺

국수. 밀가루와 콩가루를 섞어 국수를 만들어 삶아 낸 것에 닭고기 국물을 붓고 지단과 닭고기 무친 것과 양념장을 곁들여 먹는 것.

《재료》 밀가루, 콩가루, 닭고기, 달걀, 양념장

안심-구이 [ansim-gui]

영 Grilled tenderloin
프 Filet grillé
중 烤里脊 kǎolǐji, 烤牛柳 kǎoniúliǔ
일 アンシムグイ, 牛のばら肉焼き

구이. 부드러운 쇠고기 안심부위를 양념하거나 양념 없이 구운 다음 양념장에 찍어 먹도록 구운 고기.

알-쌈 [al-ssam]

영 Folded egg sheet with meat ball
프 Petite omelette repliée avec boule de viande
중 煎蛋皮包牛肉丸子 jiāndànpíbāoniúròuwánzi
일 アルサム, ミットボールの卵ごろも薄焼き

전(煎). 쇠고기 완자를 작게 빚어 팬에서 익힌 후 달걀을 풀어 동글게 지져 완자를 넣어 반으로 접은 작은 반달모양의 찬으로 노란 고명으로도 많이 이용됨.

알-찌개 [al-jjigae]

영 Steamed egg batter with minced beef
프 Pâte d'oeuf cuit à la viande hachée
중 鸡蛋牛肉泥(炖)汤 jīdànniúròunì(dùn)tāng
일 アルチゲ, 牛肉と玉子のチゲ

찌개. 달걀을 깨서 쇠고기 다진 것과 섞어 그릇에 담고 소금이나 젓국 간을 하여 중탕으로 익힌 것.

《재료》 달걀, 쇠고기, 새우젓, 실파, 실고추, 소금, 다진 파, 마늘, 후춧가루

알-찜(달걀-찜) [al-jjim(dalgyal-jjim)]

영 Steamed egg batter

프 Mélange d'oeuf cuit à la vapeur
중 蒸鸡蛋羹 zhēngjīdàngēng
일 アルチム(タルギャルチム), 蒸し玉子茶碗

찜. 달걀을 풀어 물을 붓고 새우젓으로 간을 하여 파를 잘게 썰어 넣고 중탕으로(찜통에서) 찐 것.

《재료》 달걀, 파, 쇠고기, 새우젓

알타리-김치 [altari-kimchi]

영 Whole radish kimchi
프 Kimchi de jeune radis entier
중 总角萝卜泡菜 zǒngjiǎoluóbopàocài
일 アルタリキムチ, チョンガキムチ

김치. 일명 총각김치로 어린 무를 무청까지 소금에 절였다가 고춧가루, 파, 마늘, 생강, 젓국 등의 양념에 버무려 담근 것.

《재료》 알타리무, 고춧가루, 파, 마늘, 생강, 젓국

알타리-동치미 [altari-dongchimi]

영 Whole radish waterly kimchi with tasty green chili
프 Kimchi en eau au radis entier avec piment vert piquant
중 冬腌总角萝卜水泡菜 dōngyānzǒngjiǎoluóboshuǐpàocài
일 アルタリドンチミ, チョンガ水キムチ

ㅇ

김치, 알타리무를 무청까지 소금에 절였다가 파, 마늘, 생강편, 풋고추를 넣고 연한 소금물을 부어 담근 것.
《재료》 알타리무, 쪽파, 마늘, 생강, 소금물, 풋고추

알-탕 [al-tang]
영 Fish roe soup
프 Soupe aux oeufs de poisson
중 鱼卵汤 yúluǎntāng
일 アルタン, 魚の卵スープ

국. 생선의 알 (Hard Roe)과 곤이 (Soft Roe)를 무, 파, 마늘을 넣고 젓국이나 소금으로 간하여 끓인 것.

암치 [amchi]
영 Dried salty croaker
프 Sciène salée et séchée
중 腌干鮸鱼 yāngànmiǎnyú
일 アムチ, 干しニベ

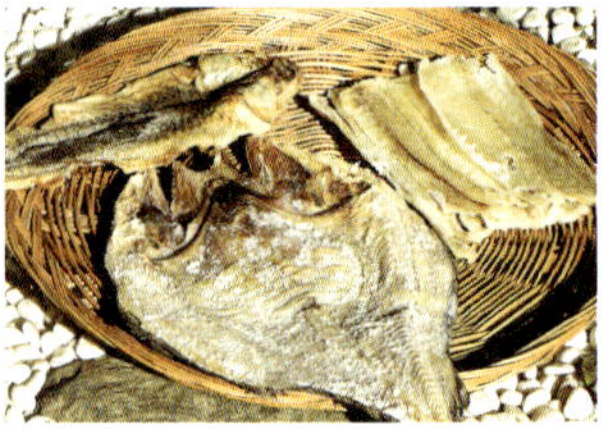

민어의 내장과 아가미를 빼내고 등을 갈라 펴서 소금에 절였다가 거의 말라 축축할 때 판판하게 펴서 무거운 것으로 눌러 모양을 바르게 하고 고루 말려 지도록 한 것. 저장 식품으로 많이 이용 됨.

암치-보푸라기 [amchi-bopuragi]
영 Croaker shag with sesame oil
프 Peluche de sciène à l'huile de sésame
중 腌干鮸鱼肉松 yāngānmiǎnyúròusōng
일 アムチボプラギ, ぼろニベの和え物

마른 찬. 예전에는 암치를 숟가락으로 긁어 살을 잘게 만들었으나 최근에

는 암치 조각을 브렌더에 넣고 잠깐만 돌리면 쉽게 보푸라기를 만든다. 암치 자체가 소금간이 되어 있어 그대로 그릇에 담아도 되고, 먹을 때는 참기름을 조금 떨어뜨려 무쳐 놓으면 좋다.

애저-찜 [aejeo-jjim]
영 Steamed whole piggy stuffed with fillings
프 Porcelet entier cuit à la vapeur avec remplissage
중 蒸小猪 zhēngxiǎozhū, 蒸乳猪 zhēngrǔzhū
일 エジョチム, 子豚の蒸し煮

찜. 새끼돼지의 내장을 꺼내고 뱃속에 찹쌀, 밤, 대추, 마늘, 파, 생강, 호도 등을 볶아 채워 솥에 오래 동안 쪄서 고기를 뜯어서 초장에 찍어 먹음.
《재료》 새끼돼지, 삶은 꿩, 찹쌀, 밤, 대추, 마늘, 파, 호도, 생강, 초장

애탕 [aetang]
영 Clear soup with mugwort and beef ball
프 Soupe à l'armoise et aux boules de boeuf
중 艾蒿牛肉丸子酱汤 àihāoniúròuwánzijiàngtāng
일 エタン, ミンチボールスープ

국. 쇠고기와 데친 쑥을 다져서 합하여 완자를 만들고 밀가루, 달걀을 씌워 끓는 쇠고기 국물에 빚은 완자를 넣어서 익혀낸 것.
《재료》 쇠고기, 쑥, 밀가루, 달걀, 청장, 소금, 참기름, 다진 파, 마늘, 후춧가루

애호박-나물 [aehobak-namul]
영 Cooked savory squash
프 Courgette cuite
중 炒小南瓜菜 chǎoxiǎonánguācài
일 エホバックナムル, 未熟かぼちゃナムル

숙채. 애호박을 부채꼴이나 반달형으로 썰어 새우젓과 깨소금, 참기름, 파, 마늘을 넣어 기름을 두르고 볶은 것.
《재료》 애호박, 새우젓, 깨소금, 참기름 또는 들기름, 파, 마늘

애호박-볶음 [aehobak-bokkeum]
영 Fried young squash
프 Courgette frite
중 炒小南瓜菜 chǎoxiǎonánguācài
일 エホバックボクム, 未熟のかぼちゃ炒め

숙채. 애호박을 적당히 썰어 볶아서 만든 나물의 일종.
《재료》 애호박, 새우젓, 파, 마늘

애호박-전 [aehobak-jeon]
영 Pan fried zucchini covered with eggs
프 Pané de courgette aux oeufs
중 小南瓜煎饼 xiǎonánguājiānbing
일 エホバックジョン, 未熟かぼちゃの薄焼き

전(煎). 애호박을 통으로 얇게 썰어 밀

가루, 달걀을 씌워 기름에 지진 것. 호박을 얇게 저며 그 사이에 다진 쇠고기 양념한 것을 끼운 다음 호박만 지질 때와 같은 방법으로 부치는 것이 더 좋음.
《재료》 애호박, 달걀, 밀가루, 소금, 식용유

애호박-젓국-찌개 [aehobak-jeotguk-jjigae]
영 Fermented shrimp sauce stew with small round zucchini
프 Ragoût de courgette à la sauce de crevette fermentée
중 小南瓜鱼酱(炖)汤 xiǎonánguāyújiàng(dùn)tāng
일 エホバックジョッグックチゲ, 未熟かぼちゃとアミ塩辛のチゲ鍋

찌개. 쌀뜨물(물)에 명란젓을 토막 내어 넣고 애호박은 둥글 썰기로 하여 함께 넣어 끓여 새우젓국으로 간을 맞춘 것.
《재료》 애호박, 명란젓, 새우젓국, 파, 마늘

애호박-죽 [aehobak-juk]
영 Zucchini gruel
프 Gruau de courgette

ㅇ

중 小南瓜粥 xiǎonánguāzhōu
일 エホバックジュック, 未熟かぼちゃ粥

죽. 영계를 곤 국물이나 바지락 끓인 국물에 쌀을 넣고 죽을 끓인 후 애호박을 채 썰어 넣고 간을 맞춘 것.

〔재료〕 멥쌀, 바지락, 애호박, 참기름, 간장

앵두-편 [aengdu-pyeon]

영 Jellied cherries
프 Gelée de cerises
중 樱桃果片 yīngtáoguǒpiàn
일 エンドゥピョン, サクラゼリー

한과(과편). 앵두 씨를 발라 물에 끓인 후 체에 걸러서 꿀이나 설탕을 붓고 조려 녹말을 풀어 저어가며 굳게 한 것.

〔재료〕 앵두, 녹말가루, 꿀, 설탕

앵두-화채 [aengdu-hwachae]

영 Prunus tomentosa fruit punch
프 Punch à la prunelle rouge
중 糖水樱桃 tángshuǐyīngtáo
일 エンドゥフワチェ, さくらんぼカクテル

화채. 앵두의 씨를 빼고 꿀이나 설탕에 재웠다가 끓여 식힌 물을 부어 앵두알이 떠오르도록 만든 화채.

〔재료〕 앵두씨 뺀 것, 설탕물 또는 꿀물

약-고추장 [yak-gochujang]

영 Sauted hot pepper paste for health
프 Pâte de soja piquante sautée pour santé
중 辣酱炒剁牛肉 làjiàngchǎoduòniúròu, 油炒辣椒酱 yóuchǎolàjiāojiàng
일 コチュジャンボックム, コジュジャン炒め (薬コチュジャン)

볶음. 고추장 볶음 참조.

약과 [yakgwa]

영 Fried honey cookie with sesame oil
프 Gâteau frit au miel et à l'huile de sésame
중 蜜麻花 mìmáhuā, 油蜜饼 yóumìbǐng
일 ヤッククヮ, 生姜·蜂蜜いりの揚げ菓子

한과. 과정류. 밀가루에 참기름과 생강즙, 꿀, 후춧가루를 넣어 고루 섞고 반죽하여 약과 판에 박아 낸 후 기름에 튀겨 집청 꿀에 담갔다가 건진 유밀과.

〔재료〕 밀가루, 생강즙, 꿀, 청주, 소금, 후춧가루, 참기름, 식용유, 잣가루, 설탕, 계피가루

약밥 [yakbap]

영 Sweet glutinous rice with nuts and jujube
프 Riz glutineux sucré aux châtaignes et aux jujubes
중 八宝饭 bābǎofàn, 甑糕 zènggāo
일 ヤックバップ, ナツメ·栗·砂糖入りのおこわ

밥. 찹쌀에 밤, 대추, 꿀, 잣 등을 섞어 쪄서 익힌 것.

《재료》 찹쌀, 대추, 밤, 참기름, 꿀 또는 황설탕, 잣, 간장

약식 [yaksik]

영 Sweet glutinous rice with nuts and jujube
프 Riz glutineux sucré aux châtaignes et aux jujubes
중 八宝饭 bābǎofàn, 甑糕 zènggāo
일 ヤックシク, ナツメ·栗·砂糖入りのおこわ

밥. 약밥 참조.

약주 [yakju]

영 High quality rice wine
프 Vin de riz de haute qualité
중 药酒 yàojiǔ
일 ヤッジュ, 薬酒

술. 멥쌀가루를 백설기와 같이 쪄서 누룩가루를 버무려 발효시켜 밑술을 만들고 다시 반복되도록 술을 빚어 항아리에서 익혀 만든 술. 따로 약재를 넣기도 함.

약포 [yakpo]

영 Dry minced beef
프 Boeuf haché et séché
중 药脯 yàofǔ
일 ヤクポ, ほしし

포(脯). 다진 쇠고기에 간장, 다진 파, 생강, 후추, 참기름, 꿀로 양념을 하여 얇게 반대기를 지어 펴서 말린 것.

양-곰탕 [yang-gomtang]

영 Thick soup of tripes
프 Bouillon de tripes
중 牛胃炖汤 niúwèidùntāng
일 ヤンゴムタン, ミノスープ

국. 소의 위인 양을 소금으로 비빈 후 안쪽의 검은색 껍질을 모두 벗기고 뜨거운 물에 데쳐 오랫동안 끓인 후 썰어서 무, 생강, 파, 마늘과 함께 물에 넣고 더 끓인 것.
《재료》 소 양, 도가니, 무, 생강, 청장, 파, 마늘, 기름, 후추기름

양-곱창-구이 [yang-gopchang-gui]

영 Broiled tripes and chitterlings
프 Tripes grillées
중 烤牛胃小肠 kǎoniúwèixiǎocháng
일 ヤンゴプチャングイ, ホルモン焼き

구이. 검은색의 껍질을 벗기고 점막도 벗겨서 썰고 손질한 곱창도 적당한 길이로 잘라 갖은 양념을 하여 구운 것.

양념-게-장 [yangnyeom-ge-jang]

영 Blue crab marinated in red pepper powder sauce
프 Crabe mariné à la sauce de poudre de piment rouge
중 辣拌酱螃蟹 làbànjiàngpángxiè
일 ヤンニョムゲジャン, ワタリガニ の醤油(辛味噌)漬け

무침. 참게를 간장뿐 아니라 고춧가루

를 많이 섞은 양념장에 묻혀 담근 것.

양념-닭 [yangnyeom-dak]

영 Fried chicken with sauce
프 Poulet frit à la sauce
중 麻辣鸡肉 málàzjīròu
일 ヤンニョンダク, 味付けの唐揚げ

튀김. 닭을 각을 쳐서 옷 입혀 튀긴 후 매콤달콤하게 양념을 묻힌 것.

양동구리 [yangdongguri]

영 Pan fried small patties of tripes
프 Petits pâte de tripes frits à la poêle
중 牛胃煎饼 niúwèijiānbing
일 ヤンドングリ, ミノの挽き肉焼き

구이(전). 양을 손질하여 곱게 다진 후 소금으로 간을 하여 달걀, 녹말가루를 넣어 잘 섞어 조금씩 떠서 둥글게 지진 것.
《재료》 양(䏆), 달걀, 녹말가루, 소금, 다진 파, 마늘, 후춧가루, 참기름, 간장, 식초, 식용유, 잣가루

양-무침 [yang-muchim]

영 Cooked beef tripes with hot sauce
프 Tripes cuites à la sauce piquante
중 辣拌牛胃 làbànniúwèi
일 ヤンムチム, ミノの和え物

무침. 소의 위 부분인 양을 깨끗이 손질하여 끓여 익혀서 썰어 매운 양념장에 무친 것.

양배추-겉절이 [yangbaechu-geotjeori]

영 Instant cabbage kimchi(fresh cabbage kimchi); firm-headed cabbage kimchi
프 Kimchi au chou frais
중 生拌卷心菜泡菜 shēngbànjuǎnxīncàipàocài
일 ヤンベチュコッチョリ, キャベツのキムチ風浅漬け

김치. 양배추를 채 썰어 소금에 살짝 절였다가 김치 양념을 넣고 참기름과 설탕을 넣어 버무린 것.
《재료》 양배추, 소금, 간장, 고춧가루, 파, 마늘, 식초, 깨소금, 설탕

양배추-김치 [yangbaechu-kimchi]

영 Savory cabbage kimchi
프 Kimchi au chou
중 卷心菜泡菜 juǎnxīncàipàocài
일 ヤンベチュキムチ, キャベツキムチ

김치. 양배추를 네 등분하여 절였다가 배추김치 같이 속을 잎 사이에 적당히 박아 익히거나, 처음에 네모나게 전체를 썰어 소금에 절여 김치 양념으로 버무려 익힌 것.
《재료》 양배추, 소금, 새우젓, 고춧가루, 파, 마늘, 고춧가루

양배추-말이-김치 [yangbaechu-mari-kimchi]

영 Stuffed rolled cabbage kimchi
프 Kimchi au rouleau de chou farci
중 萝卜丝馅卷心菜卷泡菜 luóbosīxiànjuǎnxīncàijuǎnpàocài
일 ヤンベチュマリキムチ, キャベツ巻き

김치. 양배추잎을 떼어 소금에 절였다가 무채 속을 버무려서 몇 겹의 양배추에 켜켜로 넣어 둥글게 말아서 파나

미나리로 묶어 차곡차곡 담아 익히고 먹을 때 썰어 담는다.

【재료】 양배추, 무, 마늘, 고춧가루, 파, 새우젓, 소금, 미나리

양배추-물김치 [yangbaechu-mulkimchi]

영 Stuffed waterly cabbage kimchi
프 Kimchi aqueux au chou farci
중 卷心菜水泡菜 juǎnxīncàishuǐpàocài
일 ヤンベチュムルキムチ, キャベツ水キムチ

김치. 양배추를 네모나게 썰어 소금에 절였다가 씻어 양념에 버무리고 소금물을 넣어 심심하게 담근 것.

양배추-찜 [yangbaechu-jjim]

영 Cooked cabbage roll with beef
프 Rouleau de chou cuit à la vapeur avec boeuf
중 蒸卷心菜盅 zhēngjuǎnxīncàizhōng
일 ヤンベチュチム, キャベツの蒸し煮

찜. 양배추잎 찐 것에 쇠고기 다져서 양파, 달걀을 넣어 양념한 것을 소로 넣고 말아 육수를 부어 익힌 것.

【재료】 양배추, 쇠고기 다진 것, 마늘, 고춧가루, 파, 후춧가루, 참기름, 설탕, 달걀, 육수, 밀가루

양상추-들깨 소스-무침 [yangsangchu-deulkkaesauce-muchim]

영 Lettuce mixed with perilla seed sauce; lettuce mixed with green perilla seeds
프 Laitue à la sauce de sésames sauvages
중 野芝麻沙司生拌洋生菜 yězhīmashāsīshēngbànyángshēngcài
일 ヤンサンチュツルケースムチム, レタスのエゴマ和え

무침. 들깨가루와 겨자, 우유, 설탕, 소금을 섞은 소스를 만들어 양상추를 먹기 좋은 크기로 뜯어 무친 것으로 외국인들에게도 맞는 퓨전 음식이다.

양송이-풋고추-조림 [yangsongi-putgochu-jorim]

영 Button mushrooms and green peppers in sauce
프 Champignon de piments verts à la sauce
중 炖洋香菇青辣椒 dùnyángxiānggūqīnglàjiāo
일 ヤンソンイプッゴチュジョリム, マッシュルームと青唐辛子の煮付け

조림. 풋고추를 꼭지만 떼고 그대로 또는 반으로 가르고 씨를 뺀 후 풋고추에 다진 쇠고기를 양념하여 소를 넣고 녹말을 묻혀 양송이와 함께 넣고 조린 것.

【재료】 양송이, 풋고추, 다진 쇠고기, 간장, 마늘, 후춧가루, 파, 참기름, 녹말

양즙-탕 [yangjeup-tang]

영 Beef tripes soup
프 Soupe aux tripes
중 牛胃汁液汤 niúwèizhīyètāng
일 ヤンズプヤン, ミノスープ

국. 깨끗이 손질한 양을 푹 고아 뽀얗게 우려진 국물을 양즙이라 하는데 이것을 마실 때 다진 파, 마늘을 조금 넣어 국과 같이 만든 것. 환자나 노인들을 봉양할 때 만든다.

양지머리-곰국 [yangjimeori-gomguk]

영 Thick beef brisket soup
프 Bouillon de poitrine de boeuf
중 精熬牛腩肉汤 jīngāoniúnǎnròutāng

ㅇ

일 ヤンジモリゴムグック, 牛の胸部の肉スープ

국. 양지머리 부분의 쇠고기를 푹 고아 만든 것.

양지머리-편육 [yangjimeori-pyeonyuk]

영 Pressed and sliced beef brisket
프 Poitrine de boeuf pressée et tranchée
중 白切牛腩肉 báiqiēniúnǎnròu, 腩肉片 niúnǎnròupiàn
일 ヤンジモリピョンユック, 茹で牛肉(胸部の肉)

편육. 목 밑 가슴에 이르는 부위로 양지머리를 물에 끓여 눌렀다가 얇게 썬 고기로 편육 중에서 많이 이용되는 부위.
《재료》 양지머리, 간장, 식초, 잣가루, 소금, 파, 마늘

양파-전 [yangpa-jeon]

영 Pan fried onion with eggs
프 Oignon frit à la poêle avec des oeufs
중 洋葱煎饼 yángcōngjiānbing
일 ヤンパジョン, 玉ねぎ焼き

전(煎). 양파를 옆으로 얇게 저며서 밀가루와 달걀을 씌워 지진 것.
《재료》 양파, 밀가루, 달걀, 소금, 식용유

어글-탕 [eogeul-tang]

영 Pollack thick skin soup with meat
프 Soupe de merlan pané farci de viande
중 干明太鱼皮清酱汤 gānmíngtàiyúpíqīngjiàngtāng
일 オグルタン, 牛ミンチ·豆腐·もやしのスケトウダラ巻き入りスープ

국. 쇠고기를 다져 양념한 것과 숙주, 두부를 섞어 북어껍질 안쪽에 얇게 펴서 바르고 돌돌 말거나 납작하게 전을 부쳐 장국에 넣어 끓인다. 북어 껍질국이라고도 함.
《재료》 북어껍질, 파, 숙주, 마늘, 수육, 밀가루, 달걀, 두부, 깨소금, 간장, 식용유

어란 [eoran]

영 Dried seasoning fish roe
프 Sciene aux æufs de poisson
중 腌干鱼卵 yāngànyúluǎn, 酱腌鱼卵干 jiàngyānyúluǎngàn
일 ヲラン, からすみ

건어물. 민어알이나 숭어알을 소금에 절여 말리거나 간장에 절여 말린 것.

어리굴-젓 [eorigul-jeot]

영 Pickled oysters
프 Huîtres marinées
중 腌辣牡蛎酱 yānlàmǔlìjiàng
일 オリグルジョッ, 生がきの塩漬け

생굴에 소금으로 간을 하여 고춧가루, 마늘 다진 것으로 조미하여 삭힌 것.
《재료》 굴, 무, 흰 파, 마늘, 생강, 소금, 고춧가루

어-만두 [eo-mandu]

영 Fish fillet dumplings
프 Raviolis de boeuf entourées d'un fillet de poisson à la vapeur
중 鱼肉皮饺子 yúròupíjiǎozi
일 オマンジュ, 魚の餃子

찜. 흰살 생선을 포로 떠서 소금을 뿌리고 완자를 소로 하여 반으로 접어 녹말을 묻혀 오므리고 만두 모양으로 만들어 찐 것.
《재료》 민어, 쇠고기 다진 것, 파, 마늘, 후춧가루, 참기름, 깨소금, 간장, 소금, 녹말

어복-쟁반 [eobok-jaengban]

영 Boiled beef with beef broth in brass vessel
프 Boeuf bouilli au bouillon de boeuf dans la poêle de cuivre
중 铜盘煮牛肉荞麦面 tóngpánzhǔniúròuqiáomàimiàn
일 オボクゼンバン, 野菜と牛肉の寄せ鍋

전골. 놋그릇 쟁반에 쇠고기 편육을 얇게 썰어 양념하여 파, 배, 잣 등과 함께 펴서 담고 쇠고기 국물을 부어 끓인 것. 평안도 향토 요리로 손꼽히는 음식.
《재료》 쇠고기편육, 국수, 달걀, 파, 배, 잣, 육수, 양념장

어-산적 [eo-sanjeok]

영 Fish brochette with beef
프 Brochette de poisson au boeuf
중 烤鱼肉串 kǎoyúròuchuàn
일 オサンゾク, ニベ·牛肉の串焼き

구이. 어산적에 쓰이는 생선은 흰살 생선 중에서도 민어가 좋다. 민어 살을 떠서 도톰하게 길이대로 썰고 쇠고기도 맞추어 썰어 각각 양념하여 꼬챙이에 꿰어서 석쇠에 구운 후 잣가루를 위에 뿌린다.
《재료》 민어 살, 쇠고기, 실백(잣가루), 양념장(간장, 설탕, 참기름, 깨소금, 파, 마늘, 후춧가루)

어선 [eoseon]

영 Steamed fish fillet rolled with meat and vegetable mix
프 Rouleau de filet poisson aux viande et légumes
중 蒸鱼肉卷 zhēngyúròujuàn
일 オソン, 牛肉·シイタケ·きゅうり·人参巻き魚の蒸し煮

찜. 민어, 대구 등의 흰살 생선을 얇게 떠서 쇠고기, 표고, 오이, 당근 등의 채썬 재료를 볶아 그 속에 넣고 녹말가루를 묻혀 쪄서 만든 것.
《재료》 민어, 쇠고기, 소금, 후춧가루, 표고, 녹말, 오이, 당근, 달걀, 석이, 간장, 설탕, 파, 마늘, 참기름, 깨소금

어알-탕 [eoal-tang]

영 Fish with chicken meat balls soup
프 Soupe au boules de poisson avec viande et de poulet
중 鱼肉丸子汤 yúròuwánzitāng
일 オアルタン, 鶏肉とニベのワンタン

국. 민어 살과 닭고기 살을 다져 소금 양념하여 작게 완자를 만들어 쪄서 장국에 넣고 알지단을 띄운 탕.
《재료》 흰살 생선, 닭고기 살, 소금, 후춧가루, 깨소금, 밀가루, 달걀, 장국

어-죽 [eo-juk]

영 Fish meat and rice porridge
프 Porridge de riz au poisson
중 鱼粥 yúzhōu
일 オジュック, 魚のお粥

죽. 흰살 생선의 뼈와 머리에 물을 붓고 푹 고아 국물만 밭쳐 내고 생선살은 쪄서 부서뜨리고 국물에 쌀과 생선살을 넣고 끓여 쑨 것. 양념장을 곁들임.
《재료》 흰살 생선, 쌀, 소금

어채 [eochae]

영 Parboiled sliced fish fillet, shell fish or mollusks
프 Fruits de mer demi bouillis et hachés
중 蒸鱼肉蔬菜片条 zhēngyúròushūcàipiàntiáo
일 オチェ, 海鮮の蒸し煮

찜. 생선이나 조갯살, 홍합종류, 새우 등을 녹말가루를 묻혀 끓는 물에 데치거나 찜통에 살짝 쪄서, 국화잎 또는 파, 미나리, 표고 등에 각기 녹말가루를 묻혀 끓는 물에 데쳐 생강, 황백지단, 고추 등을 썰어 장식하고 초장과 겨자 등을 곁들인다.
《재료》 민어살, 조갯살, 녹말, 파 잎, 미나리, 표고, 홍고추, 초장(간장, 식초, 잣가루)

어포 [eopo]

영 Dried white fish fillet
프 Filet de poisson blanc séché
중 干鱼片 gānyúpiān
일 オポ, 干し薄切り魚

포(脯). 흰살 생선 (민어, 대구) 살을 간장, 후춧가루, 설탕, 생즙으로 버무려 말려서 잘게 썰어 잣가루를 뿌려낸다. 마른안주로 많이 이용된다.

재료 흰살 생선(민어, 대구), 간장, 소금, 설탕, 후춧가루, 잣가루

업진-편육 [eopjin-pyeonyuk]

영 Boiled pressed beef flank
프 Poitrine de boeuf tranchée et bouilli
중 白切牛胸肉 báiqiēniúxiōngròu, 牛胸肉片 niúxiōngròupiàn
일 ヨプジンピョンユック, 茹で牛肉の薄切り

편육. 배 쪽의 지방이 많고 육질이 질긴 부위로 물에 오래 삶아 눌렀다가 얇게 저며 만든 편육.

재료 업진, 마늘, 된장 조금

여주 산병 [yeoju sanbyeong]

영 Colourful rice cake for decoration
프 Gâteau de riz coloré pour la décoration
중 驴州豆沙馅粳米蒸饼堆 lízhōudòushāxiànjīngmǐzhēngbǐngduī
일 ヨジュサンビョン, 彩りのお餅

떡. 흰떡을 밀어 거피팥 고물을 소로 넣어 마주보게 덮어 보시기로 각각 찍어 접은 떡의 네 끝을 한데 모아 붙이고 떡 위에 식용물감으로 그림을 그려 돌잔치 때 떡의 웃기떡으로 씀. 경기도 전통 향토 떡.

연근-전 [yeongeun-jeon]

영 Pan fried lotus roots(lotus roots jeon)
프 Racines de lotus panées
중 莲藕煎饼 liánǒujiānbing
일 ヨングンジョン, れんこん焼き

전(煎). 연근을 둥글게 썰어서 물에 데쳐서 밀가루에 소금, 간장, 참기름으로 간한 반죽에 묻혀 달걀을 씌워 기름에 지진 것.

재료 연근, 밀가루, 식용유, 소금, 간장, 참기름, 잣가루

연근-정과 [yeongeun-jeonggwa]

영 Candied lotus roots
프 Racines de lotus confites
중 莲藕蜜煎 liánǒumìjiān
일 ヨングンジョングヮ, れんこんゼリー

한과(정과). 연근의 껍질을 벗겨 통을 썰어 삶은 후 설탕 또는 조청과 물을 섞어 붓고 젓지 않고 조린 후식.

재료 연근, 설탕 또는 조청

연근–조림 [yeongeun-jorim]

영 Glazed lotus roots in soy sauce
프 Racines de lotus mijotées à la sauce de soja
중 酱油炖莲藕 jiàngyóudùnliánǒu
일 ヨングンジョリム, れんこん煮付け

조림. 연뿌리를 벗겨 둥글게 통썰기로 하여 물을 넣어 익힌 후 다시 간장, 설탕, 청주를 넣어 조린 후 깨를 뿌린 것.
《재료》 연근, 간장, 설탕, 청주, 통깨

연–배추탕 [yeon-baechutang]

영 Soft chinese cabbage soup with clams
프 Soupe de chou chinois mou aux coquillages
중 浅蜊小白菜辣酱汤 qiǎnlìxiǎobáicàilàjiàngtāng
일 ヨンベチュタン, 白菜とハマグリの牛スープ

국. 연한 배춧잎 데친 것에 모시조개, 쇠고기, 파 썬 것을 된장과 고추장을 조금 풀어 끓인 국물에 넣어 한소끔 끓인 것. 옛날에는 쌀뜨물을 썼으나 최근에는 사용하지 않음.
《재료》 연한 배추, 모시조개, 쇠고기, 된장, 고추장, 파, 마늘

연어–구이 [yeoneo-gui]

영 Grilled salmon
프 Saumon grillé
중 烤大麻哈鱼 kǎodàmáhāyú
일 ヨノグイ, 鮭の塩焼き

구이. 연어를 소금에 절였다가 구운 것.

연어–구이 백반 [yeoneo-gui baekban]

영 Grilled salmon with bowl of rice
프 Saumon grillé avec un bol de riz
중 烤大麻哈鱼加白饭 kǎodàmáhāyújiābáifàn
일 ヨノグイベクパン, 鮭焼きご飯

식단. 연어구이와 밥, 기본 찬을 준비한 한 끼의 식단.

연어–구이 정식 [yeoneo-gui jeongsik]

영 Table d'hôte with grilled salmon
프 Table d'hôte au saumon grillé
중 烤大麻哈鱼定食 kǎodàmáhāyúdìngshí
일 ヨノグイジョンシク, 鮭焼き定食

식단. 연어구이와 밥, 찬, 후식에 이르기까지 한 끼의 식사로 준비된 식단.

연어–밥 [yeoneo-bap]

영 Cooked rice with salmon
프 Riz cuit au saumon
중 大麻哈鱼饭 dàmáhāyúfàn
일 ヨノバップ, 鮭丼

밥. 소금에 절인 연어를 살짝 데쳐서 껍질과 뼈를 빼낸 후 잘게 부숴 놓은 것을 뜸을 드릴 때 같이 얹어 섞어 밥을 지은 것.
《재료》 쌀, 연어, 조미술

연포탕 [yeonpotang]

영 Small octopus(poulp) clear soup
프 Soupe de poulpe
중 章鱼虾酱清汤 zhāngyúxiājiàngqīngtāng
일 ヨンポタン, 手長だこと大根の澄まし汁

국. 무를 납작납작하게 썰고 파와 고추를 썰어 맑은 장국을 끓이고 새우젓국으로 간을 맞춘 후 5~6월에 잡히는 부드럽고 가는 낙지를 썰어 잠깐만 익힌 개운한 맛이 나는 목포지방 특유의 향토음식.

《재료》 낙지, 무, 파, 마늘, 청·홍고추, 새우젓

열무-김치 [yeolmu-kimchi]

영 Young summer radish kimchi
프 Kimchi au feuilles de radis jeune
중 小萝卜泡菜 xiǎoluóbopàocài
일 ヨルムキムチ, 大根の若菜キムチ

김치. 열무를 다듬어 절였다가 파, 마늘, 생강, 고추 간 것, 소금으로 버무리고 밀가루 풀을 조금 넣고 섞어 물을 잠길 정도로 부어 익힌 것.

《재료》 열무, 소금, 파, 고춧가루, 마늘, 풋고추, 생강, 밀가루

열무-냉면 [yeolmu-naengmyeon]

영 Chilled buckwheat noodles with young summer radish kimchi
프 Nouilles du blé noir froides au kimchi de jeune radis
중 小萝卜泡菜冷面 xiǎoluóbopàocàilěngmiàn
일 ヨルムネンミョン, 大根の若菜冷麺

국수. 냉면을 열무김치와 육수를 섞어 국물에 말아먹는 것.

열무-물김치 [yeolmu-mulkimchi]

영 Young summer radish waterly kimchi
프 Kimchi de radis jeune en eau
중 小萝卜水泡菜 xiǎoluóboshuǐpàocài
일 ヨルムムルキムチ, 大根の若菜水キムチ

김치. 열무김치에 물을 더 많이 넣어 만든 것.

염통-구이 [yeomtong-gui]

영 Grilled ox heart
프 Coeur de boeuf grillé
중 烤牛心 kǎoniúxīn
일 ヨムトングイ, 心臓焼き

구이. 염통을 얇게 저며 갖은 양념을 하여 구운 것. 간장 대신에 소금을 쓴다.

《재료》 염통, 쇠고기, 배, 간장, 설탕, 파, 마늘, 생강, 참기름, 깨소금, 후춧가루

엿-강정 [yeot-gangjeong]

영 Glutinous rice jelly with toasted cereals

ㅇ

프 Gelée de riz glutineux aux céréales grillées
중 糖稀糖果 tángxītángguǒ
일 ヨッガンジョン, アメおこし

한과. 콩이나 곡류를 볶아 설탕이나 엿에 조려 작게 뭉치거나 반대기로 만들어 작게 자른 것.

영계-백숙 [yeonggye-baeksuk]

영 Young chicken soup
프 Soupe à la poulet
중 清炖童子鸡 qīngdùntóngzǐjī
일 ヨンゲベクスク, 若鳥の水炊き

국. 영계 뱃속에 인삼, 찹쌀, 대추를 넣어 물을 붓고 고아서 먹는 여름철 보신이 되는 국.

《재료》 영계, 찹쌀, 수삼, 마늘, 생강, 소금, 후춧가루

영양-율무-밥 [yeongyang-yulmu-bap]

영 Cooked job's tears with beans and vegetables
프 Riz (yulmou) cuit aux sojas et aux légumes
중 营养薏米饭 yíngyǎngyìmǐfàn
일 ヨンヤンバップ, 栄養ハトムギご飯

밥. 율무에 쌀과 콩, 당근, 고구마, 양파, 호박, 달걀, 감자, 조개, 굴 등 여러 재료를 넣어 지은 것.

《재료》 율무, 쌀, 콩, 당근, 고구마, 무, 양파, 호박, 달걀, 감자, 조개, 굴

오곡-밥 [ogok-bap]

영 Five grain rice(cooked rice mixed with four different cereals)
프 Riz cuit mélangé de quatre sortes de céréales
중 五谷饭 wǔgǔfàn
일 オゴックバップ, 五穀ご飯

밥. 정월 대보름(음력 1월 15일)에 먹는 절식으로 찹쌀, 멥쌀, 팥, 콩, 수수, 차조 등과 소금을 넣어 지은 것.

《재료》 쌀(찹쌀, 멥쌀), 팥, 콩, 수수, 차조, 소금

오곡-수라 [ogok-sura]

영 Cooked five different cereals
프 Cinq sortes de céréales cuites
중 五谷御膳 wǔgǔyùshàn
일 オゴックスラ, 宮廷五穀ご飯

오곡밥의 궁중 용어.

오골계-백숙 [ogolgye-baeksuk]

영 Boiled stuffed black chicken soup
프 Soupe au poulet noir farci et bouilli
중 清炖乌鸡 qīngdùnwūjī
일 オゴルゲベクスク, 五骨鶏水炊き

탕(湯). 오골계 뱃속에 찹쌀과 마늘, 대추, 밤 등을 채우고 푹 무르도록 끓여 영계백숙과 같이 고기와 국물을 같이 먹는 음식.

《재료》 오골계, 찹쌀, 마늘, 대추, 밤

오골계-탕 [ogolgye-tang]

영 Black chicken soup
프 Soupe au poulet noir
중 乌鸡汤 wūjītāng
일 オゴルゲタン, 五骨鶏スープ

탕(湯). 검은색을 띈 오골계에 물을 부

어 푹 끓인 국.
(재료) 오골계, 마늘, 소금, 후추

오과-차 [ogwa-cha]

영 Five fruits tea
프 Thé aux cinq fruits
중 五果茶 wǔguǒchá
일 オグヮチャ, 五果茶

차(茶). 다섯 가지 과일을 함께 푹 달여 받쳐서 꿀이나 설탕을 타서 마시는 차.
(재료) 귤피, 대추, 호두, 생강, 모과, 설탕 또는 꿀, 황률, 곶감, 호두, 은행

오려-쌀밥 [oryeo-ssalbap]

영 Cooked early crop rice
프 Riz primeur cuit
중 新米米饭 xīnmǐmǐfàn
일 オリョサルバップ, 新米ご飯

밥. 쌀 중에서도 가장 일찍 수확하는 벼로 도정해서 지은 것.

오리-고기 영양-죽 [ori-gogi yeongyang-juk]

영 Gruel with duck meat and ginseng
프 Gruau au canard et au ginseng
중 鸭肉营养粥 yāròuyíngyǎngzhōu, 鸭肉八宝粥 yāròubābǎozhōu
일 オリゴギヨンヤンジュック, ダック栄養お粥

죽. 오리고기와 찹쌀, 밤, 대추, 인삼 등을 함께 섞어 끓인 죽.
(재료) 오리고기, 찹쌀, 밤, 대추, 인삼, 양파, 육수, 청주, 들깨

오리-탕 [ori-tang]

영 Duck stew
프 Ragoût de canard
중 鸭肉汤 yāròutāng
일 オリタン, アヒルスープ

탕(湯). 오리고기를 토막 내어 양파, 마늘, 무 등을 넣어 무르도록 푹 끓인 국.

오메기-떡 [omegi-tteok]

영 Small round glutinous millet cake
프 Petit gâteau rond de millet glutineux
중 黏小米饼圈 niánxiǎomǐbǐngquān
일 オメギトック, アワ餅

떡. 좁쌀가루를 반죽하여 동글납작하게 만들어 가운데 구멍을 뚫어서 삶아 건진 후 팥고물이나 콩가루를 묻힌 것.
(재료) 차조, 콩가루

오미자-차 [omija-cha]

영 Omija tea (Schizandra chinensis)
프 Thé à l'omija(schizandra chinensis)
중 五味子茶 wǔwèizǐchá
일 オミジャチャ, 五味茶

음청류. 오미자를 따뜻한 물에 우려낸 물에 꿀을 타고 잣을 띄운 음료.
(재료) 오미자, 꿀, 잣

오미자-편 [omija-pyeon]

영 Omija-flavored jelly
프 Gelée au parfum d'omija
중 五味子果片 wǔwèiziguǒpiàn
일 ゴミジャピョン, 五味ゼリー

한과(과편). 오미자 열매를 물에 우려낸 붉고 새콤한 즙에 녹말과 설탕을 풀어 익혀서 묵과 같이 응고시킨 것.

오미자-화채 [omija-hwachae]

영 Omija punch with fruits
프 Punch d'omija aux fruits
중 糖水五味子 tángshuǐwǔwèizǐ
일 おみじゃフヮチェ, 五味カクテル

음청류. 궁중(조선 왕조) 오미자 열매

를 물에 담가 우러난 국물에 설탕을 넣고 과일을 얇게 저며 띄우거나 진달래꽃, 복숭아를 썰어 띄운 화채.

《재료》 오미자, 설탕, 배

오분자기-적 [obunjagi-jeok]

영 Pan fried ear shells on skewer

프 Brochette aux ormeaux frite à la poêle

중 烤皱纹盘鲍串 kǎozhòuwénpánbàochuàn

일 オブンザギジョク, あわび串

적(炙). 오분자기(작은 전복류)를 손질하여 칼집을 낸 후 소금, 생강, 참기름을 뿌려 두었다가 굵은 파나 버섯과 같이 꼬챙이에 꿰어 번철에서 익힌 것.

《재료》 오분자기, 홍고추, 풋고추, 파, 마늘, 후춧가루, 설탕, 간장

오분자기-찜 [obunjagi-jjim]

영 Braised ear shell

프 Ormeaux braisé

중 蒸皱纹盘鲍 zhēngzhòuwénpánbào

일 オブンザギチム, あわびの蒸し煮

찜. 오분자기를 아주 작은 것은 그대로 조금 큰 것은 칼집을 조금 내고 조가비에 담아 양념장을 만들어 끼어 얹

어서 겹질째 찜통에 차곡차곡 안쳐 찐 것.

《재료》 오분자기, 실고추, 파, 마늘, 후춧가루, 설탕, 간장

오이-감정 [oi-gamjeong]

영 Cooked cucumber with beef in hot bean paste soup

프 Ragoût de pâte de soja piquante aux concombres et au boeuf

중 黄瓜牛肉辣酱汤 huángguāniúròulàjiàngtāng

일 オイガンジョン, きゅうりと牛肉の味噌チゲ鍋

찌개. 고추장과 된장 푼 물에 오이, 양념한 쇠고기, 풋고추를 넣고 푹 끓인 것.

《재료》 오이, 쇠고기, 풋고추, 파, 고추장, 된장, 마늘, 참기름

오이-갑장과 [oi-gapjanggwa]

영 Sauteed salty cucumber stick with beef and mushrooms

프 Concombre en baguette salé et sauté au boeuf et au champignon

중 炒拌腌黄瓜条 chǎobànyānhuángguātiáo

일 オイガプジャングヮ, きゅうりの漬物

ㅇ

장아찌. 장과는 장아찌의 궁중용어. 오이를 막대모양으로 썰어 소금에 절여서 꼭 짠 후 양념한 쇠고기와 버섯을 썰어 볶고 양념한 것.

《재료》 오이, 쇠고기, 표고, 간장, 설탕, 다진 파, 마늘, 소금, 참기름, 깨소금, 실고추, 식용유

오이-고추장-장아찌

[oi-gochujang-jangajji]

영 Salty cucumber in hot pepper paste

프 Concombres salé dans la pâte de soja piquante

중 黄瓜辣酱酱菜 huángguālàjiàngjiàngcài

일 オイゴチュジャンジャンアチ, きゅうり辛味噌の漬物

장아찌. 오이지 담갔던 것을 꾸둑꾸둑하게 말려서 고추장에 박은 것.

오이-김치 [oi-kimchi]

영 Cucumber kimchi

프 Kimchi au concombre

중 黄瓜泡菜 huángguāpàocài

일 オイキムチ, きゅうりキムチ

김치. 오이소박이 참조.

오이-깍두기 [oi-kkakdugi]

영 Hot and spicy cucumber cube

프 Concombre coupé en cube épicé et piquant

중 黄瓜块泡菜 huángguākuàipàocài

일 オイカットゥギ, きゅうりカッテギ

김치. 오이를 깍두기처럼 육면체로 썰어 소금에 절인 후 마늘, 파, 고춧가루, 새우젓으로 버무려 담은 것.

《재료》 오이, 파, 마늘, 고춧가루, 설탕

오이-나물 [oi-namul]

영 Cucumber salad

프 Salade de concombre

중 炒拌黄瓜片菜 chǎobànhuángguāpiàncài

일 オイナムル, きゅうりナムル

숙채. 오이를 썰어 소금에 절여 눌렀다가 꺼내어 참기름에 파랗게 살짝 볶아서 파, 마늘, 깨소금, 설탕으로 조미한 것.

《재료》 오이, 파, 마늘, 깨소금, 설탕

오이-냉국 [oi-naengguk]

영 Chilled cucumber soup

프 Soupe froide au vinaigre et à la julienne de concombre assaisonné

중 黄瓜丝凉汤 huángguāsīliángtāng

일 オイネングック, きゅうり冷やし汁

국. 오이를 채 썰어 양념한 것에 끓여 식힌 물을 붓고 식초를 넣어 만든 찬 음식.

《재료》 오이, 파, 홍고추, 청장, 마늘, 참기름, 깨소금, 설탕, 고춧가루, 소금

오이-냉채 [oi-naengchae]

영 Chilled cucumber salad with mustard sauce

프 Salade froide au concombre à la sauce de moutarde

중 拌黄瓜冷盘 bànhuángguālěngpán

일 オイネンチェ, きゅうりと大根の冷菜

냉채. 오이 썬 것과 수삼을 조금 섞어

겨자가 들어간 양념장에 생것으로 무친 것.

《재료》 오이, 파, 마늘, 고춧가루, 간장, 후춧가루, 참기름, 깨소금, 수삼

오이-무침 [oi-muchim]

영 Seasoned cucumbers with turnip in sauce
프 Concombre assaisonné et navet
중 辣拌黄瓜 làbànhuángguā
일 オイムチム, きゅうりの和え物

생채. 오이를 절여 3cm 길이로 잘라 십자로 쪼개고 무생채와 고루 섞이도록 고춧가루, 파, 마늘, 생강, 후춧가루를 넣고 무친 것.

오이-볶음 [oi-bokkeum]

영 Sauted cucumber with pork
프 Concombre sauté au porc
중 炒黄瓜 chǎohuángguā
일 オイボクム, きゅうり炒め

ㅇ

볶음. 오이를 썰어 소금에 살짝 절였다가 물기 없이 짠 후 돼지고기와 함께 볶은 것.

《재료》 오이, 돼지고기, 생강, 소금, 파, 마늘, 식용유

오이-생채 [oi-saengchae]

영 Cucumber salad
프 Salade au concombre
중 生拌黄瓜丝 shēngbànhuángguāsī
일 オイセンチェ, きゅうりの和え物

생채. 오이를 익히지 않고 날것으로 양념에 무친 것.

오이-선 [oi-seon]

영 Stuffed cucumbers
프 Concombre farci
중 镶肉菜丝黄瓜 xiāngròucàisīhuánggua
일 オイソン, 牛肉·きのこ入れのきゅうり

선. 토막 낸 오이를 어슷하게 칼집을 넣어 사이에 쇠고기, 알지단, 채 썬 버섯 등을 색스럽게 채워서 단 촛물을 끼얹어 만든 채소 음식.

《재료》 오이, 쇠고기, 표고, 달걀, 실고추, 간장, 설탕, 파, 마늘, 참기름, 깨소금, 후춧가루, 식초

오이-소박이(김치) [oi-sobagi(kimchi)]

영 Stuffed cucumber kimchi
프 Kimchi au cornichon farci
중 夹馅黄瓜泡菜 jiāxiànhuángguāpàocài
일 オイソバギ(キムチ), きゅうりキムチ

김치. 오이를 토막치고 같은길이로 세 갈래로 잘라 속에 소를 넣고 국물을 부어 익힌 김치.

《재료》 오이, 부추, 당근, 파, 마늘, 고춧가루, 설탕

오이-소박이 백반 [oi-sobagi backban]

영 Stuffed cucumber kimchi and rice
프 Kimchi au cornichon farci avec un

bol de riz
중 加馅黄瓜泡菜加白饭 jiāxiànhuángguāpàocàijiābáifàn
일 オイソバギベッパン, きゅうりキムチ定食

오이소박이와 밥, 기본 찬으로 이루어진 한상차림.

오이-장아찌 [oi-jangajji]

영 Cucumbers pickle in soy sauce or hot bean paste
프 Concombre salé à la sauce de soja ou à la pâte de soja piquante
중 黄瓜酱菜 huángguājiàngcài
일 オイジャンアチ, きゅうりのしょうゆ漬け

장아찌. 오이를 소금에 절였다가 물기를 빼고 식초, 간장, 설탕을 섞은 것에 담가 돌로 눌러 익히거나 고추장, 된장 등에 넣어 만든 것.

오이지 [oiji]

영 Cucumbers pickled in brine
프 Concombre saumuré
중 酸黄瓜 suānhuángguā
일 オイジ, きゅうりの鹽漬

장아찌. 여름철 재래종 오이를 항아리에 차곡차곡 넣고 짠 소금물을 끓여 부어 뜨지 않도록 돌로 눌러 노랗게 익으면 씻어 오이지를 썰고 물을 넣어 김치 대용으로 또는 무쳐서 먹는 저장 음식.

오이-짠지 [oi-jjanji]

영 Whole cucumbers in brine
프 Concombre en salaison
중 黄瓜咸菜 huángguāxiáncài
일 オイチャンジ, きゅうりの漬物

장아찌. 오이지와 같이 만든 짠맛의 오이 절임.

오징어-구이 [ojingeo-gui]

영 Broiled squid
프 Calmar grillé
중 烤乌贼鱼 kǎowūzéiyú, 烤墨鱼干 kǎomò-yúgān, 烤鱿鱼干 kǎoyóuyúgān
일 オジンオグイ, いか焼き

구이. 물오징어의 내장을 떼고 껍질을 벗긴 후 칼집을 내어 양념한 후 구운 것. 《재료》 물오징어, 고추장, 고춧가루, 다진 파, 마늘, 깨소금, 설탕, 간장, 생강, 참기름

오징어-덮밥 [ojingeo-dupbap]

영 Spicy squid over rice
프 Calmar épicé au dessus de riz
중 鱿鱼盖饭 yóuyúgàifàn, 墨鱼盖饭 mòyúgàifàn
일 オジンオドッパップ, 炒めいか丼

밥. 오징어를 굵은 채로 썰어 파, 마늘, 양파, 풋고추, 고추장, 고춧가루를 넣어 볶아 만든 것을 밥에 얹어 밥과 같이 먹는다.

오징어-무침 [ojingeo-muchim]

영 Seasoned squid and cucumber
프 Calmar et concombre assaisonnés à la sauce
중 醋辣拌水煮鱿鱼 cùlàbànshuǐzhǔyóuyú
일 オジンオムチム, いかと野菜の和え物

무침. 오징어를 끓는 물에 잠깐 데쳐 썰고 오이는 어슷썰기로 하여 초고추장 양념에 무친 것.

재료 오징어, 오이, 미나리, 초고추장

오징어-볶음(오징어-채-볶음) [ojingeo-bokkeum (ojingeochae-bokkeum)]

영 Sauteed dried squid strips
프 Calmar séché sauté à la sauce
중 辣炒鱿鱼(条) làchǎoyóuyú(tiáo)
일 オジンオボクム, 切りのしいか炒め

볶음. 마른 오징어채를 기름에 볶을 때 고추기름으로 볶아 양념장, 설탕, 파, 마늘, 깨소금과 함께 넣어 맛을 낸 것.

재료 마른 오징어채, 고추기름, 설탕, 파, 마늘, 깨소금, 간장

오징어-불고기 [ojingeo-bulgogi]

영 Grilled squid with seasoning
프 Calmar grillé avec assaisonnement
중 烤乌贼鱼 kǎowūzéiyú, 烤墨鱼干 kǎomòyúgān, 烤鱿鱼干 kǎoyóuyúgān
일 オジンオブルゴギ, 味付けいか焼き

구이. 오징어 구이를 참조.

오징어-숙회(데침) [ojingeo-sukhoe]

영 Parboiled squid
프 Tranches de calmar demi bouillis
중 白灼鱿鱼 báizhuóyóuyú
일 オジンオスクフケ(デチム), 茹でいか

회(膾). 오징어를 손질하여 끓는 물에 데쳐낸 후 썰어서 초고추장에 찍어 먹도록 한 것.

오징어-순대 [ojingeo-sundae]

영 Stuffed squid
프 Calmar farci
중 鱿鱼香肠 yóuyúxiāngcháng
일 オジンオデチム, 茹でいか

찜(순대). 물오징어 내장을 모두 꺼낸 후 그 속에 두부, 숙주, 양파, 고추, 달걀, 파, 마늘, 후춧가루로 만든 소를 채워서 익힌 것.

재료 물오징어, 두부, 숙주, 양파, 다홍고추, 풋고추, 달걀, 파, 마늘, 후춧가루, 소금, 참기름

오징어-젓 [ojingeo-jeot]

영 Pickled squid julienne
프 Calmar julienne saumuré
중 鱿鱼酱 yóuyújiàng
일 オジンオジョッ, いかの塩辛

젓갈. 오징어의 껍질을 벗겨 채 썰어 무채와 고춧가루 양념으로 버무려 삭힌 것. 또는 통째로 켜켜로 소금을 뿌려 두었다가 먹을 때 씻어 양념에 무쳐 먹음.

재료 생 오징어, 소금, 고춧가루, 마늘, 생즙

ㅇ

오징어-채 [ojingeo-chae]

영 Threaded dried squid
프 Calmar séché julienne
중 鱿鱼干条 yóuyúgāntiáo
일 オジンオチェ, 切りのしいか

말린 오징어를 가늘게 썰어 반찬을 만들 수 있도록 한 것.

오징어-채-무침 [ojingeo-chae-muchim]

영 Seasoned dried squid strips
프 Calmar séché assaisonné
중 拌鱿鱼干条 bànyóuyúgāntiáo
일 オジンオチェムチム, 切りのしいかの和え物

무침. 오징어채를 고추장 양념이나 간장 양념에 무쳐 만든 찬.

오징어-회 [ojingeo-hoe]

영 Scalded squid or raw squid
프 Tranchés de calmar cru tranchés de calmar cru
중 生鱿鱼 shēngyóuyú
일 オジンオフェ, いかさしみ

회(膾). 한치회.
(재료) 물오징어, 초고추장, 양념

오징어-회-무침 [ojingeo-hoe-muchim]

영 Seasoned squid with vinegar red pepper paste sauce
프 Calmar assaisonné à la sauce de pâte de soja piquante et vinaigrée
중 醋辣拌水煮鱿鱼 cùlàbànshuǐzhǔyóuyú
일 オジンオフェムチム, いかさしみの和え物

무침. 오징어 무침 참조.

옥돔-구이 [okdom-gui]

영 Grilled porgy (tilefish)
프 Dorade royale grillée
중 烤腌干方头鱼 kǎoyāngānfāngtóuyú, 烤腌干马头鱼 kǎoyāngānmǎtóuyú
일 オクドムグイ, アカアマダイ焼き

구이. 옥돔을 배를 갈라 소금간을 해 꾸둑꾸둑 말린 것을 담백하게 구운 것.
(재료) 옥돔, 소금

옥돔-미역-국 [okdom-miyeok-guk]

영 Alga soup with porgy (tilefish and seaweed soup)
프 Soupe d'algues à la dorade royale
중 方头鱼裙带菜汤 fāngtóuyúqúndàicàitāng
일 ドクドムミチョックック, わかめと赤アマダイスープ

국. 미역국을 끓일 때 옥돔 살을 저며 넣어 끓인 국. 제주도 향토음식.
(재료) 옥돔, 물미역, 마늘

옥돔-죽 [okdom-juk]

영 Rice gruel with tilefish(blanquillo)
프 Gruau de riz á la dorade royal
중 方头鱼粥 fāngtóuyúzhōu
일 ドクドムジュック, 赤アマダイのお粥

ㅇ

죽. 쌀로 죽을 끓이다가 옥돔 살을 넣고 같이 끓인 것. 제주도 향토음식.
재료 옥돔, 쌀

옥수수-죽 [oksusu-juk]

영 Corn with rice porridge
프 Porridge de riz au maïs
중 玉米粥 yùmǐzhōu
일 オックススジュック,トウモロコシのおかゆ

죽. 옥수수 알을 끓이다가 블렌더에 잠깐만 돌려 터뜨린 다음 불려 놓은 쌀을 넣고 쑨 것.

온면 [onmyeon]

영 Hot noodle soup
프 Soupe chaude aux nouilles
중 温面 wēnmiàn
일 オンミョン, 温かい麺類

국수. 가는 밀가루 국수를 삶아 건져서 국수 꾸미를 얹고 뜨거운 육수를 부은 것. 국물이 차지 않고 따뜻하다고 해서 붙여진 이름.
재료 국수, 쇠고기, 달걀, 호박(오이), 석이, 양념

온반 [onban]

영 Rice with boiled chicken meat and soup
프 Riz au poulet bouilli avec la soupe
중 鸡肉汤水泡饭 jīròutāngshuǐpàofàn
일 オンバン, 鶏肉とスープご飯

밥. 일품요리로 쌀밥을 닭고기 국물에 말고 고기도 찢어서 양념하여 그 위에 얹어 내는 것. 평안도 향토음식으로 평안 온반이라고도 한다.
재료 쌀밥, 닭고기, 양념

올갱잇-국 [olgaengit-guk]

영 Small fresh water snail soup
프 Soupe aux coquillages
중 放逸短沟蜷清酱汤 fàngyìduǎngōuquánqīngjiàngtāng, 川蜷清酱汤 chuānquánqīngjiàngtāng
일 オルゲンイグック, カワニナスープ

국. 다슬깃-국.

완자-전 [wanja-jeon]

영 Pan fried meat patties

🅟 Viande panée frite à la poêle
🅩 丸子煎饼 wánzijiānbing
🅘 ワンザジョン, ミートボールの薄焼き

전(煎). 쇠고기 다진 것에 으깬 두부와 파, 마늘, 소금, 후춧가루, 참기름으로 양념하여 작은 완자를 빚어 달걀을 씌워 번철에 지진 것.

◖재료◗ 쇠고기, 두부, 달걀, 밀가루, 소금, 후춧가루, 참기름, 기름

완자-탕 [wanja-tang]

🅔 Fish and meat ball soup
🅟 Soupe au poisson et aux boules de viande
🅩 丸子汤 wánzitāng
🅘 ワンザタン, ワンタン

국. 흰살 생선을 곱게 다지고 쇠고기나 돼지고기, 닭고기 중 한 가지를 다져 섞고 양념하여 완자를 빚은 후 달걀이나 녹말을 씌워 맑은 고기국물을 끓인 탕 속에 넣어 끓인 것.

◖재료◗ 쇠고기(또는 돼지고기 또는 닭고기), 두부, 쑥갓, 달걀, 밀가루, 청장, 소금, 다진 마늘, 파, 참기름, 후춧가루

요화과 [yeohwagwa]

🅔 Flower cookie made of buckwheat and honey
🅟 Galette de fleur à la farine de blé noir et au miel
🅩 蓼花果 liǎohuāguǒ
🅘 ヨフヮグヮ, そば粉菓子

한과. 메밀가루에 설탕을 넣어 익반죽하여 꽃여뀌(요화) 모양으로 만들어

기름에 지져 꿀을 바르고 찹쌀 튀긴 강반을 겉에 묻힌 장식용으로 사용.

용떡 [yong-tteok]

🅔 Dragon shaped rice cake
🅟 Gâteau de riz en forme de dragon
🅩 粳米龙糕 jīngmǐlónggāo
🅘 ヨントック, 竜形のお餅

떡. 가래떡을 굵직하고 길게 비벼서 큼직한 양푼에 용의 모양이 되도록 서리어 담은 떡. 바닷가에서 풍어제를 지낼 때 만듦.

용봉-탕 [yongbong-tang]

🅔 Chicken and carp soup
🅟 Soupe à la carpe et au poulet
🅩 鲤鱼鸡汤 lǐyújītāng
🅘 ヨンボンタン, 鶏肉とコイの薬膳スープ

탕(湯). 닭고기를 고아 뼈를 골라내고 잉어와 표고, 대추, 밤을 넣어 끓인 국.

◖재료◗ 닭, 잉어, 표고, 대추, 밤, 파, 마늘, 참기름, 후춧가루, 달걀 지단, 실고추

용안육-다식 [yonganyuk-dasik]

🅔 Molded euphoria longan pressed sweets
🅟 Gaufres de euphoria longan en moule

ㅇ

중 龙眼肉茶食 lóngyǎnròucháshi
龙眼肉印糕子 lóngyǎnròuyìngāozǐ
일 ヨンアンユクダシク, 竜眼肉のらくがん

한과(다식). 용안육을 곱게 다지거나 절구에 찧어서 체에 걸러 꿀을 넣고 반죽하여 아주 작은 다식판에 박아낸 것.

우거짓-국 [ugeojit-guk]

영 Outer cabbage leaf soup
프 Soupe aux feuilles de la partie extérieure de chou
중 白菜帮清酱汤 báicàibāngqīnggjiàngtāng
일 ウゴジグック, 白菜とカルビのスープ

국. 배추 우거지를 삶아 된장 푼 국물에 넣어 끓인 것.
《재료》 우거지, 고기, 파, 마늘, 된장

우거지-찌개 [ugeoji-jjigae]

영 Outer cabbage leaves casserole with soybean paste soup
프 Casserole aux feuilles de la partie extérieure de chou avec la pâte de soja
중 白菜帮炖汤 báicàibāngdùntāng
일 ウゴジチゲ, 白菜カルビチゲ

찌개. 우거지를 데쳐 물기 없이 짜서 적당히 썰어서 파를 썰어 넣고 다진 마늘과 된장을 풀어 넣어 오래 끓여서 맛이 들인 것.
《재료》 우거지, 된장, 파, 마늘

우거지-탕 [ugeoji-tang]

영 Outer cabbage leaf soup
프 Soupe aux feuilles de la partie extérieure de chou
중 白菜帮清酱汤 báicàibāngqīnggjiàngtāng
일 ウゴジタン, 白菜とカルビの煮込みスープ

국. 우거짓국 참조.

우둔-찜 [udun-jjim]

영 Braised rump
프 Culotte de boeuf braisée
중 蒸牛臀肉 zhēngniútúnròu
일 ウドゥンチム, 牛尻肉の蒸し煮

찜. 쇠고기 우둔에 간장 기초 양념에 무쳐 표고, 무, 밤, 은행 등과 물을 조금 섞어 넣고 푹 무르도록 찐 것.
《재료》 쇠고기(우둔), 표고, 무, 밤, 은행, 간장, 파, 마늘, 참기름, 후춧가루

우렁-무침 [ureong-muchim]

영 Cooked snail with seasoning
프 Escargots cuits et assaisonnés
중 辣拌田螺 làbàntiánluó
일 ウロンムチム, マキガイと野菜の和え物

무침. 우렁을 씻어 물에서 삶아내고 알맹이를 빼내고 고춧가루, 장조림 간장, 깨소금, 참기름으로 무친 것.

우렁이-된장-찌개 [ureongi-doenjang-jjigae]

영 Soybean paste stew with snails
프 Ragoût de la pâte de soja aux escargots
중 田螺大酱炖汤 tiánluódàjiàngdùntāng
일 ウロンイデンジャンチゲ, たにしの味噌汁

찌개. 된장을 푼 물에 여러 재료를 넣고 우렁이를 넣어 끓인 찌개.

우렁-찜 [ureong-jjim]

영 Braised snails with bean sprout and vegetables
프 Escargots braisés aux pousses de soja et aux légumes
중 蒸田螺 zhēngtiánluó
일 ウロンチム, マキガイの蒸し煮

찜. 우렁이를 통째로 하여 콩나물과

채소를 썰어 멸치국물에 끓여 밀가루를 걸쭉하게 섞고 갖은 양념으로 푹 익힌 것.
《재료》 우렁이, 홍합, 쇠고기, 콩나물, 고비, 멸치 국, 부추, 방앗잎

우렁-탕 [ureong-tang]

영 Snails soup
프 Soupe aux escargots
중 田螺大酱汤 tiánluódàjiàngtāng
일 ウロンタン, マキガイスープ

탕(국). 들깨가루와 된장을 풀은 물에 감자나 토란을 넣고 풋고추와 파를 넣어 끓인 국. 전라도 향토음식.
《재료》 우렁이, 들깨, 감자(알토란), 파, 풋고추, 된장

우렁-회 [ureong-hoe]

영 Boiled snails seasoned with hot sauce
프 Escargots assaisonnés et bouillis à la sauce piquante
중 醋辣拌水煮田螺 cùlàbànshuǐzhǔtiánluó
일 ウロンフェ, マキガイさしみ

회(膾). 우렁이를 익혀서 무, 미나리, 실파를 넣고 초고추장에 무친 것.
《재료》 우렁이(논, 고둥), 무, 미나리, 실파, 초고추장

우메기(떡) [umegi(tteok)]

영 Pan fried honey rice cake
프 Gâteau de riz sucré frit à la poêle
중 油炸糯米糕 yóuzhánuòmǐgāo
일 ウメギ, 焼き餅

떡. 찹쌀가루에 멥쌀가루를 조금 섞고 막걸리와 설탕으로 말랑말랑하게 반죽하여 기름에 지져 집청 꿀에 채워 지지는데 튀기기도 함. 개성의 향토음식.
《재료》 찹쌀가루, 멥쌀가루, 막걸리, 설탕, 꿀, 식용유, 대추

우설 [useol]

영 Boiled tongue
프 Langue de boeuf bouillie
중 牛舌 niúshé
일 ウソル, 牛タン

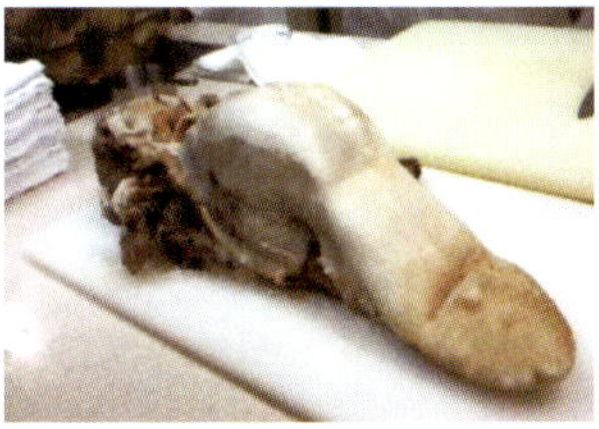

소의 혀를 깨끗이 손질하여 끓여 익혀서 무거운 것으로 눌러 판판해지면 썰어 편육도 하고 국에도 이용됨.

우설-찜 [useol-jjim]

영 Braised beef tongue
프 Langue de boeuf braisée
중 蒸牛舌 zhēngniúshé
일 ウソルチム, 牛タンの蒸し煮

찜. 소의 혀를 끓는 물에 잠깐 삶아서 껍질을 벗긴 후 썰어서 양념장을 치고 미나리, 표고, 석이, 양파, 당근을 썰어 색을 맞추어 고기 위에 얹고 국물을 조금 부어 한소끔 끓이고 달걀 지단을 부쳐 채로 썰어 얹은 것.
《재료》 소의 혀, 미나리, 표고, 석이, 양파, 당근, 간장, 설탕, 참기름, 깨소금, 다진 파, 마늘, 달걀

우설-편육 [useol-pyeonyuk]

영 Cooked sliced ox tongue
프 Langue de boeuf tranchée et cuite

㊥ 白切牛舌肉 báiqiēniúshéròu,
牛舌肉片 niúshéròupiàn
㊐ ウソルピョンユック, 茹で牛タン

편육. 우설을 통째로 삶아 눌렀다가 얇게 썬 편육.
《재료》 우설, 향채, 양파, 당근, 셀러리, 양념초장

우엉-김치 [ueong-kimchi]

㊢ Burdock kimchi
㊒ Kimchi à la bardane
㊥ 牛蒡泡菜 niúbàngpàocài
㊐ ウオンキムチ, ごぼうキムチ

김치. 우엉의 껍질을 벗기고 어슷썰기로 하여 김치 양념으로 버무린 것.
《재료》 우엉, 파, 마늘, 고춧가루, 젓갈, 찹쌀 풀, 통깨

우엉-정과 [ueong-jeonggwa]

㊢ Candied burdock
㊒ Gâteaux aux bardane
㊥ 牛蒡蜜煎 niúbàngmìjiān
㊐ ウオンジョングヮ, ごぼうおこし

한과(정과). 껍질을 벗겨 굵게 썰어 설탕과 조청에 조린 것.
《재료》 우엉, 설탕, 조청

우엉-조림 [ueong-jorim]

㊢ Glazed burdock root with soy sauce
㊒ Racine de bardane mijotée à la sauce de soja
㊥ 酱油炖牛蒡 jiàngyóudùnniúbàng
㊐ ウオンジョリム, ごぼう煮付け

조림. 우엉은 뿌리채소로 껍질을 벗기고 간장 양념으로 익혀서 반찬으로 이

용됨. 우엉을 간장, 기름, 설탕을 넣어 조리고 통깨와 실고추를 뿌린 것.
《재료》 우엉, 간장, 식용유, 설탕, 통깨, 실고추

우유-죽 [uyu-juk]

㊢ Porridge with milk and rice powder
㊒ Porridge de farine de riz au lait
㊥ 牛奶粥 niúnǎizhōu
㊐ ウユジュック, 牛乳おかゆ

죽. 쌀을 물에 담가 불려서 곱게 갈아 물과 함께 끓이다가 우유를 부어 섞어서 쑨 것. 타락죽이라고도 한다.

우족-탕 [ujok-tang]

㊢ Hock soup
㊒ Ragoût au jarret
㊥ 牛蹄清汤 niútíqīngtāng,
牛脚清汤 niújiǎoqīngtāng
㊐ ウゾクタン, 牛足スープ

국. 소 족의 겉을 그을려 털을 깨끗이 없앤 후 쪼개어 오랫동안 끓여서 만든 국으로 끈기가 많은 국.
《재료》 우족, 무, 소금, 생강, 파

우찌지 [ujjiji]

㊢ Pan fried sweet rice cake with coated jujube and chestnuts
㊒ Gâteau de riz sucré frit aux jujubes et aux châtaignes
㊥ 油炸栗子馅糯米糕
yóuzhálìzxiànnuòmǐgāo
㊐ ウチジ, 栗あん餅

떡. 찹쌀가루반죽을 번철에 지져서 밤소를 넣고 접어 꿀을 바르고 겉에 대

추채와 밤채, 잣을 얹어내는 것으로 전라도에서는 웃기떡으로 쓴다.

《재료》 찹쌀, 밤, 설탕, 대추, 꿀, 잣

움파-산적 [umpa-sanjeok]

영 Leek bud brochette with beef

프 Brochette de pousse de poireau au boeuf

중 烤冬葱牛肉串 kǎodōngcōngniúròuchuàn

일 ウムパサンジョク, ひこばえねぎと牛肉串

구이. 겨울철 움파가 있을 때 쇠고기를 움파와 같은 길이로 썰어 갖은 양념을 하여 꼬챙이에 번갈아 꿴 후 구운 것.

《재료》 움파, 쇠고기, 양념(간장, 다진 마늘, 파, 설탕, 참기름, 깨소금)

움파-장국 [umpa-jangguk]

영 Cellar grown leeks soup

프 Soupe aux poireaux cultivés dans la cave

중 冬葱清酱汤 dōngcōngqīngjiàngtāng

일 ウンパジャングック, ひこばえねぎの味噌汁

국. 고기 맑은 장국을 끓이다가 노란 움파를 썰어 넣고 다시 끓인 국. 겨울철에 움파가 많을 때 주로 먹음.

《재료》 움파, 쇠고기, 간장, 마늘, 파, 후춧가루, 소금

웃기-떡 [uggi-tteok]

영 Decorative beautiful rice cake

프 Gâteau de riz pour la décoration

중 点缀糕 diǎnzhuìgāo, 装饰用糕 zhuāngshì-yònggāo

일 ウッキトック, 飾り用のお餅

떡. 떡을 높이 고여 올릴 때 위에다 장식을 올려놓기 위해 만드는 떡의 총칭으로 화전, 경단, 주악, 부꾸미, 단자, 꽃송편 등이 있다.

웅어-감정 [ungeo-gamjeong]

영 Cooked spicy coilia ectenes(fish)

프 Coilia ectenes épicé et cuit

중 刀鲚辣酱汤 dāojìlàjiàngtāng

일 ウンオカムジョン, えつの辛味噌スープ

감정. 민물고기인 웅어를 손질하여 토막을 내어 국물에 된장, 고추장, 파, 마늘을 넣고 약한 불에서 오랫동안 끓여 자작하게 국물이 있도록 끓인 것. 상추쌈을 먹을 때 밥에 얹어 같이 싸서 먹으면 좋다.

《재료》 웅어, 된장, 고추장, 파, 마늘, 후춧가루, 참기름

원소병 [wonsobyeong]

영 Honey punch with glutinous rice balls

프 Punch au miel avec des boules de riz glutineux

중 糖水小圆饼 tángshuǐxiǎoyuánbǐng 元宵 yuánxiāo, 汤圆 tāngyuán

일 ウォンソビョン, 蜂蜜だんご

ㅇ

음청류. 찹쌀가루로 익반죽하여 대추와 유자껍질을 다진 소를 넣고 동글게 빚어 녹말가루를 묻혀 삶아 낸 후 꿀물에 넣어 먹는 음청류.

《재료》 찹쌀가루, 식용색소(파랑, 빨강, 노랑을 위한 승검초가루, 오미자, 치자), 대추, 유자껍질, 꿀, 잣, 녹말가루

원추리-나물 [wonchuri-namul]

영 Cooked day lily dish(Day lily namul)
프 Lis jaunes blanchis et assaisonnés
중 凉拌黄花菜 liángbànhuánghuācài
일 ウォンチュリナムル, わすれぐさナムル

숙채. 원추리를 데쳐 물기를 빼고 된장, 고추장, 파, 마늘, 참기름, 깨소금을 넣어 맛을 들인 것.

《재료》 원추리, 된장, 고추장, 다진 파, 마늘, 참기름, 깨소금

원추리-탕(원추리잎-국) [wonchuri-tang(wonchuriip-guk)]

영 Day lily soup (Hemerocallis aurantiaca)
프 Soupe au lis jaune
중 黄花菜(叶)辣黄酱汤 huánghuācài(yè)làhuángjiàngtāng
일 ウォンチュリタン, わすれぐさスープ

국. 봄에 나는 원추리를 살짝 데쳐 토장국을 끓이다가 넣어 부드럽게 익혀 끓인 것.

《재료》 원추리, 된장, 고추장

월과-채 [wolgwa-chae]

영 Zucchini and mushroom dish with seasoning
프 Assiette de courgette et de champignon assaisonnée
중 炒拌小南瓜牛肉丝 chǎobànxiǎonánguāniúròusī
일 ウゥルグヮチェ, 未熟のかぼちゃ·きのこ·人参の煮物

볶음. 애호박, 느타리버섯, 당근 등의 채소를 얇고 길쭉하게 썰어 볶고 찹쌀가루와 달걀을 넣어 반죽하여 부쳐서 썰거나, 동그랗게 지진 것을 섞은 채소요리.

《재료》 애호박, 느타리버섯, 파, 당근, 달걀, 찹쌀부침

유과 [yugwa]

영 Fried sweet rice cookies
프 Galette de riz sucrée et frite
중 油果 yóuguǒ
일 ユグヮ, もち米の揚げ菓子

한과. 오랫동안 담가 삭힌 찹쌀을 가루 내어 반죽하거나 술에 반죽하여 시루에 찐 것을 꽈리가 지도록 매우 치댄 다음 반대기를 지어 여러 가지 크기로 잘라 말렸다가 기름에 튀겨 겉에 엿을 바른 다음 여러 가지 고물을 묻힌 것. 모양에 따라 강정, 방울강정, 산자, 빙사과 등으로 나뉘고, 겉의 고물

에 따라 흑임자강정, 깨강정, 넓적하고 큼직하게 만들어 쌀 튀긴 것을 붙인 것을 산자라고 함.

유밀과 [yumilgwa]

영 Fried sweet honeyed pastries
프 Pâtisserie au miel sucrée et frite
중 油蜜果 yóumìguǒ
일 ユミルグヮ, 小麦粉の揚げ菓子

한과. 밀가루나 쌀가루를 꿀, 기름을 넣어 반죽해서 여러 모양으로 빚어 기름에 튀겨서 꿀이나 조청을 바르거나 집청한 것.

유자-단자 [yuja-danja]

영 Citron with sweet rice ball
프 Citron à la boule de riz sucrée
중 柚子团子 yòuzituánzi
일 ユジャダンジャ, ユズだんご

떡. 유자껍질을 넣은 찹쌀가루를 익반죽하여 익혀서 경단 모양으로 빚어 잣가루나 밤고물을 묻힌 것.
《재료》 찹쌀가루, 유자, 밤, 잣가루, 설탕

유자-정과 [uja-jeonggwa]

영 Glazed citron with syrup
프 Glacé de citron au sirop
중 柚子蜜煎 yòuzimìjiān
일 ユジャチャ, ハニーロースとゆず

한과(정과). 유자를 네 쪽으로 나누어 껍질을 벗겨 설탕물을 넣고 끓이다가 즙과 속을 넣고 함께 조린 것.
《재료》 유자, 설탕, 소금

유자-차 [yuja-cha]

영 Yuja tea(korean citron tea)
프 Thé au 'yuja'(citron coréen)
중 柚子茶 yòuzichá
일 ユジャチャ, ゆず茶

음청류. 유자껍질은 가늘게 채 썰고 씨를 뺀 속도 적당하게 썰어 유자청과 함께 설탕에 절여 두었다가 끓는 물에 조금씩 떠 넣고 마시는 차.
《재료》 유자, 유자청, 껍질, 잣

유자-청 [yuja-chung]

영 Citron juice with syrup
프 Jus de 'yuja'(citron coréen) au sirop
중 柚子糖蜜汁 yòuzitángmìzhī
일 ユジャチョン, ゆず汁

유자를 설탕으로 버무린 다음 항아리에 담고 꿀을 부어 눌러 놓으면 고이는 맑은 즙. 유자를 통으로 속에다 밤채, 대추채, 유자속, 석이버섯을 곱게 채 썰어 설탕을 버무려 재워서 설탕물에 담가 두었던 것으로 후식에 이용되는 것도 유자청이라함.

유자-화채 [yuja-hwachae]

영 Citron punch with pear and pomegranate

프 Punch de 'yuja' à la poire et à la grenade
중 糖水柚子 tángshuǐyòuzi
일 ユジャフワチェ, ゆずカクテル

음청류. 채친 유자 껍질과 속을 토막을 내고 배는 채 썰고 석류는 알알을 떼어 모두 보기 좋게 돌려 담고 꿀물이나 설탕물을 부은 다음 잣을 띄운 음료.

재료 유자, 배, 석류알, 잣, 설탕물

육개장 [yukgaejang]

영 Hot spicy beef and leek soup
프 Ragoût de boeuf épicé et piquant aux poireaux
중 香辣牛肉丝汤 xiānglàniúròusītāng
일 ユッゲジャン, 牛肉と野菜の辛味スープ

국. 쇠고기를 푹 고아 찢어 고춧가루, 파, 마늘, 간장, 기름, 후춧가루로 양념하여 굵은 파를 길쭉길쭉 하게 썰어 국물에 많이 넣고 끓인 국.

재료 양지머리, 양, 곱창, 파, 마늘, 고추장, 참기름, 식용유, 청장, 소금, 후춧가루

육류 [yukryu]

영 Meat (beef, pork, poultry, lamb)
프 Viande (boeuf, porc, volaille, mouton)
중 肉类 ròulèi
일 ユクリュウ, 肉類

네발 달린 짐승의 고기의 통칭.

육수 [yuksu]

영 Beef broth
프 Bouillon de boeuf
중 肉汤 ròutāng
일 ユクス, 肉のスープ

고기를 물에 넣어 고기 맛이 울어나도록 끓인 국물.

육-젓 [yuk-jeot]

영 Pickled shrimp captured at June
프 Crevette marinée prise au mois de juin
중 六月虾子酱 liùyuèxiāzijiàng
일 ユクジョッ, ろくがつのえび塩辛

젓갈. 6월에 잡은 새우로 소금을 넣어 담근 새우젓, 새우의 살이 좋고 굵으며, 흰색 바탕에 붉은 색이 섞여 있음.

육포 [yukpo]

영 Dried beef jerky
프 Emincés de boeuf sèchée
중 肉干 ròugān
일 ユクポ, ほしし

포(脯). 쇠고기 우둔 부위를 얇게 저며 간장, 후춧가루, 설탕 등으로 양념하여 말린 것.

재료 우둔, 간장, 설탕, 파, 마늘, 후춧가루, 참기름, 잣가루

ㅇ

육포-쌈 [yukpo-ssam]

영 Jerked beef wrapping pine nut
프 Tranche de boeuf séchée enveloppant pignes de pin
중 肉脯包坚果 ròufǔbāojiānguǒ
일 ユッポサム, ほしし包み

포(脯). 얇게 저민 쇠고기에 간장, 설탕, 후춧가루로 조미하여 육포재료를 만들어 실백이나 호두를 싸서 송편 모양으로 말린 것. 쇠고기를 얇게 떠야 좋으며 참기름은 먹을 때 칠하는 것이 좋다.

육회 [yukhoe]

영 Seasoned raw beef (julienne cut)
프 Boeuf cru assaisonné
중 生拌牛肉 shēngbànniúròu
일 ユッケ, 牛さし

회(膾). 쇠고기의 기름기 없는 우둔 부위를 가늘게 채 썰어 양념하여 채 썬 배, 마늘 편과 함께 먹는 술안주 감.
《재료》 쇠고기(우둔), 배, 마늘, 잣가루, 간장, 설탕, 깨소금, 다진 파, 마늘, 후춧가루, 참기름

육회-돌솥-비빔밥(곱돌 육회 비빔밥) [yukhoe-dolsot-bibimbap(gopdol yukhoe bibimbap)]

영 Bibimbap with seasoned raw beef in a clay pot
프 Bibimbap au boeuf cru assaisonné dans un pot de terre
중 生牛肉石锅拌饭 shēngniúròushíguōbànfàn, 鲜牛肉石锅拌饭 xiānniúròushíguōbànfàn
일 ユッケドルソッビビンバッブ, 牛さし石焼きビビンバー

밥. 여러 가지 채소가 들어간 비빔밥에 육회를 넣어 돌솥에 담아 뜨겁게 비벼 먹을 수 있도록 한 것. 곱돌 육회 비빔밥이라고도 함.
《재료》 쌀, 호박, 당근, 숙주, 콩나물, 달걀, 쇠고기, 표고, 밤, 파, 마늘, 깨소금, 참기름, 후춧가루

율란 [yullan]

영 Mashed chestnut sweet
프 Boulettes de purée de marrons(Châtaignes sucrées)
중 栗丸 lìwán
일 ユルラン, 潰した栗にケイヒ粉と砂糖をいれて再び栗形にしたもの

한과(숙실과). 삶아 으깬 밤에 계피가루와 설탕 또는 꿀을 섞고 밤 모양으로 만든 후 잣고물을 묻힌 것.
《재료》 밤, 계피가루, 설탕 또는 꿀, 잣

율무가루-죽 [yulmugaru-juk]

영 Job's tear powder porridge

프 Porridge de farine de yulmou
중 薏米粥 yìmǐzhōu
일 ユルムガルジュック, ハトムギ粉おかゆ

죽. 율무가루에 찹쌀가루를 조금 섞어 (3:1) 쑨 것.

율무-단자 [yulmu-danja]

영 Job's tear and sweet rice balls
프 Yulmou aux boules de riz sucrées
중 薏米团子 yìmǐtuánzi
일 ユルムダンジャ, ハトムギだんご

떡. 율무가루와 찹쌀가루를 섞어 익반죽하여 둥글납작하게 빚은 다음 삶아 건져 동글동글 빚어서 고물을 묻힌 것.

재료 율무가루, 찹쌀가루, 설탕, 소금

율무-차 [yulmu-cha]

영 Milled job's tear tea
프 Thé aux grains de 'yulmu'
중 薏米茶 yìmǐchá
일 ユルムチャ, はとむぎ茶

음청류. 율무쌀을 볶아 가루를 만들어 꿀이나 설탕물에 풀어 마시는 차.

재료 율무쌀, 미숫가루, 설탕물이나 꿀

은어-회 [euneo-hoe]

영 Seasoned raw sweet fish
프 Plecoglossus altivelis cru assaisonné
중 生香鱼片 shēngxiāngyúpiàn
일 ウノフェ, アユさしみ

회(膾). 일명 도루묵이라 하는 생선으로 겉을 깨끗이 씻어 살점을 두 조각 편으로 썰어 고추장에 무치거나 찍어 먹음.

재료 은어, 초고추장

은행-단자 [eunhaeng-danja]

영 Gingko nuts with sweet rice balls
프 Amandes de ginko aux boules de riz sucrées
중 白果团子 báiguǒtuánzi
일 ウンヘンダンジャ, 銀杏だんご

떡. 찹쌀과 은행을 섞어 가루로 만든 후 익반죽하여 쪄서 은행 알 만큼씩 빚어 꿀을 바르고 잣가루, 대추채, 밤 고물 등을 묻힌 것.

재료 찹쌀, 은행, 잣, 대추, 밤, 설탕

은행-정과 [eunhaeng-jeonggwa]

영 Candied ginkgo-nut
프 Glacé de ginkgo
중 银杏蜜煎 yínxìngmìjiān, 白果蜜煎 báiguǒmìjiān
일 ウンヘンジョングヮ, ギンナンゼリー

한과(정과). 은행의 겹질과 속겹질을 벗긴 후 꿀이나 설탕물에 조린 것.

재료 은행, 꿀 또는 설탕물

이강-주 [igang-ju]

영 Rice wine with pear and ginger
프 Alcool de riz à la poire et au gingembre
중 梨姜酒 líjiāngjiǔ
일 イガンジュ, ナスとショウガのお酒

민속주. 전북 전주와 황해도의 민속주인 이 술은 고급 약소주로 배즙과 생강이 가미됨. 알코올 도수 30도 담황색을 띤 술.

재료 소주, 배즙, 생강, 계피, 울금

이동 갈비 [idong galbi]

영 Grilled ribs marinated in soy sauce, Idong style
프 Côtes de boeuf en marinade à la sauce de soja à Idong
중 二东排骨 èrdōngpáigǔ
일 イドンカルビ, イドンカルビ

갈비구이. 포천지방 이동이라는 마을에서 만드는 방법으로 구운 갈비구이. 자른 갈비의 크기가 작고 고깃살이 잘 빠질 수 있도록 한 것.

인삼-무침 [insam-muchim]

영 Seasoned fresh ginseng
프 Ginseng frais assaisonné
중 生拌人参 shēngbànrénshēn
일 インサムムチツム, 朝鮮人参の和え物

생채. 수삼을 가늘게 썰어 고운 고춧가루를 넣어 붉은 물을 드리고 참기름, 깨소금, 소금, 설탕을 넣고 버무린 것.

인삼-정과 [insam-jeonggwa]

영 Candied fresh ginseng
프 Ginseng frais au sirop
중 人参蜜煎 rénshēnmìjiān
일 インサムジョングヮ, 朝鮮人参·果物·生姜·蓮根·蜂蜜入りのお菓子

한과(정과). 인삼을 삶아서 연하게 되면 꿀이나 조청, 설탕, 소금을 넣고 조린 것.

인삼-주 [insam-ju]

영 Ginseng wine
프 liqueur de ginseng

중 人参酒 rénshēnjiǔ
일 インサムジュ, 朝鮮人参酒

민속주. 술을 만들 때 인삼을 넣어 함께 빚거나 인삼가루를 주머니에 담아서 술독에 담가 만든 술. 보약으로 많이 마심.

인삼-차 [insam-cha]

영 Ginseng tea
프 Thé au ginseng
중 人参茶 rénshēnchá
일 インサムチャ, 朝鮮人参茶

음청류. 인삼, 대추, 황률에 물을 부어서 오래 달인 후 꿀을 넣고 실백을 띄워 마시는 차.

《재료》 인삼, 대추, 황률(생을 말린 것), 꿀물, 실백

인절미 [injeolmi]

영 Coated glutinous rice cake
프 Gâteau de riz glutineux enduit
중 糯米切糕 nuòmǐqiēgāo
일 インジョルミ, キナコもち

떡. 찹쌀을 쪄서 여러 번 쳐서 찰기를 낸 후 고물을 묻힌 것. 고물에는 콩가루, 팥고물, 흑임자가루 등이 쓰임.

《재료》 찹쌀, 콩가루, 설탕

임연수어-구이 [imyeonsueo-gui]

영 Grilled atka fish
프 Poisson atka grillé
중 烤多线鱼 kǎoduōxiànyú
일 イミョンスグイ, ほっけの塩焼き

구이. 임연수는 껍질이 질기고 잔 비늘이 있어 이를 잘 긁어 깨끗이 씻은 후 내장을 빼고 펴서 소금에 절인 자반으로 굽거나 양념장을 뿌려 굽는다. 비린내가 없어 껍질까지 먹을 수 있다. 옛날 강원도 원님이 임연수 껍질에 밥 싸먹느라고 탕진이 되었다는 말도 있듯이 별미가 있다.

임자수탕 [imjasutang]

영 Chilled sesame and chicken soup
프 Soupe froide de sésame et de poulet
중 荏子鸡汤 rěnzijītāng
일 イムザスタン, 野菜とごまのチッキンスープ

국. 닭을 고아서 밭친 찬 국물에 거피한 깨를 갈아서 섞은 국물에 알지단, 미나리초대, 닭고기 살 등을 고명으로 넣어 만든 국. 보기도 좋고 맛도 있으며 영양도 고루 함유되어 있는 고급요리 중의 하나.

재료 닭, 쇠고기, 달걀, 오이, 표고, 미나리, 홍고추, 파, 마늘, 생강, 흰깨, 소금, 후춧가루, 녹말가루

잉어-회 [ingeo-hoe]

영 Raw carp with vinegared red pepper sauce
프 Carpe crue tranchée à la sauce de piment rouge vinaigré
중 生鲤鱼片 shēnglǐyúpiàn
일 インオフェ, コイさしみ

회(膾). 잉어의 내장을 빼고 살을 어슷어슷하게 썰어 쑥갓, 상추, 무채와 곁들여 초고추장에 찍어먹는 회.

재료 잉어, 쑥갓, 상추, 무채, 초고추장

자리돔-구이 [jaridom-gui]

영 Grilled damselfish(demoiselle)
프 Demoiselle grillée
중 烤斑鰭光鳃鱼 kǎobānqíguāngsāiyú
일 ジャリドムグイ, スズメダイ焼き

구이. 크기가 작은 자리돔을 통째로 손질하여 소금이나 간장으로만 간하여 군 것.

【재료】 자리(자리돔), 소금, 진간장

자리돔-물회 [jaridom-mulhoe]

영 Raw damselfish in chilled broth
프 Emincé de demoiselle cru au légumes dans un pouillon froid et assaisonné
중 冷水泡生斑鰭光鳃鱼片 lěngshuǐpàoshēngbānqíguāngsāiyúpiàn
일 ジャリフェ, スズメダイさしみ

회(膾). 손질한 자리돔을 잘게 썰어 갖은 양념으로 무친 뒤 깻잎, 풋고추, 부추와 섞고, 찬 양념장 국물을 부어 만든 물회. 자리회라고도 하며, 제주도 향토음식.

【재료】 자리돔, 깻잎, 풋고추, 부추, 파, 마늘, 참기름, 깨소금, 식초

자반 [jaban]

영 Preserved salty side dish food
프 Plat d'accompagnement salé et conservé
중 腌干鱼 yāngānyú
일 ジャバン, 塩もの

비교적 저장성이 있도록 짭짤하게 만든 음식으로 밥반찬 감으로 가공한 생선인 자반굴비, 자반고등어 등과 미역자반, 북어자반과 같은 마른 반찬류에 대한 통칭.

자연송이 산적-구이 [jayeonsongi sanjeok-gui]

영 Pine mushroom and beef brochette
프 Brochette de champignons de pin et de boeuf
중 烤天然松菇牛肉串 kǎotiānránsōnggūniúròuchuàn
일 ジャヨンソンイサンゾクグイ, 自然マツタケと牛肉串

구이. 송이를 쪼개고 쇠고기도 산적 굵기로 썰어 양념하여 꼬챙이에 꿰어 구운 것.

작설-차 [jakseol-cha]

영 Jakseol green tea
프 Thé vert au jacksul
중 雀舌茶 quèshéchá, 白毛尖 báimáojiān
일 ジャクソルチャ, 緑茶

차(茶). 참새 혀와 닮은 찻잎으로 만든 차. 곡우에서 입하 사이에 차나무의 새싹을 따 만든 한국의 전통차.

잔멸치-볶음 [janmyeolchi-bokkeum]

영 Salted small dried anchovies
프 Petits anchois séchés à la sauce de soja sucrée
중 炒小鳀鱼 chǎoxiǎotíyú
일 ジャンミョルチボクム, イリコ炒め

볶음. 잔멸치를 기름에 볶고 양념고추장이나 풋고추나 양념을 넣어 볶으면서 맛을 들인 것.

【재료】 잔멸치, 풋고추, 당근, 통깨, 간장, 설탕

잔치-국수 [janchi-guksu]

영 Banquet noodles
프 Nouilles de fête
중 长寿面 chángshòumiàn,

筵席面 yánxímiàn
일 ジャンチグックス, 韓国風にゅうめん

국수. 삶아 건진 국수에 고명으로 쇠고기, 지단, 애호박, 버섯 등을 따로 볶아 국수에 얹고 장국을 부어 잔치 때 많이 이용됨.
《재료》 국수, 쇠고기, 지단, 애호박, 버섯, 간장, 파, 마늘, 참기름, 소금

잡곡-밥 [japgok-bap]

영 Cooked cereals
프 Céréales diverses cuites
중 杂粮饭 záliángfàn
일 ジャプコックバップ, 雜穀ご飯

밥. 쌀 외에 보리, 밀, 조, 수수, 콩 등 여러 가지 곡류를 넣어 지은 것.

잡과-병 [japgwa-byeong]

영 Cooked glutinous ricedlkyo cake
프 Gâteau de riz glutineux cuit
중 各色水果粳米蒸糕 gèsèshuǐguǒjīngmǐzhēnggāo
일 ジャプグヮビョン, 雜穀もち(粳米)

떡. 멥쌀가루에 밤, 대추, 곶감, 승검초가루, 계피가루, 설탕 등을 섞어 색을 달리 버무려 찐 설기떡(흰색, 노란색, 푸른색 등의 잡과가 섞인 떡).
《재료》 멥쌀가루, 꿀, 설탕, 밤, 대추, 곶감, 계피가루, 승검초가루

잡과-편 [japgwa-pyeon]

영 Sticky rice coated with honey and fruits(honey and fruits)
프 Fruits de riz glutineux enveloppés de miel et de fruits
중 栗子馅糯米糕 lìzixiànnuòmǐgāo
일 ジャプグヮピョン, 雜穀栗餡もち(もち米)

떡. 찹쌀가루를 반죽하여 끓는 물에 삶아 치대어 밤소를 넣고 경단 크기로 둥글게 빚어 꿀을 바른 뒤 준비된 석이채, 대추채, 청매채, 밤채 등의 고명을 묻힌 것.

잡-누름적 [jab-nurumjeok]

영 Skewered beef abalone and mushroom
프 Brochette au boeuf, abalone et champignon
중 干煎什锦菜肉串 gānjiānshíjǐncàiròuchuàn
일 ジャプヌルムジョク, 牛肉·あわび·きのこの串

적(炙). 쇠고기, 양, 전복, 송이(표고), 움파, 당근 등을 각각 5~6mm, 길이는 6~7cm로 썰어서 양념하고 볶아두고, 달걀지단도 부쳐 같은 크기로 만들어 대꼬챙이에 꿰어 밀가루나 밀가루 반죽에 묻혀 기름에 지진 것.
《재료》 쇠고기, 양, 전복, 송이(표고), 움파, 당근, 달걀, 밀가루, 식용유

잡-산적 [jap-sanjeok]

영 Brochette beef with vegetables

프 Brochette de boeuf aux légumes
중 烤什锦菜肉串 kǎoshíjǐncàiròuchuàn
일 ザブサンゾク, 牛肉·肝·センマイ·松たけの串

적(炙). 쇠고기와 간, 양, 천엽, 파, 버섯을 같은 크기로 썰어 양념하여 볶아 꼬챙이에 꿰어 양념을 한 것.
《재료》 쇠고기, 간, 양, 천엽, 송이, 간장, 설탕, 파, 마늘, 소금, 참기름, 깨소금, 후춧가루

잡-젓 [jab-jeot]

영 Pickled various fish
프 Poissons variés saumurés
중 什锦鱼酱 shíjǐnyújiàng
일 ジャップジョッ, 雑魚の塩辛

젓갈. 여러 가지 잔 생선을 모아서 젓갈로 담은 젓갈.

잡채 [japchae]

영 Sauted vegetables and beef with vermicelli
프 Légumes et boeuf sautés aux vermicelles
중 炒粉丝 chǎofěnsī, 拌冬粉 bàndōngfěn
일 ジャプチェ, 韓国風春雨

볶음. 당면을 끓는 물에 넣어 건져 볶고 쇠고기와 여러 색색의 채소도 채 썰어 볶아 갖은 양념을 넣어 맛들인 요리. 당면이 너무 많이 들어간 것은 잘못 만든 것.
《재료》 당면, 쇠고기, 표고, 목이, 당근, 양파, 시금치, 도라지, 달걀, 파, 마늘, 간장, 설탕, 후춧가루, 소금, 참기름, 깨소금

잡채-밥 [japchae-bap]

영 Sauteed beef and vegetables with vermicelli and rice
프 Boeuf et légumes sautés aux vermicelles et riz
중 炒粉丝加白饭 chǎofěnsījiābáifàn
일 ジャプチェバップ, 春雨ご飯

밥. 잡채를 그릇 한쪽에 담고 쌀밥을 담아 함께 먹는 일품요리.
《재료》 쌀밥, 당면, 당근, 쇠고기, 시금치, 달걀, 표고, 파, 마늘, 간장, 참기름

잡-탕 [jap-tang]

영 Flavored beef and vegetables soup
프 Soupe de boeuf aux légumes
중 牛杂碎汤 niúzásuìtāng
일 ジャプタン, 牛肉·チヂミ·ミートボール·野菜のスープ

ㅈ

국. 쇠고기를 편육과 전으로 만들고 미나리초대, 당근, 버섯, 양파, 파 등도 같은 크기로 잘라 모양 있게 담아 육수를 넣어 끓인 것. 고급 음식에 속함.
《재료》 쇠고기, 미나리, 당근, 버섯, 양파, 달걀, 완자, 파, 마늘, 간장, 참기름, 깨소금 소금, 후춧가루

잣-강정 [jat-gangjeong]

영 Puff rice cake coated with pine nuts
프 Gâteau de riz gonflé recouvert de pignes de pin
중 松子糖果 sōngzǐtángguǒ
일 ジャッガンジョン, 松のみおこし

한과. 고물로 잣을 묻혀 만든 강정.

잣-구리 [jat-guri]

영 Glutinous rice cake coated with pinenuts
프 Gâteau de riz glutineux revêti de pignons
중 栗子馅松子粘糯米糕 lìzixiànsōngzǐniánnuòmǐgāo
일 ザッグリ, 松のみの粉をまぶしたお餅

ㅈ

떡. 찹쌀가루를 반죽하여 소를 넣고 삶은 후 잣가루를 묻힌 것.

《재료》 찹쌀가루, 잣, 콩, 깨, 밤, 설탕

잣-박산 [jat-baksan]

영 Pine nuts candy
프 Friandise de pignons
중 薄片松子米花糖 bópiànsōngzǐmǐhuātáng
일 ジャッバクサン, 松のみ菓子

한과. 엿, 설탕, 꿀을 섞은 것을 끓여 시럽을 만든 후 잣에 섞고 반대기에 얇게 밀어 굳히고 작은 네모로 썬 것.
《재료》 잣, 설탕, 엿, 꿀

잣-엿-강정 [jat-yeot-gangjeong]

영 Pine nuts candy
프 Bonbon de pigne de pin
중 松子糖稀糖果 sōngzǐtángxītángguǒ
일 ジャッヨッガンジョン, 松のみおこし

한과. 묽게 녹인 엿에 껍질 벗긴 잣을 넣고 뭉쳐 반대기를 지어 굳혀서 썬 것. 잣박산과 같은 것이나 엿이 좀 많이 들어간다. 잣박산은 엿이 보이지 않고 잣이 서로 붙은 것 같이 보임.

잣-죽 [jat-juk]

영 Pine nut porridge
프 Bouillie de riz au pignon
중 松子粥 sōngzǐzhōu, 松仁粥 sōngrénzhōu
일 ジャッジュック, 松のみおかゆ

죽. 쌀을 불려 갈고 잣도 갈아 놓은 후 쌀을 먼저 끓이고 잣즙을 섞어 오래 끓인 것.
《재료》 쌀, 잣, 소금

잣-즙 [jat-jeup]

영 Ground pine nut with water

㉥ Pignon moulu dans l'eau
㉧ 松子汁 sōngzǐzhī
㉡ ジャッズブ, 松のみ汁
음청류. 잣에 물을 조금 넣고 곱게 간 것. 국수를 말아먹거나 채소, 냉채 등을 무칠 때 이용됨.

장국-밥 [jangguk-bap]

㉤ Cooked rice with beef broth and garnish
㉥ Riz cuit au bouillon de boeuf avec la garniture
㉧ 酱汤饭 jiàngtāngfàn, 酱汤泡饭 jiàngtāngpàofàn
㉡ ジャングックバッブ, 牛とご飯入れスープ

밥. 소의 사태, 양지머리 등으로 만든 장국에 밥을 말고 고기산적, 알지단 등의 고명을 얹은 서울 지방의 일품요리.
《재료》 쌀밥, 양지머리, 무, 고사리, 콩나물, 쇠고기, 간장, 파, 마늘, 깨소금, 참기름, 후춧가루, 청장

장국-죽 [jangguk-juk]

㉤ Rice gruel with beef broth
㉥ Porridge de riz au bouillon de boeuf
㉧ 酱汤粥 jiàngtāngzhōu
㉡ ジャングックジュック, 牛スープおかゆ

죽. 쇠고기를 잘게 썰어 양념하여 끓인 장국에 쌀을 넣어 오래 끓인 것.
《재료》 쌀, 쇠고기, 마늘, 다진 파, 소금, 청장, 참기름, 후춧가루

장-김치 [jang-kimchi]

㉤ Unfermented kimchi in soy sauce
㉥ Kimchi déferменté à la sauce de soja
㉧ 酱腌水泡菜 jiàngyānshuǐpàocài
㉡ ジャンキムチ, 醤油漬けの水キムチ

물김치. 간장에 절인 배추 속대와 무를 배, 미나리, 버섯, 밤, 파, 마늘, 생강, 실고추 등을 섞어 버무린 김치. 만들어 바로 먹을 수 있고 짧은 기간 동안 먹을 수 있는 맵지 않은 김치.
《재료》 배추 속대, 무, 간장, 배, 미나리, 석이, 표고, 밤, 파, 마늘, 생강, 설탕, 실고추

장땡이 [jangttaengi]

㉤ Soybean paste patties
㉥ Pâte de soja
㉧ 大酱煎饼 dàjiàngjiānbing
㉡ ジャンテンイ, 味噌焼き餅
구이. 장떡의 다른 이름.

장떡 [jangtteok]

㉤ Soybean paste mixed with rice powder patties
㉥ Pâte de soja mélangée de pâtés de farine de riz
㉧ 大酱煎饼 dàjiàngjiānbing
㉡ ジャントック, 唐味噌焼き餅
구이. 일명 장땡이. 된장에 찹쌀가루

ㅈ

와 다진 고기, 파, 마늘 후춧가루, 통깨 등을 섞어 작고 둥글게 반대기를 지어 꾸둑하게 말린 것. 여름 찬으로 먹을 때에는 석쇠에 살짝 구워 식사 때 조금씩 밥반찬으로 이용된 개성 지방의 향토음식.

재료 된장, 찹쌀가루, 고기, 마늘, 파, 통깨

장똑똑이 [jangttokttoki]

영 Glazed beef julienne in soy sauce and honey
프 Boeuf verni de la sauce de soja et du miel
중 酱暴牛臀肉丝 jiàngbàoniútúnròusī
일 ジャントクトギ, 牛の尻肉の炒め

볶음. 쇠고기 우둔살을 잘게 채 썰어 볶아 간장 양념에 조리다가, 참기름, 꿀, 깨 등을 넣어 다시 볶는듯하게 만든 고기 찬.

재료 쇠고기, 생강 채, 흰 파 채, 마늘, 간장, 설탕, 후추, 깨소금

장산적 [jangsanjeok]

영 Braised beef patties
프 Carrés de boeuf assaisonnés et adoucis plats mijotés boeuf panées
중 酱烤牛肉片 jiàngkǎoniúròupiān
일 ジャンサンジョク, 牛肉の薄焼き

구이. 도톰하고 넓적하게 저민 쇠고기를 잔칼질하여 보드랍게 한 후 갖은 양념을 하여 번철에 굽기만 하거나 다시 간장 양념하여 조린 것. 섭산적을 장조림하면 장산적이 됨.

재료 쇠고기, 두부, 잣가루, 소금, 깨소금, 파, 다진 마늘, 간장, 설탕, 후춧가루, 참기름

장아찌 [jangajji]

영 Pickled vegetables in soy sauce (soy bean paste or hot pepper paste)
프 Légumes marinés dans la sauce de soja
중 酱菜 jiàngcài
일 ジャンアチ, 漬物

밑반찬류. 채소나 열매채소 등을 손질하여 간장이나 된장, 고추장에 박아 만든 음식으로 무장아찌, 쪽파장아찌, 참외장아찌, 천초장아찌, 콩잎장아찌, 파장아찌, 토란장아찌, 풋고추장아찌 등 여러 가지가 있다.

장어-구이 [jangeo-gui]

영 Grilled marinated eel(seasoned broiled eel)

프 Anguilles assaisonnées et grillées
중 烤鳗鲡 kǎománlí, 烤鳗鱼 kǎományú
일 ジャンオグイ, うなぎの蒲焼

구이. ① 장어 배를 갈라 손질한 후 고추장, 간장, 설탕, 파, 마늘, 참기름 등으로 양념하여 구운 것. ② 장어를 살짝 찌거나 생으로 설탕이 가미된 단간장양념을 발라가며 구운 것으로 지방분이 많고 비타민 A가 많다.

장어-조림 [jangeo-jorim]

영 Braised eel in seasoned soy sauce
프 Anguille mijotée à la sauce de soja assaisonnée
중 炖鳗鲡 mánlí, 炖鳗鱼 dùnmányú
일 ジャンオジョリム, うなぎの煮付け

조림. 장어의 뼈를 빼내고 손질하여 소금을 뿌려 한 번 구어 낸 후 간장 양념에 조린 것.
(재료) 장어, 진간장, 파, 마늘, 설탕, 조미술, 후춧가루

장-조림 [jang-jorim]

영 Braised beef in soy sauce
프 Boeuf mijoté à la sauce de soja
중 酱炖牛肉 jiàngdùnniúròu
일 ジャンジョリム, 牛肉の醤油煮込み

조림. 쇠고기를 작은 토막으로 잘라 간장에서 오랫동안 끓여 익혀 낸 것.

재첩-국 [jaecheop-guk]

영 Edible cockle shell soup
프 Soupe aux palourdes
중 乌蛤清汤 niǎogéqīngtāng
일 ジェチョプグック, しじみスープ

국. 작은 새조개를 삶아 살을 빼고 그 국물에 넣어 소금으로 간한 것. 경상도 향토음식.
(재료) 재첩, 소금, 파, 마늘

전복-소라-회 [jeonbok-sora-hoe]

영 Sliced abalone and conch with vinegared soy sauce
프 Ormeaux crus et conques tranchés à la sauce de soja vinaigrée
중 生鲍鱼海螺片 shēngbàoyúhǎiluópiàn
일 ジョンボクソラフェ, あわびとサザエさしみ

회(膾). 전복과 소라의 껍질을 떼고 얇게 저며 초장에 찍어먹는 회.

전복-쌈 [jeonbok-ssam]

영 Sliced abalone wrapping pine nut
프 Ormeaux tranchés enveloppés de pignes de pin
중 鲍鱼片包松子 bàoyúpiànbāosōngzǐ
일 ジョンボクサム, 薄切りのあわび包み

쌈. 전복을 얇게 편으로 저며 속에 실백을 넣고 한 쪽을 덮어서 꼭꼭 눌러 반달 모양이 되도록 한 것.
(재료) 전복 살 얇게 저민 것, 잣

ㅈ

전복-조림 [jeonbok-jorim]

영 Cooked abalone with crust
프 Ormeaux à la croûte bouillis
중 炖鲍鱼 dùnbàoyú
일 ジョンボクジョリム, あわびの煮付け

조림. 전복을 껍질째 깨끗이 씻어 껍질이 밑으로 가게하고 겹치지 않도록 한 켜로 놓고 소금, 참기름을 섞어 전복에 발라 냄비에 물을 넣어 끓으면 전복을 뒤집어서 잠깐 익힌다. 다 익었으면 전복을 꺼내어 얄팍하게 썰어서 다시 껍질에 담아냄.

전복-죽 [jeonbok-juk]

영 Rice gruel with abalone
프 Porridge de riz aux ormeaux
중 鲍鱼粥 bàoyúzhōu
일 ジョンボクジュック, アワビおかゆ

죽. 전복을 작게 썰어 쌀과 함께 볶다가 물을 넣어 오래 끓인 것.
《재료》 쌀, 전복, 참기름, 청장

전복-찜 [jeonbok-jjim]

영 Simmered abalone
프 Ormeaux mijotés à la sauce de soja
중 蒸鲍鱼 zhēngbàoyú
일 ジョンボクチム, あわびの蒸し煮

찜. 전복을 삶아 통째로 또는 저며서 쇠고기, 해삼, 문어, 홍합, 버섯 등을 조금 섞어 간장 양념장과 꿀에 버무리고 물을 넣어 푹 무르도록 하여 전복껍질에 담는다.
《재료》 전복, 쇠고기, 표고, 은행, 청장, 간장, 다진 파, 마늘, 설탕, 깨소금, 참기름, 후춧가루

전복-초 [jeonbok-cho]

영 Abalones in soy sauce
프 Ormeaux mijotés et assaisonnés
중 煮炒鲍鱼 zhǔchǎobàoyú
일 ジョンボクチョ, あわびの醤油煮込み

조림(초). 전복을 푹 익혀서 간장, 설탕, 후춧가루를 넣어 짜지 않고 간장물이 남지 않도록 조린 것.
《재료》 마른 전복, 쇠고기, 녹말, 잣가루, 마늘, 설탕, 간장, 생강, 고춧가루

전복-회 [jeonbok-hoe]

영 Sliced raw abalones
프 Ormeaux crus émincés
중 生鲍鱼片 shēngbàoyúpiàn
일 ジョンボクフェ, あわびさしみ

회(膾). 전복의 껍질을 떼고 얇게 저며 초장에 찍어 먹는 생회가 있고, 전복을

살짝 데쳐 얇게 저민 후 초고추장에 먹는 숙회가 있음.

전어-조림 [jeoneo-jorim]

영 Cooked shad with soy sauce
프 Alose cuite à la sauce de soja
중 炖窝斑鰶 dùnwōbānjì
일 ジョンボクジョリム, ニシンの醬油煮付け

조림. 청어류에 속한 전어를 비늘을 긁고 간장, 파, 마늘 등 양념을 넣어 조린 것으로 맛은 아주 좋은데 가시가 있어 어린아이가 먹기에는 좋지 않다.

전어-회 [jeoneo-hoe]

영 Sliced raw shad fillet with seasoning
프 Filet d'alose crue émincée avec assaisonnement
중 生窝斑鰶片 shēngdùnwōbānjìpiàn
일 ジョノフェ, ニシンさしみ

회(膾). 잔 생선으로 가시가 많은 전어를 손질하여 칼에 기름을 발라 얇게 저민 다음 채 치고 가늘게 채 썬은 파와 실고추, 소금을 넣고 간한 것.

〈재료〉 전어 살, 참기름, 파, 실고추, 마늘, 초고추장

전주 비빔-밥 [jeonju bibim-bap]

영 Cooked rice with beef and vegetables Jeonju style
프 Riz cuit au boeuf et aux légumes à la Jeonju
중 全州拌饭 quánzhōubànfàn
일 ジョンジュビビンバップ, ジョンジュビビンバ

밥. 전주 지방의 대표 음식으로 밥을 담고 그 위헤 여러 가지 나물과 양념한 쇠고기볶음을 보기 좋게 담아 달걀을 얹어 비벼먹도록 한 음식. 콩나물국과 함께 먹는다. 비빔밥 중 이름이 나 있는 전통음식 중 하나.

〈재료〉 밥, 쇠고기, 애호박, 도라지, 고사리, 미나리, 달걀, 참기름, 고추장

전주 콩나물-국밥 [jeonju kongnamul-gukbap]

영 Cooked rice in bean sprouts soup
프 Riz cuit à la soupe de pousses de soja
중 全州黄豆芽汤饭 quánzhōuhuángdòuyátāngfàn
일 ジョンジュコンナムルグックパップ, ジョンジュご飯いれ豆もやしスープ

일품 요리. 콩나물국에 밥을 말아 생달걀을 깨뜨려 넣어 뜨겁게 먹는 음식.

절편 [jeolpyeon]

영 Patterned rice cake(patterned-pressed rice cake)
프 Gâteau de riz à la pression et au dessin
중 印糕 yìngāo
일 ジョルピョン, 粳米の切り餠

떡. 멥쌀가루를 찌고 안반에 쳐서 굵은 가래떡을 만든 후 떡살로 문양을 찍어 썰거나 둥글게 찍어서 기름을 바른 것. 흰색 편, 쑥절편(쑥을 넣은 것) 등이 있다.

〈재료〉 쌀가루, 쑥, 참기름, 소금

ㅈ

젓국-찌개 [jeotguk-jjigae]

영 Seasoned stew with fermented shrimp sauce
프 Ragoût assaisonné à la sauce de crevette fermentée
중 虾酱(炖)汤 xiājiàng(dùn)tāng
일 ジョッグックチゲ, 豆腐·明太子·アミ塩辛のチゲ鍋

찌개. 찌개국물에 알젓을 토막 내어 넣고 두부도 넣어 새우젓국으로 간을 맞춰 끓인 것.

재료 명란젓, 무, 두부, 파, 마늘, 새우젓, 고춧가루

제육 [jeyuk]

영 Pork
프 Porc
중 猪肉 zhūròu
일 ジェユック, 味付け豚肉

돼지고기. 원래 저육(豬肉)이라 했다가 제육이라 하게 되었다. 일반적으로 편육으로 만든 돼지고기를 편육이라 칭하는 사람도 있다.

제육(고추장)-구이 [jeyuk(gochujang)-gui]

영 Grilled pork with red pepper paste
프 Porc grillé à la pâte de piment rouge
중 烤(辣酱)猪肉 kǎo(làjiàng)zhūròu
일 ジェユック(ゴチュジャン)グイ, 豚肉の辛味噌焼き

구이. 돼지고기를 얇게 저며 고추장과 같은 양념을 넣어 재어 놓았다가 구운 것.

재료 돼지고기, 고추장, 파, 마늘, 설탕, 참기름, 후춧가루

제육-보쌈 [jeyuk-bossam]

영 Sliced pork and cabbage leaves for wrapping
프 Porc tranché et les feuilles de chou pour envelopper
중 菜包蒸猪肉片 càibāozhēngzhūròupiàn
일 ジェユックボサム, 味付け豚肉の野菜包み

쌈. 돼지고기를 삶아 편육으로 썰고 생절이와 함께 배춧잎에 쌓아 먹도록 옆옆에 담아 놓은 음식.

재료 돼지고기, 편육, 무생채, 배추 속대 잎

제육-볶음 [jeyuk-bokkeum]

영 Sauteed pork
프 Porc sauté
중 辣炒猪肉 làchǎozhūròu
일 ジェユックボックム, 豚肉の甘辛炒め

볶음. 돼지고기 볶음과 같은 말.

재료 제육, 다홍 고추, 파 채, 간장, 고추장, 파, 마늘, 생강, 설탕, 깨소금, 참기름

제육-조림 [jeyuk-jorim]

영 Soy sauce braised pork
프 Porc mijoté à la sauce de soja
중 酱炖猪肉 jiàngdùnzhūròu
일 ジェユックゾリム, 豚肉の醤油煮付け

조림. 돼지고기에 간장, 고추장, 참기름, 마늘, 생강즙, 설탕을 넣고 익으면서 국물이 많이 없어지도록 조린 것.

제육-편육 [jeyuk-pyeonyuk]

영 Pressed and sliced pork meat
프 Tranché de porc pressée
중 白切猪肉 báiqiēzhūròu, 猪肉片 zhūròupiàn
일 ジェユックピョンユック, 煮豚肉の薄切り

편육. 돼지고기 삼겹살이나 덩어리 고

기를 물에 삶아 익혀서 무겁게 눌러 두었다가 얇게 썰어 편육을 한 것. 돼지고기 편육이라고도 함.
재료 돼지삼겹살, 파, 마늘, 소금, 생강, 새우젓국, 깨소금, 식초, 고춧가루, 참기름

제주 오메기-술 [jeju omegi-sul]

영 Millet thick wine
프 Vin de millet trouble
중 济州黏小米酒 jǐzhōuniánxiǎomǐjiǔ
일 チェジュオメギスル, チェジュ粟の醗酵酒

민속주. 좁쌀 오메기와 누룩으로 발효시켜 암갈색의 뽀얀 청주가 고이고 바닥에 침전된 부분(밑국)이 오메기 술로 독특한 향미가 있다. 제주도 민속주.
재료 차좁쌀, 물, 누룩

제호-탕 [jeho-tang]

영 Boiled medical herb in cold beverage
프 Boisson froide aux herbes médicales bouillies
중 酸梅汤 suānméitāng
일 ゼホタン, ハブの蜂蜜飲料

음료. 오매육, 색단향, 사인, 초과 등을 물을 붓고 다려서 즙을 낸 후 꿀을 넣고, 다시 달여 찬물에 타서 마시는 음료로 여름철 보양음료로 단오일에 내의원에서 만들어 임금께 진상하였다고 함.

조개-국수 [jogae-guksu]

영 Noodle soup with short neck
프 Soupe de nouilles aux petits coquillages
중 蛤仔刀切面 gézǐndāoqiēmiàn
일 ジョゲグックス, アサリウドン

국수. 밀가루와 콩가루를 섞어 손칼국수를 만들어서 국물이 끓을 때 바지락을 넣어 벌어지도록 익히고 썰은 국수에 호박을 넣어 익으면 부추 썬 것, 숙주, 쑥갓 등을 넣고 바로 그릇에 푼다. 바지락 칼국수와 같다.
재료 밀가루, 콩가루, 바지락, 부추, 숙주, 쑥갓, 호박, 시금치, 청장

조개-송편 [jogae-songpyeon]

영 Clam shaped rice cake
프 Gâteau de riz en forme de coquille
중 蛤蜊松糕 gélisōnggāo
일 ソゲソンピョン, アサリ形のあん餅

떡. 쌀가루를 익반죽하여 소를 넣고 조개 모양으로 빚은 송편.

조개-젓 [jogae-jeot]

영 Pickled small clam meat
프 Coquillages saumurés
중 蛤蜊酱 gélíjiàng
일 ジョゲジョッ, アサリの塩辛

젓갈. 조갯살에 소금을 넣고 젓갈 맛이 들도록 익힌 것.

조개-탕(모시조개-탕) [jogae-tang(mosijogae-tang)]

영 Short necked clam soup
프 Soupe aux petits coquillages
중 蛤蜊清汤 gélíqīngtāng (青蛤清汤 qīnggéqīngtāng)
일 ジョゲタン, アサリスープ

국. 모시조개를 맹물에 삶아서 소금과 쑥갓 잎을 넣어 국물 채 먹는 국.

《재료》 모시조개, 소금, 쑥갓, 파, 마늘, 홍고추

조갯-국 [jogae-guk]

영 Clam soup
프 Soupe aux coquillages
중 蛤蜊清酱汤 gélíqīngjiàngtāng, 青蛤清酱汤 qīnggéqīngjiàngtāng
일 ジョゲクック, オキシジミスープ

국. 국을 끓일 때 모시조개를 넣어 끓인 국.

《재료》 모시조개, 시금치

조기-구이 정식 [jogi-gui jeongsik]

영 Table d'hôte with grilled yellow corvina
프 Table d'hôte à l'ombrine grillée
중 烤黄花鱼定食 kǎohuánghuāyúdìngshí
일 ジョギグイジョンシク, 焼きイシモチ

식단. 조기를 석쇠에 굽고 밥과 기본 찬과 함께 한 끼의 식사를 할 수 있는 식단.

조기-양념장-구이 [jogi-yangnyeomjang-gui]

영 Seasoned and grilled yellow corvina
프 Ombrine grillée et assaisonnée
중 调料酱烤黄花鱼 tiáoliàojiàngkǎohuánghuāyú
일 ジョギヤンニョンジャングイ, イシモチの醬油焼き

구이. 조기를 앞뒤로 드문드문 잔칼질을 해서 양념간장을 발라가며 구운 것.

《재료》 조기, 소금, 파, 마늘, 간장, 생강, 고춧가루, 깨소금, 참기름, 실고추

조기-젓 [jogi-jeot]

영 Pickled yellow corvina (*Psendosciaena manchurica*)
프 Ombrine saumurée
중 黄花鱼酱 huánghuāyújiàng
일 ジョギジョッ, イシモチの塩辛

젓갈. 조기의 비늘을 떼지 말고 아가미 속에 소금을 가득 넣고 몸에도 소금을 뿌려가며 담고 맨 위에 깨끗한 돌로 눌러 뜨지 않도록 하여 봉해둠. 5월 초순부터 6월 중순까지 담그고 양념하여 쪄서 반찬으로 이용되며 김장에도 쓰임.

조기-조림 [jogi-jorim]

영 Braised yellow corvina with seasoning
프 Ombrine mijotée avec assaisonnement
중 炖黄花鱼 dùnhuánghuāyú
일 ジョギジョリム, イシモチの煮付け

조림. 조기를 2~3 토막을 내어 간장, 파, 마늘 등 양념을 넣고 조린 것

《재료》 조기, 쑥갓, 실파, 실고추, 설탕, 간장, 마늘, 생강, 소금, 깨소금

조깃-국 [jogit-guk]

영 Yellow corvina soup
프 Soupe à l'ombrine
중 黄花鱼清酱汤 huánghuāyúqīngjiàngtāng
일 ジョギックック, イシモチスープ

국. 맑은 장국에 조기, 미나리를 넣고 끓인 국. 고추장을 넣고 맵게 끓이기도 함. 경기 지방에서 많이 이용.

《재료》 쇠고기, 조기, 쑥갓, 마늘, 생강, 소금, 참기름, 후춧가루

조란 [joran]

영 Chopped jujube sweet
프 Jujube sucré haché
중 枣丸 zǎowán
일 ゾラン, ナツメの砂糖煮込み

한과(숙실과). 씨를 뺀 대추를 쪄서 곱게 다지고 설탕물에서 조린 후 대추 모양으로 다시 빚어 잣가루를 묻힌 것.
《재료》 대추, 설탕, 잣

조랑떡-만두국 [jorangtteok-manduguk]

영 Pasta soup with cocoon-shaped rice cake and dumplings
프 Bouillon de pâte de riz en forme de cocon et aux raviolis
중 双连珠打糕饺子汤 shuāngliánzhūdǎgāojiǎozitāng
일 ジョラントックマンドゥクック, 小さい団子と餃子のスープ

국. 조랑이 떡국에 만두를 넣어 같이 끓인 것.

조랑이-떡국 [jorangi-tteokguk]

영 Beef soup with cocoon-shaped rice cake
프 Bouillon de boeuf à la pâte de riz en forme de cocon
중 双连珠打糕汤 shuāngliánzhūdǎgāotāng
일 ジョランイチトックグック, 小さい団子のスープ

국. 누에고치 모양의 조랑떡을 쇠고기 장국에 끓인 것. 개성의 향토음식. 조선 초기 옛 고려 충신들의 희생을 안타까이 여긴 송학(개성) 사람들이 이성계의 무리가 미워 앙갚음을 하기 위해 목을 눌러 벌을 주겠다는 의미로 사람의 목과 몸통을 의미하는 조랑떡국을 만들었다고 전해 내려온다.
《재료》 조랑떡, 양지머리, 달걀, 파, 마늘, 깨소금, 참기름, 후춧가루

족발 [jokbal]

영 Glazed pigs feet
프 Pied porc assaisonnéet mijoté
중 炖猪蹄 dùnzhūtí, 香卤猪脚 xiānglǔzhūjiǎo
일 ゾクバル, 豚足の醤油煮

조림. 돼지 족을 깨끗이 손질하여 끓여 익힌 후 간장, 설탕, 생강, 마늘 등을 넣어 윤기 나고 맛있도록 하여 썰어 놓은 것.

족-탕 [jok-tang]

영 Ox foot soup
프 Soupe au pied et à la cuisse de boeuf
중 牛蹄牛腱汤 niútíniújiàntāng,

牛脚牛腱汤 niújiǎoniújiàntāng
일 ゾクタン, 牛足煮込みスープ

탕(국). 소의 족과 사태를 넣고 푹 고아서 살이 연하여 물렀을 때 건져 건더기에 양념을 하여 국물에 넣어 다시 끓인 것.
《재료》 쇠족, 사태, 조선무, 오이, 표고, 실파, 소금, 후춧가루

족-편 [jok-pyeon]

영 Jellied foot meat
프 Gelée de pied de boeuf
중 蹄冻 tídòng, 水晶蹄冻 shuǐjīngtídòng
일 ゾクピョン, 牛足ゼリー

편. 우족을 오랫동안 물에 끓여 껍질을 건져 다져서 다시 넣고 조려서 고명을 위에 얹어 그릇에서 차게 굳힌 것.
《재료》 우족, 생강, 마늘, 소금, 파, 후춧가루, 달걀, 석이, 실고추, 잣가루

족-편 채 [jok-pyeon chae]

영 Jellied beef with vegetables julienne
프 Boeuf en gelée aux légumes julienne
중 拌蹄冻丝 bàntídòngsī
일 ゾクピョンチェ, 野菜飾りの牛足ゼリー

생채. 족편과 편육을 얇게 저며서 3cm 길이와 5mm 너비로 썰어놓고 미나리, 표고, 석이, 양파 등은 채 썰어 소금을 뿌려 번철에 기름을 두르고 볶아 내고, 데쳐낸 숙주와 당근 등에 소금으로 간을 한 다음, 겨자즙을 넣어 고루 섞고 알지단 채를 위에 얹은 것.
《재료》 족편, 쇠고기 편육, 미나리, 표고, 석이, 숙주, 당근, 달걀, 소금, 겨자즙

주꾸미-조림 [jugumi-jorim]

영 Simmered small octopus in soy sauce
프 Petite pieuvre mijotée à la sauce de soja
중 炖短脚章鱼 dùnduǎnjiǎozhāngyú 炖短蛸 dùnduǎnxiāo
일 ズクミジョリム, いいだこの醤油煮付け

조림. 주꾸미를 통으로, 또는 반으로 자르고 쇠고기를 잘게 썰어 양념하여 섞고 간장을 넣고 조린 것.
《재료》 주꾸미, 쇠고기, 파, 마늘, 후춧가루, 참기름, 간장, 실고추

주먹-밥 [jumeock-bap]

영 Rice ball
프 Boule de riz
중 饭团 fàntuán
일 ジュモクバップ, おにぎり

밥. 밥을 손으로 쥐어 덩어리로 뭉친 것. 밥에 간을 할 때도 있고 마른 찬을 조금씩 넣으면서 뭉치기도 함.
《재료》 쌀밥 또는 잡곡밥, 소금, 마른 찬

주물럭-구이 [jumulleok-gui]

영 Rubbed beef barbecue with seasoning
프 Barbecue de boeuf assaisonné et

ㅈ

frotté
중 烤揉捏牛肉 kǎoróuniēniúròu
烤调味牛肉 kǎotiáowèiniúròu
일 ジュムルロックグイ, 味付けの牛肉焼き

구이. 쇠고기를 양념할 때 주물러서 간이 잘 배도록 하여 숯불에 구운 것.
《재료》 쇠고기, 다진 마늘, 다진 파, 간장, 후춧가루, 배즙, 설탕, 참기름

주악 [juak]

영 Pan fried stuffed rice cake coated with coated sugar
프 Gâteau de riz farci et rêveti de surce frit à la pôele
중 糯米煎糕 nuòmǐjiāngāo
일 ジュアック, ヤキモチ

떡. 찹쌀가루를 색색으로 익반죽하여 송편처럼 소를 넣고 만든 후 기름에 지져 내어 뜨거울 때 설탕을 뿌리거나 꿀에 재운 떡. 석이주악, 대추주악, 밤주악 등이 있다. 조약돌처럼 앙증스럽게 만들었다 하여 이름이 주악이라 불렀다.
《재료》 찹쌀가루, 식용색소(청, 홍, 황), 꿀, 대추, 계피가루

죽력고 [jukryeokgo]

영 Grilled bamboo extract rice spirit
프 Liqueur de riz au concentré de bambou grillé
중 竹沥酒 zhúlìjiǔ
일 ジュクリョクゴ, 漢方の竹酒

민속주. 소주에다 한방에서 구급약으로 쓰였던 생지황, 계심, 석창포를 가루 내어 섞고 죽력을 넣은 다음 찹쌀과 누룩 등과 같이 술을 만든 진한 액체이다. 대나무가 많은 호남지방에서 빚어졌던 고급주로 푸른색을 띤다.
《재료》 찹쌀, 누룩, 생지황, 계심, 석창포, 꿀, 죽력

죽순-나물 [juksun-namul]

영 Seasoned bamboo shoot (Bamboo shoot namul)
프 Pousse de bambou assaisonnée
중 凉拌竹笋菜 liángbànzhúsǔncài
일 ジュクスンナムル, たけのこの和え物

나물. 죽순을 삶아 썰어 볶고 숙주, 미나리, 고기 볶은 것을 조금씩 섞어 초장, 깨소금, 참기름 등으로 간을 맞추어 무친 나물. 알지단을 고명으로 쓴다.
《재료》 죽순, 다진 쇠고기, 소금, 다진 마늘, 생강, 참기름, 파, 미나리, 초장, 깨소금, 달걀

죽순-볶음 [juksun-bokkeum]

영 Seasoned bamboo-shoot
프 Pousse de bambou sautées
중 炒拌竹笋 chǎobànzhúsǔn
일 ジュスンボクム, たけのこ炒め

볶음. 죽순을 삶아 썬 것에 돼지고기, 풋고추, 양파 등을 썰어 넣고 간장으로 볶은 것.
《재료》 죽순, 돼지고기, 풋고추, 양파, 청장

죽순-찜 [juksun-jjim]

영 Stuffed bamboo shoot with beef

and mushroom
프 Poussees de bambou braisées de boeuf et de champignon
중 酱炖竹笋 jiàngdùnzhúsǔn
일 ジュクスンチム, たけのこの蒸し煮

찜. 죽순을 데쳐 반으로 가르고 등 쪽에 칼집을 넣고 사이사이에 조미한 쇠고기와 버섯을 넣은 후 냄비에 쇠고기를 깔고 죽순을 얹어 장국을 부어 끓이고 알지단을 고명으로 올린다.
재료 죽순, 쇠고기, 표고, 파, 마늘, 생강, 달걀, 소금, 참기름, 청장, 후춧가루, 참기름, 파, 미나리, 깨소금

죽순-채 [juksun-chae]

영 Seasoned bamboo-shoot in shreds
프 Pousses de bambou en morceaux assaisonnées
중 凉拌竹笋切丝 liángbànzhúsǔnqiēsī
일 ジュクスンチェ, たけのこと·せり·もやし·牛肉の炒め

나물. 죽순을 납작납작하게 썰어서 끓는 물에 데치고 미나리와 숙주도 데쳐 다진 쇠고기 양념한 것을 볶아 익힌 것과 깐 새우도 소금과 후춧가루로 간하여 살짝 볶고 모두를 함께 섞어 양념한 초간장에 묻혀 잣가루를 뿌린 것. 전남지방에서는 표고, 석이도 넣고 풋고추도 같이 넣고 볶아 걸쭉하게 밀가루 풀도 넣기도 함.
재료 죽순, 미나리, 숙주, 새우, 다진 쇠고기, 간장, 마늘, 파, 설탕, 식초, 후춧가루, 깨소금, 잣

죽순-회 [juksun-hoe]

영 Parboiled young bamboo shoot
프 Jeunes pousses de bambou demibouillies
중 生切竹笋片 shēngqiēzhúsǔnpiàn
일 ジュクスンフェ, ゆでたけのこ

회(膾). 어리고 연한 죽순을 끓는 물에 살짝 데쳐 납작하게 편으로 썰어서 초고추장에 찍어 먹는 회.
재료 죽순, 우렁이, 미나리, 풋고추

준칫-국 [junchit-guk]

영 Slender shad soup(ilisha elongata)
프 Soupe de l'alose
중 鳓鱼汤 lèyútāng
일 ジュンチグック, ヒラスープ

국. 여름철 주로 준치가 잡힌다. 준치 비늘을 긁고 내장을 꺼내어 깨끗이 씻은 후 칼집을 내고 적당한 크기로 잘라 쇠고기를 조금 넣어 끓인 국물에 토막 낸 준치와 생즙을 넣고 익힌 것. 먹기 직전에 쑥갓을 넣으면 좋음. 옛말에 '썩어도 준치'라는 말이 있듯이 가시가 많아도 맛이 좋아 어른들 상에 내어놓는 생선국이다.
재료 준치, 쇠고기, 양념, 생즙, 쑥갓, 실파, 소금

ㅈ

준치-만두 [junchi-mandu]

영 Slender shad dumplings
프 Raviolis à l'alose
중 鰳鱼丸子 lèyúwánzi
일 ジュンチマンドゥ, ヒラ餃子

만두. 준치를 쪄서 살만 발라 다진 고기 양념한 것과 섞어 실백을 속에 넣고, 만두 크기로 빚어 녹말가루를 묻혀 찐 것.

《재료》 준치, 쇠고기, 녹말, 생강즙, 잣술, 쑥갓, 파, 마늘, 생강, 깨소금, 참기름, 후춧가루

중배끼 [jungbaeggi]

영 Fried square greasy cookie
프 Carré de gelette graisseux et frit
중 方形油面饼 fāngxíngyóumiànbing
油炸半熟面油蜜果
yóuzhábànshóumiànyóumìguǒ
일 ジュンベキ, 法事用の揚げ菓子

한과(유밀과). 밀가루 반죽에 참기름과 꿀을 넣어 약과보다 질게 반죽하여 조금 큰 네모로 썰어 기름에 지져내며 속이 반쯤 익으면 꺼내어 집청하지 않고 그대로 꺼내어 제사상에만 올린다.

증편 [jeungpyeon]

영 Steamed rice wine cake

프 Gâteau de riz à l'alcool
중 酒酿蒸糕 jiǔniàngzhēnggāo
일 ズンピョン, 蒸しもち

떡. 일명 기주떡이라고도 함. 멥쌀가루에 술을 넣어 반죽하여 부풀려서 틀에 넣어 찐 떡으로 위에는 여러 고명을 얹는다. 술떡 참조.

지단 [jidan]

영 Pan fried beated eggs (eggs garnish)
프 Oeufs battus frits à la poêle
중 蛋皮 dànpí
일 ジダン, 飾り用の玉子焼き

달걀을 깨어 풀어서 번철에 기름을 조금 두르고 얇게 지진 것으로 여러 음식의 고명으로 쓰인다. 채 썰거나 네모조각으로 모양을 낸다.

진달래-술(진달래-주) [jindalrae-sul(jindalrae-ju)]

영 Azalea liquor
프 Liqueur d'azalée
중 杜鹃花酒 dùjuānhuājiǔ
일 ジンダルレスル, ツツジ酒

민속주. 소주에 진달래꽃과 설탕을 넣어 단맛이 있는 술.

진달래-화전 [jindalrae-hwajeon]

영 Rice pancake topped with azalea flower
프 Crépe de riz couronnée de fleur d'azalée
중 杜鹃花煎饼 dùjuānhuājiānbing
일 ジンダルレフヮジョン, ツツジのやきもち

떡. 찹쌀가루를 익반죽하여 동그랗게

ㅈ

빚어 진달래꽃을 위에 놓아 가며 지져 낸 떡.

재료 찹쌀가루, 진달래꽃(대추, 쑥갓, 감국 잎 등), 꿀, 소금, 식용유

진달래-화채 [jindalrae-hwachae]

영 Azalea punch
프 Punch à l'azalée
중 糖水杜鹃花 tángshuǐdùjuānhuā 糖水金达莱 tángshuǐjīndálái
일 ジンダルレフヮチェ, ツツジカクテル

음청류. 진달래꽃에 녹말을 묻혀 뜨거운 물에 데쳐 낸 것을 설탕 넣은 오미자 국에 띄워 만든 음청류.

재료 진달래꽃, 오미자국, 실백, 녹말, 설탕

진도 홍-주 [jindo hong-ju]

영 Rose pink spirits
프 Liqueur rose
중 珍岛红酒 zhēndǎohóngjiǔ
일 ジンドホンジュ, 麦の蒸留酒

민속주. 조선 세조 시대부터 유명한 술로 최고의 진상품으로 꼽혔다. 보리를 누룩으로 띄운 술을, 지초잎을 증류 이슬이 떨어지도록 하여 붉은 소주가 만들어지도록 한 술이라 하여 홍주라 함. 진도 지방의 민속주.

재료 보리쌀, 누룩, 지초

진말-다식 [jinmal-dasik]

영 Molded wheat flour cookie with honey
프 Galette de farine de blé moulée au miel
중 面粉蜂蜜茶食 miànfěnfēngmìcháshi, 面粉蜂蜜印糕子 miànfěnfēngmìyìngāozǐ
일 ジンマルダシク, 小麦粉のらくがん

한과. 진말은 밀가루의 옛말로 밀가루를 번철에서 노르스름하게 볶아 참기름, 꿀, 청주를 섞어 반죽하여 다식판에 박아 낸 것.

재료 밀가루, 꿀, 참기름

진미-다식 [jinmi-dasik]

영 Molded sesame seed cookie with honey
프 Galette de sésame blanc moulée au miel
중 白芝麻蜂蜜茶食 báizhīmafēngmìcháshi, 白芝麻蜂蜜印糕子 báizhīmafēngmìyìngāozǐ
일 ジンミダシク, 白ゴマと蜂蜜のらくがん

한과. 흰깨를 볶아 가루로 만든 후 꿀을 넣어 뭉쳐서 다식판에 찍어낸 것.

재료 흰깨, 꿀

진주 비빔-밥 [jinju bibim-bap]

영 Jinju bibimbap(cooked rice with assorted vegetables and raw beef, Jinju style)
프 Riz cuit aux diverses légumes et au boeuf cru à la Jinju
중 晋州拌饭 jìnzhōubànfàn
일 ジンジュビビンバップ, ジンジュビビンバ

밥. 밥 위에 콩나물, 숙주, 근대, 애호박, 박나물을 색을 맞추고 계절 채소로 숙채를 만들어 담은 후 육회를 가운데 얹어 고추장으로 비벼 먹는 일품 요리. 선짓국을 함께 곁들인다.

《재료》 쌀, 쑥갓, 무, 숙주, 콩나물, 고사리, 쪽대기, 청포묵, 쇠고기(우둔), 파, 마늘, 간장, 설탕, 깨소금, 참기름, 고추장

진지 [jinji]

영 Cooked rice
프 Riz cuit à la vapeur
중 膳 shàn, 饭 fàn
일 ジンジ, ご飯の尊敬語

밥의 높임말.

짓-고추 [jit-gochu]

영 Salty green pepper in brine
프 Piments verts saumurés
중 盐腌青辣椒 yányānqīnglàjiāo
일 ジャッゴチュ, 青唐辛子の漬物

장아찌. 풋고추를 항아리에 넣고 뜨지 않도록 위에 짚이나 소쿠리 등으로 덮고 돌을 눌러 소금물을 부어 익힌 것으로, 장아찌나 동치미, 무침 등으로 먹는 저장 음식. 충북 지방의 향토음식.

짠-무 [jjan-mu]

영 Salted white radish
프 Radis blanc salé
중 盐腌萝卜 yányānluóbo
일 チャンム, 大根の漬物

장아찌. 가을에 통무를 소금에 묻어 저장한 것으로 아주 짜서 여름에 주로 먹는다.

쪽파-김치 [jjokpa-kimchi]

영 Small scallion kimchi
프 Kimchi à la ciboule
중 小葱泡菜 xiǎocōngpàocài
일 チョクパ, わけぎキムチ

김치. 쪽파를 잠깐 소금에 절였다가 찹쌀풀과 김치 양념을 넣고 버무려 담근 것.
《재료》 쪽파, 소금, 고춧가루, 액젓, 파, 마늘, 찹쌀가루, 통깨

찐-만두 [jjin-mandu]

영 Steamed dumpling
프 Ravioli à la vapeur
중 蒸饺 zhēngjiǎo
일 チンマンドゥ, 蒸し餃子

만두. 소를 넣고 빚어 찜통에 쪄서 익혀낸 것.

ㅈ

ㅊ

차 [cha]

영 Tea
프 Thé
중 饮料 yǐnliào
일 チャ, お茶

차갑거나 따뜻하게 마시는 음료.

차수과 [chasugwa]

영 Fried hand grab pastry
프 Pâtisserie frite saisie de main
중 炸叉手面片油蜜果 zháchāshǒumiànpiānyóumìguǒ
일 チャスクヮ, 彩りの揚げ菓子

한과. 색색으로 물감들인 밀가루 반죽을 얇게 밀어 네모로 썰어 반을 접고 칼집을 서너 곳에 넣어 양끝을 붙여 손을 마주 잡은 것과 같은 모양으로 만들어 기름에 튀겨낸 과자.

〔재료〕 밀가루, 소금, 식용유, 설탕

차수수-경단 [chasusu-gyeongdan]

영 Glutinous sorghum ball
프 Boule de sorgho glutineux enduit
중 糯高粱团子 nuògāoliángtuánzi
일 チャススギョンダン, きびだんご

떡. 찰수수 가루를 익반죽 하여 지름 2cm정도로 둥글게 빚어 삶아서 팥고물이나 콩가루를 묻힌 삶은 떡.

차조-떡 [chajo-tteok]

영 Glutinous millet cake
프 Gâteau de millet glutineux
중 黏小米蒸糕 niánxiǎomǐzhēnggāo
일 チャゾトック, アワの餡餅

떡. 차조로 떡을 빚는데 소는 단 팥소를 넣고 달걀 모양으로 빚어 콩가루를 묻힌 것. 제주도 향토음식.

〔재료〕 차조, 팥, 설탕, 콩가루

차조-인절미 [chajo-injeolmi]

영 Coated glutinous millet and rice cake
프 Gâteau de riz et de millet glutineux
중 黏小米切糕 niánxiǎomǐqiēgāo
일 チャゾインジョルミ, アワキナコもち

떡. 차조가루로 인절미를 작게 만들어 거피팥고물과 콩가루를 묻힌 떡.

〔재료〕 차조, 팥, 콩, 소금

찰밥 [chalbap]

영 Coated glutinous rice with red bean
프 Riz glutineux cuit aux haricots rouges
중 糯米饭 nuòmǐfàn
일 チャルバップ, もち米ご飯

밥. 찹쌀에 팥을 섞어 대추, 밤 등을 넣고 설탕과 간장, 참기름을 넣어 단맛이 있도록 지은 것.

〔재료〕 찹쌀, 팥, 대추, 밤, 간장

찰수수-지짐 [chalsusu-jijim]

영 Pan fried sweet sorghum with red bean
프 Crêpe de sorgho avec des fèves rouges
중 糯高粱煎片 nuògāoliángjiānpiān
일 チャルススチヂム, もち米とキビチヂミ

떡. 수수부꾸미 참조.

찰시루-떡 [chalsiru-tteok]

영 Steamed glutinous rice cake with red bean
프 Gâteau de riz glutineux à la vapeur avec des haricots rouges
중 糯米甑糕 nuòmǐzènggāo
일 チャルシルトック, 小豆トピング餅(もちごめ)

떡. 찹쌀을 불려 가루로 만든 후 팥고물을 켜켜로 앉혀 시루에 찐 찰기가 있는 떡.

(재료) 찹쌀, 팥, 소금

참게-젓 [chamge-jeot]

영 Pickled crab with ginger and soy sauce
프 Crabe saumuré au gingembre et à la sauce de soja
중 河蟹酱 héxièjiàng, 螃蟹酱 pángxièjiàng
일 チャムげジョッ, ズワイガニの塩辛

젓갈. 강이나 논두렁에서 참게를 잡아 생강, 마늘을 넣고 간장을 부어 달여서 붓고 하는 과정을 서너 번 하여 맛이 든 참게 젓은 별미가 있다.

(재료) 참게, 간장, 마늘, 생강

참나물 [chamnamul]

영 Chamnamul(seasoned wild plant)
프 Plante potagère assaisonnée
중 拌大叶芹菜 bàndàyèqíncài, 拌山芹菜 bànshānqíncài
일 チャムナムル, 山菜ナムル

나물. 참나물을 데치거나 생으로 양념하여 무친 나물.

(재료) 참나물, 양념간장

참두릅-나물 [chamdureup-namul]

영 Seasoned parboiled dureup (fatsia sprout)
프 Dureup (fatsia pousse) demi bouilli assaisonné
중 凉拌刺嫩芽菜 liángbàncìnènyácài
일 チャムドゥルプナムル, たらっぽナムル

숙채. 두릅 순을 따서 삶아 굵은 것은 절반으로 가르고 물기를 제거한 후 소금, 참기름, 깨소금에 무친 것.

참죽-부각 [chamjuk-bugak]

영 Fried cham juk coated with batter
프 Chamjuk frit recouvert de pâte lisse
중 干炸香椿芽 gānzháxiāngchūnyá
일 ジャンジュクブガク, やぶつばき天ぷら

마른 찬. 참죽나뭇잎에 쌀가루 풀을 고추장, 참깨 등으로 간하여 칠하고 말린 후 튀긴 부각.

(재료) 참죽나뭇잎, 찹쌀가루, 소금, 고추장, 통깨

참치-채소-볶음 [chamchi-chaeso-bokkeum]

영 Sauteed tuna with vegetables
프 Thon sauté avec légumes

ㅊ

중 蔬菜炒(蓝鳍)金枪鱼 shūcàichǎo(lánqí)jīnqiāngyú
일 チャムチチェソボクム, マグロと野菜の炒め
볶음. 참치는 저며 썰고 여러 가지 채소들은 참치 크기에 맞추어 썰어 팬에 기름을 두르고 볶아 술, 소금, 간장, 후춧가루를 넣어 간을 맞춘 것.
《재료》 참치, 버섯, 양파, 당근, 샐러리, 마늘, 기름, 소금, 간장, 후춧가루

찹쌀-경단 [chapssal-gyeongdan]

영 Glutinous rice ball
프 Boule de riz glutineux enduit
중 糯米团子 nuòmǐtuánzi
일 チャップサルギョンダン, だんご
떡. 찹쌀가루를 익반죽하고 동글게 빚어 끓는 물에서 삶아 건져 고물을 묻힌 동글동글한 모양의 떡.
《재료》 찹쌀가루, 노란 콩가루, 청대콩, 검정깨, 소금

찹쌀-부꾸미 [chapssal-buggumi]

영 Half moon shaped glutinous rice pancake
프 Crêpe de riz glutineux en forme de croissant
중 糯米煎豆包儿 nuòmǐjiāndòubāor
일 チャップサルブクミ, 焼きもち

떡. 일명 찹쌀 전병. 찹쌀가루를 둥글게 지져 소를 넣고 반달 모양으로 만든 지진 것.
《재료》 찹쌀가루, 밤, 꿀, 식용유, 계피가루, 소금, 설탕

찹쌀-식혜 [cahpssal-sikhye]

영 Malty sweet glutinous rice beverage
프 Boisson sucrée de riz glutineux au malt
중 糯米酒酿 nuòmǐjiǔniáng, 江米酒 jiāngmǐjiǔ
일 チャプサルシッケ, もち米の甘酒
음청류. 찹쌀로 밥을 지어 엿기름물에 삭혀 단맛이 나도록 삭힌 음료. 멥쌀을 만든 식혜 건지보다 조금 입맛이 거칠다.

창난-젓 [changnan-jeot]

영 Salted pollack innards
프 Boyaux de merlan saumurés
중 腌明太鱼肠 yānmíngtàiyúcháng 肠酱 chángjiàng
일 チャンランジョッ, 明太腸の塩辛

젓갈. 동태의 창자를 손질하여 고춧가루와 소금, 마늘, 생강을 넣어 맛을 들인 젓갈.

창난-젓-깍두기 [changnan-jeot-kkakdugi]

영 Spicy diced radish kimchi with salted pollack guts
프 Kimchi de navets coupés en dés avec boyaux de cabillau

ㅊ

중 明太鱼肠酱萝卜块泡菜 míngtàiyúchángjiàngluóbokuàipàocài
일 チャンランジョッカットゥギ, タラの腸の塩辛いれのカクテギ

김치. 무로 깍두기를 담글 때 창란젓을 넣고 담근 것.

《재료》 무, 창란젓, 파, 미나리, 마늘, 생강, 고춧가루

채반-소면 [chaeban-somyeon]

영 Thin noodles on a wicker tray
프 Nouilles fines sur le plateau d'osier
중 柳盘素面 liǔpánsùmiàn
일 チェバンソミョン, ざるそうめん

국수. 가는 국수를 삶아 고기 없이 장국에 말거나 비빔국수를 채반에 담아 장국이나 비빔용 양념과 함께 먹을 수 있게 내는 것.

채소-국 [chaeso-guk]

영 Vegetable soup
프 Soupe aux légumes
중 蔬菜清汤 shūcàiqīngtāng
일 チェソグック, 野菜スープ

국. 토장국이나 된장국에 채소를 넣고 끓인 것.

채소-볶음-밥 [chaeso-bokkeum-bap]

영 Fried rice with vegetables
프 Riz frit aux légumes
중 蔬菜炒饭 shūcàichǎofàn
일 チェソボックムバップ, 野菜チャーハン

밥. 채소를 잘게 썰어 기름에 볶다가 밥을 넣어 함께 볶은 것.

채소-전골 [chaeso-jeongol]

영 Vegetables hot pot
프 Casserole aux légumes
중 蔬菜火锅 shūcàihuǒguō
일 チェソジョンゴル, 野菜の寄せ鍋

전골. 배추, 무, 미나리, 버섯, 양파 등 여러 가지 채소를 넣어 고기 없이 끓인것.

《재료》 배추, 무, 미나리, 버섯, 양파, 당근, 쑥갓, 파, 마늘, 간장, 후춧가루

채소-죽 [chaeso-juk]

영 Rice porridge with vegetables
프 Porridge de riz aux légumes
중 蔬菜粥 shūcàizhōu
일 チェソジュク, 野菜おかゆ

죽. 불린 쌀에 애호박, 실파, 콩나물, 단호박 등의 채소를 넣고 끓인 것. 채소 종류에 따라 이름이 달라짐.

채소-튀김 [chaeso-twigim]

영 Deep fried vegetables with batter
프 Légumes frites à la pâte lisse
중 油炸蔬菜 yóuzháshūcài
일 チェソチギム, 野菜天ぷら

튀김. 여러 가지 채소에 밀가루 반죽을 입혀 기름에 튀긴 것.

책-면 [chaek-myeon]

영 Mung bean starch noodles in omija punch
프 Nouilles d'amidon de lentilles vertes dans le punch d'omija
중 糖水淀粉面 tángshuǐdiànfěnmiàn, 五味子水淀粉面 wǔwèizǐshuǐdiànfěnmiàn
일 チェックミョン, 五味の蜂蜜スープ緑豆麺

음청류. 일명 창면. 녹두녹말을 물에 풀어 뜨거운 물에 중탕으로 익혀 국수같이 가늘게 채 썰어 단 오미자 국에 넣어 즙과 면을 함께 먹도록 한 음식.

《재료》 녹두녹말, 잣, 오미자, 꿀 또는 설탕

천엽-전 [cheonyeop-jeon]

영 Pan fried tripes
프 Tripes frites à la poêle avec des oeufs
중 百叶肉煎饼 bǎiyèròujiānbing
일 チョンヨプ, 牛せんまいの薄焼き

전(煎). 천엽을 소금으로 씻은 다음 냄새를 없애고 잔 칼질을 한 후 적당한 크기로 썬 다음 밀가루, 달걀을 씌워 번철에 지져낸 것. 초간장을 찍어 먹음.
《재료》 천엽, 후춧가루, 소금, 밀가루, 달걀, 샐러드기름, 초간장

천엽-회 [cheonyeop-hoe]

영 Sliced raw tripes
프 Tripes crues tranchées
중 生切百叶肉片 shēngqiēbǎiyèròupiàn
일 チョンヨプフェ, 牛せんまいさしみ

회(膾). 소의 천엽(날로 먹을 수 있는 위)을 깨끗이 씻어 소금으로 문지른 다음 잘게 썰어 소금, 후춧가루, 참기름을 찍어 먹는 것.

청각 [cheonggak]

영 Sea staghorn
프 Plante marine
중 刺松藻 cìsōngzǎo
일 チョンガク, 磯菜

해초 중의 하나인 청각은 뜨거운 물에 데쳐 나물로도 무쳐 먹고, 김장 김치를 담글 때 고명으로도 쓰인다.

청각-무침 [cheonggak-muchim]

영 Seasoned sea staghorn
프 Plante marine assaisonnée
중 凉拌刺松藻碎片 liángbàncìsōngzǎosuìpiàn
일 チョンガク, 磯菜の和え物

무침. 청각을 잘게 뜯거나 썰어 데친 뒤 초장에 묻힌 것.
《재료》 청각, 간장, 소금, 참기름, 파, 마늘, 깨소금, 고춧가루, 식초

청각-회 [cheonggak-hoe]

영 Sea staghorn salad
프 Salade à la plante marine
중 焯刺松藻 chāocìsōngzǎo
일 チョンガクフェ, 磯菜さしみ

회. 청각을 물에 살짝 데쳐서 초간장에 찍어 먹는 것.

청경채-겉절이 [chunggyeongchae-geotjeoli]

영 Spicy pak-choi salad
프 Salade au pak-choi épicée
중 生拌油菜泡菜 shēngbànyóucàipàocài
일 チョンギョンチェコッジョリ, チンゲン菜キムチ

김치. 중국 채소로 알려진 청경채를 다듬어 무채와 고춧가루, 마늘, 액젓, 등으로 버무린 것.
《재료》 청경채, 고춧가루, 다진 마늘, 파, 굴젓 또는 멸치액젓, 설탕, 깨소금

청국장 [cheonggukjang]

영 Seasoned fermented soybean paste stew
프 Ragoût au soja fermenté et assaisoné
중 清麴醬 qīngqújiàng, 韩式豆豉 hánshìdòuchǐ
일 チョングッックジャン, 納豆味噌鍋

발효장. 메주콩을 띄워 마늘, 고춧가루, 소금을 넣어 빻아서 동글하게 뭉쳐 놓은 장류.

ㅊ

청국장-찌개 [cheonggukjang-jjigae]

영 Seasoned fermented soybean stew with Dubu
프 Ragoût au soja fermenté et assaisoné au tofu
중 清麴酱(炖)汤 qīngqújiàng(dùn)tāng
일 チョングックジャンチゲ, 納豆味噌チゲ

찌개. 청국장을 되직하게 풀고 두부와 김치, 고기 등을 넣고 걸쭉하게 끓인 것.

《재료》 청국장, 두부, 배추김치, 쇠고기 또는 돼지고기, 풋고추, 쌀뜨물, 파, 마늘, 고춧가루

청명-주 [cheongmyeong-ju]

영 Cheong myeong rice wine
프 Vin de riz Cheung-myong
중 清明酒 qīngmíngjiǔ
일 チョンミョンジュ, 清明酒(民俗酒)

ㅊ

민속주. 음력 2월 하순경 청명 때 쯤 빚는 술에서 유래됨. 누룩 만들 때 물 대신 맑은 술을 쓰는 것이 특징. 충북 중원의 민속주로 조선시대 중엽부터 만들어진 술.

청어-구이 [cheongeo-gui]

영 Grilled herrings

프 Harengs grillés
중 烤鲱鱼 kǎofēiyú
일 チョンオグイ, ニシンの塩焼き

구이. 청어의 비늘을 긁어 손질한 후 소금이나 양념장을 뿌려 구운 것.

《재료》 청어, 간장, 설탕, 참기름

청-주 [cheong-ju]

영 Refined rice wine
프 Vin de riz épuré
중 清酒 qīngjiǔ
일 チョンジュ, 清酒

쌀로 만든 술을 걸러 맑게 한 술

청포-묵 [cheongpo-muk]

영 Mungbean starch jelly
프 Amidon de lentilles vertes gelifié
중 绿豆凉粉 lǜdòuliángfěn
일 チョンポムック, 緑豆のところてん

묵. 녹두 녹말을 물에 풀어 끓여서 그릇에 담아 일정한 모양으로 굳힌 것.

청포-묵-무침 [cheongpo-muk-muchim]

영 Jellied mungbean starch with seasoning
프 Gelée de lentilles vertes à l'assaisonnement
중 拌绿豆凉粉 bànlǜdòuliángfěn
일 チョンポムックムチム, 緑豆ところてんの和え物

무침. 녹두녹말을 끓여 군힌 청포묵을 썰어 양념에 무친 것.

《재료》 청포묵, 양념장(간장, 파, 마늘, 깨소금, 참기름, 고춧가루), 김

초계-탕 [chogae-tang]
영 Chicken and cucumber soup
프 Soupe au poulet et aux concombre
중 醋鸡汤 cùjītāng
일 チョゲタン, 鶏肉と野菜スープ

국. 닭을 토막을 쳐서 끓이다가 오이를 썰어 절여 짠 것과 버섯 볶은 것과 알지단, 잣을 넣어 끓인 국. 또는 반가음식으로 초계탕은 닭고기 살을 져며 녹말을 묻혀 찐것과 오이 표고 달걀지단 등을 깻국탕을 부어 먹도록 만든 여름철의 국.
(재료) 닭고기, 오이, 석이, 표고, 목이, 달걀, 잣, 소금, 후춧가루, 참기름, 달걀, 잣

초교-탕 [chogyo-tang]
영 Battered chicken and vegetables soup
프 Soupe au poulet, au boeuf et aux champignons enrobés de pâte
중 鸡肉清酱汤 jīròuqīngjiàngtāng
일 チョギョタン, 鶏肉·牛肉·シイタケのコンソメ

국. 조미한 닭고기, 쇠고기, 표고, 도라지, 미나리를 밀가루와 달걀 푼 물에 묻혀 끓는 장국에 떠 넣어 끓인 탕. 반가음식에 속함.
(재료) 닭, 쇠고기, 표고, 생도라지, 미나리, 밀가루, 달걀, 청장, 파, 다진 마늘, 참기름, 깨소금, 후춧가루

초기죽 [chogijuk]
영 Dak mushroom gruel
프 Gruau aux champignons de chêne
중 香菇大米粥 xiānggūdàmǐzhōu
일 チョギジュック, シイタケおかゆ

죽. 표고를 불려 채 썰어 볶은 다음 불린 쌀을 넣고 오래 끓여 만든 것. 제주도 향토음식.
(재료) 표고, 멥쌀, 소금

초밥 [chobap]
영 Vinegard cooked rice
프 Riz cuit vinaigré
중 醋味饭 cùwèifàn, 司寿 sīshòu
일 チョバップ, おすし

밥. 식초와 설탕을 뿌려 간을 한 밥에 물에 갠 고추냉이를 조금 발라주고 날생선을 얹은 작은 주먹밥.
(재료) 쌀밥, 식초, 설탕, 생선살, 고추냉이

초-회 [cho-hoe]
영 Various dishes marinated with vinegar and seasoning
프 Plats variés en marinade avec vinaigre et assaisonnement
중 醋拌鲜鱼海草 cùbànxiānyúhǎcǎo
일 チョフェ, 魚の酢もの

생선과 조개류, 날 채소, 날미역, 해초 등을 식초, 소금, 간장에 살짝 무쳐 만든 회 요리의 총칭. 설탕, 참깨, 참기름, 고춧가루 등을 가미하기도 한다.

총각-김치 [chonggaku-kimchi]
영 Kimchi of young turnip with leaves
프 Kimchi au navet jeune avec ses feuilles

중 总角萝卜泡菜 zǒngjiǎoluóbopàocài
일 チョンガックキムチ, チョンガーキムチ

김치. 총각무를 잎이 붙은 채로 손질하여 소금에 절였다가 양념에 버무려 익힌 저장 음식.

총각무-동치미 [chonggakumu-dongchimi]

영 Watery kimchi of young turnip with leaves
프 Kimchi en eau au jeune navet avec ses feuilles
중 冬腌总角萝卜水泡菜 dōngyānzǒngjiǎoluóboshuǐpàocài
일 チョンガクムドンチミ, チョンガ水キムチ

김치. 잎이 달린 총각무를 손질하여 소금에 절였다가 풋고추와 쪽파, 마늘, 생강을 넣고 동치미와 같이 담근 것.
《재료》 총각무, 풋고추, 쪽파, 마늘, 생강

추어-탕 [chueo-tang]

영 Loach stew
프 Ragoût de loche aux légumes
중 泥鳅鱼汤 níqiuyútāng, 泥鳅汤 níqiutāng
일 チュオタン, ドジョウスープ

국. 산 미꾸라지를 푹 고아서 걸러낸

것과 닭고기 국물이나 뼈를 고아서 만든 국물을 섞어 채소와 된장, 고추장을 섞어 끓인 국. 추어탕에는 산초가루를 넣어 먹는데, 지방마다 추어탕 만드는 방법이 조금씩 다르다.
《재료》 미꾸라지, 풋배추, 고사리, 토란 대, 다홍고추, 풋고추, 파, 된장, 찹쌀가루, 들깨가루, 고춧가루, 다진 마늘, 생강, 후춧가루, 산초가루

추-젓 [chu-jeot]

영 Pickled shrimp catched at July
프 Crevette saumurée prise au mois de juillet
중 秋天虾子酱 qiūtiānxiāzijiàng
일 チュジョッ, アミの塩辛

젓갈. 음력 7월에 새우를 잡아 담근 몸체가 작고 색이 흰 새우 젓.

춘천 막국수 [chuncheon makguksu]

영 Buckwheat noodles with vegetables, Chuncheon style
프 Nouilles du blé noir aux légumes à la Chuncheon
중 春川粗制荞麦面 chūnchuāncūzhìqiáomàimiàn
일 チュンチョンマックグックス, 春川甘辛そば

국수. 메밀가루로 만든 국수를 삶아

ㅊ

김, 오이, 당근을 썰어 얹고 간장 양념과 겨자, 식초로 비빈 국수. 춘천을 중심으로 강원도에서 흔히 먹는 향토 국수류 요리.
《재료》 메밀가루, 김, 오이, 당근, 진간장, 파, 마늘, 깨소금, 겨자, 식초, 고춧가루

취-나물 [chwi-namul]

영 Chwi-namul (parboiled and seasoned asters caber)
프 Asterscaber assaisonné demi-bouilli
중 凉拌东风菜 liángbàndōngfēngcài
일 チーナムル, もみじはぐまナムル

숙채. 취나물을 삶아 건져 물기 없이 양념하여 기름에 볶은 것. 볶지 않고 양념만 하기도 함.
《재료》 취나물, 간장, 파, 마늘, 깨소금, 참기름

취-쌈 [chwi-ssam]

영 Wrapping with chwi leaf
프 Enveloppé dans des feuilles de chwi
중 东风菜叶 dōngfēngcàiyè
일 チーサム, もみじはぐま包みご飯

쌈. 취나물의 잎을 생으로 또는 데쳐서 밥을 싸서 먹는 것.

칠보-편보 [chilbo-pyeonpo]

영 Ground beef jerky with seven pine nuts
프 Hachis de boeuf séché aux sept pignes
중 七宝肉脯 qībǎoròufǔ

일 チルボピョンポ, 7つの松のみ入れのほしし

포(脯). 쇠고기를 다져 양념하여 동글납작하게 빚은 후 위에 잣 7개를 박아 말린 포. 일곱 개의 보석을 박은 포라는 뜻인데, 그 보석이 곧 잣이다.
《재료》 쇠고기(우둔), 잣, 간장, 꿀, 설탕, 후춧가루, 참기름, 깨소금

칡-차 [chik-cha]

영 Arrowroot tea
프 Thé à la marante
중 葛茶 géchá
일 チクチャ, クズ茶

음청류. 야생에서 자란 칡뿌리를 캐내어 압착기로 눌러 뽑아낸 즙.

칼국수 [kalguksu]

영 Home-made noodles soup
프 Soupe de nouilles faites maison
중 刀切面 dāoqiēmiàn,
手擀面 shǒugǎnmiàn
일 カルグックス, きしめん

국수. 밀가루와 날콩가루를 섞어 국수를 만들고 닭고기를 삶아 낸 육수에 조개, 애호박, 닭고기, 양념장을 얹어 먹음.

《재료》 밀가루, 날콩가루, 달걀, 닭, 조개, 애호박, 간장, 참기름, 깨소금, 후춧가루, 파, 마늘, 깨소금

콩가루-다식 [konggaru-dasik]

영 Molded soybean powder honey cookie
프 Galette de farine de soja moulée au miel
중 大豆面儿茶食 dàdòumiànrcháshi,
大豆面儿印糕子 dàdòumiànryìngāozǐ
일 コンガルダシク, 豆の粉らくがん

한과. 일명 콩다식. 푸른 콩가루나 노란 콩가루를 꿀에 반죽하여 다식판에 박은 것.

《재료》 콩가루, 꿀

콩-국 [kong-guk]

영 Chilled whitebean soup
프 Soupe froide au soja
중 豆浆 dòujiāng
일 コングック, 豆スープ

국. 메주콩을 불려 살짝 데쳐 낸 후 갈아서 콩국을 만들고 건지로 콩나물, 두부, 감자 등을 넣고 소금으로 간을 맞춘 것.

《재료》 맷돌에 간 콩물, 콩나물, 두부, 당근, 감자, 소금, 후춧가루, 파, 마늘

콩-국수 [kong-guksu]

영 Noodles soup in soybean milk
프 Soupe aux nouilles dans le lait de soja
중 豆浆凉面 dòujiāngliángmiàn
일 コングックス, 豆スープきしめん

국수. 밀국수에 콩국을 붓고 오이채를 얹어 먹는 여름철 음식. 콩국은 흰콩과 흰깨를 함께 갈아서 체에 걸러 만들기도 함.

《재료》 밀국수, 흰깨, 흰콩, 소금

콩나물 [kongnamul]

영 Bean sprouts namul
프 Pousses de soja

중 黃豆芽 huángdòuyá
일 コンナムル, 豆もやし

나물. 콩나물 콩을 불렸다가 싹을 띄워 5~7cm 자라게 기른 것으로, 데쳐서 양념을 하거나 밥 위에 얹어 찌거나 국으로 끓이는 등 다양하게 사용된다.

콩나물-국 [kongnamul-guk]

영 Bean sprouts soup
프 Soupe aux pousses de soja
중 黃豆芽清汤 huángdòuyáqīngtāng
일 コンナムルグック, 豆もやしスープ

국. 양념한 쇠고기와 콩나물을 넣고 끓인 맑은 장국 또는 콩나물에 물을 넣고 끓여서 소금간을 하여 만든 국. 먹을 때 고춧가루를 넣기도 한다.
《재료》 콩나물, 쇠고기, 다진 마늘, 파, 청장, 소금

콩나물-국밥 [kongnamul-gukbap]

영 Cooked rice in bean sprouts soup
프 Riz cuit dans la soupe de pousses de soja
중 黃豆芽汤泡饭 huángdòuyátāngpàofàn, 黃豆芽汤饭 huángdòuyátāngfàn
일 コンナムルグックバップ, ご飯入れモヤシスープ

밥. 따뜻한 밥에 콩나물국을 부어 끓인 한 그릇 밥으로 채소나 풋고추 등 양념장을 곁들인 전주 지방의 향토음식.
《재료》 쌀밥, 콩나물, 파, 마늘, 참기름, 깨소금, 고춧가루, 새우젓

콩나물-무침 [kongnamul-muchim]

영 Seasoned bean sprouts namul
프 Pousses de soja assaisonnées
중 凉拌黃豆芽 liángbànhuángdòuyá
일 コンナムルムチム, 豆もやしの和え物

숙채. 콩나물을 익혀 파, 마늘, 간장, 참기름 등으로 무친 것. 한국에서 아주 흔하고 값싼 반찬으로 일반 가정에서 많이 만든다.
《재료》 콩나물, 소금, 청장, 마늘, 다진 파, 깨소금, 참기름, 실고추 또는 고춧가루

콩나물-밥 [kongnamul-bap]

영 Cooked rice with bean sprouts
프 Riz cuit aux pousses de soja
중 黃豆芽饭 huángdòuyáfàn
일 コンナムルバップ, 豆もやしご飯

밥. 쌀로 밥을 지을 때 콩나물을 씻어 뜸을 들일 때 함께 넣고 지은 밥. 양념장을 곁들어 먹는다.
《재료》 쌀, 콩나물

콩나물-잡채 [kongnamul-japchae]

영 Soybean sprouts with vegetables medley
프 Pousses de soja au mélange de légumes
중 黃豆芽杂烩 huángdòuyázáhuì
일 コンナムルジャプチェ, 豆もやジャプチェ

나물. 머리와 꼬리를 딴 콩나물을 익히고 생도라지, 고사리, 배, 무, 당근 등을 채로 썰어 파, 마늘, 식초, 고춧가루, 소금, 잣가루로 간을 맞춘 물기가 많은 호남 지방의 전통 음식.
《재료》 콩나물, 생도라지, 고사리, 배,

무, 당근, 파, 마늘, 식초, 고춧가루, 소금, 잣가루

콩-다식 [kong-dasik]

영 Molded bean powder cookie with honey
프 Galette de farine de soja moulée au miel
중 大豆茶食 dàdòucháshi, 大豆印糕子 dàdòuyìngāozǐ
일 コンダシク, 豆らくがん

한과. 콩을 가루 내어 꿀과 섞어 다식판에 박아 낸 것으로 노란색, 푸른색 콩다식이 있음.

《재료》 노란콩가루, 파란콩가루, 꿀, 참기름

콩(찰)-떡 [kong(chal)-tteok]

영 Glutinous rice cake with black beans or soybeans
프 Gâteau de riz glutineux aux sojas noirs
중 大豆(糯米)蒸糕 dàdòu(nuòmǐ)zhēnggāo
일 コン(チャル)トック, 豆もち

떡. 찹쌀가루를 반죽할 때 검은콩, 호박 오가리, 설탕 등을 넣어 작게 빚어 쪄서 만들거나, 흰콩을 갈아 그 물에 찹쌀가루를 반죽하여 찜통에 쪄서 흰떡할 때와 같이 만들어 떡살로 찍어 만든 것.

《재료》 찹쌀, 검은콩, 호박오가리, 설탕, 소금 또는 쌀가루, 흰콩, 소금

콩-밥 [kong-bap]

영 Cooked rice with bean
프 Riz cuit aux sojas
중 大豆饭 dàdòufàn
일 コンバップ, 豆ご飯

밥. 쌀로 밥을 지을 때 검정콩이나 완두콩, 강낭콩 또는 풋콩 등을 함께 넣어 지은 것.

《재료》 쌀, 여러 가지 콩

콩비지 백반 [kongbiji baekban]

영 Pureed soybean stew with a bowl of rice
프 Soupe à la purée de soja avec un bol de riz
중 黄豆末汤加白饭 huángdòumòtāngjiābáifàn
일 コンビジベックバン, おぼろ定食

식단. 불린 콩을 갈아 비지를 만든 다음 돼지고기, 배추, 파, 마늘, 소금 등을 넣어 되직하게 끓여 양념하고 밥과 김치와 함께 먹는 한상차림.

콩-엿 강정 [kong-yeot gangjeong]

영 Carameled bean cookie
프 Galette de soja au caramel
중 大豆糖稀糖果 dàdòutángxītángguǒ
일 コンヨッガンジョン, 豆飴おこし

한과. 흰콩과 검정콩을 볶아 섞어 조청을 넣어 일정한 모양으로 굳히거나 얇게 펴서 굳힌 것을 네모로 썬 유과의 일종.

《재료》 검정콩, 흰콩, 조청

ㅋ

콩-엿 강정(검정콩) [kong-yeot gangjeong(gumgeongkong)]

영 Carameled black-beans cookies
프 Galette de soja noir au caramel
중 黑豆糖稀糖果 hēidòutángxītángguǒ
일 コンヨッガンジョン(黒豆), 黒豆飴おこし

한과. 검정콩을 씻어 볶아서 녹인 엿을 묻혀 어떤 모양으로 뭉쳐서 만든 것.
《재료》 검정콩, 엿, 설탕

콩잎-김치 [kongip-kimchi]

영 Soybean leaf kimchi
프 Kimchi de feuilles de soja
중 豆叶泡菜 dòuyèpàocài
일 コンイップキムチ, 豆のはキムチ

김치. 콩잎을 소금에 절였다가 얄팍하게 썬 무와 멸치젓, 김치 양념으로 켜켜로 넣고 버무려 익힌 것. 배추김치 속을 넣을 때 콩잎과 무로 소를 만들어 켜켜로 넣어 담근 김치도 콩잎김치라 함.
《재료》 콩잎, 무, 멸치젓, 마늘, 생강, 고춧가루, 소금

콩-자반 [kong-jaban]

영 Glazed black beans in soy sauce
프 Sojas noirs vernis à la sauce de soja

중 酱黄豆 jiànghuángdòu, 酱豆 jiàngdòu
일 コンジャバン, 豆のしょうゆ煮込み

조림. 검정콩을 물에 넣고 끓이다가 간장과 설탕을 넣어 바짝 졸인 것.
《재료》 검정콩, 설탕, 간장, 참기름, 통깨

콩-장 [kong-jang]

영 Toasted beans in marinade
프 Marinade de sojas grillés
중 黄豆酱 huángdòujiàng
일 コンジャン, 豆のしょうゆ煮込み

반찬. 볶은 콩을 간장, 기름, 깨소금, 고춧가루, 다진 파 등을 넣어 버무리거나, 콩에 물을 넣어 끓이다가 간장과 설탕을 넣어 끓인 콩조림으로 콩자반이라고도 함.

콩-조림 [kong-jorim]

영 Glazed black beans in soy sauce
프 Sojas noirs vernis à la sauce de soja
중 炖黄豆 dùnhuángdòu
일 コンゾリム, 豆のしょうゆ煮付け

조림. 흰콩이나 검정콩을 물을 넣고 끓이다가 간장과 조청이나 설탕을 넣어 간장물이 거의 없도록 조린 것. 콩자반 참조.
《재료》 흰콩 또는 검정콩, 간장, 물엿, 볶은 통깨

콩-죽 [kong-juk]

영 Soybean and rice porridge
프 Porridge au riz et au soja moulu
중 大豆粥 dàdòuzhōu
일 コンジュック, 豆おかゆ

죽. 흰콩을 불려 물과 함께 곱게 갈아 쌀을 섞어 넣고 끓인 것.

《재료》 쌀, 흰콩, 소금

콩-찰떡 [kong-chaltteok]

영 Glutinous rice layer cake with black beans

프 Gâteau de riz glutineux en couche de sojas noirs

중 大豆(糯米)蒸糕 dàdòu(nuòmǐ)zhēnggāo

일 コン(チャル)トック, 豆もち

떡. 콩찰편이라도 하며, 찹쌀가루에 불린 검정콩을 두고 켜를 얇게 하여 찐 것.

콩팥-구이 [kongpat-gui]

영 Grilled beef kidney

프 Rognon de boeuf grillé

중 烤腰子 kǎoyāozi

일 コンパッグイ, 牛の腎臓焼き

구이. 콩팥의 지방층을 떼어 내고 도톰하게 저며 갖은 양념에 조미하여 재웠다가 석쇠에 구운 것.

《재료》 콩팥, 쇠고기, 간장, 설탕, 파, 마늘, 생강, 참기름, 깨소금, 후춧가루

ㅌ

타락-죽 [tarak-juk]

영 Rice porridge with milk
프 Porridge de riz au lait
중 糯米牛奶粥 nuòmǐniúnǎizhōu
일 タラクジュック, 牛乳おかゆ

죽. 물에 불린 쌀을 곱게 갈아 우유를 부어 끓인 죽으로 어린이나 환자, 노인이 좋아한다. 타락은 우유를 말하며, 옛날 우유를 공급하던 곳의 명칭이 타락소로 지금의 동대문 밖 낙산을 타락산이라 했는데 그곳에서 우유와 우유죽을 하사하셨다 한다.
재료 우유, 멥쌀, 물

타래과 [taraegwa]

영 Fried thread coil doughnut
프 Beignet frit en bobine
중 线团油蜜果 xiàntuányóumìguǒ
일 タレグヮ, 揚げ菓子

한과(유밀과). 밀가루에 소금을 넣고 고루 섞은 후 물로 반죽하여 젖은 면포에 싸서 잠시 두었다가 넓은 반대기 위에서 얇게 밀어 국수가락처럼 길게 잘라 3~9개씩 모아 리본 모양(실타래) 모양으로 만들고 중심 부분은 다른 하나로 감아 기름에 노릇하게 튀겨서 건져 시럽에 집청한 것.
재료 밀가루, 소금, 식용유, 시럽

탁-주 [takju]

영 Milky rice wine
프 Alcool de riz laiteux
중 稠酒 chóujiǔ
일 タクジュ, にごり酒

민속주. 찹쌀 막걸리, 쌀 막걸리가 있음.

탕수육 [tangsuyuk]

영 Sweet and sour meat
프 Viande aigre et sucrée
중 糖醋肉 tángcùròu
일 タンスユック, 酢豚

튀김. 중국음식에서 전해진 흔한 요리로 고기를 옷 입혀 튀긴 후 달고 신맛이 있는 소스로 맛을 낸 것. 우리나라에서도 아주 쉽고 흔하게 먹는 외래 음식임.

탕평채 [tangpyeongchae]

영 Mungbean jelly mixed with vegetables and beef
프 Gelée de lentilles vertes assaisonnée aux légumes et à la viande

중 蕩平菜 dàngpíngcài
일 タンピョンチェ, 野菜と緑豆ところてんの和え物

무침. 녹두녹말로 만든 청포묵을 썰어 채소와 다진 고기를 익혀 무친 음식으로 조선왕조 중엽에 탕평책(정치개혁을 위한 정책)을 논의하던 자리에서 나왔던 음식이라 하여 붙여진 이름.
《재료》 청포묵, 쇠고기, 미나리, 숙주, 달걀, 김, 실고추, 간장, 설탕, 다진 파, 마늘, 참기름, 깨소금, 후춧가루, 식초

털게-찜 [teolge-jjim]
영 Steamed hairy crab with crust
프 Crabe poilu cuit
중 清蒸猬蟹 qīngzhēngwèixiè
일 トルゲチム, ケガニの蒸し煮

찜. 털게를 소금물에 깨끗이 씻어 게딱지 속에 있는 살을 꺼내어 곱게 다진 쇠고기와 섞어 양념하여 다시 게딱지 속에 채워 넣고 찐 것.
《재료》 털게, 쇠고기, 소금, 다진 파, 생즙, 깨소금

E

토란-국(토란탕) [toran-guk(toran-tang)]
영 Taro soup

프 Soupe au taro (colo case)
중 芋头汤 yùtoutāng, 芋艿汤 yùnǎitāng
일 トラングック, サトイモスープ

국. 다시마와 쇠고기로 끓인 맑은 장국에 살짝 삶아 낸 토란을 넣어 끓인 것.
《재료》 토란, 쇠고기, 다시마, 파, 간장, 파, 마늘, 후춧가루

토란대-나물 [torandae-namul]
영 Boiled taro stalk
프 Tige de taro bouillie
중 凉拌芋头茎菜 liángbànyùtoujīngcài
일 トラングックナムル, サトイモ茎ナムル

나물. 토란대를 푹 무르도록 삶아 낸 후 먹기 좋은 길이로 썰어 들깨에 쌀을 섞어 곱게 갈아서 넣고 약한 불에서 끓이고 간장이나 소금간을 하여 실고추, 파 등을 넣어 양념한 것.

토란-병 [toran-byeong]
영 Toro and rice pancake
프 Crêpe au riz et à la colocase
중 糯米芋头煎饼 nuòmǐyùtóujiānbing
일 トランビョン, サトイモの焼きもち

떡. 토란을 삶아 익혀서 껍질을 벗기고 찹쌀가루를 섞어 무르녹게 찧어서 떡을 만들고 기름에 지진 후 설탕시럽이나 조청에 집청한 것.
《재료》 토란, 찹쌀가루, 대추, 식용유, 설탕이나 조청

토장-국 [tojang-guk]
영 Hot soybean paste soup with vegetables

프 Soupe de pâte de soja piquante aux légumes
중 辣黄酱汤 làhuángjiàngtāng
일 トジャングック, 野菜の辛味噌汁

국. 된장에 고추장을 조금 섞어 끓인 국물에 채소를 넣고 끓인 것. 예전에는 물 대신 쌀뜨물을 이용했다.

토장-아욱-죽 [tojang-auk-juk]

영 Mallow porridge with soybean paste
프 Porridge de mauve à la pâte de soja
중 露葵黄酱粥 lùkuíhuángjiàngzhōu
일 トジャンアウックグック, アオイ味噌汁

죽. 된장과 고추장을 풀은 장국에 아욱을 부드럽게 으깨어 넣어 끓인 것.
《재료》 아욱, 쌀, 막장, 바지락조개, 간장, 파, 마늘

토하-젓 [toha-jeot]

영 Pickled fresh water shrimp
프 Crevette d'eau douce saumurée
중 沼虾酱 zhǎoxiājiàng
일 トハジョッ, 沼エビの塩辛

젓갈. 민물 새우로 담근 젓갈인데, 소금과 고춧가루에 죽을 삭여 담그거나 풋고추, 마늘, 파, 통깨 등도 넣어 양념하기도 함.

톳나물 [totnamul]

영 Parboiled and seasoned bushy sea weed(higikia fusiformis)
프 Algues(higikia fusiformis) assaisonnées
중 凉拌羊栖菜 liángbànyángqīcài
일 トッナムル, ひじきナムル

나물. 톳을 다듬어 데쳐서 적당한 길이로 썰어 물기 없이 꼭 짜고, 두부를 뜨거운 물에 데쳐 물기 없이 짜서 으깨어 톳과 섞어 양념장으로 무친 것. 다른 방법으로는 데쳐 손질한 톳과 무채를 섞어 멸치젓으로 양념함. 경남 바닷가의 향토음식. 톳은 갈조류에 속하며, 일명 바닷말이라고도 한다.
《재료》 톳, 두부 으깬 것 또는 무채, 간장, 멸치젓, 통깨, 파, 마늘, 참기름

톳나물-냉국(톨-냉국) [totnamul-naengguk(tol-naengguk)]

영 Fusiform seaweed in chilled water
프 Algue fusiforme dans l'eau froide
중 羊栖菜凉汤 yángqīcàiliángtāng
일 トッナムルネングック, ひじきの冷しスープ

국. 마른 톳을 물에 불려 된장, 마늘, 파 등으로 양념한 것에 물을 붓고 풋고추를 썰어 만든 냉국.
《재료》 톳, 된장, 풋고추

통닭-찜 [tongdak-jjim]

영 Simmered chicken stuffed with vegetables
프 Poulet braisé farci de légumes
중 清蒸整鸡 qīngzhēngzhěngjī, 清蒸全鸡 qīngzhēngquánjī
일 トンダックチム, 鶏のまる蒸し煮

찜. 중간 크기의 닭이나 병아리의 뱃속에 양파, 죽순, 표고, 파 등을 썰어 소금으로 간을 하여 채워 양념이 잘 배어들도록 하고 국물에 간을 맞추어 질퍽하게 부어 장시간 뭉근하게 끓인 것. 다 되면 알지단과 석이채, 잣을 뿌린다.
《재료》 중닭 또는 약병아리, 양파, 죽순, 파, 미나리, 표고, 석이, 간장, 마늘, 소금, 후춧가루, 달걀, 잣

통-만두 [tong-mandu]

영 Steamed dumpling on basket

프 Ravioli cuit à la vapeur sur panier
중 大饺子 dàjiǎozi, 包子 bāozi
일 トンマンドゥ, 蒸し餃子

만두. 만두를 찜통에 쪄서 그릇(통)채로 내는 것.

통배추-김치 [tongbaechu-kimchi]

영 Whole chinese cabbage kimchi
프 Kimchi de chou chinois aux epices
중 整颗大白菜泡菜 zhěngkēdàbáicàipàocài
일 トンベチュキムチ, 白菜キムチ

김치. 김치류 중에서도 월동용 김장김치의 대표격으로 배추를 소금에 절였다가 씻어 건져 김치 속을 버무려 잎의 사이사이에 고루 끼워 국물을 부어 익힌 것.

〔재료〕 배추, 무, 미나리, 갓, 쪽파, 대파, 생굴, 생새우, 고춧가루, 마늘, 생강, 새우젓, 조미젓국, 소금, 설탕

통영 비빔-밥 [tongyeong bibim-bap]

영 Bibimbap, Tongyeong style(with shellfish)
프 Bibimbap à la Tongyeong(avec crustacé)

중 统营拌饭 tǒngyíngbànfàn
일 トンヨンビビンバップ, トンヨン式ビビンバ

밥. 밥을 담고 그 위에 섭조개와 홍합살 볶은 것과 여러 가지 나물을 고명으로 얹어 비벼 먹는 해변가인 통영 지방의 향토음식.

〔재료〕 쌀, 조개살, 홍합살, 콩나물, 호박, 무, 달걀, 고추장

튀김-만두 [twigim-mandu]

영 Fried dumpling
프 Ravioli frit
중 油炸饺子 yóuzhájiǎozi
일 チギムマンドゥ, 揚げ餃子

만두. 만두를 기름에 튀겨낸 것.

튀밥 [twibap]

영 Puffed rice grain
프 Grain de riz gonflé
중 爆糯米花 bàonuòmǐhuā
일 チバップ, はぜ

쌀을 뻥튀기 기계에 넣어 튀긴 것.

파-강회 [pa-ganghoe]

영 Green onion bundles tied with meat and eggs
프 Petites fagots de ciboule au boeuf et au oeuf
중 细葱包扎薄肉片 xìcōngbāozābóròupiàn
일 パガンフェ, ゆでわけぎ

회. 실파를 데쳐 편육, 고추, 지단을 넣어 감아서 잣을 박고 초고추장에 찍어 먹는 강회.

재료 파, 편육, 알지단, 실백, 실고추, 초고추장

파-국 [pa-guk]

영 Green onion soup
프 Soupe à la ciboule
중 细葱酱汤 xìcōngjiàngtāng
일 パグック, ねぎスープ

국. 쇠고기 장국에 파를 가늘게 채 썰어 넣고 끓이다가 달걀을 풀어 끼얹어 만듦.

재료 파, 쇠고기, 마늘, 후춧가루, 간장, 소금, 참기름, 달걀

파-김치 [pa-kimchi]

영 Green onion kimchi
프 Kimchi de ciboule
중 小葱泡菜 xiǎocōngpàocài, 细葱泡菜 xìcōngpàocài
일 パキムチ, ねぎキムチ

김치. 가는 실파와 쪽파를 소금물에 잠깐 절여서 강회처럼 만든 것을 멸치젓, 마늘, 고춧가루로 버무려 꼭 눌러 익힌 것.

재료 실파, 멸치젓, 소금, 고춧가루, 다진 마늘, 다진 생강, 설탕, 통깨

파래(된장)-국 [parae(doenjang)-guk]

영 Grassy laver (Enteromorpha soup)
프 Soupe d'algues vertes
중 浒苔(黄酱)汤 xǔtāi(huángjiàng)tāng
일 パレ(デンジャン)グック, 青海苔の味噌汁

국. 쌀뜨물에 된장을 풀고 멸치를 넣

어 끓이다가 파래, 마늘, 참기름을 넣어 다시 끓인 국으로 제주도의 향토음식. 팽이버섯이나 느타리를 넣고 맑은 탕으로 끓이기도 함.
《재료》 참파래, 멸치, 된장

파래-무침(생 파래-무침) [parae-muchim(saeng parae-muchim)]

영 Seasoned grassy laver(sea lettue salad)
프 Salade aux d'algues assaisonnées
중 拌浒苔干 bànxǔtāigān (醋拌生浒苔cùbànshēngxǔtāi)
일 パレムチム, 青海苔の和え物

무침. 생 파래로 무칠 때는 물기 없이 꼭 짜서 멸치젓국, 파, 고춧가루, 깨소금, 마늘로 무친 것.
《재료》 생파래, 멸치젓국, 파, 고춧가루, 깨소금, 마늘

파-산적 [pa-sanjeok]

영 Spring onion brochette with beef
프 Brochette de ciboule au boeuf
중 烤小葱牛肉串 kǎoxiǎocōngniúròuchuàn
일 パサンジョク, ねぎとお肉の串

구이. 여름에는 쪽파가 산적하기 좋으니 쇠고기와 같은 길이로 썰어 갖은 양념을 하여 꼬챙이에 번갈아 꿴 후 지지거나 구운 것.
《재료》 쇠고기, 파, 잣가루, 간장, 깨소금, 설탕, 참기름, 후춧가루, 파, 마늘

파전 [pajeon]

영 Green onion pancake with cockle meat
프 Beignet de ciboule au coquillage

중 细葱煎饼 xìcōngjiānbing
일 パジョン, ねぎチヂミ

전(煎). 멸치국물에 달걀을 풀고 밀가루와 멥쌀가루를 섞어 묽게 풀고 실파, 부추, 쇠고기, 조갯살 등을 섞어 지진 것.
《재료》 실파, 부추, 쇠고기, 조갯살, 굴, 간장, 다진 파, 마늘, 참기름, 깨소금, 후춧가루, 식초, 고춧가루, 달걀, 밀가루, 멥쌀가루

파채 [pachae]

영 Seasoned julienne green onion
프 Ciboule julienne assaisonnée
중 生拌大葱丝 shēngbàndàcōngsī
일 パチェ, ネギの和え物

생채. 파를 가늘게 채 썰어 고춧가루, 간장, 식초, 깨소금, 참기름으로 살짝 무쳐 고기구이나 편육 등에 곁들임. 경상도 지방에서 많이 이용함.
《재료》 파, 간장, 고춧가루, 식초, 설탕, 깨소금, 참기름

팥-밥 [pat-bap]

영 Cooked rice with red beans
프 Riz cuit aux haricots rouges
중 红豆饭 hóngdòufàn

일 バッバップ, 小豆ご飯

밥. 팥 삶은 것과 그 물을 함께 섞어 지음.

《재료》 멥쌀, 팥

팥-시루-떡 [pat-siru-tteok]

영 Red bean layer rice cake

프 Gâteau de riz au couche de haricots rouges

중 红豆粳米甑糕 hóngdòujīngmǐzènggāo

일 パッシルトック, 小豆トピングのお餅(粳米)

떡. 멥쌀가루에 붉은 팥고물이나 거피팥고물을 켜켜로 뿌려 시루에 찐 떡으로 시루떡 중에서 가장 흔하다.

《재료》 멥쌀, 팥, 소금, 설탕(때로 섞음)

팥-죽 [pat-juk]

영 Red bean and rice gruel

프 Bouillie aux haricots rouges et au riz

중 红豆粥 hóngdòuzhōu

일 パッジュック, ぜんざい

죽. 붉은 팥을 충분히 삶아 체에 걸러 가라앉힌 윗물에 쌀을 넣어 죽을 쑤다가 팥 앙금과 새알심을 넣고 끓인 한 겨울 동지의 절식.

《재료》 팥, 멥쌀, 찹쌀가루, 소금

패주-구이 [paeju-gui]

영 Grilled scallops with mushroom

프 Coquilles saint jacques grillées aux champignons

중 烤闭壳肌 kǎobìkéjī, 烤肉柱 kǎoròuzhù

일 ペジュグイ, 貝柱焼き

구이. 패주가 크면 편으로 절반 자르고 작은 것이면 통째로 양념하여 버섯과 같이 굽거나 쇠고기와 같이 구운 것.

《재료》 패주 살, 버섯, 파, 쇠고기 양념한 것, 꼬챙이, 참기름, 간장

패주-볶음 [paeju-bokkeum]

영 Sauteed scallop saint jacques

프 Coquilles saint jacques sautées

중 炒闭壳肌 chǎobìkéjī, 炒肉柱 chǎoròuzhù

일 ペジュボクム, 貝柱炒め

볶음. 패주를 손질하여 칼집을 내고 적당한 크기로 썰어 죽순, 양파, 버섯 등을 넣어 볶아 간을 함.

《재료》 패주, 죽순, 표고, 목이, 양파, 소금, 생강, 술, 참기름, 후춧가루

패주-전 [paeju-jeon]

영 Pan fried scallops

ㅍ

프 Coquilles saint jacques frites à la poêle
중 闭壳肌煎饼 bìkéjījiānbing, 肉柱煎饼 ròuzhùjiānbing
일 ペジュジョン, 貝柱チヂミ

전(煎). 패주가 크면 두께를 절반으로 저며 밀가루, 달걀 푼 것을 씌워 기름에 지진 것.
재료 패주, 밀가루, 지짐기름, 달걀, 잣가루, 후춧가루, 간장, 식초

편수 [pyeonsu]

영 Square form dumpling
프 Ravioli carré
중 方形饺子 fāngxíngjiǎozi
일 ピョンス, 餃子

만두. 만두피에 다진 쇠고기 양념한 것과 오이채, 호박채, 버섯 등을 볶은 소와 잣을 넣어 네 귀가 나오도록 싸서 찐 여름철 음식.
재료 밀가루, 쇠고기, 오이, 호박, 버섯, 파, 마늘, 소금, 후춧가루

~편 [~pyeon]

영 Other name of rice cakes
프 Autre nom de gâteaux de riz
중 糕饼 gāobǐng
일 ~ピョン, 小豆おもち

떡을 표현하는 한자어.

편-포 [pyeon-po]

영 Ground beef jerky
프 Viande hachée et séchée
중 肉脯 ròufǔ
일 ピョンポ, ほしし

포(脯). 곱게 다진 쇠고기에 간장 양념을 하고 편편하게 만들고 잔칼질을 하여 채반에 떠서 말린 포.
재료 쇠고기(우둔), 간장, 설탕, 참기름, 깨소금, 후춧가루

편육 [pyeonyuk]

영 Boiled, pressed and sliced meat
프 Tranché de viande pressée et bouillie
중 白切肉 báiqiēròu, 肉片 ròupiàn
일 ピョンユック, 茹で肉

쇠고기와 돼지고기를 덩어리 채로 물에 끓여 익혀서 무거운 것에 눌렀다가 얇게 썬 고기의 총칭.

평양냉면 [pyeongyang style naengmyeon]

영 Chilled buckwheat noodles soup, Pyeongyang style
프 Soupe aux nouilles blé noir à la mode de Pyeongyang
중 平壤冷面 píngrǎnglěngmiàn
일 ピョンヤンネンミョン, ピョンヤン冷麺

국수. 메밀가루와 녹말을 익반죽하여 뽑은 국수에 쇠고기와 사골을 고아 만든 육수와 동치미 국물을 섞어 간장,

소금, 식초로 간한 국물을 붓고 배, 편육, 동치미 무, 달걀 완숙 등을 웃기로 얹은 음식.
《재료》 메밀가루, 녹말, 육수, 쇠고기 편육, 동치미, 달걀, 배, 무, 김치, 식초, 겨자, 소금

폐백-육포 [pyebaek-yukpo]

영 Dried beef jerky for wedding ceremony
프 Emincés de boeuf séché pour la cérémonie nuptial
중 见面礼牛肉脯 jiànmiànlǐniúròufǔ
일 ぺべッくユッポ, 婚礼用のほしし

포(脯). 쇠고기를 얇게 저며 간장, 설탕, 후춧가루 등으로 간을 하여 말린 포를 편편하게 높게 쌓아 청실, 홍실로 감아 모양 있게 놓은 것. 신부가 시댁의 부모님께 폐백을 올릴 때 준비하는 육포.
《재료》 쇠고기(우둔), 간장, 청주, 설탕, 후춧가루

포기-김치 [pogi-kimchi]

영 Whole chinese cabbage kimchi
프 Kimchi au chou chinois entier
중 整颗大白菜泡菜 zhěngkēdàbáicàipàocài
일 ポギキムチ, 白菜キムチ

김치. 배추 통김치 참조.

포도-주 [podo-ju]

영 Wine
프 Vin
중 葡萄酒 pútáojiǔ
일 ポドジュ, ぶどう酒

포도로 만든 술, 백포도주, 적포도주, 분홍빛 포도주가 있다. 전통 한국 포도주로는 찹쌀 찐 것에 포도즙과 누룩가루를 섞어 빚은 술로 보혈에 좋다고 알려진 과일주의 일종.

표고-나물 [pyogo-namul]

영 Lentinus edodes salad (mushroom namul)
프 Salade au lentinus edodes (champignon parfumé)
중 凉拌香菇菜 liángbànxiānggūcài
일 ピョゴナムル, シイタケナムル

나물. 생표고를 살짝 데쳐서 물기를 짜고 얄팍하게 썰어 소금, 기름에 무치거나 다진 쇠고기와 섞어서 볶음.
《재료》 표고, 쇠고기, 참기름, 간장, 설탕, 후춧가루, 파, 마늘

표고-전 [pyogo-jeon]

영 Pan fried lentinus edodes (pyogo jeon)
프 Lentinus edodes pané
중 香菇煎饼 xiānggūjiānbing
일 ピョゴジョン, シイタケの薄焼き

전(煎). 마른 표고면 물에 불려서 쓰고, 생것이면 데쳐서 물기를 짜고 버섯 양면에 밀가루와 달걀 푼 것을 씌워서 지지거나 안쪽에 쇠고기 다져 양념한 것을 붙여서 지진 것.
《재료》 마른 표고, 쇠고기, 두부, 밀가루, 달걀, 식용유, 잣가루, 간장, 설탕, 다진 파, 마늘, 참기름, 깨소금, 후춧가루

표고-조림 [pyogo-jorim]

영 Braised mushroom with soy sauce and sesame oil
프 Champignon mijoté à la sauce de soja et à l'huile de sésame
중 酱油炖香菇 iàngyóudùnxiānggū
일 ピョゴジョリム, シイタケ煮付け

조림. 마른 표고는 불려서 간장과 기름을 넣고 조리고 생표고는 그대로 간장과 기름을 넣어 조린 것.
《재료》 표고, 진간장, 설탕, 청주

표고-죽 [pyogo-juk]

영 Mushroom porridge
프 Porridge aux champignons
중 香菇粥 xiānggūzhōu
일 ピョゴジュック, シイタケおかゆ

죽. 초기 죽 참조.

풋고추 [putgochu]

영 Young green chili pepper
프 Piment vert
중 青辣椒 qīnglàjiāo
일 プッゴチュ, 青唐辛子

붉게 익기 전 초록색인 고추를 말하는 것으로 생것으로 고추장이나 된장을 찍어 먹기도 하고, 썰어서 찌개 등에 넣기도 함.

풋고추-김치 [putgochu-kimchi]

영 Stuffed green pepper kimchi
프 Kimchi au piment vert farci
중 香辣夹馅青辣椒泡菜 xiānglàjiāxiànqīnglàjiāopàocài
일 プッゴチュキムチ, 青唐辛子キムチ

김치. 풋고추를 잘라 씨를 빼고 그 속에 양념을 넣어 항아리에 담고 젓국을 고추가 잠기도록 부어 담근 것. 전남 지방의 향토음식.

풋고추-멸치-볶음 [putgochu-myeolchi-bokkeum]

영 Stir fried anchovies with green peppers
프 Anchois frits au piment vert
중 青辣椒炒鳀鱼 qīnglàjiāochǎotíyú
일 プッゴチュミョルチボクム, 青唐辛子とイリコ炒め

볶음. 풋고추와 멸치를 함께 볶은 것.

풋고추-무침 [putgochu-muchim]

영 Steamed and seasoned green pepper
프 Piment vert assaisonné et cuit à la vapeur
중 酱拌干蒸青辣椒 jiàngbàngānzhēngqīnglàjiāo
일 プッゴチュムッチム, 煮青唐辛子の和え物

찜. 풋고추를 씻어 밀가루를 묻혀 찜통에 쪄서 양념에 무친 것.
《재료》 풋고추, 밀가루, 파, 간장, 마늘, 설탕, 홍고추, 참기름

풋고추-볶음 [putgochu-bokkeum]

영 Sauteed green pepper
프 Piment vert sauté
중 清炒青辣椒 qīngchǎoqīnglàjiāo
일 プッゴチュボクム, 青唐辛子炒め

볶음. 연한 풋고추를 볶으면서 간장, 참기름, 깨소금으로 양념한 것.
《재료》 풋고추(꽈리고추), 식용유, 간

ㅍ

장, 물엿, 통깨

풋고추–부각 [putgochu-bugak]

영 Fried green pepper coated with flour
프 Piment vert frit et enveloppé dans la farine
중 干炸青辣椒 gānzháqīnglàjiāo
일 プッゴチュブガク, 青唐辛子天ぷら

마른 찬. 풋고추를 꼭지를 떼고 씻어 물기가 있을 때 밀가루를 묻혀 쪄서 말렸다가 기름에 튀긴 것.

풋고추–장아찌 [putgochu-jangajji]

영 Pickled green pepper in soy sauce or soybean paste
프 Piment vert salé à la sauce de soja ou à la pâte de soja
중 青辣椒酱菜 qīnglàjiāojiàngcài
일 プッゴチュジャンアチ, 青唐辛子漬物

장아찌. 풋고추를 소금물이나 식촛물에 담가 삭힌 후 간장이나 된장에 박아 만든 것.

풋고추–전 [putgochu-jeon]

영 Pan fried stuffed green pepper
프 Piment vert farci et frit
중 青辣椒煎饼 qīnglàjiāojiānbing
일 プッゴチュジョン, 牛肉づめの青唐辛子薄焼き

전(煎). 풋고추의 씨를 빼고 그 속에 다져서 양념한 고기를 넣어서 그 부분만 밀가루와 달걀을 씌워 지진 것.
《재료》 풋고추, 쇠고기, 파, 달걀, 밀가루, 간장, 소금, 깨소금, 마늘, 후춧가루, 참기름

풋고추–조림 [putgochu-jorim]

영 Braised green chili with soy sauce
프 Piment vert mijoté à la sauce de soja
중 酱油炖青辣椒 jiàngyóudùnqīnglàjiāo
일 プッゴチュジョリム, 青唐辛子煮付け

조림. 데친 풋고추의 씨를 발라내고 양념한 쇠고기를 소로 넣어 녹말을 묻혀 간장에 조리거나, 소를 넣지 않고 쇠고기, 조갯살, 멸치 등을 함께 넣고 조리는 것.
《재료》 풋고추, 쇠고기, 양념, 간장, 설탕, 조갯살, 멸치

풋–김치 [dubu-kimchi]

영 Young cabbage or radish kimchi
프 Kimchi au chou ou au radis jeune
중 小萝卜白菜泡菜 xiǎoluóbobáicàipàocài
일 プッキムチ, 新大根や新白菜のキムチ

김치. 봄 또는 가을에 새로 나온 열무나 어린 배추로 담금.

풋마늘–나물 [putmaneul-namul]

영 Seasoned green garlic (green garlic namul)
프 Ail vert assaisonné

㊥ 凉拌青蒜菜 liángbànqīngsuàncài
㊐ プッマヌルナムル, 新にんにくナムル

나물. 풋마늘을 소금물에 데쳐서 홍고추 다진 것, 참기름, 깨소금 등으로 무친 것. 갑오징어를 데쳐 채 썰어 넣기도 함. 풋마늘은 잎이 주가 됨.

《재료》 풋마늘. 갑오징어, 밀가루, 꼬챙이, 간장, 다진 파, 다진 마늘, 참기름, 깨소금, 생강즙

풋콩잎-김치 [putkongip-kimchi]

㊇ Soybean leaf kimchi
㊂ Kimchi aux feuilles de soja
㊥ 青豆叶泡菜 qīngdòuyèpàocài
㊐ プッコンイプキムチ, 新豆の葉っぱキムチ

김치. 부드러운 풋콩 잎을 소금간을 하였다가 씻어서 얄팍하게 썬 무와 갖은 양념으로 버무려 익힌 것으로, 경상남도의 향토음식.

피마자잎-쌈 [pimajaip-ssam]

㊇ Rolled in soft caster oil plant leaf
㊂ Enveloppé dans des feuilles de ricin
㊥ 焯蓖麻叶 chāobìmáyè
㊐ ピマジャイプサム, ひましの葉っぱ包み

쌈. 연한 피마자잎을 살짝 데쳐 밥을 싸서 먹는 것. 피마자는 아주까리라고도 한다.

피문어-죽 [pimuneo-juk]

㊇ Rice gruel with octopus pimum
㊂ Gruau de riz à la pieuvre pimun
㊥ 八蛸干粥 bāxiāogànzhōu, 章鱼干粥 zhāngyúgānzhōu
㊐ ピムノジュック, 水だこおかゆ

죽. 피문어를 물에 넣고 뭉근하게 오래 끓여 맛이 우러났을 때 쌀을 넣고 쑨 죽.

《재료》 피문어, 찹쌀, 대추, 물, 소금

한정식 [hanjeongsik]

영 Fancy Korean table

프 Table d'hôte coréen

중 韩定食 hándìngshí, 韩式套餐 hánshìtàocān

일 ハンジョンシク, 韓定食

식단. 밥, 국, 김치 여러 가지 반찬, 후식까지 포함된 한국식단의 한상차림.

한치(물)-회 [hanchi(mul)-hoe]

영 Raw cuttlefish in seasoned water

프 Calmars crus assaisonnés dans un bouillon froid

중 (冷水)生长枪乌贼片 (lěngshuǐ)shēngchángqiāngwūzéipiàn, (冷水)生红鱿鱼片 (lěngshuǐ)shēnghóngyóuyúpiàn

일 ハンチフェ, ヤリイカの味付けさしみ

회(膾). 한치의 내장을 떼어내고 썰어 양념한 후 물을 부어 건지와 물을 함께 먹는 회.

한치-회-덮밥 [hanchi-hoe-deopbap]]

영 Seasoned cuttlefish over rice

프 Calmars crus assaisonnés sur lit de riz

중 生长枪乌贼片盖饭 shēngchángqiāngwūzéipiàngàifàn, 生红鱿鱼片盖饭 shēnghóngyóuyúpiàngàifàn

일 ハンチフェドッパップ, ヤリイカさしみ丼

밥. 한치 회를 따뜻한 밥 위에 채소 등과 함께 얹어 양념고추장과 양념장을 넣어 비벼 먹도록 한 밥.

【재료】 한치 회, 상치, 당근, 달걀, 양념장, 초고추장, 밥

함흥 냉면 [hamheung style naengmyeon]

영 Spicy buckwheat noodles with raw skate

프 Nouilles de blé noir épicées avec raie crue

중 咸兴冷面 xiánxīnglěngmiàn

일 ハムフンネンミョン, ハムフン冷麺

국수. 함흥에서 만들었던 감자 녹말가루로 만든 질긴 국수를 삶아내고 육수를 부어 물냉면으로 하거나 비벼 먹음.

합자-국 [hapja-guk]

영 Mussels and clams soup

프 Soupe aux moules et aux clam

중 厚殼貽貝蛤蜊汤 hòukéyíbèigélítāng, 海红蛤蜊汤 hǎihónggélítāng

일 ハップジャグック, イガイスープ

국. 홍합과 조갯살을 물에 삶아서 국물째 먹는 국.

합자-죽 [hapja-juk]

영 Rice porridge with mussels and clams meat

프 Bouille de riz aux moules et aux clams

중 丝绸壳菜蛤米粥 sīchóuqiàocàigémǐzhōu

일 ハップジャジック, 海鮮おかゆ

죽. 대합조개, 모시조개와 홍합 등으로 마늘즙을 넣어 맑은 장국을 끓이다

가 쌀을 넣고 쑨 것.
(재료) 쌀, 마른 홍합, 소금, 마늘, 양파, 참기름

해남 경단 [haenam gyeongdan]

영 Sweet rice ball, Haenam style
프 Boule de riz sucrée à la Haenam
중 海南团子 hǎinántuánzi
일 ヘナムギョンダン, ヘナムだんご

떡. 보통 경단과 마찬가지로 찹쌀을 동글게 만드는 것이지만 다른 점은 고물에 팥, 녹두, 흑임자 등과 석이채와 생강채가 들어가는 것이 특이함.

해물-겨자-채 [haemul-gyeoja-chae]

영 Assorted seafood and vegetables with mustard sauce
프 Salad de fruits de mer et léqumes
중 芥末凉拌什锦海鲜条 jièmòliángbànshíjǐnhǎixiāntiáo
일 ヘムルギョザチェ, 海鮮とくらげの中華サラダ

냉채. 해파리 채 썬 것과 데친 오징어 채, 여러 채소 썬 것을 켜켜로 함께 담아 겨자 소스에 버무린 것.
(재료) 해파리채, 오징어채, 오이채, 겨자소스(간장, 마늘, 겨자, 설탕, 식초)

해물-김치 [haemul-kimchi]

영 White radish and seafood kimchi
프 Kimchi aux fruits de mer et au radis blanc
중 什锦海鲜泡菜 shíjǐnhǎixiānpàocài
일 ヘムルキムチ, 海鮮キムチ

김치. 무채에 물오징어, 미나리, 대파, 실파를 섞고 김치 양념에 버무려 익힌 것.
(재료) 무, 오징어, 미나리, 대파, 실파, 마늘, 생강, 소금, 멸치젓국

해물-된장-찌개 [haemul-doenjang-jjigae]

영 Seafood soy bean paste stew
프 Ragoût à la pâte de soja et aux fruits de mer
중 什锦海鲜黄酱(炖)汤 shíjǐnhǎixiānhuángjiàng(dùn)tāng
일 ヘムルデンジャンチゲ, 海鮮味噌鍋

찌개. 된장을 잘 개어 붓고 걸러서 풋고추와 버섯 등을 넣어 끓일 때 조개, 게, 새우 등 해물을 넣어 끓인 찌개.
(재료) 생선, 조개, 게, 새우, 풋고추, 호박, 파, 마늘, 된장, 고추장 또는 고춧가루, 버섯

해물-산적 [haemul-sanjeok]

영 Seafood brochette
프 Brochettes aux fruits de mer
중 烤什锦海鲜串 kǎoshíjǐnhǎixiānchuàn
일 ヘムルサンゾク, 海鮮串

적(炙). 문어, 전복, 홍합, 조갯살 등을 일정한 크기로 썰어 꼬챙이에 꿰어 진간장, 생강즙, 마늘즙, 물엿 등으로 양념장을 만들어 바르면서 구운 것.
(재료) 문어, 전복, 군수, 홍합, 조개, 진간장, 생강즙, 마늘 즙, 물엿

해물-전 [haemul-jeon]

영 Pan fried seafood
프 Fruits de mer panés
중 什锦海鲜煎饼 shíjǐnhǎixiānjiānbing
일 ヘムルジョン, 海鮮チヂミ

전(煎). 패주, 대합, 홍합, 새우, 굴과 같은 어패류를 손질하여 밀가루, 달걀 푼 것을 씌워 기름에 지진 것.

해물-전골 [haemul-jeongol]

영 Seafood hot pot

ㅎ

프 Marmite de frutits de mer
중 什锦海鲜火锅 shíjǐnhǎixiānhuǒguō
일 ヘムルジョンゴル, 海鮮の辛味寄せ鍋

전골. 생선류, 조개, 새우, 오징어, 홍합 중에 두세 가지를 쇠고기와 채소를 함께 넣어 끓인 전골.

해물-파-전 [haemul-pa-jeon]

영 Seafood pancake with green onion and batter
프 Crêpe à la ciboulette et fruits de mer
중 海鲜葱饼 hǎixiāncōngbing, 什锦海鲜细葱煎饼 shíjǐnhǎixiānxìcōngjiānbing
일 ヘムルパジョン, 海鮮ネギチヂミ

전. 파전을 지질 때 해물을 위에 얹어 지진 전(煎).

《재료》 오징어, 홍합, 조갯살, 파, 밀가루, 소금, 달걀

해삼 [haesam]

영 Sea cucumber
프 Holothurie(concombre de mer)
중 海参 hǎishēn
일 ヘサム, なまこ

해삼은 날로 초고추장을 곁들여 회로 먹기도 하고, 말려 저장한 것을 다시 불려서 전야도 만들고, 다른 식품과 섞어 볶는 요리에도 이용됨.

해삼-전 [haesam-jeon]

영 Pan fried sea cucumber stuffed with meal
프 Holothurie farcie de viande et frite à la poêle
중 海参煎饼 hǎishēnjiānbing
일 ヘサムジョン, なまこの薄焼き

전(煎). 마른 해삼을 물에 불려서 삶은 뒤 배를 가르고 내장을 꺼낸 후 더 불려서 그 속에 쇠고기 다진 것과 두부 섞은 것을 해삼 안쪽에 얇게 붙이고 밀가루와 황백을 나눈 달걀을 묻혀 지진 것. 초장을 곁들임. 옛말로 뮈쌈이라 함.

《재료》 불린 해삼, 쇠고기 다진 것, 양념, 두부, 파, 마늘, 후춧가루, 설탕, 밀가루, 지짐기름, 달걀, 참기름

해삼-초 [haesam-cho]

영 Spicy seasoned sea cucumber
프 Holothurie assaisonnée et épicée
중 煮炒海参 zhǔchǎohǎishēn
일 ヘサムチョ, 干しなまこの醬油煮込み

조림. 마른 해삼을 불려 썰고 천초, 생강 등 향신료와 참기름, 간장 등 조미료를 섞어 끓인 조림으로 찬으로 이용함.

《재료》 불린 해삼, 참기름, 간장, 생강, 식초, 설탕, 조미료, 녹말

해삼-초-회 [haesam-cho-hoe]

영 Fresh sea cucumber slices with vinegared hot pepper sauce

프 Holothurie crue à la sauce piquante et vinaigrée
중 醋辣拌海参 cùlàbànhǎishēn
일 ヘサムチョフェ, なまこさしみ

무침(초). 신선한 해삼의 배를 갈라 내장을 빼고 도톰하게 썰고 오이를 얇게 저며 초고추장에 같이 무친 것.
〈재료〉 생 해삼, 오이, 파, 간장, 식초, 고춧가루, 초고추장

해삼-탕 [haesam-tang]

영 Braised sea cucumber
프 Holothurie braisée
중 海参汤 hǎishēntāng
일 ヘサムタン, なまこスープ

탕. 마른 해삼을 불려 편으로 썰고 쇠고기, 양파, 오이 썰은 것과 같이 볶은 후 녹말을 물에 풀어 붓고 걸쭉한 소스가 되면 간장, 생즙으로 간을 맞춘 중국식 음식. 옛날 우리 음식의 해삼탕은 해삼에 생강, 천초, 참기름, 간장 등을 섞어 끓인 국이었으나, 만드는 법이 사라졌음.
〈재료〉 불린 해삼, 쇠고기 양념한 것, 양파, 죽순, 오이, 간장, 참기름, 녹말, 생즙, 소금

해삼-홍합-쌈 [haesam-honghap-ssam]

영 Sea cucumber stuffed with mussel
프 Holothurie farcie de moule
중 海参包红蛤蜊煎饼 hǎishēnbāohónggélíjiānbing
일 ヘサムホンハプサム, なまこ·イガイチヂミ

전(煎). 불린 해삼의 내장 속을 긁어 손질한 후 홍합을 속에 넣어 해삼전과 같이 지진 것.
〈재료〉 불린 해삼, 홍합살, 생즙, 소금, 밀가루, 기름, 달걀

해장국 [haejangguk]

영 Sunrise morning soup
프 Soupe matinale
중 醒酒汤 xǐngjiǔtāng
일 ヘジャングック, 酔い覚めスープ

국. 이른 아침에 흔히 먹는 국으로 쇠뼈를 곤 물에 된장을 풀어 콩나물, 무, 파 등을 넣고 선지를 넣어 끓인 토장국.

해초 [haecho]

영 Seaweed
프 Algues
중 海菜 hǎicài
일 ヘチョ, 海草

바다에서 자라는 풀의 총칭.

해초-비빔-밥 [haecho-bibim-bap]

영 Bibimbap with seaweeds
프 Bibimbap aux algues
중 海草拌饭 hǎicǎobànfàn
일 ヘチョビビンバップ, 海藻ビビンバー

밥. 쌀밥에 여러 가지 색깔의 해초를 담고 초고추장에 비벼 먹는 남도 해변의 음식으로 저 칼로리 다이어트 음식.
〈재료〉 여러 가지 해초, 쌀

해파리-냉채 [haepari-naengchae]

영 Jellyfish cold plate
프 Salade de méduses à la sauce de moutarde

㊥ 海蜇皮凉菜 hǎizhépíliángcài, 凉拌海蜇皮 liángbànhǎizhépí
㊐ ヘパリネンチェ, くらげの中華サラダ

짜게 저장시킨 해파리를 물에 담가 소금기를 빼고 끓는 물을 붓고 찬물로 헹군 후 채 썰어 오이채, 배 채 썬 것, 편육채 등과 마늘, 겨자, 간장, 식초, 설탕으로 만든 겨자소스를 곁들인 음식.

해파리-회 [haepari-hoe]

㊎ Seasoned julienne jellyfish and cucumber
㊄ Méduse julienne assaisonnée avec concombre
㊥ 醋辣酱生拌海蜇皮丝 cùlàjiàngshēngbànhǎizhépísī
㊐ ヘパリフェ, くらげさしみ

회(膾). 절인 해파리를 채 썰어 물에 담갔다가 건져서 오이를 채 썰어 섞어 초고추장에 무친 것.

《재료》 해파리채, 오이채, 초고추장 또는 마늘겨자간장

햇김치 [haet-kimchi]

㊎ Spring cabbage kimchi
㊄ Kimchi au chou au primeur
㊥ 新春泡菜 xīnchūnpàocài
㊐ ヘッキムチ, 旬のキムチ

김치. 봄철에 일찍 나온 배추로 담근 것.

행인-죽 [haengin-juk]

㊎ Apricot kernel porridge
㊄ Porridge à l'amande d'abricot
㊥ 杏仁粥 xìngrénzhōu
㊐ ヘンインジュック, あんずおかゆ

죽. 행인(살구씨)을 끓는 물에 데쳐 속껍질을 벗기고 곱게 갈아 쌀가루나 쌀무리를 물에 풀어 끓인 죽. 살구씨는 기침이 날 때 먹는 한약재이기도 함.

《재료》 쌀가루 또는 쌀무리, 살구씨, 소금

행적 [haengjeok]

㊎ Pan-fried cabbage kimchi and pork on skewer
㊄ Brochette au porc et au kimchi au chou frite à la poêle
㊥ 干煎泡菜肉串 gānjiānpàocàiròuchuàn
㊐ ヘンジョク, 白菜キムチ·豚肉·ぜんまいの串

적(炙). 큰 꼬치에 배추김치, 돼지고기, 고사리, 실파를 나란히 꿰어 밀가루, 달걀을 묻혀 기름에 지져낸 것. 황해도 음식. 주요 재료가 배추 절인 것 또는 배추김치가 됨.

《재료》 배추김치 또는 배추 절인 것, 돼지고기, 고사리, 실파, 밀가루, 달걀, 파, 마늘, 참기름, 간장, 깨소금, 설탕, 후춧가루

향어-회 [hyangeo-hoe]

㊎ Sliced raw hyangeo fish fillet with vinegared hot sauce
㊄ Filet de hyangeo(poisson) cru émincé à la sauce piquante et vinaigrée
㊥ 生草鲤片 shēngcǎolǐpiàn
㊐ ヒャンオフェ, イスラエル鯉のさしみ

회(膾). 소양호나 춘천호 등 강원도 맑은 물에서 양식하는 민물고기로, 향어의 살을 가늘게 채 썰어 초고추장에 찍어먹는 회 요리.

헛제삿-밥 [heotjesa-bap]

㊎ A kind of bibimbap, Andong style (False bibimbap)
㊄ Bibimbap pour le faux servicc religieux (Bibimbap à Andong)
㊥ 假祭祀饭 jiǎjìsìfàn

ㅎ

일 ホッジェサバップ, アンドンビビンバー

밥. 비빔밥의 한 종류. 쇠고기, 고등어, 상어, 두부, 달걀과 무나물, 산나물, 시금치나물, 콩나물과 같이 제사 때 먹는 나물을 밥 위에 얹은 비빔밥으로 옛날 안동 고을 원님이 제사 지낸 후에 먹기를 원해서 만들던 제삿밥으로 제사가 아닌데도 제사 지낸 것같이 만들었던 것에서 붙여진 이름이다.
재료 쌀, 쇠고기, 고등어, 상어, 두부, 달걀, 무, 다시마, 고사리, 산나물, 시금치, 콩나물, 간장, 소금, 깨소금

호두-엿-강정 [hodu-yeot-gangjeong]

영 Puffed rice cake coated with chopped walnuts
프 Gâteau de riz gonflé recouvert des noix hachés
중 核桃仁糖稀糖果 hétáoréntángxītángguǒ
일 ホドゥヨッガンジョン, くるみおこし

한과(강정). 일명 호두강정. 쌀강정에 조청을 묻히고 나서 껍질 벗긴 호두를 가루 내어 묻힌 것.
재료 쌀강정, 호두, 조청

호두-조림 [hodu-jorim]

영 Glazed walnuts
프 Noix vernies
중 酱油炖核桃仁 jiàngyóudùnhétáorén
일 ホドゥジョリム, くるみと牛肉煮付け

조림. 가늘게 채 썬 쇠고기를 양념하여 볶다가 껍질 벗긴 호두를 넣고 다

시 양념하여 조린 것. 쇠고기를 넣지 않는 경우도 있음.
재료 호두, 간장, 파, 마늘, 깨소금, 참기름, 설탕이나 조청

호두-튀각 [hodu-twigak]

영 Fried walnuts
프 Noix frites
중 油炸核桃仁 yóuzháhétáorén
일 ホドゥチガク, くるみ天ぷら

마른 찬. 호두를 끓는 물에 담가 속껍질을 벗기고 녹말가루를 씌워 털어서 기름에 튀긴 것. 다시마튀각이나 매듭자반을 함께 곁들여 담으면 볼품도 나고 맛도 어울린다.
재료 호두(깐 것), 녹말, 식용유

호박고지-떡(호박고지-차시루떡) [hobakgoji-tteok(hobakgoji-chasirutteok)]

영 Layered rice cake with dried pumpkin
프 Gâteau de riz à la couche de potiron séché
중 干南瓜皮糯米甑糕 gānnánguāpínuòmǐzènggāo
일 ホバックゴジトック, かぼちゃお餅(もち米)

떡. 일명 호박떡이라고도 함. 찹쌀가루에 호박고지를 썰어 섞고 시루에 안

칠 때 팥고물을 켜켜로 놓아 찌며 전라도에서 많이 먹음.

《재료》 찹쌀가루, 팥, 설탕, 소금, 호박고지(곶감고지로 대용하기도 함)

호박-김치 [hobak-kimchi]

영 Autumn pumpkin kimchi
프 Kimchi au potiron
중 老南瓜泡菜 lǎonánguāpàocài
일 ホバクキムチ, かぼちゃキムチ

김치. 누렇게 익은 늙은 호박을 큼직큼직하게 썰어 양념하고 절인 배추 사이사이에 넣어 익힌 것. 호박김치는 황해도에서 많이 담그며, 찌개용으로 아주 좋다.

《재료》 늙은 호박, 통배추, 무잎 줄기, 쪽파, 실고추, 맑은 액젓, 마늘, 생강, 고춧가루

호박꽃-탕 [hobakkkot-tang]

영 Stuffed squash flower soup
프 Soupe aux fleurs de citrouille farcie
중 南瓜花酱汤 nánguāhuājiàngtāng
일 ホバクコッタン, かぼちゃの花スープ

국. 쇠고기 맑은 장국에 호박과 호박꽃을 손질하여 다진 쇠고기와 표고채, 석이채 양념한 것을 소로 넣고 미나리로 꽃을 동여 메어 밀가루와 달걀옷을 씌워 장국에 넣고 끓인 것.

《재료》 호박, 호박꽃, 쇠고기, 표고, 석이, 파, 마늘, 미나리, 밀가루, 달걀

호박-나물 [hobak-namul]

영 Stir-fried zucchinis

프 Courgettes sautées
중 炒拌小南瓜丝菜 chǎobànxiǎonánguāsīcài
일 ホバクナムル, かぼちゃナムル

숙채. 애호박을 굵은 채로 썰어 풋고추와 함께 다진 마늘과 참기름으로 볶아 간장으로 간을 한 것.

《재료》 애호박, 풋고추, 다진 마늘, 참기름, 간장

호박-메시루떡(호박-모시루떡) [hobak-me-sirutteok(hobak-mo-sirutteok)]

영 Sweet pumpkin rice cake
프 Gâteau de riz au potiron sucré
중 南瓜粳米甑糕 nánguājīngmǐzènggāo
일 ホバックメシルトック, かぼちゃお餅(粳米)

떡. 일명 물호박떡. 청둥호박이나 늙은 호박을 벗겨 씨를 빼고 얄팍하게 썰어서 설탕을 섞어 쌀가루에 버무려 찐 떡.

호박-범벅 [hobak-beombeok]

영 Pumpkin mixed with grain porridge
프 Porridge à la citrouille et au grain
중 老南瓜糊糊 lǎonánguāhúhu
일 ホバクボンボク, かぼちゃごった煮

죽. 일명 호박풀떼기. 늙은 호박의 속

을 긁어내고 찜통에 쪄서 팥과 강낭콩, 밀가루를 넣어 가끔 저으며 뜸을 들이면서 설탕과 소금으로 간을 한 것으로, 밥도 아니고 죽도 아닌 걸쭉한 음식. 먹을 때 소금과 설탕을 넣어 먹음.

《재료》 늙은 호박, 찹쌀가루, 팥, 강낭콩, 밀가루, 설탕, 소금

호박-볶음 [hobak-bokkeum]

영 Sauted zucchini
프 Zucchini sauté
중 清炒小南瓜 qīngchǎoxiǎonánguā
일 ホバクボクム, かぼちゃ炒め

볶음. 애호박을 길이로 자른 다음 반달 모양으로 썰어 냄비에 다진 마늘과 들기름으로 호박을 볶다가 파, 새우젓으로 간을 한 것.

《재료》 애호박, 마늘, 파, 들기름, 새우젓, 깨소금

호박-선(애호박-선, 애호박-찜) [hobak-seon(aehobak-seon, aehobak-jjim)]

영 Steamed stuffed zucchini
프 Zucchini farci et cuit à la vapeur
중 镶肉菜丝南瓜 xiāngròucàisīnánguā (镶肉菜丝小南瓜 xiāngròucàisīxiǎonánguā, 蒸镶肉菜丝小南瓜 zhēngxiāngròucàisīxiǎonánguā)
일 ホバクソン, かぼちゃの煮こみ

찜. 어린 호박을 길이로 반을 갈라 살짝 쪄서 드문드문 비늘처럼 칼집을 넣어 그 안에 곱게 다져 양념한 쇠고기를 볶은 것, 버섯채, 알지단 등을 끼워 넣고 녹말을 씌워 찜 솥에서 쪄내고 겨자즙을 곁들여 낸다. 호박을 토막 내고 십자로 칼집을 넣어 속을 끼워서 찌기도 함.

《재료》 애호박, 쇠고기, 표고, 석이, 달걀, 잣, 실고추, 간장, 설탕, 파, 마늘, 깨소금, 참기름, 후춧가루

호박잎-국 [hobakip-guk]

영 Young pumpkin leaf soup
프 Soupe aux feuillettes de citrouille
중 南瓜叶辣酱汤 nánguāyèlàjiàngtāng
일 ホバクイプグック, かぼちゃの葉っぱスープ

국. 토장국을 끓이다가 호박잎을 으깨 씻고 애동호박은 주먹으로 깨어 적당한 크기로 만들어 넣고 끓인 것.

《재료》 호박잎, 멸치, 보릿가루나 메밀가루, 된장, 고추장

호박잎-쌈 [hobakip-ssam]

영 Steamed young pumpkin leaves
프 Feuillettes de citrouille cuites à la vapeur
중 蒸南瓜叶 zhēngnánguāyè
일 ホバクイプサム, かぼちゃの葉っぱ包みご飯

쌈. 호박잎 앞뒤의 질긴 줄기를 벗겨 버리고 쪄서 쌈장을 곁들여 밥을 싸서 먹도록 해 놓은 것.

《재료》 호박잎, 쌈장, 보리새우 볶은 것

호박-전 [hobak-jeon]

영 Pan fried zucchini
프 Zucchini frit à la poêle

중 小南瓜煎饼 xiǎonánguājiānbing
일 ホバクジョン, かぼちゃの薄焼き

전(煎). 애호박을 통으로 얇게 썰어(둥근 모양) 밀가루와 달걀 푼 것을 씌워 기름에 지진 것. 호박을 도톰하게 썰어 두께를 절반으로 칼집을 넣어 다진 쇠고기 양념을 조금씩 속을 펴 넣고 밀가루 달걀을 씌워 전을 부치기도 하며, 얇게 썬 둥근 호박 한쪽에 다진 쇠고기 양념을 중심부에 얇게 펴 붙인 후 밀가루 달걀 물을 씌워 전을 붙이기도 한다.

재료 애호박, 밀가루, 달걀, 기름, 다진 쇠고기, 마늘, 파, 참기름, 깨소금, 후춧가루

호박-죽 [hobak-juk]

영 Pumpkin gruel
프 Gruau de potiron
중 老南瓜粥 lǎonánguāzhōu
일 ホバックジュック, かぼちゃスープ

죽. 늙은 호박을 쪄서 으갠 후 찹쌀가루나 밀가루를 풀어 섞어 되직한 죽으로 쑨다. 팥을 삶아 섞기도 하며, 단맛이 있게 설탕을 넣기도 함.

재료 늙은 호박, 밀가루, 찹쌀가루, 팥, 흑설탕

호박-찌개 [hobak-jjigae]

영 Pumpkin stew
프 Ragoût au potiron
중 老南瓜炖汤 lǎonánguādùntāng
일 ホバクチゲ, かぼちゃチゲ

찌개. 늙은 호박을 토막 내어 무청, 배추를 데쳐 썰고 파, 마늘, 고춧가루, 새우젓을 넣어 끓인 것.

재료 늙은 호박, 무청, 배추, 소금, 파, 마늘, 생강, 고춧가루, 새우젓

호박-칼국수(국수 호박-칼국수) [hobak-kalguksu(guksu hobak-kalguksu)]

영 Pumpkin mixed with noodles
프 Nouilles au potiron
중 老南瓜刀切面 lǎonánguādāoqiēmiàn (金丝瓜刀切面 jīnsīguādāoqiēmiàn, 面条瓜刀切面 miàntiáoguādāoqiēmiàn)
일 かぼちゃきしめん, かぼちゃきしめん

국수. 칼국수를 삶아내고 늙은 호박이나 국수호박을 쪄서 국수와 같이 뽑아 삶아 건져 섞어 양념하여 장국을 붓거나 조금만 부어 먹음.

재료 늙은호박, 쌀, 밀가루, 팥, 소금

호배추 [hobaechu]

영 Cabbage
프 Chou
중 卷心菜 juǎnxīncài, 包心菜 bāoxīncài, 胡白菜 húbáicài
일 ホベチュチム, キャベツ蒸し煮

호배추는 양배추를 일컬음.

홍어-구이 [hongeo-gui]
영 Grilled skate
프 Raie grillée
중 烤斑鳐 kǎobānyáo
일 ホンオグイ, ガンギエイ焼き
구이. 홍어의 껍질을 벗기고 굽기 좋은 크기로 잘라 양념장에 무쳐 구운 것으로 전라도 지방에서 많이 이용함.
《재료》 홍어, 고춧가루, 조미료, 기름, 양념장

홍어-섞박지 [hongeo-seokbakji]
영 Skate kimchi with cabbage and radish
프 Kimchi à la raie avec chou et radis
중 斑鳐什锦粗泡菜 bānyáoshíjǐncūpàocài
일 ホンオソッパンジ, ガンギエイ入りキムチ
김치. 배추와 무를 널따랗게 썰고 홍어를 저며 젓국에 양념하고 김치양념으로 넣어 버무려 익힌 김치.
《재료》 홍어, 배추, 무, 소금, 고춧가루, 파, 마늘, 젓갈

홍어-어시욱 [hongeo-eosiuk]
영 Steamed fancy skate
프 Raie assaisonnée à la vapeur
중 调料酱烤腌干斑鳐 tiáoliàojiàngkǎoyān-gānbānyáo
일 ホンオオシウク, ガンギエイの蒸し煮

찜. 손질한 홍어를 칼집을 내어 소금에 절였다가 꾸득꾸득 하게 말려 양념장을 뿌리면서 찌고 실고추, 파, 마늘, 지단, 석이채 등으로 보기 좋게 고명하여 찐 정성 담긴 요리. 홍어 찜 참조.
《재료》 홍어, 소금, 진간장, 마늘, 파, 실고추, 후춧가루, 설탕, 참기름, 미나리, 석이채, 달걀지단

홍어-어채 [hongeo-eochae]
영 Parboiled skate pieces
프 Morceaux de raie demi-bouillis
중 水煮斑鳐 shuǐzhǔbānyáo
일 ホンオオチェ, 茹でガンギエイ
회. 토막 친 홍어를 녹말에 묻혀 끓는 물에 데쳐 내어 초고추장에 찍어 먹는 회.

홍어-찜 [hongeo-jjim]
영 Steamed skate with favorite sauce
프 Raie cuite à la sauce
중 蒸斑鳐 zhēngbānyáo
일 ホンオチム, ガンギエイの蒸し煮

찜. 홍어를 손질하여 군데군데 칼집을 넣고, 진간장, 마늘, 실고추, 파, 설탕, 후춧가루, 참기름으로 맛있는 양념장을 만들어 끼얹으면서 찐 것으로 남도 지방에서는 으뜸으로 여기는 요리.
《재료》 홍어, 마늘, 실고추, 파, 양념장

홍어-회 [hongeo-hoe]
영 Spicy raw skate
프 Raie crue à la sauce piquante
중 辣拌斑鳐 làbànbānyáo
일 ホンオフェ, ガンギエイさしみ

회(膾). 홍어의 껍질을 벗기고 작은 크기로 저며 식초에 담갔다가 오이, 미나리, 고춧가루, 간장, 소금, 파, 마늘양념에 무친 것.

재료 홍어, 오이, 미나리, 무, 배, 식초, 소금, 간장, 고추장, 설탕, 깨소금, 고춧가루, 파

홍합-미역-국 [honghapmiyeok-guk]

영 Seaweed soup with mussels
프 Soupe d'algues aux moules
중 红蛤蜊裙带菜汤 hónggélíqúndàicàitāng
일 ホンハプミヨッグック, イガイとわかめスープ

국. 마른 미역과 마른 홍합을 물에 불려 함께 넣고 끓인 국. 쇠고기 대신에 홍합을 넣은 미역국.

재료 미역, 마른 홍합, 간장, 참기름

홍합-죽 [honghap-juk]

영 Mussel purridge with rice
프 Porridge de moule au riz
중 红蛤蜊粥 hónggélízhōu
일 ホンハプチョ, イガイ煮込み

죽. 홍합, 쇠고기를 다져 양념하여 끓인 맑은 장국에 불린 쌀을 넣어 끓인 것으로 이유식이나 노인들의 보양식.

재료 쌀, 홍합, 마늘, 양파, 참기름, 소금

홍합-초 [honghap-cho]

영 Braised mussels with soy sauce
프 Moule mijotée à la sauce de soja
중 煮炒红蛤蜊 zhǔchǎohónggélí

일 ホンハプチョ, イガイ煮込み

볶음(초). 생 홍합은 깨끗이 씻어 물기를 빼서 조리고 마른 홍합은 찌거나 물에 불려서 간장과 물을 부어 끓인다. 간장이 거의 졸았을 때 설탕, 참기름, 후춧가루, 깨소금을 치고 약한 불에서 조리고 마지막에 녹말 물을 조금 넣어 윤기가 나도록 한다.

재료 홍합, 쇠고기, 파, 잣가루, 마늘, 생강, 간장, 참기름, 설탕, 후춧가루, 녹말

홍합-회 [honghap-hoe]

영 Parboiled mussels
프 Moules demi-bouillies
중 水煮红蛤蜊 shuǐzhǔhónggélí
일 ホンハプフェ, 茹でイガイ

회(膾). 홍합을 끓는 물에 데쳐서 살을 뜯어내어 초장이나 겨자장에 찍어 먹는 회.

재료 홍합, 초장(간장, 식초, 잣가루 또는 깨소금, 파)

화양적 [hwayangjeok]

영 Assorted vegetable and beef brochette
프 Brochette aux diverses légumes et boeuf
중 煎桔梗牛肉串 jiānjiégěngniúròuchuàn
일 フワヤンジョク, 牛肉·ききょ·にんじん·きゅうりの串

적(炙). 쇠고기, 도라지, 당근, 표고, 오이 등을 간장, 참기름으로 볶아 꼬챙이에 꿰어 기름에 잠깐 익힌 것. 색을 맞

추어 펜다.

재료 쇠고기(우둔), 생도라지, 당근, 표고, 파, 오이, 잣가루, 설탕, 진간장, 다진 마늘, 후춧가루, 깨소금, 참기름

화전 [hwa-jeon]

영 Pan fried sweet rice cake with flower petals
프 Crêpes de riz gluant aux petales de fleur
중 花瓣煎饼 huābànjiānbing, 花煎饼 huājiānbing
일 フヮジョン, 花びら焼きもち

지진 떡. 찹쌀가루반죽을 동글납작하게 빚어 번철에 지질 때 진달래꽃(두견화), 장미꽃잎, 국화잎, 대추 등을 위에 놓아가며 지지고 식기 전에 설탕을 뿌린 떡.

재료 찹쌀, 참기름, 꿀, 잣, 계피가루

화채 [hwachae]

영 Punch
프 Punch
중 糖水水果 tángshuǐshuǐguǒ
일 フヮチェ, フルーツカクテル

설탕물이나 꿀물 또는 과즙에 썰은 과일이나 먹는 꽃잎 등을 넣어 먹을 수 있도록 만든 음청류.

황복이-탕 [hwangbogi-tang]

영 Beep and radish soup
프 Soupe au boeuf et à navet
중 牛肉鸡蛋汤 niúròujīdàntāng
일 フヮンボッキタン, 牛肉と卵スープ

국. 쇠고기를 납작하게 썰어 양념에 재어 놓고 냄비에 물이 끓을 때 고기를 넣어 끓이다가 달걀을 풀어 줄알을 쳐서 끓인 것.

재료 쇠고기, 달걀, 파, 마늘, 후춧가루, 간장

황새기-젓(황석어 젓) [hwangsaegi-jeot (hwangseogeo-jeot)]

영 Pickled small yellow corvina
프 Petite ombrine saumurée
중 梅童鱼酱 méitóngyújiàng
일 フヮンセギジョッ, 小イシモチの塩辛

젓갈. 황석어젓이라고도 함. 늦은 봄에 황새기를 소금에 절여 차곡차곡 담아 무거운 돌로 눌러 삭혔다가 김장 때 생 젓국을 넣기도 하고, 살을 저며서 양념하여 무쳐 찬으로도 이용.

황태-구이 [hwangtae-gui]

영 Grilled frozen dried pollack
프 Merlan séché assaisonné et grillê
중 烤明太鱼干 kǎomíngtàiyúgān
일 ファンテグイ, スケトウダラ蒲焼き

구이. 황태를 간장, 고추장, 파, 마늘, 참기름, 설탕, 후춧가루로 만든 양념장을 발라 구운 것.

ㅎ

《재료》 황태, 간장, 고추장, 후춧가루, 참기름, 마늘

회-냉면 [hoe-naengmyeon]

영 Spicy starch noodles with raw skate
프 Nouilles à la raie crue assaisonnée à la sauce piquante
중 生鱼片冷面 shēngyúpiànlěngmiàn
일 フェネンミョン, さしみ冷麺

국수. 질긴 함흥 냉면에 맵게 무친 홍어회를 얹어 매운 양념장과 참기름, 설탕 등을 넣어 비벼 먹음.
《재료》 함흥냉면, 홍어, 식초, 고춧가루, 오이, 고추장, 설탕, 파, 마늘, 소금

회-덮밥 [hoe-deopbap]

영 Raw fish and vegetables over rice
프 Riz cuit couronné de poisson cru et de légumes(Bibim bap au poisson eru)
중 生鱼片盖饭 shēngyúpiàngàifàn
일 フェドッパップ, さしみ丼

밥. 밥 위에 신선한 흰살 생선회와 채소가 얹어지고 양념장과 함께 비벼 먹도록 요리한 밥.

흑임자-다식 [heugimja-dasik]

영 Molded sweet black sesame seed cookie
프 Galette de sésame noir sucrée et moulée
중 黑芝麻茶食 hēizhīmacháshi, 黑芝麻印糕子 hēizhīmayìngāozǐ
일 フックイムジャダシク, 黒豆らくがん

한과(다식). 검은깨를 볶아 가루를 만들어 꿀을 섞어 다식판에서 박아낸 것.
《재료》 흑임자, 꿀

흑임자-죽 [heugimja-juk]

영 Rice gruel with black sesame seeds
프 Gruau de riz aux sésames noirs
중 黑荏子粥 hēirěnzǐzhōu
일 フックイムジャジュック, 黒ゴマおかゆ

죽. 검은깨를 갈아 체에 밭치고 불린 쌀을 곱게 갈아 함께 끓인 것으로 보양음식이다.
《재료》 쌀, 흑임자, 소금

흰깨-다식 [huinkkae-dasik]

영 Patterned molded sesame cookie
프 Galotte de sésame sucrée et moulée
중 白芝麻茶食 báizhīmacháshi, 白芝麻印糕子 báizhīmayìngāozǐ
일 ヒンケダシク, 白ゴマらくがん

디식. 진미 다식 참조.

흰-떡 [huin-tteok]

영 White rice pasta
프 Gâteau de riz blanc
중 白糕 báigāo
일 ヒントック, 白ヒガ餅

떡. 멥쌀가루로 쪄서 안반에 놓고 치거나 기계로 빼어 가래떡도 만들고 절편도 만들 수 있는 떡.

흰-무리떡(흰 무리)

[huin-muritteok(huinmuri)]

영 Steamed sweet rice powder cake
프 Gâteau de farine de riz sucrée cuit à la vapeur
중 粳米蒸糕 jīngmǐzhēnggāo, 白(米)蒸糕 bái(mǐ)zhēnggāo
일 ヒンムリトック, 白餅(ペッソルギ)

떡. 어린아이의 돌 생일 때 많이 만드는 떡으로 순수한 것을 뜻하고 축원을 깃들인다는 뜻에서 만들었다. 일명 백설기.

재료 멥쌀가루, 설탕, 소금

흰-밥 [huin-bap]

영 Cooked white rice
프 Riz blanc cuit
중 白饭 báifàn, 米饭 mǐfàn
일 ヒンバップ, 白ご飯

밥. 흰쌀만을 물에 끓여 뜸을 들인 맨밥으로 흰수라라고도 함.

흰-죽 [huin-juk]

영 Rice gruel(rice porridge)
프 Porridge au riz
중 白米粥 báimǐzhōu
일 ヒンジュック, おかゆ

죽. 흰쌀로만 쑨 죽. 불린 흰쌀에 물을 6~7배 붓고 중불에서 쌀이 충분히 퍼지도록 끓인다.

재료 쌀, 참기름, 소금

한국음식의 조리법 및 조리용어

감정 [gamjeong]

영 Casserole with red pepper paste
프 Ragoût à la pâte de soja piquante
중 酱炖汤 jiàngdùntāng
일 カムジョン, 鍋

찌개보다 국물을 적게 한 요리. 대개는 고추장으로 간을 하는 것이 많으며, 궁중에서는 고추장찌개를 주재료 이름을 넣어 ㅇㅇ감정이라 하였다.

강정 [gangjeong]

영 Light small bar rice cookie
프 Légère et petite barre de galette au riz
중 糖果 tángguǒ, 江米条 jiāngmǐtiáo
일 ガンジョン, おこし

한과의 한 종류로 찹쌀가루를 술로 반죽하여 진 다음 꽈리가 나도록 치대여 판때기를 만들고 손가락 굵기보다 가늘게 썰어 말려서 튀겨 조청을 무치고 깨, 세반 등 여러 가지 고물로 무친 유과이다.

갱 [gaeng]

영 Soup
프 Soupe
중 羹 gēng
일 ゲン, スープ

국의 한자음으로, 제사상을 차릴 때 제수에서 밥의 옆에 놓는 것을 메갱이라고 함.

과즐 [gwajeol]

영 Sweet and oil Korean cookie
프 Galette coréenne grasseuse et sucrée
중 韩果类 hánguǒlèi
일 グヮズル, 砂糖や蜂蜜入れのお菓子類

유밀과의 한 가지로 꿀물 혹은 설탕물과 밀가루를 섞어 반죽한 뒤에 과즐판에 박아서 기름에 지져 익히고 꿀을 무치거나 단맛이 나도록 만든 약과, 정과, 다식 등을 통틀어서 일컫는 것.

구이 [gui]

영 Broiling and grilling
프 Grillage
중 烤 kǎo
일 グイ, 焼き

직화로 구운 것. 불이 구어 질 식품 밑에 있어 숯불구이 같이 직화로 구어지는 것과 음식 위에서 직화로 구어지는 방법 등 두 가지가 있다.

국 [guk], 탕 [guk]

영 Soup
프 Soupe
중 清汤 qīngtāng
일 グック, スープ

국물이 있어 숟가락으로 떠먹을 수 있도록 한 음식으로 탕이라고도 함.

국-밥 [guk-bap]

영 Cooked rice in hot broth
프 Soupe au riz cuit
중 汤饭 tāngfàn
일 グックバップ, ご飯いれスープ

국과 밥을 함께 말할 때. 국물과 건지가 밥과 담아져 있는 한국 음식.

김치 [kimchi]

영 Kimchi
프 Kimchi
중 泡菜 pàocài
일 キムチ

채소에 양념을 넣어 발효된 음식으로 세계적으로 알려진 우리나라의 대표적인 음식 중 하나이다.

나물 [namul]

영 Seasoned vegetable pot herb, pot herb
프 Légumes assaisonnées
중 拌素菜 bànsùcài
일 ナムル, 野菜の和え物

채소를 절이거나, 데쳐서 양념을 넣어 맛을 들인 찬 종류.

냉국 [naengguk]

영 Cold soup
프 Soupe froide
중 凉汤 liángtāng
일 ネングック, 冷しスープ

국물이 찬 것을 말함.

떡류 [tteok ryou]

영 Sort of rice cakes
프 Une espèce de gâteau de riz
중 粘糕类 niángāolèi
일 トックリュウ, お餅類

마른 찬, 자반 [marun chan, jaban]

영 Dried seasoed side dish
프 Plat d'accompagnement assaisonné et séché
중 干菜 gāncài, 腌干鱼 yāngānyú
일 マルンバンチャン·ジャバン, 汁のないおかず

명태나 암치 같은 마른 재료와 보푸라기 찬 같은 것과 명태 무침이나 실채 무침 같이 마른 찬류를 말함.

만두 [mandu]

영 Dumpling(stuffed meat or vegetable or mixed)
프 Ravioli
중 饺子 jiǎozi
일 マンドゥ, 餃子

껍질이 밀가루 반죽으로 얇게 밀어 소를 넣고 싸서 물에 넣어 끓이거나 찌거나 구운 여러 종류가 있다.

만두-피 [mandu-pi]

영 Mandu skin
프 Couverture de ravioli
중 饺子皮儿 jiǎozipiér
일 マンドゥ, 餃子の皮

만두를 만들 때 속을 넣고 싸는 재료로 반죽을 얇게 밀어서 둥글게 만든 껍질.

면 [myeon], 국수 [guksu]

영 Noodles
프 Nouilles
중 面 miàn, 面条 miàntiáo
일 ミョン, 麺類

국수 종류를 면이라 칭함. 따뜻한 국수는 온면, 찬 국수는 냉면, 메밀로 만든 평양냉면, 함흥냉면 등 여러 종류가 있음.

모듬 [modeum]

영 Assortment of same cooking method on one plate
프 Assiette d'assortiment des nourritures de la même cuisson
중 什锦 shíjǐn, 拼盘 pīnpán
일 モヅム, 盛り合わせ

전야를 여러 가지로 만들어 한 그릇에 담을 때와 구이를 할 때도 다른 부위 고기와 종류가 다른 고기를 구어 옆옆이 담을 때 모아 놓았다는 뜻으로 쓰임.

무침 [muchim]

영 Mixed with seasoning
프 Assaisonnement
중 拌 bàn
일 ムチム, 和え物

주재료와 부재료, 양념 등을 섞어 맛을 낸 것.

묵류 [muk]

영 Starch curd
프 gelée
중 凉粉类 liángfěnlèi
일 ムックリュウ, 寒天類

미음, 응이 [mieum, eungi]

영 Rice soup
프 Potage fin au riz
중 米汤 mǐtāng, 稀粥 xīzhōu
일 ミウム, おかゆ

밑반찬 [mitbanchan]

영 Good keeping side dishes
프 Plats d'accompagnement
중 小菜 xiǎocài
일 ミッバンチャン, おかず

쉽게 저장할 수 있도록 만들어 언제든지 꺼내어 찬으로 이용하는 반찬류.

반찬 [banchan]

영 Side dishes
프 Plats d'accompagnement
중 菜肴 càiyáo
일 バンチャン, おかず

찬.

밥 [bap]

영 Cooked rice
프 Riz cuit
중 饭 fàn
일 バップ, ご飯

한국인에게 가장 중요한 주식이 되는 음식이며 쌀과 그 외 곡류가 재료가 됨.

볶음 [bokkeum]

영 Sauteing
프 Sauté
중 炒 chǎo
일 ボクム, 炒め

기름을 조금 넣어 볶은 것.

부각 [bugak]

영 Fried seaweed or vegetables coated with gruel
프 Algue frite avec revêtement
중 干炸 gānzhá
일 ブガック, 海草や野菜天ぷら

해초나 채소를 찹쌀 풀을 발라 말려서 기름에 튀긴 것.

부꾸미 [bukkumi]

영 Pan fried half moon shaped cereal cakes
프 Gâteaux de céréale en forme de croissant frits à la poêle
중 煎饼 jiānbing
일 ブクミ, 焼きもち

일명 전병. 찹쌀가루, 차수수 가루, 밀가루, 녹두가루 등으로 둥글게 지진 떡에 소를 넣어 접어 반달모양으로 지진 떡.

산적 [sanjeok]

영 Broiled beef and vegetables on skewers
프 Brochette de boeuf grillée aux légumes
중 烤串 kǎochuàn
일 サンゾク, 串

고기와 채소를 대꼬챙이에 꿰어 굽거나 밀가루, 달걀을 씌워 지진 것. 제사음식이나 잔치음식에 꼭 준비되는 종류임.

생채 [saengchae]

영 Fresh vegetables with seasoning
프 Légumes fraîches assaisonnées
중 生拌菜 shēngbàncài
일 センチェ, 生野菜の和え物

신선한 채소를 불에 익히지 않고 양념을 넣어 맛을 들인 것.

섞어-찌개 [seokkeo-jjigae]

영 Assorted fish, shell fish and meat stew

프 Ragoût de poissons, de crustacés et de viande tout mélangés
중 混合汤 hùnhétāng
일 ソコチゲ, 寄せ鍋

여러 가지 재료를 섞어서 찌개로 끓인 것.

소금-구이 [sogeum-gui]

영 Grilled beef sprinkled with salt
프 Boeuf grillé et saupoudré du sel
중 盐烤 yánkǎo
일 ソグムグイ, 塩焼き

쇠고기 연한 부위와 생선 등을 소금만 뿌려서 구운 것.

숙채 [sukchae]

영 Potherb
프 Légume demi-bouillie et assaisonnée
중 凉拌菜 liángbàncài
일 スクチェ, 茹で野菜の和え物

채소를 데쳐서 양념을 넣어 고루 맛이 베도록 한 것.

술 [sul]

영 Wine, rice wine, soju
프 Liqueur, vin, soju
중 酒 jiǔ
일 スル, お酒

쌈 [ssam]

영 Wrapping
프 Enveloppement
중 菜叶 càiyè
일 サム, 包みご飯の材料

밥을 쌓아서 먹는 재료를 말하는 것으로 김 쌈, 상추쌈, 쑥갓 쌈, 깻잎쌈, 배추쌈, 콩잎쌈 등 그 재료는 풍부함.

안주 [anju]

영 Dry snacks
프 Amuse-gueule
중 下酒菜 xiàjiǔcài, 佐酒菜 zuǒjiǔcài
일 アンジュ, おつまみ

술을 마실 때 같이 먹을 수 있는 작은 조각으로 만든 것이나 수저로 떠먹을 수 있도록 만든 음식.

엿 [yeot]

영 Crude maltose
프 Maltose sucré
중 麦芽糖 màiyátáng
일 リョッ, 飴

찹쌀 고두밥을 엿기름물로 삭혀 국물을 조려서 만든 단맛이 있고 끈끈하며, 잘 늘어나는 음식.

엿-강정 [yeot-gangjeong]

영 Caramel fruit or cereal cookie
프 Galette de céréale ou de fruit au caramel
중 糖稀糖果 tángxītángguǒ
일 ヨッガンジョン, 飴おこし

유과. 찹쌀가루를 가공하여 떡을 만든 후 썰어 부풀리도록 튀겨서 겉에 엿을 바르고 깨, 쌀 튀긴 것 등을 묻힌 것.
《재료》 찹쌀, 흰 콩, 소주, 번가루(녹말 또는 쌀가루), 설탕, 꿀

웃기 [utgi]

영 Topping for dish decoration
프 Couronnement pour le décor de plat
중 菜码儿 càimǎr
일 ウッギ, 薬味

고명으로 만든 음식의 위에 얹어 보기 좋도록 할 때 쓰이는 말.

육수 [youksu]

영 Soup stock
프 Bouillon
중 肉汤 ròutāng
일 ユックス, 肉スープ

국물을 맛있게 할 때 기본이 되는 국물.

음청류 [eum chung ryou]

영 Beverage, punch
프 Boisson, punch
중 饮料类 yǐnliàolèi
일 ウンチョンリュウ, 飲み物類

음청류에는 여러 종류의 차, 화채, 미수가루차, 과즙, 발효음료, 약선음료 등 여러 종류가 포함된다.

자반 [jaban]

영 Salty preserved side dishes
프 Plats d'accompagnement salés
중 干菜 gāncài, 腌干鱼 yāngānyú
일 ジャバン, 塩漬けのおかず

짭짤하게 만든 저장성이 있는 음식으로 마른 반찬으로서 어울리는 음식의 총칭.

장과 [janggwa]

영 Salty fruit vegetables prepared rapidly
프 Légumes salées servées dans la courte durée
중 酱果 jiàngguǒ
일 ジャングヮ, 浅漬けの宮廷語

궁중용어. 급히 만든 장아찌 형태의 반찬으로 오이 갑장과, 무 갑장과, 미나리 장과 배추속대 장과, 송이 장과, 마늘 장과, 오이 장과 등이 있음.

장아찌 [jangajji]

영 Vegetables soaked in soy bean sauce
프 Légumes macérées dans la sauce de soja
중 酱菜 jiàngcài
일 ジャンアチ, 浅漬け

여러 가지 채소를 된장이나 막장, 고추장, 간장 속에 삭혀 만든 반찬. 각종 육류, 어류도 살짝 익혀 같은 방법으로 만듦. 밑반찬의 일종.

저냐 [jeonya]

영 Pan fried meat and vegetables in egg batter
프 Boeuf et légumes frits à la poêle avec la lisse d'oeuf
중 煎饼 jiānbing
일 ジョニャ, チヂミ

전(煎). 전유어의 다른 용어.

적 [jeok]

영 Skewered and grilled dishes
프 Brochette grillée
중 烤串 kǎochuàn, 煎串 jiānchuàn
일 ジョック, 串

여러 가지 식품을 갸름하고 좁게 간추려 꼬챙이에 꿰어 밀가루와 달걀을 씌워 기름에 지진 것을 통칭 하는 말.

적, 누름적, 누르미 [jeok, nureum-jeok, neureumi]

영 Skewered grilled food, pan fried skewered food
프 Panées de brochette à la viande et aux legumes
중 烤串 kǎochuàn, 煎串 jiānchuàn
일 ジョク, 串

전 [jeon]

영 Pan fried meat and vegetables in egg batter
프 Boeuf et légumes frits à la poêle avec la lisse d'oeuf
중 煎饼 jiānbing
일 ジョン, チヂミ

여러 가지 식품을 다지거나 얇게 저며서 소금, 후춧가루로 간을 하여 팬에 기름을 조금 두르고 고기나 채소를 밀가루, 달걀을 씌워 지진 음식의 총칭.

전골 [jeongol]

영 Beef and vegetables casserole
프 Casserole au boeuf et aux légumes
중 火锅 huǒguō

일 ジョンゴル, 寄せ鍋

생선이나 패류, 고기류에 양념을 첨가하여 채소 등과 함께 국물을 자작히 넣고 끓인 요리.

전유어 [jeonyueo]

영 Pan fried fish fillet coated with flour and eggs
프 Filet de poisson frit à la poêle avec farine et oeufs
중 煎饼 jiānbing
일 ジョンユオ, チヂミ

전(煎). 번철에 기름을 두르고 앞뒤로 익히는 음식.

젓갈 [jeotgal]

영 Pickled fish; fermented seafood
프 Ombrine marinée et fermentée
중 鱼酱 yújiàng, 虾酱 xiājiàng
일 ジョッガル, 塩辛

생선이나 패류에 소금을 첨가하여 발효시킨 짠 음식. 찬이나 다른 식품과 섞어 많이 이용됨.

정과 [jeonggwa]

영 Fruits or vegetables preserved in honey or syrup
프 Fruits ou légumes préservés dans le miel ou le sirop
중 蜜煎 mìjiān
일 ジョングヮ, 野菜の蜂蜜漬け

전과라고도 함. 연근, 생강, 모과, 당근, 밤, 대추, 호두, 도라지, 인삼, 무, 우엉 등을 설탕이나 꿀에 조린 한국의 전통적인 숙실과의 하나임.

정식 [jeongsik]

영 Table d'hôte
프 Table d' hôte
중 定食 dìngshí, 套餐 tàocān
일 ジョンシク, 定食

전식. 주식과 부식, 후식 등으로 짜여진 한 끼의 식단을 말함.

조림 [jorim]

영 Simmered food in soy sauce
프 Plat mijoté dans la sauce de soja
중 炖 dùn
일 ジョリム, 煮付け

어패류, 육류, 콩류 등의 재료에 간을 조금 세게 하여 재료에 간이 충분히 스며들도록 오래 익히는 요리.

조치 [jochi]

영 Stew
프 Ragoût
중 酱汤 jiàngtāng
일 ジョチ, スチュー

찌개를 조치라고도 하며, 옛날 상류 사회에서 쓰인 용어.

조림, 지짐 [jorim, jijim]

영 Simmered and glazed dish
프 Mijoté á la sauce
중 炖 dùn, 煎 jiān
일 ジョリム·ジジム, 煮付け

죽 [juk]

영 Gruel, porridge
프 Gruau, bouillie
중 粥 zhōu
일 ジュック, おかゆ

곡식을 물에 묽게 끓여 유동식으로 주식으로 먹거나 전체로 이용되는 음식.

찌개 [jjigae]

영 Stew
프 Ragoût
중 炖汤 dùntāng
일 チゲ, 鍋

국물을 적게 하여 끓인 국물요리로서 어떤 장으로 간을 하였나에 다라 고추장찌개, 된장찌개, 새우젓찌개 등으로 나뉘고, 재료에 따라 생선찌개, 두부찌개, 고기찌개 등으로 나뉨.

찜 [jjim], **선** [seon]

영 steamed foods, braised dish, braisées aux légumes
프 Plat cuit à la vapeur
중 蒸 zhēng
일 チム, 蒸し煮

반상, 교자상, 주안상 등에 차려지는 요리로서 주재료에 갖은 양념을 하여 물을 넣고 푹 익혀 재료의 맛이 충분히 우러나 약간의 국물기가 어울리도록 한 요리.

찬 [chan]

영 Side dish
프 Plat d'accompagnement
중 菜肴 càiyáo
일 チャン, おかず

밥을 먹기 위한 반찬의 준말.

초 [cho]

영 Seasoning with condiments et starch
프 Assaisonnée d'amidon et condiment
중 糖炒 tángchǎo
일 チョ, 煮込み

양념을 넣어 익혀서 나중에 녹말물을 넣어 윤기가 나도록 만든 것.

탕 [tang]

영 Soup
프 Soupe
중 汤 tāng
일 タン, スープ

탕(湯). 국의 한자어.

튀각 [twigak]

영 Fried dried seaweed
프 Algue séchée et frite
중 油炸 yóuzhá
일 ツィガック, 海草天ぷら

마른 다시마, 미역, 파래, 호두 등을 그대로 기름에 튀긴 음식. 특히 사찰음식으로 빼 놓을 수 없는 종류이다.

포 [po]

영 Dried meat, porltry, fish or shellfish
프 Viande, volaille, poisson ou coquillage séchés
중 脯 fǔ
일 ほしし

수 · 조육류와 어패류를 말린 것의 총칭으로 말리는 방법에는 종류가 많다. 그대로 말리는 법, 소금과 술에 절였다가 말리는 법, 간장이나 설탕에 재웠다가 말리는 법 등이 있다.

한과 [hangwa]

영 Traditional Korean sweets
프 Gâteaux coréens
중 韩果 hánguǒ
일 ハングヮ, 韓国伝統のお菓子

한국의 전통 조과류의 총칭, 유과, 유밀과, 강정, 다식, 전과, 숙실과, 엿 강정 등으로 구분됨.

회 [hoe]

영 Raw fish or meat
프 Poisson ou viande crus
중 生鱼片 shēngyúpiàn, 生牛肉丝 shēngniúròusī
일 フェ, さしみ

어패류의 살, 쇠고기 살 등을 날것으로 먹게 만든 요리로 대체로 가늘게 썰어 초고추장, 겨자장, 소금, 후추에 찍어 먹음.

기본 양념(조미료, 향신료)

간장 [ganjang]

영 Soy sauce
프 La sauce de soja
중 酱油 jiàngyóu
일 ガンジャン, 醬油

콩을 발효하여 소금을 넣어 만든 액상 조미료. 간장 종류에는 재래식 간장으로 가정 제품이 있고, 개량 공장 제품으로는 양조간장, 혼합간장, 산분해간장이 있다. 담근 햇수, 농도에 따라 진간장, 중간장, 묵은간장 등으로 나누기도 한다.

갖은 양념 [gajeun yangnyeom]

영 Various condiments
프 Condiments divers
중 齐全作料 qíquánzuòliào, 齐全调料 qíquántiáoliào
일 ガズンヤンニョン, 様々な調味料

파, 마늘, 후춧가루, 고춧가루, 간장, 된장, 고추장, 참기름, 깨소금, 설탕 등이 한국요리의 갖은 양념에 속함.

겨자 [gyeoja]

영 Mustard
프 Moutarde
중 芥末 jièmo
일 ギョザ, からし

매운맛을 더하는 노란색의 향신료.

겨자-초장 [gyeoja-chojang]

영 Mustard vinegar sauce
프 Sauce à la moutarde vinaigrée
중 芥末醋辣酱 jièmocùlàjiàng
일 ギョザチョザン, からしとお酢のソース

겨자와 식초를 섞어 갠 후 때에 따라 설탕과 간장 등을 넣어 소스를 만듦.

계피 [gyepi]

영 Cinnamon
프 Cannelle
중 桂皮 guìpí
일 ゲピ, 桂皮

매운맛이 있는 계수나무 껍질을 말려서 물에 우려 쓰거나 고운 가루로 만들어 후식에 많이 이용함.

고추-기름 [gochu-gireum]

영 Red hot oil
프 Huile de piment rouge piguante
중 辣油 làyóu
일 コチュギルム, ラー油

기름을 따뜻하게 하여 고춧가루를 넣어 매운맛이 울어나도록 한 붉은색 기름.

고추-장 [gochu-jang]

영 Gochujang, red pepper paste
프 Pâte de piment rouge piquante
중 辣椒酱 làjiāojiàng, 辣酱 làjiàng
일 ゴチュジャン, 辛味噌

고추장은 독특하게 발효한 향신 조미료로, 만드는 곡류의 종류와 부재료로 들어가는 재료에 따라 찹쌀고추장, 보리고추장, 밀고추장, 막고추장, 마늘고추장, 대추고추장, 초고추장, 약고추장 등 여러 종류가 있다.

《재료》 고춧가루, 메주가루, 찹쌀, 소금, 엿기름

고춧-가루 [gochut-garu]

영 Red chili pepper powder
프 Poudre de piment rouge
중 辣椒面 làjiāomiàn
일 ゴチュッガル, 唐辛子粉

붉은 색의 고추를 말려서 가루로 만들

어 음식의 조미를 할 때 넣는 향신료이다. 가루같이 아주 곱게 만든 고운 고춧가루, 중간 고춧가루, 거친 고춧가루, 씨를 넣어 빻은 고춧가루 등이 있다.

깨-소금 [kkae-sogeum]

영 Sesame seeds
프 Grains de sésame
중 芝麻盐 zhīmayán
일 ケソグム, ごま塩

참깨를 볶아 빻아서 가루로 만든 것.

꿀 [kkul]

영 Honey
프 Miel
중 蜂蜜 fēngmì
일 クル, 蜂蜜

벌꿀이 여러 꽃에서 단물을 뽑아 만든 천연 감미료로 음청류나 후식 음식에 많이 이용됨. 벌꿀이 어떤 꽃에서 단물을 뽑았는가에 따라 꿀 이름이 다르다. 아카시아꿀, 밤꿀, 잡화꿀, 토종벌이 만든 토종꿀 등이 있다.

누룩 [nuruk]

영 Yeast for wine making
프 Levure pour la boisson alcoolisée
중 曲子qǔzi
일 ヌルク, こうじ

술을 만들 때 밀기울(곡류)을 발효시키는 효모.

다홍고추 [dahonggochu]

영 Fresh red pepper
프 Piment rouge frais
중 红辣椒 hónglàjiāo
일 ダホンゴチュ, 赤唐辛子

찌개, 전골, 어채 등에 색스럽고 보기 좋게 가늘게 썰기도 하고 굵직하게 썰기도하며 어슷썰기도하고, 맛이 울어나도록 첨가하기도 한다.

된장 [doenjang]

영 Soybean paste (fermented soybean paste)
프 La pâte de soja fermentée
중 大酱 dàjiàng, 豆酱 dòujiàng, 黄酱 huángjiàng
일 デンジャン, 味噌

콩을 익혀 발효시킨 한국의 기본 조미료. 재래된장, 개량된장으로 나뉘고, 된장 종류에도 막장, 집장(나주), 보리된장, 밀된장, 쌈장 등 여러 종류가 있다.

들-기름 [deul-gireum]

영 Perilla seed oil
프 Huile de grain de perilla
중 荏子油 rěnziyóu, 白苏油 báisūyóu
일 ドルギルム, えごま油

음식을 볶을 때나 김을 발라 구울 때 칠하는 기름. 들깨 열매로 기름을 짠 것.

레몬-즙 [lemon-juice]

영 Lemon juice
프 Jus de citron
중 柠檬汁 níngméngzhī
일 レモンズップ, レモン汁

레몬 과일의 즙을 짜서 레몬즙을 식초 대신에 이용할 수 있다.

마늘 [maneul]

영 Garlic
프 Ail
중 大蒜 dàsuàn
일 マヌル, にんにく

조미료 중 빼놓을 수 없는 중요한 재료이며, 찬으로도 많이 이용된다.

막장 [makjang]

영 Soybean paste mixed with barley
프 Pâte de soja mélangée d'orge
중 大麦豆浆 dàmàidòujiāng
일 マクジャン, 麦ご飯とお味噌の混ぜもの

보리밥이나 찹쌀 죽을 섞은 보리밥에

메줏가루 소금으로 담근 된장.

메주 [meju]

영 Fermented soybean lumps
프 Bloc de soja fermenté
중 酱曲 jiàngqū
일 メジュ, 大豆の麹

된장이나 간장을 만들기 전의 콩을 익혀 덩어리로 만들어 말려서 발효시킨 것.

멸치-국물 [myeolchi-gukmul]

영 Soup stock of dried anchovy
프 Bouillon d'anchois séchés
중 鳀鱼汤水 tíyútāngshuǐ
일 ミョルチグックムル, 出し汁

국물 내는 큰 멸치를 물에 넣어 끓여서 국 국물이나 찌개 등에 이용함.

물엿 [mulyeot]

영 Crude maltose syrup
프 Orgeat sucré
중 糖稀 tángxī
일 ムルヨッ, 水飴

엿기름을 넣어 쌀이나 전분질, 곡류를 당화시켜 만든 단물을 오래 졸여서 걸쭉한 물엿이 된다. 이 물엿을 요리에 많이 이용된다.

산초 [sancho]

영 Wild black pepper
프 Poivre chinois
중 山花椒 shānhuājiāo
일 サンチョ,サンショウ

운향과의 초피나무라는 동속 식물의 열매로 향신료로 쓰인다.

산초-가루 [sancho-garu]

영 Wild black pepper powder
프 Poudre de poivre chinois
중 山花椒面 shānhuājiāomiàn
일 サンリョウガル, サンショウ粉

산초가루는 향이 독특하고 맵지는 않으며 미꾸라지로 만든 추어탕에 흔히 이용된다.

생강 [saenggang]

영 Ginger
프 Gingembre
중 生姜 shēngjiāng
일 センガン, しょうが

생선이나 제육을 조리할 때 김치를 담글 때 쓰이는 조미료이며, 한과나 정과에도 이용됨.

설탕 [seal tang]

영 Sugar
프 Sucre
중 糖 táng
일 ソルタン, 砂糖

설탕을 조미료로 이용되는 것은 고운 설탕가루지만 그 외에도 가루설탕 굵은 설탕이 있고 흰설탕에도 진한 색의 원당이 있고 검은설탕, 누런황설탕도 있다.

소금 [sogeum]

영 Salt
프 Sel
중 盐 yán
일 ソグム, 塩

짠맛을 내는 중요한 조미료. 소금의 종류는 바닷물을 증발시켜 만드는 바다소금, 산에서(소금광산) 캐내는 소금이 있는데, 우리나라는 해염을 주로 이용하며 호렴, 제렴, 식탁염 등으로 나눔.

식용유 [sikyongryou]

영 Vegetable oil
프 huile
중 食用油 shíyòngyóu, 食油 shíyóu
일 シクヨンユ, 食油

액상의 기름으로 한국조리에서는 참기름, 들기름을 조미료로 많이 쓰이며

음식을 만들때 볶거나 지지거나 튀길 때에 쓰이는 기름으로 콩기름, 옥수수기름, 채종류기름, 면실유기름, 현미기름, 포도씨기름, 올리부기름, 낙화생유 등 그 종류는 많다.

식초 [sikcho]

영 Rice vinegar
프 Vinaigre
중 (食用)醋 (shíyòng)cù
일 シクチョ, お酢

쌀로 술을 만든 후 다시 발효하여 만든 식초로 많이 먹는 조미료 신맛의 대표적이다 식초는 곡류식초, 사과식초, 감식초, 마늘식초, 발사믹식초 등 여러 종류가 있어 널리 이용됨.

양념 [yangnyeom]

영 Seasoning; condiments
프 Assaisonnement, condiments
중 作料 zuòliào, 调料 tiáoliào
일 ヤンニョン, 調味料

음식의 맛과 향을 더하기 위해 넣는 조미료와 향신료임. 한문으로 약념(藥鹽)이라 했으나 요즘 양념이라 부른다. 파, 마늘, 생강, 고춧가루, 후춧가루, 겨자, 참기름, 소금, 깨소금, 식초, 간장, 된장, 고추장 등이 이에 속함.

양념-간장 [yangnyeom-ganjang]

영 Seasoning soy sauce
프 Sauce de soja pour l'assaisonnement
중 作料酱油 zuòliàoliàojiàngyóu, 调料酱油 tiáoliàojiàngyóu
일 ヤンニョンガンジャン, ねぎ·にんにく·ごま油いれの醬油

간장에 파, 마늘, 깨소금, 참기름 등을 넣어 맛을 더 낸 것.

육수 [youksu]

영 Soup stock
프 bouillon
중 肉汤 ròutāng
일 ユックス, 肉汁

국물을 맛있게 할때 기본이 되는 국국물.

젓갈 [jeot gal]

영 Fermented seafood with salt
프 Ombrine marinée et fermentée
중 鱼酱 yújiàng, 虾酱 xiājiàng
일 ジョッガル, 塩辛

생선이나 패류에 소금을 첨가하여 발효시킨 짠음식으로 조미료로도 이용되고 찬으로도 쓰인다.

조청, 물엿, 꿀 [jochung, mulyeot, ggul]

영 Molasses, sirup, honey
프 mélasse, sirop, miel
중 糖稀 tángxī, 糖稀 tángxī, 蜂蜜 fēngmì
일 ジョチョン·ムルヨッ·クル, 水飴·蜂蜜

설탕 이외의 감미료로 이용되는 단맛의 식품.

죽염 [jukyeom]

영 Salt toasted in bamboo tube
프 Sel grillé dans le tube de bambou
중 竹盐 zhúyán
일 ジュックヨム, 竹塩

소금을 대나무 속에 넣어 불에 태워 구운 것. 종류로는 구운 방법과 횟수에 따라 여러 가지로 나뉜다.

집장 [jipjang]

영 Soybean paste with wheat
프 Pâte de sofa au blé
중 汁醬 zhījiàng
일 ジップジャン, お味噌

밀과 콩을 섞어 만들어 띄운 메주로 소금과 물을 넣어 만든 저장 된장.

참-기름 [cham-gireum]

영 Sesame oil

프 Huile de sésame
중 芝麻油 zhīmayóu, 麻油 mayóu, 香油 xiāngyóu
일 チャンギルム, ごま油

참깨로 짜낸 기름. 우리나라에서는 참깨를 볶아서 기름을 짠다.

초-간장 [cho-ganjang]

영 Vinegar soy sauce
프 Sauce de sofa au vinaigre
중 醋酱油 cùjiàngyóu
일 チョガンジャン, にはい酢

간장에 식초를 넣어 신맛이 나는 간장으로 생선이나 전야 등을 찍어 먹는 소스로 이용됨.

초-고추장 [cho-gochujang]

영 Vinegar hot bean paste
프 Pâte de sofa piquante vinaigrée
중 醋辣酱 cùlàjiàng
일 チョガンジャン, にはい酢

고추장에 식초를 넣어 묽게 만들고 설탕을 조금 섞어 달고 신, 고추장으로 생선회 등에 곁들여 지는 소스임.

초피 [chopi]

영 Wild chilli
프 Poivre noir sauvage
중 花椒 huājiāo, 川椒 chuānjiāo
일 チョピ,バショウ

초피나무 열매의 겉껍질을 벗긴 속씨로서, 고춧가루 대신에 이용되는 향신료임.

초피-가루 [chopi-garu]

영 Wild chili pepper powder (geraniol oil pepper)
프 Poudre de poivre noir sauvage
중 花椒面 huājiāomiàn
일 チョピガル, 朝倉サンショウ粉

파 [pa]

영 Spring onion, Green onion
프 Petit poireau
중 葱 cōng: 大葱 dàcōng, 小葱 xiǎocōng 细葱 xìcōng
일 パ, ねぎ

파의 종류는 많다. 양념으로 쓰이는 파에도 굵은 파, 중파, 실파, 쪽파 등 여러 종류가 있고 채소로 이용되는 경우도 많다.

후춧-가루 [huchut-garu]

영 Black pepper powder
프 Poudre du poivre
중 胡椒面 hújiāomiàn
일 フチュッガル, こしょう

중요한 양념 중 하나로 검은 후춧가루, 흰 후춧가루 등이 있음.

여러 가지 고명

고기-완자 [gogi-wanja]

영 Small meat ball
프 Petite boule de viande
중 牛肉丸子 niúròuwánzi
일 ゴギワンジャ, ミートボール

신선로, 전골, 잡탕, 알쌈 속 등에 넣는 고명으로 널리 쓰임.

고명 [gomyeong]

영 Garnishes for flavor and decoration
프 Garniture pour le goût et le décor
중 菜码儿 càimǎr
일 ゴミョン, 薬味

모양과 맛을 더하기 위하여 음식 위에 얹거나 넣는 것의 총칭.

고물 [gomul]

영 Coating for rice cake
프 Revêtement pour le gâteau de riz
중 豆沙 dòushā, 豆蓉 dòuróng
일 ゴムル, まぶし粉

여러 가지 떡의 켜를 만들거나 외부에 묻히는 조리된 재료.

꾸미 [kkumi]

영 Garnish
프 Garniture
중 菜码儿
일 クミ, 薬味

주 음식에 곁들임으로 들어가는 재료를 말함.

다진 고기-고명 [dajin gogi-gomyeong]

영 Sauteed minced beef
프 Viande hachée et cuite
중 肉末菜码儿 ròumòcàimǎr,
肉泥菜码儿 ròunícàimǎr
일 ダジンゴギゴミョン, 薬味の挽き肉

달걀-지단 [dalgyal-jidan]

영 Pan fried thin egg sheet
프 Feuille d'oeuf fine frite à la poêle
중 鸡蛋 jīdàn, 蛋皮 dànpí
일 ダルギャルジダン, 玉子の薄焼き

달걀을 황백으로 나누어 번철에 기름을 조금 칠하고 얇게 부쳐서 골패쪽 또는 긴 네모 등으로 썰어 고명으로 쓰임.

대추 [daechu]

영 Jujube
프 Jujube

중 大枣 dàzǎo, 红枣 hóngzǎo
일 デチュ, ナツメ

더운 음청, 화전, 떡 등에 맛과 색, 고명으로 많이 이용되는 과실.

목이-버섯 [mogi-beuseut]

영 A kind of mushroom
프 Une espèce de champignon
중 黑木耳 hēimùěr
일 モギボソッ, きくらげ

잡채, 볶음, 초 등에 색과 맛으로 넣는 고명.

미나리-초대 [minari-chodae]

영 Pan fried watercress stem with egg batter
프 Tige de cresson panée d'oeuf
중 煎水芹梗串 jiānshuǐqíngěngchuàn
일 ミナリチョデ, セリチヂミ

전골, 잡탕, 신선로 등에 고명으로 쓰이는 정성이 깃든 고명임.

밤 [bam]

영 Chestnut
프 Châtaigne
중 栗子 lìzi
일 バム, 栗

속껍질을 벗긴 밤을 통으로, 편으로 썰고 때로는 가는 채로 썰어 고명으로 이용됨.

밤채 [bamchae:bam pyeon]

영 Julienne chestnut, sliced chestnut
프 Châtaigne julienne
중 栗子丝 lìzisī
일 バムチェ, 剥き栗のスライス

찬. 껍질 벗긴 밤을 채로 썬 것.

비늘잣 [bineuljat]

영 Sliced pine nuts
프 Pignons de pin hachés
중 半切松子 bànqiēsōngzǐ
일 ミルヌジャッ, 松のみのスライス

떡이나 전병 등에 서로 붙지 않도록 하기 위해 얇게 잣을 썰어 고명으로 이용함.

실고추 [silgochu]

영 Thread red pepper
프 Fil de piment rouge
중 辣椒丝 làjiāosī
일 シルゴチュ, 糸唐辛子

마른 붉은 고추를 씨를 빼고 실같이 가늘게 채로 썬 것으로 김치나 요리에 쓰이는 양념이며, 고명으로 이용됨.

알쌈 [alssam]

영 Folded egg sheet with meat ball (small half moon shapen)
프 Petite omelette repliée avec boule de viande
중 煎蛋皮包牛肉丸子 jiāndànpíbāoniúròuwánzi
일 アルサム, ミートボールの玉子包み

달걀을 번철에 부쳐 작은 크기의 고기 완자를 넣고 반으로 접어 지진 것. 찬이나 고명으로 이용.

은행 [eunhaeng]

영 Ginkgo nut
프 Noix de ginko
중 白果 báiguǒ
일 ウンヘン, ぎんなん

마른안주, 신선로의 고명 떡 등의 고물

에 이용됨.

잣 [jat]

영 Pine nut
프 Pignon de pin
중 松子 sōngzǐ
일 ジャッ, 松のみ

잣나무 솔방울에서 딴 씨앗이다. 폐백 음식 차림과 한과, 편포, 매듭자반 등에 고명으로 많이 이용됨.

잣-가루 [jat-garu]

영 Pine nut powder
프 Poudre de pignon de pin
중 松子末 sōngzǐmo
일 ジャッガル, 松のみ粉

궁중요리에서는 깨소금 대신 떡 종류의 고물과 찬의 웃고명으로 널리 쓰임.

채썬 고기–고명 [chaesseun gogi-gomyeong]

영 Sauteed julienne beef
프 Boeuf julienne cuit
중 肉丝菜码儿 ròusīcàimǎr
일 チェソンゴギゴミョン, 薬味の千切り牛肉

채썬 달걀–지단(황 · 백) [chaesseun dalgyal-jidan]

영 Julienne thin egg sheet
프 Oeuf feuille julienne mincé
중 蛋皮丝 dànpísī
일 チェソンダルギャルジダン, 玉子薄焼きの千切り

표고버섯 [pyogobeuseut]

영 Mushroom (cortinelluo shiitake)
프 Champignon(cortinelluo shiitake)
중 香菇 xiānggū
일 ピョゴボソッ, しいたけ

여러 가지 찜 요리와 볶음, 나물, 전 등의 재료로 이용될 뿐만 아니라 고명으로도 중요하게 쓰이는 재료임.

호두 [hodu]

영 Walnut
프 Noix
중 胡桃仁 hútáorén, 核桃仁 hétáorén
일 ホドゥ, ぐるみ

한국음식에서는 호두의 속껍질을 벗겨서 튀겨 이용하기도 하고, 한과에 고명으로 모양과 맛을 더하기 위해 많이 쓰임.

절식(節食)의 식단

정월 초하룻날 [음력 1월 1일]

떡국, 편육, 전유어, 잡채, 떡볶이, 간장·초장·겨자즙, 장김치, 나박김치, 약식, 정과, 약과·강정, 밤초·대추초, 식혜, 수정과, 세주

정월 대보름날 [음력 1월 15일]

오곡밥, 아홉 가지 나물(무·숙주·고사리·도라지·박고지·가지·시금치·취나물·호박나물·시래기), 너비아니구이, 갈비찜, 잡채, 나박김치, 배추김치, 햇 깍두기, 제육편육, 마른 찬, 약식, 두텁떡, 원소병, 강정·약과, 부럼(밤, 잣, 호두, 땅콩), 귀밝이술

중화절(노비일) [음력 2월 1일]

노비송편-일하는 사람들에게 나누어 주는 송편 콩볶기

삼짇날 [음력 3월 3일]

진달래 화전, 진달래 화채, 화면, 수면, 탕평채, 개피떡, 두견화주

한식(동지 후 105일째 되는 날) [음력 2월 하순, 3월 초]

국수, 적, 포, 식혜, 떡, 술, 과실

초파일 [음력 4월 8일 석가탄신일]

느티떡, 볶은 콩, 미나리나물, 파강회, 증편

단오 [음력 5월 5일]

수리취절편, 제호탕, 준치 국, 준치 만두, 젓국찌개, 준치 자반, 앵두자반, 앵두편

유두 [음력 6월 15일(보름)]

편수, 깻국, 어선, 어채, 밀쌈, 구절판, 복숭아화채, 떡수단, 보리수단

삼복(三伏) (하지 후 셋째 경일(庚日)을 초복, 넷째 경일을 중복, 입추 후 첫 경일을 말복, 이 셋을 삼복(三伏)이라 함.)

삼계탕, 영계백숙, 깨꾹 탕, 규라상, 어채, 냉면, 육개장, 개장국, 복숭아화채

칠석 [음력 7월 7일]

육개장, 잉어구이 또는 잉어조림, 밀전병·누르미, 부꾸미, 밀전병, 밀국수, 열무김치, 증편, 화채(과실)

추석(한가위) [음력 8월 15일]

송편(오려 송편), 토란 탕, 송이전골, 산적, 튀각, 갖은 나물, 실과(사과, 배, 포도, 밤)

중양절 [음력 9월 9일]

밤단자, 유자화채, 국화주, 화채, 국화전, 갖은 나물, 통김치, 실과

상달, 무오일 [말날, 길일을 택하여 성주에게 제사를 지냄]

무시루떡, 팥 고사떡(시루떡), 신선로, 갖은 나물, 통김치, 유자화채, 파래, 감국전야

동지 [낮이 가장 짧은 날]

팥죽, 전약(옛날 보양 음식), 냉면, 동치미, 골동면, 경단, 실과, 식혜, 수정과

섣달 그믐 [일 년을 마지막 보내는 날]

골동반, 떡국, 만두, 잡과병, 통김치, 장김치, 주악, 정과, 골무떡, 식혜, 수정과

시식(時食)의 식단과 상차림

1월(January)

떡국상 [tteok guk sang]

떡국 · 만두, 편육, 전유어, 잡채, 초장 · 겨자즙, 장김치, 약식, 정과, 약과 · 강정, 밤초 · 대추초, 식혜 · 수정과

반상 [Bansang]

흰밥, 가리 국, 김구이, 생선구이, 제육편육, 느르미, 나물(미나리, 무, 콩나물), 나박김치, 햇 깍두기, 마른 찬, 찌개, 실과

장국상 [Jang guksang]

국수장국, 느르미, 편육, 잡채, 간장 · 초장 · 겨자즙 · 꿀, 김치, 굴편, 식혜 · 수정과

2월(February)

만두상 [mondusang]

장국만두, 떡볶이, 산적, 닭찜, 잡채, 전유어, 간장, 초장, 겨자즙, 김치, 식혜, 실과

반상(5첩 반상) [Bansang]

밥, 조개 국(소르쟁이, 냉이, 조개), 탕평채, 미나리강회 또는 파강회 또는 달래장아찌, 초고추장, 시금치나물, 너비아니구이, 생선 조림, 햇김치, 햇 깍두기

3월(March)

진짓상 [jingisang]

흰밥 또는 팥밥, 채소 국, 생선조림, 굴회, 초고추장, 나물, 김치, 깍두기

반상 [Bangsang]

잡곡밥, 콩나물국, 고추장찌개, 민어구이 또는 생선구이, 초나물, 마른 찬, 김치, 초장

4월(April)

반상 [Bansang]

검은 콩밥, 미역국, 두부조림, 쑥갓나물, 실파 장아찌, 생선구이, 감자전, 김치 · 깍두기, 후식

다과상 [Dagwasang]

느티떡, 생선전, 겨자채, 장김치, 약식, 다식, 강정, 오미자 편, 보리수단, 과실

온면상 [onmyeonsang]

국수(온면), 찜(민어찜 · 도미찜), 전유어 · 잡누르미, 편육, 잡채, 김치, 후식(정과 · 단자 · 약식 · 화채 등)

5월(May)

반상(5첩) [Bansang]

흰밥, 아욱국, 삼색나물(콩나물 · 숙주나물 · 시금치나물), 생선구이, 오이장과, 전유어 · 알쌈, 고추장찌개, 열무김치, 배추생절이, 후식

반상(3첩) [Bansang]

팥밥, 시금치 국, 북어무침, 오이갑장과, 표고전야 · 호박전, 김치, 후식

주안상 [Juansang]

약주, 신선로, 어채, 포, 누름적, 회, 나박김치, 초간장 · 겨자즙 · 꿀, 약식 · 약과 · 강정, 생실과

6월(June)

면 [mycon]

비빔면 또는 회국수, 무생채 또는 겨자채, 돗나물 물김치, 단자, 화채

죽상 [Juksang]

잣죽, 다시마튀각 · 매듭자반, 북어 보프라기, 동치미, 소금 · 꿀

반상 [Bansang]

흰밥, 생선 완자탕, 열무김치, 간장 · 초장 · 겨자즙, 가지찜 · 수삼무침, 오이지 · 소박이, 달걀말이, 후식

7월(July)

냉면상 [naengmyeon sang]

냉면 국수, 갈비구이, 고추전 · 호박전, 편육, 냉면 김치 · 산딸기 화채

반상 [Bansang]

보리밥, 잡탕, 생선찌개, 호박 나물, 가지선 · 오이지 냉국, 김치깍두기, 후식

죽상 [Juksang]

닭죽, 버섯산적, 깻잎나물, 김치, 깍두기 · 감자조림, 실과

8월(August)

교자상 [gyojasang]

흰밥, 토란 탕, 가리 찜, 송이산적, 잡채 · 삼색 나물, 깍두기, 배추김치, 나박김치, 간장, 초간장, 송이전골, 송편, 배숙, 실과(사과 · 배 · 포도 · 밤)

반상 [Bansang]

밤, 호박 국, 시금치나물, 가지장아찌, 더덕구이 · 깍두기 · 김치, 풋고추조림, 고추장찌개, 실과

9월(September)

진지상 [jinjisang]

햇 밤밥, 무 황복이탕, 애호박나물, 풋고추조림, 감자 전 · 고구마 전 · 수란, 굴비구이, 김치 · 깍두기, 후식

다과상 [Dagmasang]

밤단자, 유자화채, 부꾸미, 약식, 국화주, 차

10월(October)

주안상 [juansang]

신선로, 전유어(생선 · 굴 · 패주 전), 유자화채, 팥 시루떡 · 또는 깨찰 편 · 오미자 편 · 유자 편, 작설차

반상 [Bansang]

밥, 곰국, 마른 찬(어란 · 전복 찜), 오이나물 · 가지나물, 생선구이 · 김치 · 깍두기, 실과 · 차

11월(November)

반상 [Bansang]

밥, 감자 국, 시금치나물, 두부찌개, 생선찜 · 김치 · 깍두기, 경단, 숙실과, 차

팥죽상 [Patjuksang]

동지 팥죽 상, 떡볶이, 파산적, 닭볶음, 잡채 · 굴회, 초고추장, 김치 · 나박김치, 무 · 유자정과

12월(December)

섣달그믐 [Seutdal gumun]

골동반(비빔밥), 북어국, 파산적 · 잡산적, 쇠고기 구이, 탕평채 · 동치미, 통김치, 식혜 · 수정과

성탄절 [Christmas]

칼국수, 전유어, 김구이, 어리굴젓 또는 명란젓, 김치 · 알타리 무김치 · 커피 또는 차, 케이크 또는 떡

돌상차림(Food for first birthday)

남아 – 국수(또는 밥과 미역국), 대추, 경단, 과일 2가지(사과, 귤) 편(떡), 전, 편육, 산적, 구이. 그 외에 두루마리, 활, 벼루, 붓, 쌀, 책

여아 – 국수(또는 밥과 미역국), 대추, 경단, 과일 2가지(참외, 딸기) 편(떡), 편육, 전류, 나무류, 화채, 그 외에 돈, 실, 벼루, 붓, 자, 쌀, 책

먹는 음식은 남아나 여아나 다를 바 없고 과일은 계절에 나는 과일을 차려주면 되고, 음식 놓는 것이 한두 가지 다를 뿐이다.

전통한국음식 외에도 샐러드 종류와 케이크, 과자 등 변화되는 식생활에 따라 차릴 수 있다. 그러면서도 국수와 경단은 꼭 상에 놓아주는 편이다.

제사상 차림(Food for memorial service)

젯메(밥). 추석에는 송편, 설에는 떡국.

탕(국).

한가지로 고기 국(쇠고기, 무, 다시마)

적 한가지로 쇠고기 산적 또는 어산적

간납으로 민어 전, 간전, 표고 전을 한 그릇에 담음.

나물은 삼색나물(도라지, 시금치, 고사리) 한 그릇에 담음.

포는 북어포

편(떡) 증편 또는 깨 편

식혜–상에는 건더기만 건저 소복하게 담음.

숙실과로는 밤초, 대추초를 한 그릇에 담음.

다식–여러 가지 다식을 한 그릇에 담음.

생과일–밤(깐 것), 대추, 배, 사과, 감(또는 곶감)

김치, 간장, 초장, 꿀, 제주(술), 견수(물)

이상과 같이 전통적인 제소를 소개하였으나 오늘날 제수차림을 다르게 하는 경우도 있다. 고인이 좋아하던 음식을 작반하고 대소가가 모여 식사하는 경우도 있으니 참고하기 바란다.

※ 반상차림에는 3첩~9첩, 12첩까지 있으며, 첩수는 반찬의 수를 가리키는 것이고 밥, 국(탕), 김치류, 간장종지, 후식 등은 포함되지 않는다. 12첩 반상은 임금님 수라상에 올려지는 반상이다.

참고문헌

강인회(1992). 한국의 맛. 대한교과서주식회사.

문화공보부 문화재관리국(1978~80년). 한국민속종합조사보고서 (제15편) 향토음식편.

방신영(1955). 우리나라 음식 만드는법. 장충도서출판사.

숙조회(1999). 한국전통요리의 맥을 찾아서. 무역경영사.

윤서석(1995). 한국의 음식용어. 민음사.

이효지 · 조자호 외 3인(1980). 세계가정요리 III 한국편. 삼성출판사.

전희정 · 이효지 · 한영실(2000). 한국전통음식. 문화관광부.

전희정(2002). 마늘이야기. 지구문화사.

한국문화재보호재단(2001). 한국음식대관 제4권. 한림출판사.

한복진 · 한복려 · 황혜성(1998). 우리음식 백가지 1~2권. 현암사.

한희순 · 황혜성 · 이혜경(1955). 이조궁정요리통고. 학총사.

황혜성 외(1982). 손쉬운 가정요리 가이드 1~31권. 삼성출판사.

Wayne Gisslen(1984, 1999), "Professional Cooking", Wiley.

Sarah R. Labensky, Alan M. Hause(1994), "On Cooking", BPI.

Cordon-Bleu(1983), "La Cuisine et La Patisserie Expliquées", Le Cordon-Bleu.

사진

숙조회(1999). 한국전통요리의 맥을 찾아서. 무역경영사.

(문어숙회, 오미자 화채, 꽃게찜 외 다수)

안덕균(2000). 본초도감. 교학사. (동과 외 9점)

조자호 외 3인(1980). 세계가정요리 III 한국편. 삼성출판사. (식혜 외 15점)

전희정(2009). 전통저장음식. 교문사

전희정 · 이효지 · 한영실(2000). 한국전통음식. 문화관광부. (다식, 오분자기 찜, 용봉탕, 겨자채 외 다수)

한복려 · 정길자 · 한복진(2000). 한과. 궁중음식연구원. (개성주악)

황혜성 외(1982). 손쉬운 가정요리 가이드 1~31권. 삼성출판사. (양지머리편육, 우설편육, 어채 외 다수)

한국문화재 보호재단(2001). 한국음식대관 제4권. 한림출판사. (백김치, 보김치 외 김치종류 다수)

찾아보기

한국어

ㄱ

ㄹ

ㅁ

ㅂ

ㅅ

ㅇ*

ㅈ

ㅊ

ㅋ*

ㅌ*

ㅍ*

ㅎ

영 어

A

B

C

D

E

F

G

H*

I*

J

K

L

M

N

O

P

R

T*

U

V

W

Y

Z

프랑스어

A

B

C

D

E

F

G

H

J*

K*

L*

M*

N*

O

P

Q

R

S*

T

U

V

Y

Z

중국어

A

B

C*

D*

E

F*

G*

H*

J*

K*

L*

M

N*

P*

Q*

R

S

T*

W

X

Y

Z*

일 어

あ

い

う

え

お

か

き

く

け

こ

さ*

し*

す

せ*

そ*

た*

ち*

つ

て

と*

な*

ぬ*

ね

の

は

ひ

ふ*

へ

ほ

ま

み

む

め

も

や

ゆ

よ

ら

り

れ

ろ

わ

を

저자소개

전희정

숙명여자대학교 가정학과 졸업
숙명여자대학교 대학원 가정학전공(석사)
Queen Elizabeth College, University of London Graduate 수료
New York University 수학
한양대학교 대학원 식품영양학전공(박사)
프랑스 Le Cordon Bleu Academie de Cuisine de Paris 수학(Diplôme)
Ritz Escoffier Ecole de Gastromomie Fraçaise 수학
숙명여자대학교 식품영양학과 교수 역임
현재 숙명여자대학교 한국음식연구원 자문교수
한식재단 이사

역 자

박병석 _ 중국어

중국사회과학원 한국연구중심 학술지 『當代韓國』 편집위원
연세대학교 정치외교학과 및 동 대학원 정치학과 졸업
중화민국(대만) 국립정치대학 정치학 박사
중국정치사상사 및 중국사회문화 전공
현재 서울사이버대학교 교수
『중화제국의 재건과 해체』(1999), 『중국상인문화』(2000),
『중국사회문화의 이해』(2006) 외 다수

성윤아 _ 일본어

도쿄대학 박사 (일본문화연구전공·일본어)
현재 상명대학교 교육대학원 초빙교수

5개 국어 한 영 프 중 일 로 보는

한국음식 용어사전

2011년 3월 21일 초판 인쇄
2011년 3월 25일 초판 발행

지은이 전희정
펴낸이 류 제 동
펴낸곳 (주)교 문 사

책임편집 김선형
디자인 우은영 · 이수미
영업 정용섭 · 송기윤 · 이진석

출력 현대미디어
인쇄 동화인쇄
제본 과성제책

우편번호 413-756
주소 경기도 파주시 교하읍 문발리 출판문화정보산업단지 536-2
전화 031) 955-6111(代)
팩스 031) 955-0955
등록 1960. 10. 28. 제406-2006-000035호

홈페이지 www.kyomunsa.co.kr
E-mail webmaster@kyomunsa.co.kr
ISBN 978-89-363-1122-3 (91590)

값 25,000원
*잘못된 책은 바꿔 드립니다.